中国文物年鉴

CHINA CULTURAL HERITAGE YEARBOOK

2023

国家文物局　编

文物出版社

编辑委员会

编辑说明

《中国文物年鉴》由国家文物局主编，综合记述我国文物事业年度发展情况。

《中国文物年鉴·2023》反映我国文物事业2022年的发展情况，分为特辑、综述篇、分述篇、纪事篇和附录等部分，主要根据国家文物局机关各司室、各直属单位和省级文物行政部门以及国内相关文博机构2022年工作资料进行摘编，不包含香港、澳门特别行政区和台湾省的资料。由于编辑水平所限，《中国文物年鉴·2023》编校工作难免存在不足，希望广大读者提出宝贵意见和建议。

编者

2024年6月

特辑

重要讲话

重要文件

综述篇

分述篇

国家文物局直属单位

各省、自治区、直辖市

其他

纪事篇

附录

特辑

文化和旅游部党组书记、部长胡和平在全国文物工作会议上的总结讲话

（2022年7月22日）

这次全国文物工作会议，是在全党全国喜迎党的二十大胜利召开之际，举行的一次重要会议。上午，王沪宁同志发表重要讲话，对深入学习贯彻习近平总书记关于文物工作重要论述、做好新时代文物工作作出全面部署。孙春兰同志出席会议。黄坤明同志主持会议，对落实会议精神提出重要要求。会议对全国文物系统先进集体、先进工作者和劳动模范进行了表彰。李群同志和先进工作者、劳动模范、先进集体代表作了发言。下午，与会代表进行了分组讨论，两位召集人进行了汇报交流，讲得都很好。

大家认为，这是一次统一思想、凝聚共识的深学细研会。习近平总书记关于文物工作重要论述立意高远、思想深邃、内涵丰富，涵盖考古发掘研究、文物保护利用、博物馆改革发展、文物国际交流、文物科技创新等方面，是做好新时代文物工作的根本遵循。王沪宁同志重要讲话对习近平总书记重要论述进行系统梳理、深入解读，对做好学习贯彻进行全面部署、周密安排。明确了新时代文物工作总的要求和工作方针，提出全面提升文物保护利用和文化遗产保护传承水平的目标要求、工作任务，在我国文物事业发展历程中具有重要意义。大家表示，会后将按照王沪宁同志重要讲话要求，持续深入学习贯彻习近平总书记重要论述精神，在学懂弄通做实上下更多功夫、用更多精力，真正做到学深悟透、学以致用。

大家认为，这是一次求真务实、催人奋进的凝心聚力会。这次会议是2016年以来，中央再度召开的一次全国文物工作会议，是新时代文物工作的一次重要会议。王沪宁同志出席并发表重要讲话，充分体现了以习近平同志为核心的党中央对文物工作的高度重视和亲切关怀。广大文物工作者备受鼓舞、倍感振奋。大家表示，进入新时代，在党中央、国务院坚强领导下，在各部门、各地方协同推进下，广大文物工作者履职尽责、奋力进取，推动文物工作取得新的历史性成就，王沪宁同志在重要讲话中予以充分肯定。会议表彰全国文物系统先进集体、先进工作者和劳动模范，是对广大文物工作者“择一事、终一生”，艰苦奋斗、担当作为昂扬风貌的大力褒奖。大家表示，有习近平总书记掌舵领航，有党中央高度重视，有全社会广泛支持，广大文物工作者一定能够满怀信心再出发、勠力同心向未来，努力推动文物事业实现新发展、文物工作再上新台阶！

大家认为，这是一次明确任务、狠抓落实的动员部署会。王沪宁同志在重要讲话中，对全面提升文物保护利用和文化遗产保护传承水平、全面加强党对新时代文物工作的领导作出重要部署、提出明确要求。大家表示，王沪宁同志重要讲话站位高、思路清、举措实，体现了政治高度、理论深度、实践力度的统一，具有很强的政治性、思想性、针对性，为做好新时代文物工作作出了动员部署、提供了工作指南。大家表示，会后将按照

黄坤明同志提出的贯彻落实要求，及时组织所在部门和地方，认真学习传达，紧密联系实际，以“时时放心不下”的责任感使命感，以“抓铁有痕、踏石留印”的务实态度，抓好会议精神的贯彻落实，切实将思想和行动统一到习近平总书记关于文物工作重要论述精神上来，将本次会议精神转化为推动工作的具体成果。

大家在讨论中对做好新时代文物工作提出了一些很好的意见建议，我们将认真梳理、深入研究，吸收到有关政策法规里、体现到工作举措中。下面，我就贯彻落实会议精神，讲几点意见。

第一，要在学习贯彻习近平总书记关于文物工作重要论述、落实王沪宁同志重要讲话精神上下功夫。党的十八大以来，习近平总书记高度重视文物工作，从传承中华文明文脉、弘扬中国特色社会主义文化的高度，多次发表重要论述、作出重要指示批示，深刻回答了事关文物保护利用和文化遗产保护传承的一系列根本性、方向性、战略性重大问题，为做好新时代文物工作指明了前进方向。王沪宁同志在重要讲话中，对习近平总书记亲切关怀文物工作、考察调研文博单位、作出重要指示要求进行系统梳理，既让我们从总书记的“文物足迹”中感受鼓舞振奋、激励鞭策，又让我们从总书记重要论述中获得思想指引、行动指南。王沪宁同志从8个方面对习近平总书记重要论述进行了归纳概括，包括增强历史自觉和文化自信，坚持把保护放在第一位，建设中国特色中国风格中国气派的考古学，加强革命文物保护利用，让文物和文化遗产活起来，统筹好文物保护和经济社会发展，推动文明交流互鉴，强化文物工作主体责任。这8个方面精辟阐述了新时代文物工作的发展方向、使命任务，科学指明了文物事业改革发展的重点领域、关键环节，凝结着以习近平同志为核心的党中央对守护文化遗产、坚定文化自信、建设社会主义文化强国的深邃思考。我们要认真落实王沪宁同志重要指示要求，把深入学习贯彻习近平总书记关于文物工作重要论述精神作为一项重要政治任务，作为武装头脑、推动实践、指导工作的强大思想武器，坚持反复学、经常学、深入学，全面系统学、及时跟进学、联系实际学，把握核心要义、理解精神实质、明确工作要求，切实转化为思路举措、落实到具体工作中。

第二，要在深刻把握文物工作面临的新形势新任务新要求上下功夫。习近平总书记指出，近年来，我国文物事业取得很大发展，文物保护、管理和利用水平不断提高。但也要清醒看到，我国是世界文物大国，又处在城镇化快速发展的历史进程中，文物保护工作依然任重道远。强调各级文物部门要不辱使命，守土尽责，提高素质能力和依法管理水平，广泛动员社会力量参与，努力走出一条符合国情的文物保护利用之路。总书记重要论述深刻阐明文物工作面临的新形势新任务新要求。王沪宁同志在重要讲话中，从文物工作服务大局成效显著、文物保护力度明显加大、考古工作取得重大进展、革命文物保护利用全面加强、文物领域改革创新深入推进、文物国际交流合作向纵深拓展6个方面，系统梳理了文物工作取得的历史性成就。从统筹“两个大局”、服务经济社会发展全局、建设社会主义文化强国的目标任务、文物工作自身存在的问题和短板4个方面，深入分析了文物工作面临的形势任务。在此基础上，提出保护第一、加强管理、挖掘价值、有效利用、让文物活起来的工作方针，5个方面高度凝练、言简意深，是对改革开放以来党领导文物工作宝贵经验的总结，也是对新时代文物工作规律深刻认识的升华。我们要立足新形势、新任务，把工作方针作为学习贯彻习近平总书记关于文物工作重要论述精神、落实中央关于文物工作决策部署的抓手，融会贯通到文物工作全过程、各方面，内化为指导思想、工作理念，外化为政策法规、工作举措，努力推动新时代文物事业实现高质量发展、全方位进步。

第三，要在建设中国特色中国风格中国气派的考古学上下功夫。习近平总书记指出，考古工作是展示和构建中华民族历史、中华文明瑰宝的重要工作。强调考古工作是一项重要文化事业，也是一项具有重大社会政治意义的工作。强调要努力建设中国特色中国风格中国气派的考古学，更好认识源远流长博大精深的中华文明。总书记重要论述深刻阐明考古工作的重要作用和任务要求。王沪宁同志在重要讲话中，专门就深化文明历史研究、提高创新阐释能力作出部署安排，提出深化中华文明探源工程等重大项目的要求。我们要将考古工作放在更加突出的位置，花更多精力、下更大功夫，做好考古挖掘、整理、研究、阐释等工作，深入探索未知、揭示本源，用考古成果实证中华民族灿烂文明。要加大考古发掘力度，系统开展重要遗址考古发掘，有序推进我国沿海海域水下考古发掘和边疆考古工作。落实基本建设考古前置制度，对可能存在历史文化遗存的土地坚持"先考古、后出让"。要加强考古成果研究，深入实施中华文明探源工程、"考古中国"重大项目，开展古代文明理论研究、夏文化研究等重大课题攻关，推进良渚、陶寺、石峁、二里头、三星堆等遗址考古发掘和研究阐释，努力构建中国文化基因的理念体系。要推动考古成果利用，全方位加强宣传推广和展示传播，及时发布重大考古项目进展，展出重要考古成果，制播《中国考古大会》《寻古中国》等精品节目，让考古新发现、研究新成果走向社会、走近群众，发挥好以史育人作用。

第四，要在全面加强文物保护管理上下功夫。习近平总书记指出，文物和文化遗产承载着中华民族的基因和血脉，是不可再生、不可替代的中华优秀文明资源。强调革命文物承载党和人民英勇奋斗的光荣历史，记载中国革命的伟大历程和感人事迹，是党和国家的宝贵财富。强调要树立保护文物也是政绩的科学理念，把确保文物安全放在首要位置，不断提高保护管理能力和水平，守护好前人留给我们的宝贵财富。总书记重要论述深刻阐明文物的重要价值和文物保护管理的首要地位。王沪宁同志在重要讲话中，明确提出要坚持保护第一，把保护作为首要任务，以确保文物资源安全为核心，全面加强文物保护管理工作，维护文物资源的历史真实性、风貌完整性、文化延续性。我们要常怀敬畏之心，落实好保护第一原则，把文物安全作为底线、红线、生命线，像爱惜自己的生命一样保护好文物，切实守护好传承好历史文脉。要提升文物保护水平。强化系统保护、整体保护，统筹好抢救性保护和预防性保护、本体保护和周边保护、单点保护和集群保护。实施好石窟寺保护利用、文物建筑保护研究等重大工程项目。加强低级别不可移动文物保护管理，把确有价值的文物保存好。提高可移动文物保护修复水平。要完善文物管理制度，健全文物保护法律法规体系，加快推进《中华人民共和国文物保护法》修订，实施好新修订的《中华人民共和国水下文物保护管理条例》，鼓励制定文物保护地方性法规。健全文物资源资产管理制度，统筹开展各类文物资源普查和名录编制，编制实施文物保护单位保护规划等专项规划，推动纳入国土空间规划"一张图"实施。健全世界遗产监测预警制度，提升世界文化遗产保护管理水平。要筑牢文物安全底线，将文物安全工作全面纳入地方各级政府考核评价体系。推进文物灾害综合风险监测评估、推动文物火灾隐患排查整治行动取得实质性进展。深入实施文物平安工程，加强文物安全监管防控，增强文博单位安全防护能力。持续加大打击和防范文物犯罪力度，强化文物行政执法督察。要加强革命文物保护。突出"一条主线、两个见证"，即实现中华民族伟大复兴的中国梦的奋斗历程这一主线，见证近代以来中国人民争取民族独立和人民解放的伟大斗争、见证中国共产党领导中国人民救国兴国强国的伟大贡献，研究细化革命文物认定标准，摸清摸准革命文物资源底数、保护状况。加强“四史”实物藏品、文献史料的征集与研究。建好管好革命文物保护利用片区。

第五，要在提高文物科技创新和研究阐释能力上下功夫。习近平总书记指出，我们运用生物学、分子生物学、化学、地学、物理学等前沿学科的最新技术分析我国古代遗存，使中华文明探源有了坚实的科技分析依据。强调要运用科学技术提供的新手段新工具，提高考古工作发现和分析能力，提高历史文化遗产保护能力。强调要系统梳理传统文化资源，挖掘文物和文化遗产的多重价值，提高文物研究阐释和展示传播水平，传播更多承载中华文化、中国精神的价值符号和文化产品。总书记重要论述深刻阐明科技创新和研究阐释对文物工作的支撑作用。王沪宁同志在重要讲话中，对提升科技支撑能力，建设国家文化遗产科技创新中心，强化文物保护关键共性技术攻关，做好文物、古迹、遗址等的研究阐释工作作出部署安排。我们要将提高科技创新和研究阐释能力作为文物工作的一项基础性工作，推进文物保护利用与现代科技融合发展，深化文物研究与价值阐释，以高精尖的科技手段、高水平的研究成果，为文物事业高质量发展提供有力支撑。要推进文物科技创新，落实好《“十四五”文物保护和科技创新规划》，加快出台加强文物科技创新的意见。加大文物科技投入力度，用好国家自然科学基金、国家社科基金、国家重点研发计划等平台，组织好考古发掘和文物保存修缮、安全防护、展示传播等环节的重大技术、关键技术攻关。适应数字化、网络化、智能化发展新要求，用好5G、大数据、人工智能、虚拟现实、增强现实等新技术，加强文物数字化保护，提升文物管理信息化水平，发展智慧博物馆。要加强文物研究阐释，深入挖掘其中蕴含的哲学思想、人文精神、价值理念、道德规范，把中华文明起源、形成、发展以及对人类的重大贡献更加清晰、更加全面地呈现出来，把马克思主义与中华优秀传统文化在世界观、方法论、认识论、精神品格等方面的契合性、相容性揭示出来，充分展示中华文明的伟大创造、中华文化的时代价值，教育引导干部群众特别是青少年更好认识和认同中华文明，增强做中国人的志气、骨气、底气。

第六，要在让文物活起来上下功夫。习近平总书记指出，文物保护利用和文化遗产保护传承要坚持守正创新。要处理好继承和创造性发展的关系，重点做好创造性转化和创新性发展。强调要系统梳理传统文化资源，让收藏在博物馆里的文物、陈列在广阔大地上的遗产、书写在古籍里的文字都活起来。总书记重要论述深刻阐明推进文物活化利用的时代价值。王沪宁同志在重要讲话中，就让文物活起来进行专门部署，提出要融入发展大局、促进文旅融合、创新展览展示传播、开展红色资源专项调查、加快博物馆改革发展、加强民间收藏文物管理服务、积极鼓励社会参与等要求。我们要在保护好文物本体基础上，深入挖掘其历史价值、文化价值、审美价值、科技价值、时代价值，推进合理适度利用，转化为形式多样、营养丰富的文化产品和服务，既有效满足群众美好生活需要，又让群众在润物无声中受熏陶、受感染、受教育，实现以文化人、以文育人、以文培元。要提高展览展示水平，积极创建中国特色世界一流博物馆，努力提升中小博物馆展示服务水平，推广以需定供的菜单式展览服务，不断丰富高品质、差异化、个性化文化产品和服务供给。支持联合办展、巡回展览、流动展览、网上展览，推出更多群众喜闻乐见的精品展览，打造一批立得住、树得起、叫得响的原创性主题展览品牌。要促进保护成果共享，加大文物建筑开放利用力度，因地制宜开展历史知识、艺术审美和科普教育。实施中国文物云建设工程，探索推动文物素材再造和衍生创新。推动虚拟展览进入城市公共空间，推动文物数字资源接入国家教育资源公共服务体系，构建线上线下相融合的传播体系。加强文物资源授权管理和文创开发引导，打造一批具有影响力的文化创意品牌。健全社会参与机制，引导社会力量广泛参与文物保护利用，推广文物志愿者等实践。优化民间收藏文物管理服务，促进文物市场活跃有序发展。要推进融合发展，找准传统文化和现代生活的连接点，推动文物与旅游、传媒等行业跨界融合。积极推动文物保护单位、世界遗产地、博物馆成为特色旅游目的地和文明旅游典范。用好革命文物资源，积极发展红色旅游、研学旅行，推出更多红色主题旅游景区景点和精品线路，吸引更多游客参与红色旅游，接受革命传统教育、爱国主义教育和国情教育。

第七，要在深化文物国际交流与合作上下功夫。习近平总书记指出，文明因多样而交流，因交流而互鉴，因互鉴而发展。强调要推动文明对话，促进交流互鉴，共同守护好全人类的文化瑰宝和自然珍宝，推动构建人类命运共同体。强调要立足中国大地，讲好中华文明故事，向世界展现可信、可爱、可敬的中国形象。总书记重要论述深刻阐明文明交流互鉴的重要意义和实现路径。王沪宁同志在重要讲话中，就深化文物国际交流合作提出明确要求，如融入国家外交、国际传播、对外援助，完善交流合作机制，创新文明话语表达，加强中外文物展览交流等。我们要用好文物这一中华优秀传统文化的重要载体、中华文明走向世界的金色名片，在对外宣传、人文交流大框架下，不断扩大和深化文物国际交流合作，努力讲好中国故事、展示中国形象、彰显中华文化魅力。要围绕中心、服务大局，深化与共建“一带一路”国家在文物保护利用领域的交流合作，用好丝绸之路国际博物馆联盟等平台。实施亚洲文化遗产保护行动，持续推进援外文物保护修复合作项目，联合实施一批亚洲主题合作项目，传播中国文物保护理念与技术标准。要打造文物对外宣传品牌，实施好让文物活起来、扩大中华文化国际影响力等政策文件，加强中外文物展览交流合作。发挥海外中国文化中心等阵地作用，推动与国外文物机构共建合作传播基地。要积极参与国际治理，实施文化遗产全球伙伴计划，积极参与文明古国论坛等多边机制活动。深化濒危文化遗产抢救保护合作，加大打击文化财产非法贩运力度。推进世界遗产申报管理和相关国际协作。加强水下文化遗产保护、世界文化遗产管理、流失海外文物追索返还、博物馆等领域国际合作，认真履行国际责任。

第八，要在加强文物工作机构和队伍建设上下功夫。习近平总书记指出，要关心爱护考古工作者，积极提供人力、物力、财力等方面的支持，为考古事业、文物保护、历史研究创造良好条件。强调要积极培养壮大考古队伍，让更多年轻人热爱、投身考古事业，让考古事业后继有人、人才辈出。总书记重要论述深刻阐明加强文物机构和队伍建设的重要要求。王沪宁同志在重要讲话中，对全面加强党对文物工作的领导、充实文物保护力量、建强干部人才队伍、加大对文物工作支持力度等提出明确要求。我们要始终坚持、不断加强党对文物工作的全面领导，严格落实全面从严治党部署要求，以党的政治建设为统领，全面加强党的各项建设，为文物事业发展提供坚强政治保证。要牢牢把握中央编办关于加强文物保护和考古工作机构编制保障重要机遇，尽快落实人员编制岗位，完善人才培养、选用、激励、评价等机制，打造高素质专业化的文物工作队伍。要推进基层文物机构建设，在中央编办支持下，积极争取地方党委和政府加强文物管理机构建设、进一步落实人员编制，保持文物工作机构和队伍稳定。要培养壮大人才队伍，以培养造就名家大师、高水平领军人才和优秀青年骨干人才为重点，统筹推进文物科技人才、技能人才、管理人才等各方面人才队伍建设，创新人才工作体制机制，全方位培养、引进、用好人才，聚天下英才而用之。要加强文物战线干部队伍建设，按照王沪宁同志重要指示要求，努力打造一支政治过硬、业务精通、敬业奉献、求实创新的文物工作队伍。要关心爱护文物工作者，在政治上充分信任、思想上主动引导、工作上积极帮助、生活上关心照顾，多为他们做好事、办实事、解难事，留住人才、加强力量。要鼓励他们以这次受表彰的先进典型为榜样，践行“莫高精神”，弘扬“择一事、终一生”的敬业精神和家国情怀，自觉为文物事业奉献力量、再立新功。

保护文物功在当代、利在千秋。我们要认真贯彻本次全国文物工作会议精神，特别是王沪宁同志重要讲话精神，要更加紧密地团结在以习近平同志为核心的党中央周围，扎实做好新时代文物工作，为建设社会主义文化强国、实现中华民族伟大复兴不懈奋斗，以实际行动迎接党的二十大胜利召开！

文化和旅游部党组书记、部长胡和平在全国文物局长会议上的讲话

（2023年1月5日）

这次全国文物局长会议，是在全党全国上下深入学习宣传贯彻党的二十大精神之际召开的，对于贯彻落实好习近平新时代中国特色社会主义思想和党的二十大精神、做好当前和今后一个时期文物工作，具有重要意义。

刚刚过去的2022年，是党和国家历史上极为重要的一年。党的二十大胜利召开，描绘了全面建设社会主义现代化国家的宏伟蓝图。面对百年变局和世纪疫情交织叠加，面对风高浪急的国际环境和艰巨繁重的国内改革发展稳定任务，以习近平同志为核心的党中央统揽全局、审时度势，团结带领全党全国各族人民迎难而上、砥砺前行，推动党和国家事业取得新的辉煌成就。

一年来，以习近平同志为核心的党中央高度重视文化文物工作，作出一系列事关全局和长远的战略部署。习近平总书记就“深化中华文明探源工程”主持中共中央政治局第三十九次集体学习并发表重要讲话；党的二十大后首次出京考察，带领新一届中央领导集体瞻仰延安革命纪念地，调研殷墟遗址考古工作；给中国国家博物馆老专家回信，向“意大利之源——古罗马文明展”开幕式、全球重要农业文化遗产大会致贺信；考察山西、北京、四川、新疆、辽宁、陕西、河南等地多处文物保护单位、博物馆、纪念馆；在乌兹别克斯坦、沙特阿拉伯媒体发表的署名文章中对文物保护合作、联合考古作出重要指示；就文物安全、文物保护管理、考古研究等作出22次重要批示。党的二十大站在推进文化自信自强、铸就社会主义文化新辉煌的高度，从多个方面对加强文物保护利用提出重要要求。全国文物工作会议胜利召开，确立“保护第一、加强管理、挖掘价值、有效利用、让文物活起来”的新时代文物工作方针。这些都充分体现了以习近平同志为核心的党中央对文物工作的殷切厚望和关心关怀，令我们备受鼓舞、倍感振奋、倍增干劲。

一年来，全国文物系统在以习近平同志为核心的党中央坚强领导下，履职尽责、守正创新，狠抓基础、拓展格局，各项工作取得积极成效。一是文物保护管理切实加强。国务院公布新修订的《中华人民共和国水下文物保护管理条例》，司法部完成文物保护法修订草案的法制审查。23个省（市）落实“先考古、后出让”制度。全国省级文物保护单位名录首次建立。石碑石刻文物管理全面加强。首都功能核心区文物腾退保护利用等重大工程取得突破性进展。《黄河文物保护利用规划》出台实施。全国文物火灾隐患整治和消防能力提升三年行动圆满收官。全国打击防范文物犯罪专项行动持续开展，一批重大法人违法案件和安全事故受到严肃查处。二是考古和历史研究成果丰硕。中华文明探源工程持续拓展，“考古中国”重大研究项目取得重要发现，西沙深海考古实现重大突破、拓展水下考古研究领域。三星堆遗址、长江口二号古船成为“现象级”考古成果传播案例。“世界一

流考古机构建设”扎实推进，重点地区考古标本库房、科技考古实验室建设稳步开展。第四批国家考古遗址公园评定公布。三是文物展示利用积极拓展。中共中央办公厅、国务院办公厅印发《关于让文物活起来　扩大中华文化国际影响力的意见》。围绕喜迎党的二十大，组织推介百余项主题展览，开展“青少年中华文物我来讲”博物馆志愿服务、“晒晒我们的新物件”主题宣传活动，100家博物馆、纪念馆入选首批“大思政课”专题实践教学基地。“何以中国”“和合共生”“香港历史建筑中的家国情”等展览取得良好反响，《中国考古大会》《中国国宝大会》《红色烙印——革命文物的故事》等节目深受群众喜爱。亚洲文化遗产保护行动纵深推进，援缅佛塔保护修复项目启动实施。对港澳台文化遗产交流合作培育新亮点。四是文物工作队伍不断壮大。在习近平总书记亲切关怀、党中央决策部署下，在中央编办和地方党委、政府及有关部门积极行动下，国家文物局新“三定”颁布实施，全国文物保护和考古机构编制持续增加。文物考古事业单位职工野外工作津贴标准大幅提高。49个单位、79名个人荣获全国文物系统先进集体、先进工作者和劳动模范，2名中国文物工作者荣获柬埔寨王国骑士勋章，有力提振了文物工作者的精气神。

这些成绩的取得，根本在于以习近平同志为核心的党中央坚强领导，在于习近平新时代中国特色社会主义思想正确指引，是广大文物工作者扎根一线、团结奋斗的结果。我代表文化和旅游部党组，向全体文物工作者表示衷心感谢、诚挚问候！

下面，我讲三个方面意见。

一、深入学习贯彻习近平总书记关于文物工作重要论述和党的二十大精神，增强工作责任感使命感

党的十八大以来，习近平总书记高度重视文物保护利用和文化遗产保护传承，发表一系列重要论述，为做好新时代文物工作提供了根本遵循、指明了前进方向。2022年，习近平总书记就做好文物工作，作出一系列新的重要论述。关于保护传承弘扬中华优秀传统文化。总书记指出，中华民族有着五千多年的文明史，我们要敬仰中华优秀传统文化，坚定文化自信。强调中华优秀传统文化是我们党创新理论的“根”，我们推进马克思主义中国化时代化的根本途径是“两个结合”。强调要善于从中华优秀传统文化中汲取治国理政的理念和思维，广泛借鉴世界一切优秀文明成果。强调推动中华优秀传统文化创造性转化、创新性发展，为民族复兴立根铸魂。关于考古和中华文明历史研究。总书记指出，考古工作要继续重视和加强，继续深化中华文明探源工程。强调把中华文明起源研究同中华文明特质和形态等重大问题研究紧密结合起来，研究阐释中华民族共同体发展路向和中华民族多元一体演进格局，研究阐释中华文明的精神特质和发展形态，阐明中国道路的深厚文化底蕴。强调要同步做好我国“古代文明理论”和中华文明探源工程研究成果的宣传、推广、转化工作，加强对出土文物和遗址的研究阐释和展示传播，提升中华文明影响力和感召力。关于加大文物保护利用力度。总书记指出，要全面保护好历史文化遗产，统筹好旅游发展、特色经营、古城保护，筑牢文物安全底线。强调要挖掘文物和文化遗产的多重价值，传播更多承载中华文化、中国精神的价值符号和文化产品。强调运用现代科技手段加强古籍典藏的保护修复和综合利用。强调各级领导干部都要敬畏历史、敬畏优秀传统文化，重视文物保护利用和文化遗产保护传承工作，为历史和考古工作者开展研究、学习深造、研修交流提供更多政策支持。关于博物馆事业发展。总书记指出，博物馆是保护和传承人类文明的重要场所，文博工作者使命光荣、责任重大。强调要坚持正确政治方向，坚定文化自信，深化学术研究，创新展览展示，推动文物活化利用，推进文明交流互鉴，守护好、传承好、展示好中华文明优秀成果，为发展文博事业、为建设社会主义文化强国不断作出新贡献。关于促进文物国际交流合作，总书记指出，中华文明自古就以开放包容闻名于世，在同其他文明的交流互鉴中不断焕发新的生命力。强调要立足中国大地，讲好中华文明故事，向世界展现可信、可爱、可敬的中国形象。强调要加强文物保护利用和文化遗产保护传承，不断扩大中华文化国际影响力，增强民族自豪感、文化自信心。

党的二十大在全党全国各族人民迈上全面建设社会主义现代化国家新征程、向第二个百年奋斗目标进军的关键时刻召开，是一次高举旗帜、凝聚力量、团结奋进的大会，在政治上、理论上、实践上取得一系列重大成果。要全面系统深入学习领会党的二十大精神，深刻把握党的二十大主题，深刻领悟“两个确立”的决定性意义，深刻把握开辟马克思主义中国化时代化新境界的重要要求，深刻把握新时代新征程中国共产党的使命任务，深刻把握全面建设社会主义现代化国家的部署安排，深刻把握坚定不移推进全面从严治党的政治要求，深刻把握顽强斗争、团结奋斗的时代要求，凝聚起全面建设社会主义现代化国家、全面推进中华民族伟大复兴的精神力量。要深刻把握二十大关于推进文化自信自强、铸就社会主义文化新辉煌，特别是关于文物工作的战略部署，加大文物和文化遗产保护力度，加强城乡建设中历史文化保护传承，建好用好国家文化公园；用好红色资源，深入开展社会主义核心价值观宣传教育，深化爱国主义、集体主义、社会主义教育；坚守中华文化立场，提炼展示中华文明的精神标识和文化精髓，加快构建中国话语和中国叙事体系；深化文明交流互鉴，推动中华文化更好走向世界。

要深入推进习近平新时代中国特色社会主义思想和党的二十大精神学习教育，深刻领悟习近平新时代中国特色社会主义思想蕴含的真理力量、实践力量、人格力量，特别是要深入学习贯彻习近平总书记关于文物工作重要论述和指示批示精神，建立健全长效落实机制、督查督办机制。要按照习近平总书记关于全面学习、全面把握、全面落实的重要指示要求，把学习宣传贯彻党的二十大精神作为当前和今后一个时期的首要政治任务，立足文物系统特色，组织好学习教育、宣传阐释、贯彻落实工作。要将学习贯彻习近平总书记关于文物工作重要论述与学习贯彻党的二十大精神紧密结合起来，切实转化为指导实践的思想武器、推动工作的有力举措，确保落到实处、见到实效。

二、深刻把握做好文物工作的重要意义，落实好新时代文物工作方针

文物承载灿烂文明、传承历史文化、维系民族精神，是老祖宗留给我们的宝贵遗产。做好文物工作，对传承弘扬中华文化、满足人民文化需求、增强人民精神力量、赋能经济社会发展、助力文明交流互鉴等具有重要意义。2022年7月，全国文物工作会议在京召开。会议深入学习贯彻习近平总书记关于文物工作重要论述精神，回顾总结近年来文物工作重要成就，分析研判当前文物工作面临的新形势新任务新要求，旗帜鲜明提出“保护第一、加强管理、挖掘价值、有效利用、让文物活起来”的新时代文物工作方针。这一方针是对习近平总书记关于文物工作重要论述精神的贯彻落实，对改革开放以来党领导文物工作宝贵经验的系统总结，对新时代文物工作规律深刻认识的重要升华，具有很强的科学性、时代性、针对性。我们要深刻把握新时代文物工作方针对做好文物工作的重要意义，将其作为学习贯彻习近平总书记关于文物工作重要论述精神、贯彻落实全国文物工作会议精神的重要抓手，融会贯通到文物工作全过程、各方面，内化为指导思想、工作理念，外化为政策法规、工作举措，推动文物事业高质量发展、全方位进步。

第一，要坚持“保护第一”，像爱惜生命一样保护好文物。文物等历史文化遗产承载着中华民族的基因和血脉，是五千年中华文明的生动见证、劳动人民创新创造的智慧结晶，是不可再生、不可替代的珍贵文化资源。文物保护，功在当代、利在千秋，既是当前必须完成好的重要任务，更是未来必须肩负好的光荣使命。“保护第一”是统领新时代文物工作方针的“第一条”，深刻揭示了保护是首要任务、基本前提，维护文物资源的历史真实性、风貌完整性、文化延续性是做好文物工作的出发点、落脚点。我们要常怀敬畏之心、常思保护良策，本着对历史负责、对人民负责的态度，全面落实好“保护第一”原则，把文物安全作为底线、红线、生命线，像爱惜自己的生命一样保护好文物，守护好传承好历史文脉。要加大文物保护力度，强化系统保护、整体保护，统筹好抢救性保护和预防性保护、本体保护和周边保护、单点保护和集群保护，完善文物保护制度体系、标准体系、名录体系，不断提升文物保护水平。要落实好基本建设考古前置制度，对可能存在历史文化遗存的土地坚持“先考古、后出让”。要将文物安全摆在极其重要的位置，严格制度、严加防范、严厉打击，把文物安全管理制度“装上牙齿”，织密文物保护的“安全网”。

第二，要坚持“加强管理”，不断提升文物领域治理能力和治理水平。加强管理，是做好文物工作的重要保障。新时代文物工作方针将“加强管理”放在“保护第一”之后，充分凸显了其关键性、迫切性。我们要坚持守土有责、守土负责、守土尽责，在提升管理水平、强化能力素质上彰显新担当、体现新作为，更好护航文物的系统保护和有效利用。要坚持依法依规管理，完善文物保护法律法规体系，健全文物资源资产管理制度，编制实施文物保护单位保护规划等专项规划，推动纳入国土空间规划“一张图”实施。要推进全面深化改革，持续推进文物保护利用改革，以国家文物保护利用示范区建设、博物馆改革发展等为抓手，着力解决制约文物事业发展的重点难点问题。要强化科技创新赋能，推进文物工作与现代科技融合发展，组织好考古发掘和文物保存修缮、安全防护、展示传播等重大技术、关键技术攻关，用好5G、大数据、人工智能、虚拟现实、增强现实等新技术，加强文物数字化保护，提升管理信息化水平。要加强机构队伍建设，以培养造就名家大师、高水平领军人才和优秀青年骨干人才为重点，统筹推进各方面人才队伍建设，打造一支政治过硬、业务精通、敬业奉献、求实创新的文物工作队伍。持续推进基层文物机构建设，集中力量解决基层文物管理急难愁盼问题。

第三，要坚持“挖掘价值”，充分展现文物的文化内涵与时代价值。文物见证历史、连通古今、启迪未来，具有丰富的历史、文化、审美、科技、教育等多重价值，是还原历史、探索未知、揭示本源的“钥匙”，是以物知史、以史鉴今、资政育人的“富矿”。新时代文物工作方针开创性地提出“挖掘价值”的任务，是新的时代条件对文物工作提出的新要求。要在保护好文物本体基础上，深入挖掘好、研究好、阐释好文物的历史价值、文化价值、审美价值、时代价值，讲清楚文物蕴含的哲学思想、人文精神、价值理念、道德规范，把马克思主义与中华优秀传统文化在世界观、方法论、认识论、精神品格等方面的契合性、相容性揭示出来，为推进“两个结合”、创造人类文明新形态提供理论支撑。要深挖细掘、大力阐释革命文物背后的故事，讲好中国共产党的故事、革命的故事、英雄的故事，让广大干部群众从革命文化、红色资源中，润物无声地接受爱国主义和革命传统教育，传承红色基因、汲取奋进力量。要加强考古能力建设和学科建设，努力建设中国特色、中国风格、中国气派的考古学。围绕史前文明、中国文化基因、夏代历史研究等重大问题开展专项攻关，用考古发现展示中华文明起源、发展脉络及对世界文明的重大贡献，让世界了解中国历史、了解中华民族精神。

第四，要坚持“有效利用”，让文物保护成果更好服务经济社会发展。保护和利用，历来是文物工作一对重要关系，保护是利用的前提，利用是保护成果的转化。从“合理利用”到“有效利用”，体现的是理念的转变、要求的提高，对我们提升文物利用效益、丰富文物使用价值，提出新课题、新任务。要坚持在保护中利用、在利用中保护，通过有效利用，让保护成果更好服务经济社会发展、服务人民高品质生活，同时唤起人们的文物保护意识、凝聚起全社会保护文物的合力，实现文物保护和文物利用相协调。要提升文物博物馆公共服务水平，积极创建中国特色世界一流博物馆，加强中小博物馆建设，推广菜单式展览服务，丰富高品质、差异化、个性化文化产品和服务供给，使博物馆成为社会教育、科普教育殿堂。要促进保护成果共享，加大文物资源开放利用力度，引导社会力量广泛参与文物保护利用，优化民间收藏文物管理服务，促进文物市场活跃有序发展。要推进文物与旅游深度融合发展，积极推动文物保护单位、世界遗产地、博物馆成为特色旅游目的地和文明旅游典范。用好革命文物资源发展红色旅游、研学旅行，推出更多红色主题旅游景区景点、精品线路，吸引更多游客参与红色旅游，促进革命文物所在地群众就业、增收、致富。

第五，要坚持“让文物活起来”，实现创造性转化、创新性发展。保护第一、加强管理、挖掘价值、有效利用，最终目的就是要“让文物活起来”，这是一个目标性要求，也是过程性要求，明确了新时代文物工作应该发挥什么样的作用、实现什么样的目标。“让文物活起来”，就是要充分发挥文物的作用，让文物说话，把历史智慧告诉人们、把中国文化基因传承下去、把中华文化精神弘扬起来，为推进文化自信自强、促进文明交流互鉴作出重要贡献。要坚持守正创新，系统梳理传统文化资源、赋予其新的时代价值，让收藏在博物馆里的文物、陈列在广阔大地上的遗产、书写在古籍里的文字都活起来，成为以文化人、培根铸魂的丰厚资源，成为加强社会主义精神文明建设的深厚滋养，为新时代坚持和发展中国特色社会主义提供精神支撑。要坚持以社会主义核心价值观为引领，找到传统文化和现代生活的连接点，推动文物资源转化利用，更好满足人民日益增长的美好生活需要。要用好文物这一中华优秀传统文化的重要载体、扩大中华文化国际影响力的重要名片，在对外宣传、人文交流大框架下，不断扩大和深化文物国际交流合作，讲好中国故事、展示中国形象、彰显中华文化魅力，让中华文明同世界各国人民创造的丰富多彩的文明一道，为人类提供正确精神指引和强大精神动力。

三、扎实完成好2023年各项工作任务

2023年是全面贯彻落实党的二十大精神开局之年。做好今年工作，总的要求是：以习近平新时代中国特色社会主义思想为指导，全面贯彻落实党的二十大精神，按照全国宣传部长会议、全国文化和旅游厅局长会议部署要求，坚持稳中求进工作总基调，坚持守正创新、自信自强，坚持“保护第一、加强管理、挖掘价值、有效利用、让文物活起来”的新时代文物工作方针，统筹做好文物保护、管理、研究、利用等工作，推动文物事业发展再上新台阶，为建设社会主义文化强国、铸就社会主义文化新辉煌而团结奋斗。关于今年工作，李群同志将进行具体部署，这里只点一些重点任务。

第一，要把文物保护摆在更加重要的位置。守牢文物安全底线，会同相关部门研究制定《打击防范文物犯罪专项工作方案》，共同开展全国文物建筑消防安全隐患排查整治行动。加大对文物违法案件的督察督办、约谈曝光、查处追责力度，适时启动国家文物督察工作。推进文物系统性保护，建立健全各级文物保护单位名录，研究启动第四次全国文物普查，精准掌握文物资源家底、管理情况，进一步夯实文物工作基础。实施好石窟寺、廊桥、壁画彩塑、古建筑等文物保护工程。推进尚未核定公布为文物保护单位的不可移动文物保护，完善认定标准、修缮程序。组织实施馆藏珍贵濒危文物、材质脆弱文物保护修复计划。加强城乡历史文化遗产保护传承，会同有关部门，研究编制《全国城乡历史文化保护传承体系规划纲要》，健全历史文化名城名镇名村、历史文化街区、传统村落保护监管机制，实施拯救老屋行动、文明守望工程。研究构建地下文物埋藏区、水下文物保护区等文物保护区域评估和管理制度。积极推进国家文化公园建设管理，印发实施《长征文化和文物资源保护传承专项规划》《长江文物保护利用规划纲要》，组织实施一批保护展示项目。

第二，要研究阐释文物蕴含价值。深入实施中华文明探源工程、“考古中国”等重大项目，与相关部门和高校做好协调配合，加强统筹规划、科学布局，加强考古与其他人文科学、自然科学有机结合，用好新技术新手段，在空间上扩大考古工作范围，在时间上向前追溯文明元素，在深度上挖掘揭示已知古文化遗址价值，努力取得更多研究成果。统筹推进夏商文明研究、边疆民族地区考古、水下考古，加强大遗址保护利用。组织实施好世界一流考古机构建设、全国考古人才振兴计划。持续做好“考古中国”重大项目发布。组织实施一批革命文物连片保护和整体展示项目，创新低级别革命文物保护展示方式，提升革命博物馆纪念馆建设水平。发挥国家革命文物协同研究中心等平台作用，推出一批反映“四史”主题的精品展览、精品节目、精品线路。贯彻落实好《关于让文物活起来 扩大中华文化国际影响力的意见》，聚焦共建“一带一路”倡议十周年，推进与相关国家联合考古、文物保护修复合作、文物展览交流，推进海上丝绸之路保护和联合申报世界文化遗产。实施好亚洲文化遗产保护行动。构建文物追索返还常态化工作格局。按照习近平总书记作出的“申遗项目要有利于突出中华文明历史文化价值、有利于体现中华民族精神追求、有利于向世人展示全面真实的古代中国和现代中国”重要批示要求，推进“普洱景迈山古茶林文化景观”“北京中轴线”申遗，更新《中国世界文化遗产预备名单》。

第三，要推动文物真正“活起来”。落实好九部门《关于推进博物馆改革发展的指导意见》、六部门《关于加强民间收藏文物管理 促进文物市场有序发展的意见》。启动实施中国特色世界一流博物馆创建、国家级重点专题博物馆建设、类博物馆联合认证。健全社会力量参与文物保护利用的长效机制。深入实施“互联网+中华文明”行动计划。实施中华文物全媒体传播计划，办好文化和自然遗产日、国际博物馆日等活动，面向公众特别是青少年群体，策划推出更多主题文化产品。用好世界文化遗产、全国重点文物保护单位等资源，推进富有文化底蕴的世界级旅游景区和度假区、文化特色鲜明的国家级旅游休闲城市和街区建设。提升文物保护单位、世界遗产地、博物馆、革命旧址的旅游管理水平。要更好统筹疫情防控和行业恢复发展，落实好“疫情要防住、经济要稳住、发展要安全”的要求，因时因势动态调整防控措施，精准做好行业疫情防控工作。根据中央要求和形势发展变化，结合行业实际、地方实际，及时调整优化文博单位疫情防控措施，为恢复发展打牢基础。

第四，要努力提升文物管理水平。积极推动全国人大常委会审议文物保护法修订草案，鼓励地方立法。健全规划实施机制，统筹推进各级各类规划实施，特别是实施好《“十四五”文物保护和科技创新规划》。继续落实好中共中央办公厅、国务院办公厅《关于加强文物保护利用改革的若干意见》，全面推进71项改革任务。加快推进中华文明标识体系、文物资源资产管理等重点改革任务。发挥国家文物保护利用示范区引领带动作用，探索博物馆三权分置改革试点、文物流通领域改革。尽快出台实施《关于加强文物科技创新的意见》，召开全国文物科技工作会议。实施好“十四五”国家重点研发计划研究任务，建好用好国家文化遗产科技创新中心，推动创建文物领域全国重点实验室。实施好考古学国家急需高层次人才培养专项，推行“文物科学与技术”交叉学科试点，制定印发关于推动新时代文物职业教育高质量发展的政策文件。用好机构增编、考古野外津贴等政策，吸引更多优秀人才从事文物工作。推动落实地方文物部门机构编制待遇，保持基层文物工作队伍稳定并不断加强。

做好2023年工作，要提高政治站位，深刻领悟“两个确立”的决定性意义，增强“四个意识”、坚定“四个自信”、坚决做到“两个维护”，切实把思想和行动统一到党的二十大精神和党中央决策部署上来。要坚持和加强党对文物工作的全面领导，以党的政治建设为统领，全面加强党的各项建设，为文物事业发展提供坚强政治保证。要深入落实意识形态工作责任制，管好各类阵地，健全文化内容监管、重大活动审查、舆情应对处置机制，切实维护国家文化安全和意识形态安全。要强化责任担当，践行“莫高精神”，以奋发有为的精神状态、“时时放心不下”的责任意识，投入文物改革发展实践、扎根文物保护利用事业。

新的一年，让我们更加紧密地团结在以习近平同志为核心的党中央周围，锐意进取、开拓创新，努力谱写新时代文物事业发展新篇章，为建设社会主义文化强国作出新的更大贡献！

文化和旅游部副部长、国家文物局局长李群在全国文物行业安全工作电视电话会议上的讲话

（2022年4月29日）

今天，我们召开全国文物行业安全工作电视电话会议，主要任务是认真学习贯彻习近平总书记近期关于安全工作重要指示批示精神，落实国务院安委会电视电话会议要求，对切实做好文物行业“五一”假期及今后安全工作进行部署安排。下面，我讲四个方面意见。

一、深入学习贯彻习近平总书记重要指示精神，切实增强做好安全工作的责任感使命感紧迫感

党的十八大以来，以习近平同志为核心的党中央高度重视安全工作，强调坚持总体国家安全观，树牢底线思维，增强忧患意识，坚决维护国家安全，统筹推进各项安全工作，走中国特色国家安全道路，为中华民族伟大复兴中国梦提供坚实安全保障。强调坚持以人民安全为宗旨，国家安全一切为了人民、一切依靠人民，切实维护人民群众安全权益，始终把人民作为国家安全的基础性力量，夯实国家安全的社会基础，防范化解各类安全风险，不断提高人民群众的安全感、幸福感。强调坚持统筹发展和安全，安全是发展的前提、发展是安全的保障，坚持发展和安全并重，实现高质量发展和高水平安全的良性互动，既通过发展提升国家安全实力，又深入推进国家安全思路、体制、手段创新，营造有利于经济社会发展的安全环境，全面提高国家安全工作能力和水平。

3月21日，东航MU5735航空器飞行事故发生后，党中央高度重视，习近平总书记立即作出重要指示，强调最近一段时间，交通、建筑、煤矿等方面事故多发，特别是“3·21”东航MU5735航空器飞行事故造成重大人员伤亡，再次给我们敲响了警钟。强调安全生产要坚持党政同责、一岗双责、齐抓共管、失职追责，管行业必须管安全、管业务必须管安全、管生产经营必须管安全。强调各级党委和政府要坚持以人民为中心的发展思想，坚持人民至上、生命至上，始终保持如履薄冰的高度警觉，做好安全生产各项工作，决不能麻痹大意、掉以轻心。

4月13日，习近平总书记在听取海南省委和省政府工作汇报时强调，要坚持党的领导不动摇，自觉站在党和国家大局上想问题、办事情，始终坚持正确政治方向。要坚持中国特色社会主义制度不动摇，牢牢把握中国特色社会主义这个定性。要坚持维护国家安全不动摇，加强重大风险识别和防范，统筹改革发展稳定，坚持先立后破、不立不破。强调要坚持稳字当头，注意风险防控，进一步增强责任意识，完善应急机制，未雨绸缪，周密管控，严防死守，防止各类“黑天鹅”“灰犀牛”事件发生。

李克强总理和孙春兰同志、黄坤明同志就认真贯彻落实习近平总书记重要指示精神作出批示，要求全面梳理本领域工作，排查各类风险隐患，坚决遏制重特大事故发生，切实维护意识形态安全、维护文化安全。国务院安委会召开全国电视电话会议，刘鹤副总理

提出贯彻落实安全生产十五条重要举措，要求各地理直气壮抓好督促检查。国家减灾委员会、国务院抗震救灾指挥部暨国务院第一次全国自然灾害综合风险普查领导小组召开会议，部署安排全国防灾减灾救灾有关工作。

习近平总书记重要指示和党中央、国务院重要决策部署，深刻阐明做好安全工作的极端重要性，提出当前安全工作的主要任务和具体要求，为我们做好文物行业安全工作提供了根本遵循、指明了前进方向。要深刻认识到，近年来全国文物安全形势总体平稳、有所好转，但仍有盗窃盗掘案件和火灾事故发生，文物安全工作一刻也不能掉以轻心。要充分认识当前复杂严峻的安全形势，深刻汲取教训，强化抓安全工作的政治自觉、思想自觉、行动自觉，采取坚决有力措施，切实将习近平总书记关于安全工作重要论述和指示批示精神落实到具体行动上，体现到工作成效中，为党的二十大胜利召开营造良好环境，以实际行动坚决拥护“两个确立”、做到“两个维护”。

二、织密防控体系，扎实做好文物安全工作

各级文物行政部门、各地文博单位要根据党中央、国务院的决策部署，结合行业工作特点和实际，将文物安全工作放在重要位置，将任务部署到位、措施执行到位、责任落实到位，确保文物行业安全稳定。

一是坚持源头治理，遏制文物安全事故。各地要坚决落实安全生产十五条重要举措，特别是要严格落实文物部门安全监管责任，牢牢守住项目审批安全红线，严厉查处违法分包转包和挂靠资质行为，切实加强劳务派遣和灵活用工人员安全管理，重拳出击开展“打非治违”，坚决整治执法检查“宽松软”问题。各地要按照全覆盖、零容忍的要求，全面排查整治安防漏洞和火灾隐患，逐一梳理安全管理环节和程序，逐项落实安全措施，将各类引发文物安全事故的诱因消灭在萌芽状态，切实做到防患于未然。

二是增强防护能力，化解文物安全风险。文博单位要增加人力物力，严格落实安全保卫措施，特别是开放的文博单位要增设必要的出入安检设备，严控内部和外来风险。要认真组织安排文物安全工作、开展安全警示教育培训，反复进行全员应急演练，全面检测、及时更新安全防护设施设备和电气线路，实施严格风险管控和精细化管理，做到警钟长鸣、常抓不懈。特别是“五一”假期前后，要加强人力物力调配，做好安全防护。

三是加强督导检查，整治文物安全隐患。各级文物行政部门要严格督导，对存在重大安全隐患的文物建筑、博物馆和文物保护工程工地、考古发掘工地等单位和场所，责令停业或者停工整改整顿，直至消除隐患。对安全隐患整改不力或者因失职渎职酿成文物安全事故的，要依法依纪严肃追责。要督导开放的文博单位统筹安排开放接待服务，合理确定活动区域线路，调控、疏导、分流游客数量，有效配置安全设备设施，增加防疫、安保、服务、救援等力量，确保人员和文物安全。

四是认真迎检备考，压实文物安全责任。近期，国务院安委会部署启动全国安全生产大检查，以及新一轮省级政府和安委会成员单位考核巡查，对贯彻习近平总书记重要指示精神和党中央、国务院决策部署，落实安全生产工作十五条重要举措等情况进行重点检查。目前，国务院安委会已组成16个综合检查组，着手开展相关工作。各级文物行政部门、各地文博单位务必高度重视，扎实做好各项准备工作，并以此为契机，进一步夯实文物安全党委政府责任，部门监管责任和管理使用单位直接责任，防风险、保安全、护稳定。

三、加强自然灾害应对，提升文物防灾减灾能力

当前我国已由南向北陆续进入降雨季节，部分地区可能出现大范围强降雨、雷暴大风、冰雹等极端天气，文物安全会受到严重威胁。各地要深刻汲取去年山西、河南等地汛期文物受损教训，未雨绸缪，及时采取有效措施，最大限度减少自然灾害对文物的影响。

一是密切关注极端天气发展，及时研判预警预报。各级文物行政部门要保持高度预警状态，尽早与当地应急管理、气象、自然资源、水利等部门加强协调沟通，提前组织研判文博单位面临强降雨、雷暴大风、冰雹、山洪、泥石流等灾害的风险，及时预警提示，按照国家防办近日印发的《关于加强基层防范应对极端暴雨工作的指导意见》，在当地党委政府统一指挥下做好防灾减灾救灾工作。同时，加强调度和指导，对地处灾区可能受灾的文博单位，抓紧落实应急预案、明确应对策略，会同相关部门和单位将防灾措施做到前头、落到实处。

二是抓紧排查，落实落细防灾减灾应急措施。要把古桥、古城墙、古民居和依托文物建筑开放的博物馆、纪念馆，以及文物保护工程工地、考古发掘工地，尤其是此前已受灾损毁、尚未完成修复的文物点作为重点排查对象。重点关注古桥被冲毁、古城墙古民居垮塌、古树名木倾倒等灾害风险，落实应对措施和防灾物资。对排查中发现险情的，要采取切实管用的举措，控制险情发展。对存在重大安全隐患的文博单位和文保、考古工地等，要立即停止开放或者停工，确保安全。

三是加强值守备勤，妥善处置险情。各级文物行政部门、各地文博单位要加强应急指挥和值班值守，领导干部要靠前指挥，一线值守人员要坚守岗位、瞪大眼睛，确保联络畅通、响应快速。提前检查检测安全防护设施设备，保障有效运行。发生灾情险情的，要按规定上报，并迅速启动应急预案，采取有效措施抢险救灾，妥善做好后续调查评估和保护修缮工作，将文物损失降到最低。

四、坚持科学精准，慎终如始抓好疫情防控

当前全球新冠疫情仍然十分严重。3月以来，上海、吉林等地暴发新冠病毒奥密克戎变异株引起的疫情，经历常态化疫情防控以来最严峻的时刻。两地文物系统广大干部职工坚决贯彻落实习近平总书记重要指示批示精神，按照党中央统一部署和省市党委政府决策部署，毫不动摇坚持“外防输入、内防反弹”总策略和“动态清零”总方针。两地文博干部职工坚守第一线，实施文博场馆消杀消毒、检查记录文物库房保藏环境，确保文物和人员安全。坚持“闭馆不闭展”，创新丰富在线服务，上海全市博物馆、美术馆举办“云展览”400余项，总浏览量300多万。更有党员干部下沉一线，与社区居委会联手抗疫救助，筑牢基层疫情防控的坚固防线。在此，向两地文博干部职工致以崇高敬意。

各级文物行政部门、各地文博单位要克服麻痹思想、厌战情绪、侥幸心理、松劲心态，抓细抓实疫情防控各项举措，统筹做好事业发展、疫情防控和安全生产工作。

一要落实疫情防控责任和措施。各级文物行政部门要扛起行业监管责任，督促文博单位及时发现和整改各类隐患。各地文博单位要切实肩负主体责任，强化组织领导，明确防控责任，全面履行岗位职责，把责任落实到具体部门、具体人员、具体环节。开放的文博单位要严格落实本地区疫情防控工作要求，坚持分区、分级、分类、有序原则，科学精准防控，动态调整开放时间和服务项目。落实“限量、预约、错峰”开放措施，对入场公众数量进行总量控制和动态调整，并做好开放信息、预约方式、注意事项等公示公告。严格落实佩戴口罩、测量体温、查验健康码、保持参观距离等举措，防止人员大量聚集。考古工地、文保工程项目单位应尽量压缩施工人员规模，做好工作人员健康监测、落实各项疫情防控措施和全程管理，确保安全。

二要保障公共文化服务质量。开放的文博单位可采取延长开放时间、设置针对未成年人、老年人、非智能手机用户等的线下预约通道等措施，保障公众参观权益。在加强疫情防控确保安全的前提下，积极开展形式多样、规模适当的展览展示、社会教育等线下活动；加强官方网站、微信公众号和小程序等平台资源内容运行维护，结合“云展览”“云直播”等线上形式，策划推送更多优质数字文化资源；拓展与媒体机构合作，制作推出群众喜闻乐见的广播电视节目，丰富人民精神文化生活。

三要健全疫情防控应急机制。各地文物行政部门要在当地党委政府统一领导下，加强与卫健、疾控等部门沟通协调，建立会商通报机制，强化联防联控，形成工作合力。文博单位要压实四方责任，落实“四早”要求，强化应急处置工作机制，结合本地实际，制定面对规模性突发疫情的应急处置预案，细化响应流程、应急措施、处置规范等具体内容，加强值班值守，开展应急演练，确保紧急状况下应急机制及时激活，实现常态化精准防控和疫情应急处置有机结合、快速转换。

在此，我强调一下，文物工作是宣传思想文化工作的重要组成部分，文博单位是重要的宣传思想文化阵地，具有鲜明的意识形态属性和独特的意识形态功能。各级文物行政部门、各地文博单位要坚决扛起政治责任，从严从实抓好意识形态责任制，深刻汲取教训，加强文博单位展览展示内容审查、文创产品授权开发内容把关，严格审核主题、创意以及文字、照片、地图等要素。盯紧盯牢文物行业可能出现的意识形态风险隐患，注重分析和把握苗头性、倾向性问题，做到头脑清醒、处置坚决，不能有丝毫松劲和含糊，切实维护意识形态安全和文化安全。

五一劳动节将至，各地人流物流增加，安全风险加大。各级文物行政部门、各地文博单位要严格落实节假日领导干部24小时带班值守和信息报告制度，按照国办对全国政府系统值班工作作出的进一步规范要求，认真负责做好节假日值班工作，遇有紧急重要事项一定要第一时间报告，并及时向上级文物部门报告，迅速组织核实处置。各地各单位要管好自己的人、看好自己的门、守好自己的阵地平台，确保安全不出事，过一个平安祥和的“五一”假期。

安全没有小事，责任重于泰山。让我们更加紧密地团结在以习近平同志为核心的党中央周围，毫不动摇贯彻落实好党中央重大决策部署，在大事上旗帜鲜明、立场坚定。坚持稳字当头，强化风险防控，进一步增强责任意识，决不掉以轻心，要未雨绸缪，周密管控，严防死守，夯实文物行业安全基础，筑牢文物安全防线，以实际行动迎接党的二十大胜利召开！

文化和旅游部副部长、国家文物局局长李群在全国文物工作会议上的发言

（2022年7月22日）

党的十八大以来，以习近平同志为核心的党中央前所未有高度重视文物保护利用和文化遗产保护传承，中央有力领导，部门通力协作，各地积极作为，社会各界踊跃参与，全国文物系统砥砺奋进，文物事业得到很大发展，文物工作取得显著成就。

一、文物保护利用凝聚新共识

习近平总书记对做好新时代文物工作作出一系列重要指示和全面部署，“坚持保护第一”“保护文物也是政绩”“让文物活起来”等理念深入人心，推动全党全社会形成守护历史文脉、传承中华文明的强大合力。党的十八届三中全会将文物事业改革发展纳入全面深化改革战略布局。党的十九大和十九届五中、六中全会对加强文物保护利用作出整体谋划。党中央、国务院出台6份专门政策文件、1部专项发展规划，全国人大加强执法监督，全国政协组织建言献策。中央有关部门强化统筹协作、政策供给，文物安全、流失文物追索返还等部际协调机制发挥重要作用。地方党委政府压实主体责任，27个省级政府将文物安全纳入考核评价体系，省级文物保护单位、市县级文物保护单位数量10年来分别增长58%和88%。文物保护志愿者、社会组织以及非国有博物馆、民间文物收藏队伍等不断壮大，文物宣传传播广受关注，人民群众参与热情持续高涨。

二、文物保护与考古取得新成效

公布两批全国重点文物保护单位，完成第一次全国可移动文物普查、石窟寺等专项调查，各级各类文物资源保护管理制度不断完善。长城、大运河、丝绸之路、传统村落等重大文物保护工程相继竣工，预防性保护、系统保护积极推进；数以万计馆藏珍贵文物、重要出土文物得到抢救修复，博物馆标准化库房建设基本完成，文物保存状况持续改善。中华文明探源工程、“考古中国”重大项目成果丰富，深海考古实现零的突破，在基本建设考古中抢救保护大批珍贵文物，考古工作为塑造全民族历史认知提供有力支撑。文物安全严防严打严管严治机制不断完善，打击文物犯罪、查处法人违法、整治火灾隐患取得重要成果，城乡建设中破坏文物的行为得到坚决纠正，文物防灾减灾和应急管理体系加快构建，文物安全形势持续向好。

三、文物博物馆展现新形象

类型丰富、主体多元、普惠均等的现代博物馆体系基本形成，博物馆数量10年增长60%，年度举办展览数量增长144%、接待观众数量增长119%，免费开放不断拓展，创新活力持续迸发，参观博物馆成为人民美好生活的一部分。革命文物保护利用工程深入实施，赣南、延安等革命旧址焕发新采，广西湘江战役、青海原子城等保护项目成效显著，助力脱贫攻坚、老区振兴，中国共产党历史展览馆、中国共产党早期北京革命活动纪念馆等建

成开放，红色资源发挥重要教育作用。支持引导民间收藏文物，推动文物市场有序发展，不断优化文物进出境管理、文物鉴定服务。积极参与国际文化遗产领域治理，中国世界遗产总数达56项，中外联合考古渐成规模，文物保护合作工程扎实开展，文物进出境展览异彩纷呈，流失文物追索返还亮点频现，文物成为促进文明交流的“金名片”。

四、文物治理能力和治理水平实现新提升

法律制度日臻完善，文物保护法修改积极推进，国务院颁布《博物馆条例》、新修订《中华人民共和国水下文物保护管理条例》，最高人民法院、最高人民检察院出台办理妨害文物管理刑事案件司法解释，各地出台实施200多部地方性文物保护法规。文物领域“放管服”改革纵深推进。财政投入稳中有增，全国一般公共预算文物支出持续增长，中央财政投入文物保护资金10年累计1000多亿元，对边疆民族地区、革命老区给予有力支持。文物工作科技含量显著提升，一批文物保护共性关键技术取得重要突破，实验室考古技术广泛应用，113项文物保护国家和行业标准发布实施。国家文物局增编扩岗，各地文物考古机构普遍加强，考古野外津贴将有明显提高，文博人才培养体系更加健全，广大文博工作者践行弘扬“莫高精神”，涌现出一批先进集体、先进工作者和劳动模范。

10年来，我们坚持党对文物工作的全面领导，坚守中华文化立场，坚持以人民为中心，不辱使命、守土尽责，努力走出一条符合国情的文物保护利用之路。下一步，我们要坚持以习近平新时代中国特色社会主义思想为指引，深入贯彻落实习近平总书记关于文物工作重要指示精神和党中央决策部署，认真贯彻这次会议精神，特别是王沪宁同志重要讲话精神，奋力推进文物事业高质量发展，为建设社会主义文化强国、实现中华民族伟大复兴的中国梦作出更大贡献。

文化和旅游部副部长、国家文物局局长李群在全国文物工作会议上的讲话

（2022年7月22日）

我就做好会议落实工作强调三点。

一是抓紧抓实全国文物工作会议精神传达贯彻。首先，各级文物行政部门、各地文博单位要尽快组织全体干部职工学习贯彻会议精神，特别是王沪宁同志重要讲话精神，按照胡和平同志讲话要求，进一步统一思想、提高认识，确保会议精神传达到文物战线全体同志、落到实处。刚才胡和平同志讲到，这次会议具有深学细研、凝心聚力、动员部署的重大意义，大家要切实把认识和行动统一到会议精神上来。全国文物系统先进集体、先进工作者和劳动模范是文物战线的杰出代表，要大力宣传先进典型事迹，受表彰个人和单位要“走在前、做表率、立新功”。也请各参会部门代表，回去后向本单位领导作汇报，贯彻落实党中央决策部署，共同做好新时代文物工作，继续给予文物保护利用大力支持。

二是深入贯彻新时代文物工作总的要求和工作方针。会议提出做好新时代文物工作，要坚持以习近平新时代中国特色社会主义思想为指导，贯彻落实习近平总书记关于文物工作的重要论述，深刻领悟“两个确立”的决定性意义，增强“四个意识”、坚定“四个自信”、做到“两个维护”，围绕举旗帜、聚民心、育新人、兴文化、展形象的使命任务，坚持保护第一、加强管理、挖掘价值、有效利用、让文物活起来的工作方针，着力加强文物保护研究利用，着力深化对中华文明的认知，着力提升中华文化影响力，为建设社会主义文化强国、实现中华民族伟大复兴的中国梦作出更大贡献。我们要深刻领会、做好贯彻。新时代文物工作方针中，“保护第一”是习近平总书记反复强调的，“要始终把保护放在第一位”，“全面保护好历史文化遗产”。“加强管理”是习近平总书记重要要求的概括，党委政府要“树立保护文物也是政绩的科学理念，统筹好文物保护与经济社会发展”，文物部门要“提高素质能力和依法管理水平”。“挖掘价值”是习近平总书记关于文物工作的重要理念，要求“切实保护好其历史文化价值”，“挖掘文物和文化遗产的多重价值”。“有效利用”是习近平总书记对用好文物资源的更高要求，“要把文物保护好、管理好，同时加强研究和利用”，“充分挖掘和有效运用”“历史事实、考古实物、文化遗存”。“让文物活起来”是习近平总书记关于文物工作的原创性思想，要“让文物真正活起来，成为加强社会主义精神文明建设的深厚滋养，成为扩大中华文化国际影响力的重要名片”。这一方针阐明了文物工作各方面的辩证关系，保护第一是主线，加强管理是关键，挖掘价值是基础，有效利用是路径，让文物活起来是目标。我们要全面贯彻新时代文物工作总的要求和工作方针，落实到文物工作全过程和各方面。

三是扎实做好2022年文物领域各项重点工作。要坚决贯彻落实全国文物工作会议精神，加强部门协作、央地联动，做好中央部署的让文物活起来、扩大中华文化国际影响力

各项工作，落实好国办印发的《“十四五”文物保护和科技创新规划》各项任务。要突出中心，迎接宣传贯彻党的二十大，紧跟学习贯彻、紧扣重大任务，精心组织开展主题活动。要夯实基础，强化各级各类文物资源管理和文物安全防控，统筹好重点保护项目和日常养护、重大考古研究课题和基建考古工作，持之以恒加强科技创新与人才队伍建设。要深化改革，认真落实九部委博物馆改革发展、六部门民间收藏文物管理等重要文件，加强革命文物保护利用片区建设，推进国家文物保护利用示范区创建工作。要服务大局，强化协调推进、优化审批程序，加快文博领域重大工程项目落地实施，加快相关预算执行，为稳住经济大盘贡献力量。特别要强化风险意识，坚决守住文物安全红线、疫情防控底线、意识形态安全防线，加强全面从严治党，风清气正、干事担当、再创新绩。

文化和旅游部副部长、国家文物局局长李群在全国文物局长会议上的工作报告

（2023年1月5日）

经习近平总书记批准，我们召开全国文物局长会议。会议的主要任务是：以习近平新时代中国特色社会主义思想为指导，学习宣传贯彻党的二十大精神，全面贯彻落实习近平总书记关于文物工作重要论述和指示批示精神，总结2022年文物工作，部署2023年工作任务，谋划推进新时代文物事业高质量发展。

刚才，胡和平部长的讲话非常重要，我们要认真学习领会，抓好贯彻落实。国家文物局相关司室4位同志作了重点发言。下面，我代表国家文物局党组讲几点意见。

一、深刻认识党的二十大对新时代新征程文物工作提出的新任务新要求

党的二十大是一次高举旗帜、凝聚力量、团结奋进的大会，为新时代新征程党和国家事业发展、实现第二个百年奋斗目标指明了前进方向、确立了行动指南。大会对全面建设社会主义现代化国家、全面推进中华民族伟大复兴进行了战略谋划，对统筹推进“五位一体”总体布局、协调推进“四个全面”战略布局作出了全面部署。大会强调推进文化自信自强、铸就社会主义文化新辉煌，要求加大文物和文化遗产保护力度、加强城乡建设中历史文化保护传承、建好用好国家文化公园。

刚刚过去的2022年，习近平总书记高度重视文物工作。主持十九届中央政治局第三十九次集体学习，就深化中华文明探源工程发表重要讲话。带领二十届中央政治局常委瞻仰延安革命纪念地，宣示弘扬伟大建党精神，坚定历史自信，增强历史主动。给中国国家博物馆的老专家回信，向“意大利之源——古罗马文明展”开幕式、全球重要农业文化遗产大会致贺信，对非物质文化遗产保护工作作出重要指示，在北京冬奥会总结表彰、考察中国人民大学、中央农村工作会议等场合多次提及文物文明，强调守护好、传承好、展示好中华文明优秀成果。先后考察山西平遥古城、四川眉山三苏祠、新疆吐鲁番交河故城、辽宁锦州辽沈战役纪念馆、河南安阳殷墟和红旗渠等文物古迹、革命旧址和文博单位，反复叮嘱要全面保护好历史文化遗产，发展社会主义先进文化，弘扬革命文化，传承中华优秀传统文化。访问乌兹别克斯坦、沙特阿拉伯，将希瓦古城历史古迹保护修复项目、中沙联合开展塞林港遗址考古写入署名文章，要求建立多元互动的人文交流大格局。总书记还对碑刻石刻文物保护、文创产品开发管理、邓州和元谋人考古等作出22次重要批示，提出一系列新论断新部署新要求。我们要深入贯彻落实习近平总书记关于文物工作重要论述和党的二十大精神，统一思想、统一意志、统一行动。

（一）党的二十大明确提出要传承中华优秀传统文化，坚定历史自信、文化自信。习近平总书记指出，坚持和发展马克思主义，必须同中华优秀传统文化相结合，把马克思主义思想精髓同中华优秀传统文化精华贯通起来、同人民群众日用而不觉的共同价值观念融

通起来。中华优秀传统文化是我们党创新理论的“根”，要继续重视和加强考古工作，继续深化中华文明探源工程，通过文物发掘、研究保护工作，更好地传承优秀传统文化。推动中华优秀传统文化同社会主义社会相适应，展示中华民族的独特精神标识，阐明中国道路的深厚文化底蕴，更好构筑中国精神、中国价值、中国力量。这些重要论述，阐明文物考古工作的重大意义和使命责任，要发挥文物独特优势，把中国文明历史研究引向深入，在全党全社会推动增强历史自觉坚定文化自信，为民族复兴立根铸魂。

（二）党的二十大明确提出要加大文物和文化遗产保护力度，加强城乡建设中历史文化保护传承，建好用好国家文化公园。习近平总书记指出，历史文化遗产承载着中华民族的基因和血脉，不仅属于我们这一代人，也属于子孙万代。要敬畏历史、敬畏文化，全面保护好历史文化遗产，统筹好旅游发展、特色经营、古城保护，筑牢文物安全底线，守护好前人留给我们的宝贵财富。要立足农耕文明的历史底蕴，坚持在发掘中保护、在利用中传承，不断推进农业文化遗产保护实践。这些重要论述，明确“保护第一”是新时代文物工作的首要遵循，“文物安全”是文物工作的底线和生命线，要统筹好文物保护和经济社会发展，切实把老祖宗留下的宝贵遗产管理好、守护好。

（三）党的二十大明确提出要用好红色资源，弘扬革命文化。习近平总书记指出，要弘扬以伟大建党精神为源头的中国共产党人精神谱系，用好红色资源，讲好党的故事、革命的故事、英雄的故事，把红色基因传承下去，确保红色江山后继有人、代代相传。延安革命旧址见证了我们党领导中国革命、探索马克思主义中国化时代化的光辉历程，是一本永远读不完的书。红旗渠精神同延安精神一脉相承，是中华民族不可磨灭的历史记忆。这些重要论述，阐明革命文物凝结着中国共产党的政治本色，承载着中国共产党人的初心使命，要用心用情用力保护好、管理好、运用好。

（四）党的二十大明确提出要坚持创造性转化、创新性发展，满足人民日益增长的精神文化需求。习近平总书记指出，要坚持古为今用、推陈出新，挖掘文物和文化遗产的多重价值，传播更多承载中华文化、中国精神的价值符号和文化产品，让更多文物和文化遗产活起来。博物馆是保护和传承人类文明的重要场所，要坚持正确政治方向，坚定文化自信，深化学术研究，创新展览展示，推动文物活化利用，更好服务经济社会发展和人民高品质生活。这些重要论述，阐明文物是满足人民美好生活需要、增强人民精神力量的重要支撑，要坚持守正创新，扩大高质量文化供给，促进人的全面发展。

（五）党的二十大明确提出要深化文明交流互鉴，增强中华文明传播力影响力。习近平总书记指出，要坚守中华文化立场，提炼展示中华文明的精神标识和文化精髓，讲好中国故事、传播好中国声音，推动中华文化更好走向世界。要积极开展文化遗产对话，讲清楚中国是什么样的文明和什么样的国家，讲清楚中国人的宇宙观、天下观、社会观、道德观，展现中华文明的悠久历史和人文底蕴，弘扬中华文明蕴含的全人类共同价值，促使世界读懂中国、读懂中国人民、读懂中国共产党、读懂中华民族。这些重要论述，阐明文物是提升中华文化影响力、展现可信可爱可敬中国形象的重要源泉，要加强交流合作，推动文明对话，促进交流互鉴，推动构建人类命运共同体。

二、2022年工作情况

2022年，全国文物工作者牢牢把握历史性机遇，以迎接宣传贯彻党的二十大精神为主线，以深入贯彻落实习近平总书记关于文物工作重要论述和指示批示精神为遵循，砥砺奋进、开拓创新，为文物事业发展书写浓墨重彩的篇章。

这一年，全国文物工作会议高规格召开，全方位总结十年工作成就，高标准部署新时代文物工作，确立保护第一、加强管理、挖掘价值、有效利用、让文物活起来的新时代文物工作方针，宣示文物工作新使命新担当。

这一年，国务院修订《中华人民共和国水下文物保护管理条例》，中共中央办公厅、国务院办公厅印发《关于让文物活起来 扩大中华文化国际影响力的意见》。全国人大把修改文物保护法列入年度立法工作计划，全国政协围绕不可移动文物综合保护利用等协商议政。中央部门大力支持。中央组织部、中央宣传部、中央编办、发展改革委、科技部等54个部门协同推进“十四五”各项文物工作。中央财政持续加大文物保护利用资金投入。全国文物安全工作、流失文物追索返还部际协调机制作用有效发挥。最高人民法院批准成立中华司法研究会文物司法研究分会及专家委员会，最高人民检察院积极推动建立文物保护公益诉讼制度。人力资源社会保障部、财政部大幅提高文物考古职工野外工作津贴标准，司法部审查完成文物保护法修订草案。国家文物局与教育部、自然资源部、文化和旅游部等部门联合印发15份重要文件，与中央网信办、中央文明办、公安部、应急管理部等部门联合开展10余项重要活动，与退役军人部、中国侨联合作加强红色资源、涉侨文物保护利用。各地党委政府积极作为。山西、内蒙古、上海、江苏、浙江、安徽、山东、湖北、海南、贵州、云南、陕西等12个省区市召开文物工作会议，12位省委、省政府主要负责同志出席会议或作出批示。浙江、陕西、甘肃3省人民政府与国家文物局加强文物保护利用战略合作。31个省份全部将文物安全工作纳入省级政府考核评价体系。各地积极推进改革创新实践，规划建设重大设施、整治提升整体环境、充实壮大基层力量，真金白银支持创建国家文物保护利用示范区。社会影响力明显提升。国家文物局成立新闻中心，全年9场新闻发布会宣介文物工作亮点。国际博物馆日等重要活动全民参与、“何以中国”等主题展览一票难求、十大考古新发现等热点新闻登上媒体头条、中华文物全媒体精品等推介活动形成较大声势。三星堆青铜大面具亮相央视春晚，文物考古工作团队代表登上国庆特别节目，“文博奋斗者正青春”主题宣传展现行业风采，《中国考古大会》《中国国宝大会》《古韵新声》《如果国宝会说话》等节目深受观众喜爱，越来越多的公众走近文物、亲近文物，为文物保护助力，为文明传承添彩。

这一年，国家文物局增设考古司、科技教育司、交流合作司，编制增加40%。省、市两级文物行政机构增编扩岗，省、市、县三级考古事业编制分别增长46%、38%、140%。广大文物工作者凝心聚力、开拓奋进，紧紧围绕决策部署，扎实履行使命任务，涌现出一大批先进集体和个人，办成了一系列重要工作、重大活动和重要事项，圆满完成了全年各项任务，突出表现在九个方面。

（一）党对文物工作的领导全面加强。把贯彻落实习近平总书记重要论述和指示批示精神作为重大政治任务。编印《习近平关于文物工作论述摘编》，全国文物系统深刻领会习近平总书记系列新论述新部署新要求，转化为推动文物事业高质量发展的实际行动。习近平总书记22件指示批示均已取得积极进展，中华文明探源工程成果持续深化、全国碑刻石刻文物拓印管理专项整治落实落细、文博单位文化创意产品开发价值导向监管不断强化，体现出强烈的政治自觉与责任担当。迎接宣传贯彻党的二十大精神卓有成效。营造浓厚氛围，组织推介百余项革命类主题展览，开展“文物保护：时代共进 人民共享”文化和自然遗产日活动、“青少年中华文物我来讲”博物馆志愿服务项目、“见证新时代——晒晒我们的新物件”革命文物主题宣传。加强组织引导，制定落实党的二十大报告重点工作任务分工方案，局属媒体开设专题专栏，百余篇稿件展现全国文物系统学习贯彻落实党的二十大精神的生动局面。

（二）文物事业服务国家大局见行见效。服务国家战略和重大活动。“冰雪·双城·盛会——从1202到2022”主题展览献礼北京冬奥，“何以中国”“和合共生”展览讲述中华文明宇宙观、天下观、社会观、道德观，香港故宫文化博物馆建成开放。文物工作积极支撑扩大有效投资，160多个文物保护项目助力乡村振兴、兴边富民、“一带一路”倡议等重大战略，1432项基本建设考古发掘服务雄安新区、北京城市副中心、西气东输三期等重大项目。西藏博物馆新馆、新疆维吾尔自治区博物馆二期落成开放，文物援藏、文化润疆共筑中华民族精神家园。推进国家文化公园建设。公布《黄河文物保护利用规划》，制定长征文物和文化资源保护传承规划，编制长江文物保护利用规划纲要。湖北、湖南、重庆、四川率先完成长江文物资源调查，京津冀建立长城协同保护利用机制，全国长城资源保护管理信息平台开通，200多个国家文化公园文物保护项目加快布局并初步形成集群效应。统筹疫情防控与公共文化服务。按照“疫情要防住、经济要稳住、发展要安全”要求，严格执行党中央、国务院决策部署，全国文物战线认真落实疫情防控责任和措施，未发生聚集性感染事件。各地博物馆推出3000多个云展览项目和云教育活动，丰富疫情期间人民精神文化生活，增强抗疫信心。

（三）文物保护力度和资源管理水平不断提升。强化系统保护。首次建立26416处全国省级文物保护单位名录，公布第一批1658通古代名碑名刻文物名录。制定廊桥、壁画彩塑保护行动计划，推进武安州辽塔保护修缮及专题陈列展示、应县木塔等保护研究示范项目，指导建设河西走廊国家遗产线路、川渝石窟寺国家遗址公园，支持山西利用政府一般债券加强低级别不可移动文物保护。文物建筑预防性保护试点扎实推进，发布文物建筑保护利用案例解读。国家文物局防灾减灾专项工作机制逐步建立，指导9省区及时处置803处文物灾损。注重统筹规划。全国国土空间规划纲要强化文物资源系统保护的空间管控要求，广东等编制完成省级文物保护空间规划。首都功能核心区文物腾退保护利用取得积极进展。抚州、九江列入国家历史文化名城，总数达到140座。协同编制《全国城乡历史文化保护传承体系规划纲要》，评选第六批中国传统村落。加强名城名镇名村、历史文化街区、风景名胜区、老字号文物保护，持续推进“拯救老屋行动”。加强协调管理。超常规完成普洱景迈山古茶林文化景观申遗现场评估，扎实推进北京中轴线申遗保护，在澳门举办《世界遗产公约》50周年主场活动暨“海上丝绸之路”国际文化论坛。

（四）文物执法督察和安全防控筑牢屏障。严厉打击文物犯罪。4部门出台涉文物犯罪法律适用意见。会同公安部开展新一轮全国打击防范文物犯罪专项行动，2020年专项行动以来，侦破案件4200余起，抓获犯罪嫌疑人9700余名，追缴涉案文物9.3万件，有力遏制文物犯罪多发势头。严加防范安全隐患。完成全国文物火灾隐患整治和消防能力提升三年行动，督促整改火灾隐患和安全管理问题24万项，文物火灾事故数年均下降1/3。浙江、安徽、山东、陕西等省开展遥感执法监测、文物安全应急演练、消防大比武和文物安全能力大提升活动。严格落实安全责任。制定实施首个文物安全防控五年规划，督察督办重大文物违法案件和安全事故150起。27万余处文博单位已落实安全直接责任公告公示制度，广东、西藏、宁夏等地实现全国重点文物保护单位公告公示牌全覆盖。引导社会各界积极参与文物安全保障，出台《关于鼓励和支持社会力量参与文物建筑保护利用的意见》，宣传推介“最美文物安全守护人”。

（五）考古工作和文明研究持续深化。考古研究成果丰硕。中华文明探源工程在核心遗址田野考古、多学科联合攻关等方面取得突破。夏文化、长江中游地区文明化进程等18项“考古中国”重大项目统筹推进，254项主动性考古发掘项目全面实施，旧石器考古与人类起源、殷墟考古与甲骨文研究、边疆考古等重要成果引起广泛关注。长江口二号古船成功出水入坞，西沙海域深海考古突破2500米，水下考古和文化遗产保护进入新阶段。考古管理制度不断完善。出台“十四五”考古工作专项规划。加强考古勘探管理，23省市落实“先考古、后出让”制度，组织27项国家重点区域考古标本库房建设。优化国家考古遗址公园管理，新评定19家遗址公园和32家立项单位。

（六）革命文物保护管理运用渐成体系。加大保护管理力度。革命文物保护利用工程（2018—2022年）圆满收官，5大发展目标总体实现，6个重点项目成效显著。吉林、河南等21个省份公布第二批革命文物名录，20个革命文物保护利用片区工作规划全面编制，第一个核武器研制基地旧址工程顺利实施，蒙藏学校旧址、湘江战役旧址等40多个重点项目加快推进，抗美援朝、红色标语等革命文物资源专项调查有序开展。提升展示利用水平。协同开展革命历史类纪念设施专项调研核查，联合发布第一批国家“红色草原”名单，100家博物馆、纪念馆列入首批中华优秀传统文化、革命文化、社会主义先进文化专题实践教学基地。《红色烙印——革命文物的故事》第一季在央视播出，革命文物故事承载红色精神走入千家万户。

（七）博物馆和社会文物工作激发活力。博物馆改革发展纵深推进。18个省份出台博物馆改革发展实施意见。探索创建中国特色世界一流博物馆和国家重点专题博物馆，有序推进乡村博物馆建设试点和三权分置改革试点，完善博物馆运行评估制度，提升博物馆办馆质量。全国备案博物馆增至6183家，366家博物馆、纪念馆和全国爱国主义教育示范基地纳入第四批免费开放名单，推介百项社会主义核心价值观主题展览，推介80项全国博物馆志愿服务典型案例，博物馆公共文化服务效能进一步彰显。指导举办第九届中国博物馆及相关产品与技术博览会，推动修订《国有公益性收藏单位等进口藏品免税规定》，扩大享受免税政策主体范围。规范开展馆藏一级文物备案复核，推动公共图书馆馆藏古籍纳入文物定级管理。社会文物管理服务持续优化。国家文物鉴定体系初步构建，遴选指定第三批23家涉案文物鉴定评估机构，完成27万件涉案物品和1064处不可移动文物鉴定评估，实现常态化公益性文物鉴定咨询服务省级全覆盖。巩固社会文物管理综合改革试点成果，上海出台《浦东新区文物艺术品交易若干规定》，海南推进国际文物艺术品交易中心建设，文物流通新业态服务纳入文化贸易改革发展。开展1.1万余件/套文物艺术品进出境审核，开展文物市场重大案件联合督办。

（八）文物科教人才与法治规划工作提质增效。科技创新能力明显提高。《关于加强文物科技创新的意见》通过中央文化体制改革和发展工作领导小组审议。文物领域第一个国家自然科学基金重大项目、第一个科技基础资源调查专项获批。11个项目新增列入国家重点研发计划，36个在研项目累计取得新技术174项、新产品158项，申请专利478项。动物遗存、金属、纺织品、陶瓷等各类文物科技资源共享服务平台逐步构建，考古科学技术图谱和文物保护科学技术图谱绘制完成。出台“十四五”文物保护标准立项指南，部署七大重点领域标准群建设，组织田野考古发掘方舱等18项关键标准预研究和制修订工作。设计国家文物资源大数据库（中国文物云）总体构架，开展文物开放素材库建设试点，探索公共数据确权授权机制，“数字敦煌”获评世界互联网大会精品案例。人才队伍建设得到加强。人力资源社会保障部、国家文物局联合表彰49个全国文物系统先进集体、77名先进工作者和2名劳动模范；1个集体荣获全国五一劳动奖状，2名专家获柬埔寨王国骑士勋章。文物保护学科体系逐步完备，“文物”“文物科学与技术”等学位设置取得进展，全国考古人才振兴计划成为国家级人才项目，考古学博士研究生指标增加57%，全国文物行业职业技能大赛升级国家一类赛事。法治规划保障夯实基础。文物保护法修订取得重大进展，完成司法部部务会审议，进入中央宣传思想文化领导小组审议阶段。北京、河北、山西、内蒙古、上海、福建、山东、广东、重庆、陕西等10个省区市出台革命文物、地下文物、社会文物、文化遗产等地方性法规。文物领域“放管服”改革持续推进。文物保护类建议首次列入全国人大常委会重点督办选题，政协提案办理工作获得十三届全国政协提案先进承办单位表彰。建立文物领域“十四五”规划实施机制，制定各项规划任务举措分工方案，开展实施情况监测评估，统筹推进年度重点任务和重大工程项目。

（九）文物交流合作拓展深化。文化遗产外交工作融入国家外交。持续实施亚洲文化遗产保护行动，与叙利亚等4国签署联合声明。深化“一带一路”文化遗产交流合作，举办中柬文化遗产交流合作30年成果展，中国援柬吴哥古迹茶胶寺修复项目完成实体移交，缅甸蒲甘地区他冰瑜佛塔等文物保护修复援外项目积极推进。在冲突地区文化遗产保护国际联盟捐助方会议、文明古国论坛、中国−东盟系列部长级会议等国际、多边场合提出中国主张。流失文物追索返还走向常态长效。与柬埔寨、巴基斯坦建立政府间防止盗窃、盗掘和非法进出境文化财产协作机制，长效合作国家增至24个。举办“打击非法贩运文化财产国际日”中国主场活动。促成38件流失文物艺术品回归祖国。港澳台合作系牢精神纽带。“血浓于水：香港历史建筑中的家国情”首届粤港澳大湾区文物建筑保护论坛成功举办，首次与香港特区政府发展局签署文物保护合作协议。延续与台湾佛光山文教基金会合作，共同坚守中华文化立场，系牢中华民族精神纽带。

总的来看，2022年文物工作各项目标任务全面完成，为推进文化自信自强、增强实现中华民族伟大复兴的精神力量提供了重要支撑。这些成绩的取得，是以习近平同志为核心的党中央坚强领导的结果，是社会各界关心重视的结果，是全国文物战线团结一心、辛勤付出的结果。在此，我谨代表国家文物局，向全国文物工作者的倾情奉献致以崇高敬意！向各部门各方面对文物工作的支持帮助表示衷心感谢！

回顾这一年，我们深切感受到：一是坚持和加强党的领导是文物事业高质量发展的根本保证。各级党委切实担负起政治责任和领导责任，不折不扣把习近平总书记关于文物工作重要指示批示精神和党中央决策部署落到实处，文物事业才能行稳致远。二是围绕中心、服务大局是文物工作的职责所在。紧紧围绕党的中心任务，立足新发展阶段、贯彻新发展理念、构建新发展格局、推动高质量发展，积极融入经济社会发展整体布局和国家战略大局，文物工作格局才能不断拓展，众志成城实现更大发展。三是守正创新、担当作为是加强文物保护利用的强劲动能。全面深化文物领域各项改革，大力推进文物科技创新、制度创新、理念创新，抓铁有痕、久久为功破解体制机制束缚，才能不断塑造发展新动能新优势。

在看到成绩的同时，也要清醒认识到，我们的工作还存在着不少短板和问题。对标高质量发展要求，对标建设社会主义文化强国目标，对标人民日益增长的美好生活需要，文物保护利用不平衡不充分问题仍然存在，文物安全形势依然严峻，基层文物保护管理机构队伍和专业力量依然薄弱，文物科技创新能力和应用水平亟待提升，考古在实证中华文明史和文化研究方面的作用亟待强化，文物保护法律法规体系亟待完善，文物资源管理、价值阐释、执法督察、民间收藏等重点领域改革任务依然艰巨。这些问题都需要高度重视，抓紧补短板、强弱项，采取切实有效措施逐步加以解决。

三、2023年工作思路和重点任务

2023年是全面贯彻党的二十大精神的开局之年，是全面建设社会主义现代化国家的关键一年。做好2023年文物工作，总体思路是以习近平新时代中国特色社会主义思想为指导，紧扣学习宣传贯彻党的二十大精神这条主线，全面贯彻落实习近平总书记关于文物工作重要论述和指示批示精神，坚决贯彻落实党中央决策部署，坚持新时代文物工作方针，加大文物保护力度，提升科学治理水平，强化文物研究阐释，推进文物有效利用，以新气象新作为推动文物事业高质量发展取得新成效。要重点把握好两个方面。

一是深入学习宣传贯彻党的二十大精神。学习宣传贯彻党的二十大精神是当前和今后一个时期全党全国的首要政治任务，事关党和国家事业继往开来，事关中国特色社会主义前途命运，事关中华民族伟大复兴。要切实提高政治站位、增强政治自觉，按照“三个全面”“五个牢牢把握”“七个聚焦”要求，推动党的二十大精神在文物领域落实落地。深刻认识到文物是不可再生、不可替代的中华优秀文明资源，是推进马克思主义中国化时代化的深厚滋养。文物工作要牢记把马克思主义基本原理同中国具体实际相结合、同中华优秀传统文化相结合，坚持运用辩证唯物主义和历史唯物主义，在研究阐释文物价值、揭示中华民族文化基因上下功夫，在满足人民精神文化需求、增强民族精神力量上下功夫，在坚持中华文化立场、扩大中华文明影响力上下功夫，让文物和文化遗产真正活起来，厚植中国特色社会主义文化土壤。深刻认识到文物是得天独厚、不可或缺的经济社会发展优势资源，是以中国式现代化推进中华民族伟大复兴的重要组成部分。文物工作要牢记新时代新征程的使命任务，胸怀“国之大者”，站在服务党和国家发展全局、融入经济社会发展大局、配合大国外交格局的维度，提升文物治理能力和治理水平，在保护中发展，在发展中保护，走好符合国情的文物保护利用之路。深刻认识到文物是当代中国文化的根基和宝藏，是推进文化自信自强、铸就社会主义文化新辉煌的重要力量。文物工作要从“五位一体”“四个全面”战略高度谋篇布局，加大文物和文化遗产保护力度，加强历史文化保护传承，用好红色资源，增强中华文明传播力影响力。

二是深入贯彻落实全国文物工作会议精神。全国文物工作会议是在文物事业发展关键时刻召开的一次重要会议。保护第一、加强管理、挖掘价值、有效利用、让文物活起来的新时代文物工作方针，集中体现了习近平总书记关于文物工作重要论述精神，蕴含着我们党对新时代文物工作历史方位的判断、发展方向的擘画、使命任务的廓清，是文物工作的理论根基、实践根基、发展根基。刚才胡和平部长对工作方针作了深刻阐述，我们要认真理解丰富内涵和本质要求，把工作方针作为学习贯彻习近平总书记关于文物工作重要论述精神、落实中央关于文物工作决策部署的重要抓手，融会贯通、全面落实，指导推动新时代文物事业实现高质量发展、全方位进步。

关于2023年文物工作，国家文物局还将印发工作要点，要全面抓好落实。这里，我重点强调九项任务。

第一，贯彻落实习近平总书记关于文物工作重要论述和指示批示精神要有新成效。要高标准高质量公开出版《习近平关于文物工作论述摘编》。持续完善学习宣传和贯彻落实工作长效机制，进一步增强责任感使命感，以钉钉子精神推动各项要求落到实处。要聚焦习近平总书记在党的二十大上作出的重大决策部署，落实国土空间规划纲要，编制不可移动文物空间利用专项规划，构建城乡历史文化保护传承体系；系统推进国家文化公园重点文物保护项目，出台《长江文物保护利用专项规划纲要》，加快建设长征文物保护示范段及长征历史步道；以文物主题游径为抓手，推进以文塑旅、以旅彰文；依托文物资源，公布一批反映中华文明精神和中华优秀传统文化的文明标识。

第二，加大文物保护力度要有新举措。筹备启动第四次全国文物普查，汇聚各方力量，用3—4年时间全面掌握不可移动文物的数量、分布、特征、保存现状、环境状况等情况，建立国家不可移动文物总目录，为系统廓清我国文物资源家底、准确判断文物保护形势、科学制定文物保护政策提供依据，推动建立周期性普查制度。普查期间，在文物保护法修订颁布前，各地要全面停止撤销不可移动文物，特别是尚未核定公布为文物保护单位的不可移动文物。普查新发现的文物资源，在文物认定前，给予暂保身份，不得迁移拆除。启动第九批全国重点文物保护单位申报遴选。研究出台央属文物保护管理意见，统筹做好各级各类文物资源特别是低级别文物保护管理。加强文物保护工程监督管理，实施一批世界文化遗产、石窟石刻、文物建筑重大保护项目。推进文物防灾减灾救灾体系建设，研究文物领域应对气候变化举措。力保普洱景迈山古茶林文化景观申遗成功，高标准完成北京中轴线现场评估，积极推进“海上丝绸之路”等跨国联合申遗项目。

第三，健全文物安全长效机制要有新进展。推动建立国家文物督察制度，监督检查地方政府履行文物保护责任情况，督察督办重大文物违法犯罪案件、安全事故查处和整改工作，进一步压实文物安全责任。鼓励各省级文物部门先行先试，综合运用督察督办、约谈通报、遥感执法监测、“四不两直”检查等手段，对地市级和县级政府落实文物保护主体责任，以及文物违法案件和安全事故查处整改等情况进行督察，注重加强边督边改、督察问责、信息公开、宣传引导，为国家文物督察提供有益经验。会同有关部门出台打击文物犯罪专项工作方案，联合部署开展专项行动。开展全国文物建筑消防安全隐患排查整治行动，各地文物部门要积极对接消防救援机构，将文博单位纳入消防安全管理重点范围和内容，大力开展文物安全应急演练，坚决守牢文物安全底线。

第四，加强考古工作能力建设要有新气象。继续推进中华文明探源工程和“考古中国”重大项目，加强夏商文明研究。扎实推进二里头、殷墟、南海I号、长江口二号等重点考古项目，用更多考古成果推动中国特色中国风格中国气派的考古学建设。各地要进一步落实“先考古、后出让”配套措施，推动文物考古工作与国土空间规划纲要相衔接。要围绕国家“十四五”规划重大工程，加快推进国家重点区域考古标本库房建设，建好汉长安城大遗址保护利用特区等示范项目，完善国家考古遗址公园监测评估制度，促进地下文物有效保护、合理利用、融入社会发展。

第五，统筹革命文物保护管理运用要有新作为。大力弘扬以伟大建党精神为源头的中国共产党人精神谱系，推出一批以中华民族伟大复兴奋斗历程为主线的保护工程和展示精品。开展全国馆藏珍贵革命文物核查定级、不可移动革命文物基本信息和保存状况核查工作。深入推进革命文物保护利用片区建设工程。提高革命博物馆纪念馆公共文化服务水平，继续推出《红色烙印——革命文物的故事》和“四史”主题精品线路，讲好党的故事、革命故事、新时代故事。

第六，推动博物馆和社会文物改革发展要有新亮点。持续落实博物馆改革发展重点任务，会同有关部门加大对博物馆优秀展览、典型案例宣传推介，合力彰显社会效益。优化博物馆藏品管理制度，规范馆藏珍贵文物定级、建档和备案。加强馆藏珍贵濒危文物、材质脆弱文物保护修复。加强国家文物鉴定体系建设，设立国家文物鉴定中心，与有关省级人民政府共建区域文物鉴定中心。优化文物进出境审核机构布局。稳步推进北京、上海、海南等地文物流通领域改革试点。联合有关部门对文物市场重点地区和刑事案件高发地区开展执法调研督导，促进文物市场健康有序发展。

第七，推进科技人才引领驱动要有新突破。坚持科技是第一生产力、人才是第一资源、创新是第一动力，积极推动出台加强文物科技创新的政策文件并抓好贯彻落实。持续推进国家文化遗产科技创新中心建设，组织创建文物领域全国重点实验室，完成第八批国家文物局重点科研基地遴选，建设文物科技创新骨干力量。组织开展文物科技基础资源调查规划研究，加强文物领域大科学装置建设和应用，举办文物保护装备发展论坛。创新体制机制，推动国家文物资源大数据库（中国文物云）建设。按照“做强考古专业、培育文物专业、改革博物馆专业”思路推进学科建设，会同教育部出台新时代文物保护职业教育高质量发展实施方案，与人力资源社会保障部联合颁布考古探掘工国家职业技能标准，举办全国文物行业职业技能大赛总决赛，积极推进文博事业单位绩效工资制度改革，千方百计培养人才、用好人才、留住人才。

第八，深化文物交流合作要有新格局。坚持全系统一盘棋，加强文化遗产外交工作，配合元首外交和国家重大外事活动，做好配套成果准备和外交成果落实。结合“一带一路”倡议10周年推出高水平展览。持续开展中外联合考古，推进援外文物保护修复合作项目，建好亚洲文化遗产保护联盟，扩大行动成果。积极参与文化遗产国际治理，完善流失文物追索返还工作机制，做好联合国教科文组织柏威夏寺国际协调委员会中国主席国履职。充分发挥香港、澳门在中外文化交流中的优势，推动两岸共同弘扬中华文化。各地要加快出台让文物活起来扩大中华文化国际影响力配套政策措施，推动中华优秀传统文化和当代中国文化创新成果广泛传播。

第九，做好支撑保障工作要有新抓手。加强法治建设。加快推进文物保护法修订，推动全国人大常委会审议。与现行法律相比，修订草案在加强文物保护利用方面有不少突破。各地要提前谋划、尽早衔接，推动本省区市人大常委会将实施条例（办法）修订提上工作日程，确保工作不断档，更好享受法治红利。开展文物保护法实施条例修订预研究，推动完善鉴定认定、职业资格、低级别文物保护等专项法规制度，为文物事业提供有力法治保障。大兴调研之风。围绕马克思主义基本原理与中华优秀传统文化相结合、中国式现代化的文物新篇章、文物保护利用高质量发展等重大主题，加强调查研究，总结推广鲜活经验，凝练为工作规程、制度安排、理论体系。开展“十四五”文物保护和科技创新规划实施情况中期评估。推动文物保护利用示范区纳入国家创建清单，开展第一批示范区创建评估，公布第二批示范区创建名单。创新宣传传播。组建文物传播矩阵，构建全类型、全链条、全媒体、全方位的文物宣传体系，持续推出一批文物价值阐释传播精品，推动新时代文博成果走向大众，营造全社会共同守护文化瑰宝、守望中华文明的浓厚氛围。优化财政支持。推动设立央属文物保护专项资金，联合出台文物领域政府购买服务指导性目录。争取文物保护资金规模稳中有增，严格执行预算管理制度，管好用好各项财政资金，充分发挥示范效应。建强机构队伍。持续抓好文物战线干部队伍建设，努力打造一支政治过硬、业务精通、敬业奉献、求实创新的文物工作队伍。各地要一如既往高度重视、积极推动加强文物保护和考古工作机构编制保障，尽快把文物考古事业单位职工野外工作津贴落实到基层一线。

最后要特别强调的是，要坚定不移全面从严治党。党的领导是做好文物工作最根本的政治保证，要始终绷紧从严从紧这根弦，全面、系统、整体落实党的领导，牢牢把握党对文物工作的领导权，深刻领悟“两个确立”的决定性意义，增强“四个意识”、坚定“四个自信”、做到“两个维护”。严格落实管党治党主体责任和监督责任，持之以恒加固中央八项规定堤坝，巩固拓展巡视整改成果，坚定推进党风廉政建设和反腐败斗争，进一步营造风清气正、干事创业的良好生态。从严从实抓好意识形态工作责任制，确保文物领域安全风险平稳可控。

做好2023年文物工作，责任重大、使命光荣。让我们更加紧密团结在以习近平同志为核心的党中央周围，以时时放心不下的责任感、积极担当作为的精气神履职尽责，努力创造出无愧于事业、无愧于时代、无愧于人民的新业绩，为全面建设社会主义现代化国家、全面推进中华民族伟大复兴作出新的更大贡献。

中华人民共和国水下文物保护管理条例

（1989年10月20日中华人民共和国国务院令第42号发布，根据2011年1月8日《国务院关于废止和修改部分行政法规的决定》第一次修订，2022年1月23日中华人民共和国国务院令第751号第二次修订）

第一条 为了加强水下文物保护工作的管理，根据《中华人民共和国文物保护法》的有关规定，制定本条例。

第二条 本条例所称水下文物，是指遗存于下列水域的具有历史、艺术和科学价值的人类文化遗产：

（一）遗存于中国内水、领海内的一切起源于中国的、起源国不明的和起源于外国的文物；

（二）遗存于中国领海以外依照中国法律由中国管辖的其他海域内的起源于中国的和起源国不明的文物；

（三）遗存于外国领海以外的其他管辖海域以及公海区域内的起源于中国的文物。

前款规定内容不包括1911年以后的与重大历史事件、革命运动以及著名人物无关的水下遗存。

第三条 本条例第二条第一款第一项、第二项所规定的水下文物属于国家所有，国家对其行使管辖权；本条例第二条第一款第三项所规定的水下文物，遗存于外国领海以外的其他管辖海域以及公海区域内的起源国不明的文物，国家享有辨认器物物主的权利。

第四条 国务院文物主管部门负责全国水下文物保护工作。县级以上地方人民政府文物主管部门负责本行政区域内的水下文物保护工作。

县级以上人民政府其他有关部门在各自职责范围内，负责有关水下文物保护工作。

中国领海以外依照中国法律由中国管辖的其他海域内的水下文物，由国务院文物主管部门负责保护工作。

第五条 任何单位和个人都有依法保护水下文物的义务。

各级人民政府应当重视水下文物保护，正确处理经济社会发展与水下文物保护的关系，确保水下文物安全。

第六条 根据水下文物的价值，县级以上人民政府依照《中华人民共和国文物保护法》有关规定，核定公布文物保护单位，对未核定为文物保护单位的不可移动文物予以登记公布。

县级以上地方人民政府文物主管部门应当根据不同文物的保护需要，制定文物保护单位和未核定为文物保护单位的不可移动文物的具体保护措施，并公告施行。

第七条 省、自治区、直辖市人民政府可以将水下文物分布较为集中、需要整体保护的水域划定公布为水下文物保护区，并根据实际情况进行调整。水下文物保护区涉及两个以上省、自治区、直辖市或者涉及中国领海以外依照中国法律由中国管辖的其他海域的，由国务院文物主管部门划定和调整，报国务院核定公布。

划定和调整水下文物保护区，应当征求有关部门和水域使用权人的意见，听取专家和公众的意见，涉及军事管理区和军事用海的还应当征求有关军事机关的意见。

划定和调整水下文物保护区的单位应当制定保护规划。国务院文物主管部门或者省、自治区、直辖市人民政府文物主管部门应当根据保护规划明确标示水下文物保护区的范围和界线，制定具体保护措施并公告施行。

在水下文物保护区内，禁止进行危及水下文物安全的捕捞、爆破等活动。

第八条　严禁破坏、盗捞、哄抢、私分、藏匿、倒卖、走私水下文物等行为。

在中国管辖水域内开展科学考察、资源勘探开发、旅游、潜水、捕捞、养殖、采砂、排污、倾废等活动的，应当遵守有关法律、法规的规定，并不得危及水下文物的安全。

第九条　任何单位或者个人以任何方式发现疑似本条例第二条第一款第一项、第二项所规定的水下文物的，应当及时报告所在地或者就近的地方人民政府文物主管部门，并上交已经打捞出水的文物。

文物主管部门接到报告后，如无特殊情况，应当在24小时内赶赴现场，立即采取措施予以保护，并在7日内提出处理意见；发现水下文物已经移动位置或者遭受实际破坏的，应当进行抢救性保护，并作详细记录；对已经打捞出水的文物，应当及时登记造册、妥善保管。

文物主管部门应当保护水下文物发现现场，必要时可以会同公安机关或者海上执法机关开展保护工作，并将保护工作情况报本级人民政府和上一级人民政府文物主管部门；发现重要文物的，应当逐级报至国务院文物主管部门，国务院文物主管部门应当在接到报告后15日内提出处理意见。

第十条　任何单位或者个人以任何方式发现疑似本条例第二条第一款第三项所规定的水下文物的，应当及时报告就近的地方人民政府文物主管部门或者直接报告国务院文物主管部门。接到报告的地方人民政府文物主管部门应当逐级报至国务院文物主管部门。国务院文物主管部门应当及时提出处理意见并报国务院。

第十一条　在中国管辖水域内进行水下文物的考古调查、勘探、发掘活动，应当由具有考古发掘资质的单位向国务院文物主管部门提出申请。申请材料包括工作计划书和考古发掘资质证书。拟开展的考古调查、勘探、发掘活动在中国内水、领海内的，还应当提供活动所在地省、自治区、直辖市人民政府文物主管部门出具的意见。

国务院文物主管部门应当自收到申请材料之日起30日内，作出准予许可或者不予许可的决定。准予许可的，发给批准文件；不予许可的，应当书面告知申请人并说明理由。

国务院文物主管部门在作出决定前，应当征求有关科研机构和专家的意见，涉及军事管理区和军事用海的还应当征求有关军事机关的意见；涉及在中国领海以外依照中国法律由中国管辖的其他海域内进行水下文物的考古调查、勘探、发掘活动的，还应当报国务院同意。

第十二条　任何外国组织、国际组织在中国管辖水域内进行水下文物考古调查、勘探、发掘活动，都应当采取与中方单位合作的方式进行，并取得许可。中方单位应当具有考古发掘资质；外方单位应当是专业考古研究机构，有从事该课题方向或者相近方向研究的专家和一定的实际考古工作经历。

中外合作进行水下文物考古调查、勘探、发掘活动的，由中方单位向国务院文物主管部门提出申请。申请材料应当包括中外合作单位合作意向书、工作计划书，以及合作双方符合前款要求的有关材料。拟开展的考古调查、勘探、发掘活动在中国内水、领海内的，还应当提供活动所在地省、自治区、直辖市人民政府文物主管部门出具的意见。

国务院文物主管部门收到申请材料后，应当征求有关科研机构和专家的意见，涉及军事管理区和军事用海的还应当征求有关军事机关的意见，并按照国家有关规定送请有关部门审查。审查合格的，报请国务院特别许可；审查不合格的，应当书面告知申请人并说明理由。

中外合作考古调查、勘探、发掘活动所取得的水下文物、自然标本以及考古记录的原始资料，均归中国所有。

第十三条 在中国管辖水域内进行大型基本建设工程，建设单位应当事先报请国务院文物主管部门或者省、自治区、直辖市人民政府文物主管部门组织在工程范围内有可能埋藏文物的地方进行考古调查、勘探；需要进行考古发掘的，应当依照《中华人民共和国文物保护法》有关规定履行报批程序。

第十四条 在中国管辖水域内进行水下文物的考古调查、勘探、发掘活动，应当以文物保护和科学研究为目的，并遵守相关法律、法规，接受有关主管部门的管理。

考古调查、勘探、发掘活动结束后，从事考古调查、勘探、发掘活动的单位应当向国务院文物主管部门和省、自治区、直辖市人民政府文物主管部门提交结项报告、考古发掘报告和取得的实物图片、有关资料复制件等。

考古调查、勘探、发掘活动中取得的全部出水文物应当及时登记造册、妥善保管，按照国家有关规定移交给由国务院文物主管部门或者省、自治区、直辖市人民政府文物主管部门指定的国有博物馆、图书馆或者其他国有收藏文物的单位收藏。

中外合作进行考古调查、勘探、发掘活动的，由中方单位提交前两款规定的实物和资料。

第十五条 严禁未经批准进行水下文物考古调查、勘探、发掘等活动。

严禁任何个人以任何形式进行水下文物考古调查、勘探、发掘等活动。

第十六条 文物主管部门、文物收藏单位等应当通过举办展览、开放参观、科学研究等方式，充分发挥水下文物的作用，加强中华优秀传统文化、水下文物保护法律制度等的宣传教育，提高全社会水下文物保护意识和参与水下文物保护的积极性。

第十七条 文物主管部门、公安机关、海上执法机关按照职责分工开展水下文物保护执法工作，加强执法协作。

县级以上人民政府文物主管部门应当在水下文物保护工作中加强与有关部门的沟通协调，共享水下文物执法信息。

第十八条 任何单位和个人有权向文物主管部门举报违反本条例规定、危及水下文物安全的行为。文物主管部门应当建立举报渠道并向社会公开，依法及时处理有关举报。

第十九条 保护水下文物有突出贡献的，按照国家有关规定给予精神鼓励或者物质奖励。

第二十条 文物主管部门和其他有关部门的工作人员，在水下文物保护工作中滥用职权、玩忽职守、徇私舞弊的，对直接负责的主管人员和其他直接责任人员依法给予处分；构成犯罪的，依法追究刑事责任。

第二十一条 擅自在文物保护单位的保护范围内进行建设工程或者爆破、钻探、挖掘等作业的，依照《中华人民共和国文物保护法》追究法律责任。

第二十二条 违反本条例规定，有下列行为之一的，由县级以上人民政府文物主管部门或者海上执法机关按照职责分工责令改正，追缴有关文物，并给予警告；有违法所得的，没收违法所得，违法经营额10万元以上的，并处违法经营额5倍以上15倍以下的罚款，违法经营额不足10万元的，并处10万元以上100万元以下的罚款；情节严重的，由原发证机关吊销资质证书，10年内不受理其相应申请：

（一）未经批准进行水下文物的考古调查、勘探、发掘活动；

（二）考古调查、勘探、发掘活动结束后，不按照规定移交有关实物或者提交有关资料；

（三）未事先报请有关主管部门组织进行考古调查、勘探，在中国管辖水域内进行大型基本建设工程；

（四）发现水下文物后未及时报告。

第二十三条 本条例自2022年4月1日起施行。

中共中央办公厅　国务院办公厅关于印发《国家文物局职能配置、内设机构和人员编制规定》的通知

厅字〔2022〕1号

各省、自治区、直辖市党委和人民政府，中央和国家机关各部委，解放军各大单位和武警部队、中央军委机关各部门，各人民团体：

《国家文物局职能配置、内设机构和人员编制规定》经中央机构编制委员会办公室审核后，已报党中央、国务院批准，现予印发。

中共中央办公厅　国务院办公厅

2022年1月11日

国家文物局职能配置、内设机构和人员编制规定

第一条 为了规范国家文物局的职能配置、内设机构和人员编制，推进机构、职能、权限、程序、责任法定化，根据《中国共产党机构编制工作条例》和党中央对文物工作的有关要求，制定本规定。

第二条 国家文物局是文化和旅游部管理的国家局，为副部级。

第三条 本规定确定的主要职责、机构设置、人员编制等，是国家文物局机构职责权限、人员配备和工作运行的基本依据。

第四条 国家文物局贯彻落实党中央关于文物工作的方针政策和决策部署，在履行职责过程中坚持党对文物工作的领导。主要职责是：

（一）拟订文物事业发展规划，起草文物法律法规草案并负责督促检查实施。

（二）协调和指导全国文物保护利用工作，组织开展文物资源调查和文物保护宣传工作。

（三）根据中央授权，对地方政府履行文物保护责任情况进行督察。履行文物行政执法督察职责，指导文物和博物馆安全监督管理工作，依法组织查处和督办文物违法重大案件，协同有关部门查处重大文物犯罪案件和安全事故。

（四）指导全国不可移动文物保护和考古工作。组织、协调重大不可移动文物保护项目、考古项目和中华文明研究课题的实施。承担确定全国重点文物保护单位的有关工作。

（五）负责世界文化遗产保护和管理的监督工作，组织申报世界文化遗产。

（六）负责推动完善文物和博物馆公共服务体系建设，指导全国博物馆及馆藏文物工作，协调博物馆间的交流与协作；指导民间收藏文物的管理服务；负责文物进出境审核管理。

（七）指导革命文物保护管理利用工作，组织开展革命文物研究、展示和传播。

（八）协调和指导文物科技创新工作，促进文物保护科技成果的转化和推广；负责文物信息化、标准化工作；负责全国文物人才工作。

（九）指导、管理文物对外和对港澳台交流、合作和传播、展示工作，负责流失文物追索返还工作。

（十）负责文物和博物馆有关审核、审批事务及资质、资格认定的管理工作。

（十一）承办党中央、国务院交办的其他事项。

第五条 国家文物局与其他部门的职责分工：协同住房城乡建设部负责全国历史文化名城、名镇、名村的保护和监督管理工作；协同国家林草局审核世界文化和自然混合遗产申报；参与风景名胜区的有关监督管理工作。

第六条 国家文物局应当进一步转变职能，改进工作方式，加强宏观管理和统筹协调，减少微观管理事务和具体审批事项，发挥各方优势，形成工作合力。

国家文物局根据本规定第四条所明确的主要职责，编制权责清单，逐项明确权责名称、权责类型、设定依据、履责方式、追责情形等。在此基础上，制定办事指南、运行流程图等，优化行政程序，规范权力运行。

第七条 国家文物局设下列内设机构（副司局级）：

（一）办公室。负责机关文电、会务、机要、档案、保密、信访、政务公开和信息化建设工作；负责机关财务、基建、资产等工作，指导监督直属单位财务工作；参与全国文物保护专项经费管理；负责文物和博物馆业务统计工作。

（二）政策法规司。承担拟订文物事业发展规划的有关工作，研究提出综合性政策建议和改革方案；参与起草相关法律法规草案；承担组织文物保护宣传和新闻发布工作；承办有关行政复议、行政应诉工作。

（三）督察司。拟订文物行政执法督察、案件查处和安全管理的有关规定；组织开展文物行政执法督察，文物和博物馆安全防范、消防安全监督管理工作；负责文物违法举报管理和文物安全部门协作。组织查处和督办文物违法重大案件，协助配合有关部门查处和督办重大文物犯罪案件和安全事故。

（四）文物古迹司（世界文化遗产司）。协调、指导不可移动文物保护工作和重大项目的规划编制与实施工作；组织开展文物资源调查工作；承办确定全国重点文物保护单位的审核工作；承担文物保护有关审核、审批事务及资质、资格认定管理工作；承担世界文化遗产申报和保护管理监督的相关工作。

（五）考古司。协调、指导重大考古项目、调查和课题的规划编制与实施工作；指导全国考古和考古出土文物工作，负责协调考古出土文物的移交；承担古遗址、古墓葬保护管理利用工作；承担考古有关审核、审批事务及资质、资格认定管理工作。

（六）博物馆与社会文物司。指导博物馆工作，承担全国博物馆管理制度规范和业务指导工作；协调、指导可移动文物的保护利用和管理监督工作，承办国家一级文物藏品的有关审核、审批事项；承担文物拍卖、进出境审核和鉴定管理工作；指导民间收藏文物的服务和流通工作；协调开展查扣没收文物的接收工作；承担可移动文物有关审核、审批事务及资质、资格认定管理工作。

（七）革命文物司。指导革命文物保护管理利用工作；拟订革命文物保护管理利用的政策、规划和标准、规范并组织实施；组织开展全国革命文物资源调查和公布工作；指导革命博物馆、纪念馆工作；组织革命文物研究、展示和传播工作。

（八）科技教育司。组织开展文物科技创新工作；指导文物科研机构、科技创新基地建设与运行管理；承担文物信息化、标准化工作；拟订文物有关人才队伍建设规划并组织实施；参与文物相关学科专业人才培养，指导文物行业相关专业教育和职业培训。

（九）交流合作司（流失文物追索返还办公室）。承担文物对外和对港澳台交流与合作工作，承担文物领域国际传播、展示中华文明工作；承办流失文物调查追索接收和外国非法进境文物的返还工作。

机关党委（人事司）。负责机关和直属单位党的建设和纪检工作，领导机关群团组织的工作，承担内部巡视工作。机关党委设立机关纪委，承担机关和直属单位纪检、党风廉政建设有关工作。承担机关和直属单位干部人事管理及机构编制工作，负责机关离退休干部工作。

第八条 国家文物局机关行政编制163名。设局长1名，副局长4名，正副司长职数32名（含机关党委、机关纪委领导职数）。

第九条 国家文物局所属事业单位的设置、职责和编制事项另行规定。

第十条 本规定由中央机构编制委员会办公室负责解释，其调整由中央机构编制委员会办公室按规定程序办理。

根据机构编制管理权限，由国家文物局党组决定、报中央机构编制委员会办公室备案的机构编制事项，按照有关规定执行。

第十一条 本规定自2022年1月11日起施行。

中共中央办公厅　国务院办公厅印发《关于推进新时代古籍工作的意见》的通知

厅字〔2022〕19号

各省、自治区、直辖市党委和人民政府，中央和国家机关各部委，解放军各大单位和武警部队、中央军委机关各部门，各人民团体：

《关于推进新时代古籍工作的意见》已经党中央、国务院同意，现印发给你们，请结合实际认真贯彻落实。

中共中央办公厅　国务院办公厅

2022年4月3日

关于推进新时代古籍工作的意见

做好古籍工作，把祖国宝贵的文化遗产保护好、传承好、发展好，对赓续中华文脉、弘扬民族精神、增强国家文化软实力、建设社会主义文化强国具有重要意义。党的十八大以来，以习近平同志为核心的党中央站在实现中华民族伟大复兴的战略高度，对传承和弘扬中华优秀传统文化作出一系列重大决策部署，古籍事业迎来新的发展机遇。为深入推进新时代古籍工作，现提出如下意见。

一、总体要求

1．指导思想。以习近平新时代中国特色社会主义思想为指导，深入贯彻党的十九大和十九届历次全会精神，坚持中国特色社会主义文化发展道路，把马克思主义基本原理同中国具体实际相结合、同中华优秀传统文化相结合，深入推进中华优秀传统文化创造性转化、创新性发展，加强古籍抢救保护、整理研究和出版利用，促进古籍事业发展，为实现中华民族伟大复兴提供精神力量。

2．工作原则。坚持和加强党的全面领导，健全党委领导、部门分工负责、社会协同推进的工作体制机制，把党的领导贯彻到古籍工作的全过程、各方面。坚持正确方向，以社会主义核心价值观为引领，把中华优秀传统文化的精神标识和具有当代价值、世界意义的文化精髓提炼出来、展示出来。坚持统筹布局，加强顶层设计和规划部署，确保古籍工作协调衔接、一体推进。坚持社会效益优先，提高古籍工作质量，始终把社会效益放在首位，实现社会效益和经济效益相统一。坚持守正创新，古为今用、推陈出新，服务当代、面向未来，进一步激发古籍事业发展活力。

3．主要目标。古籍工作体制机制更加完善，标准规范体系基本健全，工作水平有效提升，古籍保护传承、开发利用成效显著，人才队伍发展壮大，古籍工作在传承和弘扬中华优秀传统文化中的地位更为凸显、作用更加突出，古籍事业繁荣发展。

二、完善古籍工作体系

4．加强古籍工作领导体制建设。全国古籍整理出版规划领导小组履行全国古籍工作统筹协调职责，负责制定实施国家古籍工作中长期规划，统筹抢救保护、整理研究、编辑出版以及古籍数字化、古籍普及推广、古籍人才培养等工作，推进古籍重大项目，组织古籍工作督查考评。健全全国古籍整理出版规划领导小组工作机制，加强古籍专项工作议事协调，更好发挥全国古籍整理出版规划领导小组办公室职能作用。各地要结合实际完善古籍工作体制机制，加强省级古籍工作的统一领导和组织协调。

5．强化古籍工作部门职责。各有关部门要高度重视古籍工作，切实履行古籍工作职责。中央宣传部发挥在全国古籍工作中的牵头作用，发挥国家版本馆在中华古籍版本传承发展工作中的重要作用。文化和旅游部、教育部、国家民委以及相关专业古籍出版单位承担其职责范围内的古籍保护、整理研究、编辑出版等工作，发挥古籍工作主阵地作用。文物、中医药、宗教、法律、农业、林草、水利、社会科学、科学技术、档案、方志、古地图等工作主管部门加强本领域古籍工作。根据地域分布、资源特色、专业优势，加强全国范围内古籍存藏保护、整理研究、编辑出版的优化布局和组织协调。加强省级古籍保护中心、少数民族古籍整理研究部门等古籍工作专业机构建设。

6．汇聚古籍行业发展合力。统筹事业和产业两种形态、公益和市场两种资源、国有和民营两种力量、国内和国外两个市场，推动形成古籍行业发展新局面。把握古籍事业发展规律，加强古籍工作各环节衔接配合，促进抢救保护、整理研究、出版利用共同发展。加强有关行业协会、学术团体和智库建设，鼓励社会各界积极参与古籍事业，营造全社会共同关心支持古籍工作的良好氛围。

三、提升古籍工作质量

7．提高古籍保护水平。持续推进中华版本传世工程和中华古籍保护计划，深入开展古籍普查，加强基础信息采集，完善书目数据，编纂总目提要，摸清国内外中华古籍资源和保存状况。加强古籍存藏基础设施建设，改善保存条件，做好异地、异质灾备保护，确保古籍资源安全。加大珍贵古籍保护力度，开展国家、省级珍贵古籍和古籍重点保护单位评选工作，对入选的古籍和单位实施动态管理。制定古籍类文物定级标准，国有古籍存藏单位按照有关规定完成古籍类文物定级建档工作，加强古籍类文物保护。提升古籍修复能力，加强濒危古籍抢救性修复。加强国家版本馆古籍版本资源建设，做好散落失管古籍的征集保藏。推动少数民族文字古籍文献的抢救保护。强化古籍保护基础性研究，发挥科技保护支撑作用，推动古籍保护关键技术突破和修复设备研发。

8．提升古籍整理研究和编辑出版能力。根据不同类型古籍的具体情况，有针对性地做好整理研究和编辑出版，防止低水平重复。加强传世文献系统性整理出版，推进基础古籍深度整理出版，加快出土文献整理研究成果出版利用。推进古籍文献通代断代集成性整理出版，推动少数民族文字古籍文献整理研究和译介出版。深化古籍整理基础理论研究，总结在长期实践中形成的古籍整理理论和方法，完善我国古籍整理研究和出版范式，构建古籍整理出版理论研究体系。

9．加强古籍工作科学化规范化管理。编制实施国家古籍工作中长期规划，建立健全多层次规划体系，做好古籍分类分级保护和分类分层次整理出版。完善古籍项目立项、成果出版的同行推荐和专家评审制度，加强对古籍工作专项经费和有关文化、科研、出版基金资助古籍项目的统筹协调，健全古籍项目绩效评估制度。加强古籍工作标准体系建设，制定修订相关国家标准，完善古籍保护、修复、整理、出版、数字化等工作规范，健全古籍公共服务、出版物、网络服务等质量检查制度。

四、加快古籍资源转化利用

10．挖掘古籍时代价值。将古籍工作融入国家发展大局，注重国家重大战略实施中的古籍保护传承和转化利用。系统整理蕴含中华优秀传统文化核心思想理念、中华传统美德、中华人文精神的古籍文献，为治国理政提供有益借鉴。围绕铸牢中华民族共同体意识，深入整理反映各民族交往交流交融历史的古籍文献，挖掘弘扬蕴含其中的民族团结进步思想，引导各族群众树立正确的中华民族历史观。深度整理研究古代科技典籍，传承科学文化，服务科技创新。梳理挖掘古典医籍精华，推动中医药传承创新发展，增进人民健康福祉。传承中华农耕文明优秀成果，服务乡村振兴。

11．促进古籍有效利用。统筹好古籍文物属性与文献属性的关系，各级各类古籍存藏机构在加强古籍保护的基础上，提升利用效率。完善古籍资源便捷使用机制，鼓励古籍存藏机构向社会公众提供古籍资源服务，提高古籍资源开放共享水平，激发古籍保护利用工作活力。加强古籍保护和整理出版成果的整合利用，建设中国古籍版本目录知识系统，着力构建古籍知识服务体系。

12．推进古籍数字化。建立健全国家古籍数字化工作指导协调机制，统筹实施国家古籍数字化工程。积极对接国家文化大数据体系，加强古籍数据流通和协同管理，实现古籍数字化资源汇聚共享。支持古籍数字化重点单位做强做优，加强古籍数字化资源管理和开放共享。统筹古籍数字化版本资源建设与服务，推进古籍专业数据库开发与利用。积极开展古籍文本结构化、知识体系化、利用智能化的研究和实践，加速推动古籍整理利用转型升级。

13．做好古籍普及传播。加大古籍宣传推广力度，多渠道、多媒介、立体化做好古籍大众化传播。持续推进古籍进校园工作，将中华优秀传统文化教育贯穿国民教育始终。提高古籍普及出版质量，做好经典古籍精选精注精译精评。积极倡导古籍阅读，开展经典古籍优秀版本推荐。加强古籍题材音视频节目制作推介，提供优质融媒体服务。支持各级各类古籍存藏机构和整理出版单位开展古籍专题展览展示，鼓励古籍文创产品开发推广。加强古籍工作对外交流合作，充分利用海外文化平台开展古籍对外宣传推广活动，加大展示展销力度，推动古籍图书对外版权输出，做好中华优秀典籍翻译出版工作。

五、强化古籍工作保障

14．加强组织领导。各级党委和政府要充分认识推进新时代古籍工作的重要意义，将古籍工作纳入经济社会发展规划，加强组织领导和工作部署。各级党委宣传部门要加强统筹指导，整合资源力量，形成工作合力。各有关部门和单位要按照职责分工，细化目标任务，采取有力措施抓好工作落实。

15．推进古籍学科专业建设。进一步优化我国古籍相关学科专业布局，加强课程体系建设，完善涵盖古籍保护、整理研究、编辑出版和数字化的古籍相关学科专业体系。深化古籍学科理论构建，编写专业教材，强化实践教学，鼓励在文史哲、中医药等相关学科专业教学中增加古文献相关教学内容，鼓励有条件的院校设立民文古籍与汉文古籍兼修的古文献相关学科专业。加强学科交叉融合，推动古籍学科与材料技术、信息技术、人工智能等领域学科融合发展。

16．强化人才队伍建设。加强古籍存藏保护、整理研究和出版专业机构建设，扩大古籍保护修复人才规模，加强古籍整理研究机构力量，健全少数民族古文字人才传承机制，建设少数民族文字古籍专业人才学术交流平台，加强古籍专业出版队伍建设。完善用人机制，保障古籍工作相关人员工作待遇。强化古籍人才培训，实施古籍人才培训计划，设立全国古籍人才培训库，建设古籍人才培训基地和古籍整理研学一体的培训平台。健全评价机制，科学评价古籍工作质量，完善古籍工作成果评价办法，加强古籍优秀成果评选推荐工作。职称评定、评奖推优、科研成果认定、效益评估等政策要向古籍工作人员倾斜，对主要承担古籍工作的国有文化企业加大社会效益考核占比，对国有文化企事业单位主要承担古籍重点项目的业务部门可不考核经济效益。

17．完善法治保障。在制定修订文化、教育、科技、卫生、语言文字、出版等领域相关法律法规时，注意体现繁荣发展古籍事业相关内容。鼓励有条件的地方出台加强古籍工作的地方性法规。加强对相关法律法规实施情况的监督检查，加大对古籍工作领域合法权益的保护力度。

18．加强财税政策支持。中央和地方财政结合实际予以重点支持，将古籍工作相关经费纳入年度预算。统筹利用现有资金渠道，完善投入机制，调整优化支出结构。继续落实好支持古籍事业相关税收优惠政策。支持和引导公民、法人和其他组织以捐赠、资助、依法设立基金会等形式参与古籍保护传承。

国家文物局　文化和旅游部　国家发展改革委 自然资源部　水利部关于印发《黄河文物保护利用规划》的通知

文物保发〔2021〕38号

青海省、四川省、甘肃省、宁夏回族自治区、内蒙古自治区、山西省、陕西省、河南省、山东省文物局、文化和旅游厅、发展和改革委员会、自然资源厅、水利厅：

根据中共中央、国务院印发的《黄河流域生态保护和高质量发展规划纲要》的要求，国家文物局会同文化和旅游部、国家发展改革委、自然资源部、水利部编制了《黄河文物保护利用规划》，现将该规划印发你们，请认真贯彻执行。

特此通知。

国家文物局　文化和旅游部　国家发展改革委
自然资源部　水利部
2021年11月23日

黄河文物保护利用规划

前 言

2019年以来，习近平总书记先后主持召开黄河流域生态保护和高质量发展座谈会、中央财经委员会第六次会议和深入推动黄河流域生态保护和高质量发展座谈会并发表重要讲话，指出“黄河文化是中华文明的重要组成部分，是中华民族的根和魂，要推进黄河文化遗产的系统保护，守好老祖宗留给我们的宝贵遗产。要深入挖掘黄河文化蕴含的时代价值，讲好‘黄河故事’，延续历史文脉，坚定文化自信，为实现中华民族伟大复兴的中国梦凝聚精神力量”。

为深入贯彻落实习近平总书记重要讲话精神，落实《中华人民共和国国民经济和社会发展第十四个五年规划和2035年远景目标纲要》《黄河流域生态保护和高质量发展规划纲要》《“十四五”文物保护和科技创新规划》《黄河文化保护传承弘扬规划》，强化顶层设计，全面推进黄河文物的系统保护，大力保护传承弘扬黄河文化，特编制本规划。规划范围为黄河干支流流经的青海、四川、甘肃、宁夏、内蒙古、山西、陕西、河南、山东9省（区）的69个市（州）；规划主要对象为各级文物保护单位及尚未核定公布为文物保护单位的不可移动文物。为保持文化传承弘扬的关联性，在谋划实施相关重要举措时，根据实际情况可延伸至与文物联系紧密的历史文化名城名镇名村、传统村落、水利遗产、农业文化遗产等相关领域。

规划期至2025年，中期展望至2035年，远期展望至本世纪中叶。

第一章 规划背景

第一节 基本情况

黄河横跨我国三级阶梯台地，在与巴颜喀拉山、贺兰山、阴山、秦岭、太行、嵩山、泰山等山脉的不断碰撞中，塑造了我国北方地理的基本格局。黄河流域是中华文明起源和发展的核心地区，在我国5000多年文明史中，黄河流域有3000多年是全国政治、经济、文化中心。孕育了河湟、关中、三晋、河洛、齐鲁等地域文化，分布有郑州、西安、洛阳、开封等古都，诞生了“四大发明”和《诗经》《老子》《史记》等经典著作。九曲黄河，奔腾向前，以百折不挠的磅礴气势塑造了中华民族自强不息的民族品格，是中华民族坚定文化自信的重要根基。

根据第三次全国文物普查，黄河流域9个省（区）共有不可移动文物30余万处，占全国的39.73%。目前，黄河干支流所流经的69个市（州）共有不可移动文物约16.8万处，包括全国重点文物保护单位1451处，省级文物保护单位4221处，市县级文物保护单位26476处，登记博物馆1325处，世界文化遗产11处，世界文化和自然混合遗产1处，世界灌溉工程遗产3处，全球重要农业文化遗产3处，中国重要农业文化遗产19处，以及国家历史文化名城16处，中国历史文化名镇29处，中国历史文化名村91处，中国传统村落678处。

第二节　机遇与挑战

习近平总书记在主持召开中共中央政治局会议审议《黄河流域生态保护和高质量发展规划纲要》时指出，要把黄河流域生态保护和高质量发展作为事关中华民族伟大复兴的千秋大计。《中华人民共和国国民经济和社会发展第十四个五年规划和2035年远景目标纲要》明确提出推进社会主义文化强国建设，建设黄河国家文化公园，打造具有国际影响力的黄河文化旅游带。中共中央、国务院印发的《黄河流域生态保护和高质量发展规划纲要》提出保护传承弘扬黄河文化，对黄河文化遗产进行系统保护。国务院办公厅印发的《“十四五”文物保护和科技创新规划》部署黄河文物系统保护重大工程。

多年来黄河流域在考古、大遗址保护和国家考古遗址公园建设、古建筑、石窟寺保护利用等方面取得了积极成效。但是，黄河流域文物保护的系统性、整体性和协同性不强，文物保护与展示利用整体水平不高，让文物活起来方法不多，各地区之间发展不平衡，保护与开发建设的矛盾依然存在，融入当代经济社会高质量发展和社会效益发挥等方面尚不充分，难以形成对黄河文化保护传承弘扬的有效支撑。

第二章　总体思路

第一节　指导思想

以习近平新时代中国特色社会主义思想为指导，深入贯彻落实习近平总书记关于保护传承弘扬黄河文化的重要讲话精神和关于文物考古工作的重要论述精神，紧紧围绕黄河文化保护传承弘扬的使命任务，统筹推进黄河文物的系统保护利用，深入挖掘黄河文化蕴含的时代价值，积极推动黄河文物保护利用成果融入黄河流域生态保护和高质量发展大局，讲好新时代“黄河故事”，守护好中华民族的根与魂，延续历史文脉，坚定文化自信，为实现中华民族伟大复兴的中国梦凝聚精神力量。

第二节　基本原则

坚持保护优先、合理利用。秉持正确的文物保护理念，坚持把保护放在第一位，健全规划和制度保障，坚守黄河文物保护底线和安全红线；完善黄河文物合理利用的政策设计，创新以价值为导向的利用模式、方法和路径，充分发挥文物的综合效益，助力地方经济社会高质量发展。

坚持因地制宜、分类施策。结合黄河流域生态、农业、城镇空间布局，立足不同地区经济社会发展实际，推动黄河上中下游的地域文化研究、保护和展示；系统研究黄河文物价值体系，全面梳理黄河文物主要特征，提高政策和措施的针对性，分类推进、分步实施。

坚持统筹谋划，协同推进。从黄河文化的核心价值出发，统筹谋划考古、研究、保护、展示、管理工作，系统保护文化和自然遗产、物质和非物质文化遗产，整体推进文物保护利用和文化保护传承弘扬；建立健全统分结合、协同联动的工作机制，加强跨区域跨部门齐抓共管，推动文物保护利用与黄河流域生态保护修复、城乡发展建设、人居环境改善紧密融合。

坚持文化引领，全民共享。以黄河文化保护传承弘扬为核心，系统阐释黄河文物所蕴含的时代价值，深化文物价值转化，提高文物展示利用水平，提供高水平的公共文化产品和服务，促进黄河文物保护成果全民共享。

第三节 发展目标

至2025年，完成黄河文物资源调查，建立黄河文物资源数据库，发布一批重要黄河文物名录，新核定公布5000处文物保护单位；实施黄河流域“考古中国”重大研究项目和中华文明探源工程，基本厘清黄河文物价值体系；实施一批具有带动和示范效应、影响力重大的黄河文物综合性保护利用示范项目；省级以上文物保护单位开放率达到30%以上；建设黄河文化驿站，推出一批高水平黄河文物陈列展览，系统展示黄河文物价值和文化内涵；建立省部际协作协调机制；有效支撑黄河国家文化公园建设实施。

至2035年，黄河文物保护管理水平全面提升，基本实现动态化、科学化和信息化；黄河流域“考古中国”项目和中华文明探源工程取得重大进展，黄河文物价值研究取得重大成就，黄河文化主体地位全面凸显；黄河文物无重大险情，预防性保护有序实施；文物保护科学技术攻关取得重大突破，保护项目科技含量显著提升；黄河文物展示利用水平和对社会开放程度明显提高，进一步融入经济社会发展，服务群众生活；文物保护利用跨区域协调机制更加务实高效；黄河文化遗产廊道建设成效全面显现，全面支撑黄河文化旅游带发展。

展望2050年，黄河文物保护利用对传承弘扬黄河文化、促进黄河流域高质量发展的积极作用充分彰显；黄河文化全面走出国门，走向世界，成为国际知名的文明标识，在国际合作与竞争中的文化引领作用得到充分彰显，黄河文明的重大成就成为人类命运共同体理念的重要支撑。

第三章 加强黄河文物资源调查

第一节 全面调查认定黄河文物

在第三次全国文物普查的基础上，以黄河沿线文物保护单位为重点，以古遗址、古墓葬、石窟寺、古建筑、近现代重要史迹及代表性建筑为主体，适当兼顾黄河故道地区，全面开展黄河文物资源专项调查，厘清黄河文物的数量、类型、分布、特征及保护利用状况。充分关注古堤防、古水井、古灌区、古灌渠等水利和农业文化遗产，古栈道、古渡口等交通遗迹，整体认知黄河故道、历史文化名城名镇名村和传统村落等区域性资源，丰富完善黄河文物体系。对调查中新发现的重要文化遗产，及时组织开展价值评估，依法认定、公布为不可移动文物。以省区为单位，汇总公布黄河文物调查成果，遴选、认定一批价值突出、内涵丰厚、体现黄河文化核心价值的黄河文化标识，适时公布国家黄河文化标识。

第二节 建立黄河文物资源数据库

按照国土空间基础信息平台数据标准，广泛运用地理信息、测绘、三维影像等科学技术手段，全方位采集黄河文物的属性信息，建立黄河文物资源数据库，实施动态管理，实现文物管理的科学化、精准化与动态化。推动将黄河文物资源的空间信息纳入同级国土空间基础信息平台。推动整合文物与水利、农业、交通、文化旅游等其他行业基础数据，建立黄河文物基础数据跨行业共享机制。

第四章　推进黄河文物全面研究

第一节　实施黄河流域重大考古项目

重点推进“考古中国”重大研究项目。围绕人类起源、农业起源、文明起源等核心问题，发掘和研究黄河流域旧石器时代和新旧石器过渡阶段重要遗址、早期聚落遗址、古代都城都邑及帝王陵寝等重要遗址，深入开展中原地区文明化进程、海岱地区文明化进程、河套地区聚落与社会、夏文化研究等重大课题研究，系统阐明黄河流域社会文化演变、族群迁徙融合的基本脉络，科学揭示黄河文明的核心价值、典型特征和突出地位，实证我国万年文化史和5000多年文明史发展历程。

持续推进中华文明探源工程。重点研究黄河流域长城沿线以石城和大型聚落为核心的区域文明演进互动，对区域文化、资源和技术的传播交流以及地区间的差异进行整合性考察，阐明文明起源“北方模式”的内涵，探讨北方地区与黄河中下游地区之间的互动关系。开展多学科研究，整合生业经济、手工业经济、各类自然资源、分子生物学数据，探索并建立北方和中原早期农业发展的区域模式。

第二节　做好研究成果发布与转化

加大黄河流域考古研究成果发布力度，及时出版考古发掘报告，加强公众宣传，定期向社会发布重要考古发现。推动大遗址考古和研究成果转化，不断加深和丰富对大遗址价值和内涵的认识，有效支撑黄河流域大遗址保护利用和国家考古遗址公园建设，推动研究成果向价值展示传播、科普教育等方向转化。建立统一的考古数据规范，促进黄河考古资料信息跨地区跨行业共享。

第三节　壮大考古科研机构

支持黄河流域建设国家重点区域考古标本库房和出土文物整理基地、考古工作基地（站）、科技考古实验室、考古博物馆等，提升考古机构和考古装备设施科技化、现代化水平。支持陕西考古博物馆、河南省文物考古研究院（新院）建设。依托沿黄省、市级考古院所，打造国内一流水平的考古研究机构，依托陕西、山西、河南、山东等省级专业考古机构，培育建设世界一流考古机构。

第四节　全面挖掘黄河文物价值

依托黄河文物、历史文化名城名镇名村和传统村落等，深入开展河湟文化、关中文化、三晋文化、河洛文化、齐鲁文化等黄河流域地域文化研究，深化历史地理和人地关系研究、中华文明发展主线研究，全面挖掘黄河文物的历史价值与时代价值，构建黄河文物核心价值体系。

加强黄河文物多学科、跨领域的综合研究。依托国家研究机构和高等院校，培育黄河文物研究智库和高水平综合性研究团队，推出多学科、跨领域的协同创新研究平台。充分发挥地方高校及科研院所在黄河流域地域文化研究中的作用。强化环境考古、聚落考古等研究。推动黄河流域水利遗产、农业文化遗产、交通遗迹、手工业遗存、军事遗址专题研究，不断拓宽、加深对黄河文物丰富内涵的认识。

第五章　实施黄河文物系统保护

第一节　强化黄河文物资源管理

推动沿黄各省区建立文物保护单位定期公布机制，遴选具有重要价值的黄河文物核定公布为省级和市、县级文物保护单位，遴选一批具有重大价值的黄河文物报请国务院核定公布为全国重点文物保护单位。完善文物保护单位“四有”工作，对尚未核定公布为文物保护单位的不可移动文物作出标志说明，建立记录档案，明确管理责任人。在市、县、乡镇国土空间总体规划中统筹划定各级文物保护单位保护范围和建设控制地带、地下文物埋藏区等历史文化保护线，制定管理规定和空间形态管控指标、要求，纳入各级国土空间规划和监管平台，作为实施用途管制和规划许可的重要依据。推动地方人民政府落实“先考古、后出让”政策措施，加快推进土地开发考古前置改革。编制重要文物保护单位保护规划。优先支持黄河流域重要地区划定公布历史文化保护重点功能区。推动沿黄各省区制定符合省情的黄河文物保护法规，出台各类专项保护管理规范性文件。

第二节　实施重大文物保护工程

全面加强黄河流域古遗址、古墓葬综合性保护利用。重点推进石峁、陶寺、双槐树、仰韶村、大汶口、二里头、殷墟等重要遗址，汉长安城、汉魏洛阳城、隋唐洛阳城、北宋东京城、统万城等城址，秦始皇陵、汉唐帝陵、宋陵、邙山陵墓群等帝王陵寝的整体性保护。重点支持殷墟、汉长安城、陶寺、仰韶村、大汶口等遗址博物馆建设，积极支持仰韶村、陶寺、石峁、二里头等创建国家考古遗址公园。推动西安、洛阳、郑州、曲阜大遗址保护利用片区建设。加强黄河流域国家级长城重要点段保护维修展示和长城国家文化公园建设。重点关注铜、铁、盐等资源的开采与利用，研究盐业、陶瓷业等资源控制与生产流通。

提升黄河流域石窟寺保护水平，开展云冈、龙门等重要石窟寺保护示范工程和陕北、陇东南等中小石窟寺抢救性保护，推动石窟寺预防性保护常态化。完善世界遗产地石窟寺监测、重要石窟寺稳定性专项监测、中小石窟寺安全巡查，加强石窟寺风险预警，推动黄河流域石窟寺率先实现安全守护员和重点石窟寺安防设施全覆盖。发挥中国文化遗产研究院、敦煌研究院、云冈研究院、龙门石窟研究院和山东石刻艺术博物馆等专业机构的技术帮带和示范引领作用。

加大黄河流域文物建筑保护力度，加强泰山、曲阜孔府、登封“天地之中”以及山西重点早期古建筑等代表性古建筑保护修缮，保护传承传统营造技艺。加强嘉应观、济渎庙等治水文物，郑国渠、宁夏内蒙古引黄古灌区等水利和农业文化遗产，秦直道、黄河古栈道、虞坂古盐道、黄河古渡口等交通遗迹的保护。

提高黄河流域革命文物保护水平，推进陕甘（宁）、晋察冀、冀鲁豫等黄河沿线革命文物保护利用片区建设，组织实施陕甘宁革命老区、红军长征路线等地区革命文物保护展示工程，大力弘扬延安精神、焦裕禄精神、沂蒙精神、长征精神，支持建设陕西延安革命文物国家文物保护利用示范区。

加大历史文化名城名镇名村和传统村落保护力度。推动大遗址、古建筑（群）保护与历史文化名城名镇名村、历史文化街区、传统村落保护相结合，整体保护文物及其景观环境。支持西安、洛阳、开封、大同、济南等城市保护和完善历史风貌特色。推动文物保护与城市更新相结合，强化本体保护和风貌管控，提升城市历史文化遗产保护管理水平，保护传承城市文脉。

第三节　促进文物保护科技创新

引导沿黄各省区的科研院所、高校和相关企业深化黄河文物保护利用基础研究，推动共性关键性技术攻关，建设相关领域跨学科科研平台，聚焦黄河流域土遗址、石窟寺和木结构建筑等重要文物在本体保护、现状监测、风险识别、灾害风险管理、游客管理及预防性保护技术创新等重大课题，形成科研成果并推广应用。推进重要石窟寺壁画、造像、摩崖石刻、刻经的数字化保护工作。推进水利遗产保护、修复、展示利用技术创新研究和应用示范工作。推动黄河文物保护创新平台建设，支持黄河流域石窟寺、木结构、科技考古国家重点实验室，技术创新中心、材料基地、装备基地等国家级科研中心建设。提升黄河流域国家文物局重点科研基地研究水平和服务能力，完善研究方向布局。

第四节　持续推进文物平安工程

建设文物安全监管平台，加强文物安全防护设施建设与维护，建立重要的古墓葬、石窟寺、田野石刻、古建筑构件以及重要文博单位安全风险预警机制，实施风险等级管理。提升火灾隐患排查、整治和防控能力。从严打击盗掘、盗窃、非法交易文物等犯罪行为，完善打击和防范文物犯罪联合长效机制。推动地方政府将文物安全纳入防灾减灾体系，在地质灾害、洪涝灾害等重点防范地区，试点实施文物防灾减灾示范工程。

第六章　创新黄河文物展示利用

第一节　构建黄河文物展示体系

构建黄河文物展示体系。以黄河文物为主要载体，协同黄河水利遗产、农业文化遗产、交通遗迹、历史文化名城名镇名村和传统村落等，以“人类发源”“文明历程”“生产生活”“水利遗产”“水陆交通”“艺术荟萃”“民族融合”“人文景观”“革命传统”九大价值主题为主线，形成黄河文化重要展示节点。依托文脉地缘相近、文化遗产资源密集的区域，形成河湟谷地、陇中、陇东南、河套、长城内外、汾河谷地、关中、豫晋陕黄河金三角、郑汴洛、齐鲁为主的黄河文物展示片区，构建以黄河干流与湟水、洮河、泾渭河、汾河、伊洛河、汶泗河及其相关区域为主要空间的黄河文物展示带。

构建黄河文化专题线路。依托黄河流域现有交通设施以及黄河旅游公路，串联展示节点与展示片区，将文物纳入黄河旅游公共服务体系。依托一些大跨度、主题鲜明、资源丰富的文化线路完善游览展示道路体系。提升重点段落的展示设计，凸显文化主题，将黄河流域各分散的地理资源空间整合为具有文化符号意义的线性公共文化空间，推动文化与旅游深度融合。

第二节　创新黄河文物展示利用途径

重点提升汉长安城、曲阜鲁国故城、殷墟、隋唐洛阳城等国家考古遗址公园展示水平，创新大遗址展示形式，提升考古遗址博物馆展览水平，鼓励具备条件的展示场所开展数字导览服务和遗址现场数字化展示。

实施石窟寺展示陈列提质工程，打造精品陈列展览，完善开放石窟寺的展示标识解说系统、游客服务设施。鼓励黄河流域有条件的石窟寺建设遗址博物馆，依托重点石窟寺创建国家遗产线路和国家遗址公园。

统筹黄河沿线古村古镇、名人故居、会馆商号、革命文物、工业遗产等各类展示空间，丰富展陈内容，配套建设服务中心、解说与引导设施等。在黄河沿线的重要水利和农业文化遗产、交通遗迹等处设置展示标识，通过现场展示、互动体验等多种方式阐释黄河文化内涵。

在黄河沿线重要城市建设一批展示黄河文化的黄河驿站；推动开展黄河文化研学旅行，依托重要黄河文化标识，打造一批黄河文化遗产传承教育实践基地。支持成立黄河文物保护利用城市联盟。推动以黄河文化为主题，创新区域文物资源保护展示利用模式，创建黄河文化遗产主题的国家文物保护利用示范区。

第三节　提升黄河博物馆展陈水平

充分发挥黄河国家博物馆的龙头作用，沿黄各省级博物馆的关键节点作用，鼓励利用文物建筑建设专题性黄河文化博物馆。系统提升各省市级博物馆在黄河相关可移动文物收藏、研究、展示以及黄河文化传播、教育等方面的作用，突出不同地域的黄河文化特色。鼓励各省市依托现有场馆改造，建设一批黄河文化相关的专题展厅，全方位、多视角诠释黄河文化的内涵、精神实质和时代价值。提升展陈质量，推出一批聚焦黄河文化核心价值和突出特征的专题展览，综合展示黄河文明深刻的思想体系、丰富的科学文化艺术成果、独特的制度创造。

加大黄河流域革命老区、少数民族地区、边疆地区博物馆建设支持力度。充分发挥“黄河流域博物馆联盟”作用，促进以黄河文化为主题的联展、换展、巡展等活动，加强博物馆专业人员培训、学术研究、社教推广、文创开发等交流合作，促进共同发展，推动黄河文化的保护、传承与弘扬。

第四节 加强黄河文物新媒体传播

依托“互联网+”中华文明行动计划，推出“云赏黄河”文物数字展示平台，整合黄河文物资源数据，形成具有较强可视性、较高知识性的黄河文物数字展示平台，开展交互式、沉浸式、智慧化的云展览文化体验及应用研发，打造线上黄河文化体验与呈现系统。

与互联网平台合作，共同推出黄河文物数字地图、短视频文物讲堂、融媒体中心等服务，利用电脑、智能手机等终端载体，构建不受时间、空间限制的黄河文物数字展示场景。

建设黄河文物全媒体传播国家级中心平台，搭建基于移动互联网、微信、微博、短视频、视频直播、H5等多种媒体形式的黄河文物主题传媒平台，形成融文物新闻宣传与文物知识价值传播于一体，面向国内国际的全媒体传播矩阵；建设黄河文物全媒体传播素材库，推出系列精品力作，讲好中国故事，传播中华文明。

第七章 推动黄河文化走出去

第一节 增进文明交流互鉴

支持黄河流域与共建“一带一路”国家深入开展多种形式的人文合作，从资金、人员、技术设备等多方面协助相关国家开展文化遗产保存和修复工作。借助“亚洲文化遗产保护行动”等国际合作平台，吸引国内外各类机构参与支持，推动建立常态化的黄河文化遗产合作项目。加强同尼罗河流域、恒河与印度河流域、两河流域等相关国家的文物交流合作，全面加强与相关国家在文物保护、考古、学术交流、博物馆、人才培训等领域合作。充分发挥世界古都论坛等现有平台作用，提升黄河文化国际影响力。积极做好配合重大外交活动的黄河文化相关文物出境和入境展览。围绕黄河文明突出特征，联合国际团队，开展农业起源、文明起源比较研究课题，打造文物保护利用国际智库。

第二节 做好世界遗产申报管理

支持黄河流域现有世界文化遗产提升保护管理水平，完善监测与巡查监管衔接制度，建设世界遗产地监测预警平台，提升已有监测预警平台保护管理水平。推进黄河流域重要文物申报世界遗产，重点推动西夏陵申报世界文化遗产，支持石峁遗址、西汉帝陵、唐代帝陵、阴山石刻等世界遗产预备项目有序申报世界文化遗产，积极培育二里头、关圣文化建筑群等项目纳入中国申报世界遗产预备名单。基于黄河文化价值的多元内涵，支持开展相关军事遗产、线性遗产、文化景观进入中国申报世界遗产预备名单预研究，支持秦岭申报世界文化和自然混合遗产，支持黄河流域的水利遗产、农业文化遗产申报世界灌溉工程遗产和全球重要农业文化遗产。

第八章 组织实施保障

创新体制机制。坚持中央统筹、省负总责、市县落实的工作机制，国家文物局进行引导与协调，各省市文物部门制定配套措施实施方案，市县层面按照部署落实到位。依托黄河国家文化公园建设，建立文物与宣传、发展改革、自然资源、水利、文化和旅游以及工业和信息化、财政、交通运输、农业农村等部门的会商机制。

完善资金投入。完善国家引导、地方支持、社会参与的多元经费投入渠道。完善国家文物保护专项资金投入机制，加大对黄河流域重要文物密集区资金投入力度。地方财政综合运用相关渠道，积极完善政策支持。引导社会资金发挥作用，激发市场主体活力，完善多元投入机制。

强化人才队伍。加强黄河沿线基层文物保护管理机构能力建设，推动增加黄河沿线基层文物保护管理机构数量，加大人才培养引进力度，设立黄河流域文物保护职业教育与培训基地，向基层文物保护管理机构输送专业人才，建立常态化培训机制，提升基层从业人员能力。鼓励社会力量参与黄河文物保护利用，培育志愿者团队。

做好规划落实。加强与黄河流域生态保护和高质量发展规划纲要、黄河流域各级国土空间规划、黄河文化保护传承弘扬规划、黄河国家文化公园建设实施方案和“十四五”文物保护与科技创新规划、文化和旅游发展规划及考古、大遗址、石窟寺等专项规划的协同发力。各省市、相关部门切实落实本实施规划的目标、任务、要求和措施，研究制定时间表、路线图，强化工作责任与监督检查。国家文物局定期对规划实施开展专项评估。

教育部办公厅　国家文物局办公室关于实施考古学国家急需高层次人才培养专项的通知

教研厅函〔2021〕13号

有关省、直辖市教育厅（教委）、文物局（文化和旅游厅/局），有关部门（单位）教育司（局），部属有关高等学校，有关联合培养单位：

为贯彻习近平总书记在中央政治局第二十三次集体学习时的重要讲话精神，努力建设具有中国特色、中国风格、中国气派的考古学，落实中央人才工作会议精神和《加快推进急需高层次人才培养行动方案（2021—2025年）》有关要求，充分发挥研究生教育对考古急需高层次人才培养的支撑作用，经研究，决定选取部分高校（名单见附件1）会同有关联合培养单位（名单见附件2）实施考古学国家急需高层次人才培养专项。现将有关事项通知如下。

一、重要意义

考古学经过长足的发展，目前已初步建立起具有中国特色的学科体系、学术体系和话语体系，在揭示中华文化、阐释中华文明、解读中华文化与世界文化交流等方面发挥着不可替代的重要作用，对促进民族团结、解析家国大义、凝聚中国力量、弘扬中华精神、服务人民群众等方面具有重要意义，但与党和国家事业发展对考古学高层次人才需求相比，还存在人才规模小，创新力不足等问题。研究生教育战略要深入贯彻习近平总书记重要讲话精神，服务党和国家事业发展迫切需要，不忘初心，勇担使命，加快培养一批支撑考古核心技术突破和行业发展的急需高层次人才，为提升我国考古自主创新能力作出更大贡献。

二、工作目标

聚焦我国考古事业对现代考古领军人才的迫切需求，创新协同育人模式，为我国考古事业培养和储备一批创新能力强、具备国际视野的领军人才，形成现代考古高层次人才辈出新格局，为实现我国考古科技高水平自立自强的战略目标奠定基础。

三、工作方式

各专项实施高校以考古学一级学科已录取博士新生和在读博士生为培养对象，每校每年选拔3—10名优秀博士生进入专项，实行学科交叉、校所（院）协同培养。专项实施周期为4年（2022—2025年），由研究生培养单位会同联合培养单位（可不局限于附件2），按照工作指南（附件3）要求，从工作基础、专项设计、培养目标、重点举措、联合培养等方面制定专项实施方案（样表见附件4）。联合培养双方要签订完善的联合培养协议，明晰各方权责。

四、支持保障

（一）专项实施高校成立由校领导任组长的专项实施领导小组，统筹推进专项实施工作，积极配置资源，加大条件保障，确保专项高质量实施。

（二）教育部将承担专项任务高校纳入国家关键领域急需高层次人才培养专项招生计划支持范围，根据培养能力、实施情况等实际予以专门支持，承担任务高校也要通过增量倾斜和存量调整予以配套安排。

（三）中央财政将中央部门所属高校纳入专项的学生人数作为各校专项资金分配因素安排经费予以支持。

（四）联合培养单位设置面向专项博士生的科研课题，并提供科研条件和科研经费。

（五）鼓励联合培养双方设立专项奖学金或助研助教岗位，支持专项博士生的学习生活。

（六）专项人才培养质量作为“双一流”建设高校及建设学科成效评价的重要指标，以及动态调整专项引导资金支持力度的重要依据。

五、其他事项

（一）请相关高校高度重视专项实施工作，将专项实施方案于2022年2月28日前、联合培养协议于2022年3月31日前报教育部学位管理与研究生教育司。

（二）请有关联合培养单位组织专人实施专项对接工作，主动与高校签订联合培养协议，并于2022年3月31日前报国家文物局人事司。

（三）教育部学位管理与研究生教育司将会同国家文物局人事司、文物保护与考古司加强对各单位专项遴选、培养工作的指导和支持。

联系人及联系方式：教育部学位管理与研究生教育司，刘冬，010-66097848，xwbpyc@moe.edu.cn，北京西单大木仓胡同37号；国家文物局人事司，付瑜，010-56792125，cucfuyu@126.com，北京市东城区北河沿大街83号。

附件：1．高校名单

2．联合培养单位名单

3．考古学国家急需高层次人才培养专项工作指南

4. 考古学国家急需高层次人才培养专项实施方案（样表）（略）

教育部办公厅　国家文物局办公室
2021年12月28日

附件1

高校名单

1. 北京大学
2. 中国人民大学
3. 吉林大学
4. 复旦大学
5. 南京大学
6. 浙江大学
7. 山东大学
8. 郑州大学
9. 武汉大学
10. 中山大学
11. 四川大学
12. 西北大学
13. 中国社会科学院大学

附件2

联合培养单位名单

1. 中国社会科学院考古研究所
2. 国家文物局考古研究中心
3. 中国文化遗产研究院
4. 故宫博物院
5. 中国国家博物馆
6. 敦煌研究院
7. 陕西省考古研究院
8. 河南省文物考古研究院
9. 山东省文物考古研究院
10. 河北省文物考古研究院
11. 北京市文物研究所
12. 浙江省文物考古研究所
13. 湖北省文物考古研究所

14．湖南省文物考古研究所
15．四川省文物考古研究院
16．山西省考古研究院

附件3

考古学国家急需高层次人才培养专项工作指南

为贯彻习近平总书记在中央政治局第二十三次集体学习时的重要讲话精神，努力建设具有中国特色、中国风格、中国气派的考古学，为弘扬中华优秀传统文化、增强文化自信提供坚强支撑，做好考古学国家急需高层次人才培养专项实施工作，制定本工作指南。

一、专项定位

考古学经过长足的发展，目前已初步建立起具有中国特色的学科体系、学术体系和话语体系，在揭示中华文化、阐释中华文明、解读中华文化与世界文化交流等方面发挥着不可替代的重要作用，对促进民族团结、解析家国大义、凝聚中国力量、弘扬中华精神、服务人民群众等方面具有重要意义。但与党和国家事业发展对考古学高层次人才需求相比，还存在人才规模小，创新力不足等问题。通过实施急需人才培养专项，充分发挥高校与行业单位共建优势，紧密围绕国家需求，以考古学一级学科培养平台为依托，构建拔尖人才培养模式，不断夯实基础，推进应用，构建多学科交叉培养机制，为我国考古学事业发展储备一批科研能力强的复合型专门人才，形成现代考古学高层次创新人才辈出的新格局，解决急需人才短缺难题，推进我国考古学国际化进程。

二、主要任务

（一）探索考古学科教融合育人模式

考古学拔尖人才培养必须坚持实践与理论紧密结合，深入探索科教融合育人机制，注重突出学科特色，科学制定培养方案，以科研为基础，以问题为导向，推进多学科融合培养模式，启发创新意识、增强团队意识、提高田野工作能力。以产生重大原创性成果为目标，以增强中国考古学在国际考古学界的影响力和话语权为己任。逐步构建具有中国特色的考古学人才培养模式。

（二）超常规加快培养一批高层次紧缺人才

通过专项实施，支持有关研究生培养单位加快培养一批具备深厚家国情怀、强烈责任担当、多学科背景知识、扎实专业素养及国际视野，能够对考古学领域关键问题进行创新研究，填补空白的拔尖人才。为引领我国人民坚定道路自信、理论自信、制度自信、文化自信的目标奠定坚实基础。

（三）完善考古学高层次人才培养输送机制

通过国家政策引导、高校自主布局，聚焦考古学关键前沿问题，建立多学科融合培养机制。通过专项实施，推动在培养成效显著的研究生培养单位和用人单位间搭建高层次人才联合培养基地，推动形成长期的合作培养机制，为我国考古学发展源源不断输送高层次人才。

三、组织形式

（一）专项实施研究生培养单位成立由校领导任组长的领导小组，制定专项实施方案，统筹推进人才专项遴选、培养和学位授予等工作。

（二）实行校所（院）联合培养、鼓励校际共建，支持博士生到有基础、有条件、有平台的合作单位完成博士论文研究，联合培养单位须提供相应的联合培养条件。

（三）鼓励支持博士生参加国际交流、合作的研究课题及项目，开展博士论文研究。

（四）鼓励有条件的高校做中长期规划，建设实体考古实习基地。

（五）鼓励联合培养双方设立专项奖学金或助研助教岗位，支持专项博士生的学习生活。

四、培养方向

重点提升考古学的发展能力、创新能力和阐释能力，对急需重点专业进行战略性布局。根据我国考古学领域蓬勃发展现状和重点方向急需专业人才情况，各实施高校优先在以下方向开展专项人才培养：

1．水下考古

2．石窟寺与宗教考古

3．科技考古

4．边疆考古

5．外国考古

6．旧石器时代考古

7．考古学理论

8．文物保护与管理

专项实施研究生培养单位可根据自身优势拓展培养方向和具体领域。

五、专项实施

（一）明确入选对象。入选对象应为考古学一级学科已录取博士新生和在读博士生。支持国内实践经验丰富、学有潜力的青年考古学者申请攻读专项博士生。

（二）强化校所（院）协同、校际共建。相关单位要积极参与专项博士生培养，并结合自己的学科优势，设定研究内容和研究方向，支持共享文保实验室、科技考古实验室。

（三）完善课程体系。构建硕博贯通的开放式、模块化课程体系，涵盖考古学学科框架的知识和实践能力要求，并提供跨学科交叉课程供学生选修。

（四）加强导师指导。学校导师应具有丰富的博士生指导经验，联合培养单位也要配备行业导师，双方共同确立研究方向和科研课题。

（五）明确论文要求。导师结合具体培养方向，为博士生设计个性化培养方案。专项博士生的学位论文应紧密结合考古学领域国家急需的关键前沿问题，力争取得创新性科研成果。

（六）完善评价机制。专项博士生的学位授予主要审核有无创新性研究成果、创造性贡献和是否解决关键实际问题等，不将在学术期刊上发表论文作为学位授予的唯一标准。

（七）明晰知识产权归属。有关联合培养单位和培养对象，要根据分工、研究项目来源等，约定论文、成果等知识产权分配和归属。

六、专项评估

由教育部、国家文物局组成专家小组，对专项实施情况进行阶段性评估，以专项博士生学术创新能力和对考古学领域的发展贡献为主要评价内容。任务承担高校应通过毕业生调查、用人单位调查、学生和教师座谈等，对专项实施情况进行自我评估，建立持续改进机制，不断提高专项博士生培养水平。教育部当会同相关部门根据评估结果对专项实施单位进行动态调整，对评估不合格的机构，及时终止专项实施资格。

中共中央宣传部　文化和旅游部　国家文物局
关于学习贯彻习近平总书记重要讲话精神
全面加强历史文化遗产保护的通知

中宣发〔2022〕5号

各省、自治区、直辖市党委宣传部、文化和旅游厅（局）、文物局，中央军委政治工作部宣传局，中央宣传文化系统各单位：

2022年1月27日，习近平总书记考察调研世界文化遗产平遥古城，就保护历史文化遗产、传承弘扬中华优秀传统文化发表重要讲话。这次重要讲话与党的十八大以来习近平总书记关于历史文化遗产保护的重要论述和指示批示一脉相承，体现了以习近平同志为核心的党中央对文物保护利用和文化遗产保护传承的高度重视，为新时代增强文化自信、加强历史文化遗产保护指明了方向、提供了遵循。为认真学习贯彻习近平总书记重要讲话精神，做好当前和今后一个时期历史文化遗产保护工作，现就有关事项通知如下。

一、深入学习领会习近平总书记重要讲话精神，增强全面保护历史文化遗产的责任感使命感。习近平总书记指出，历史文化遗产承载着中华民族的基因和血脉，不仅属于我们这一代人，也属于子孙万代。要敬畏历史、敬畏文化、敬畏生态，全面保护好历史文化遗产，统筹好旅游发展、特色经营、古城保护，筑牢文物安全底线，守护好前人留给我们的宝贵财富。要坚定文化自信，深入挖掘晋商文化内涵，更好弘扬中华优秀传统文化，更好服务经济社会发展和人民高品质生活。要做优秀传统文化传承者，保护好推光漆器等文化瑰宝，把富有民族特色的传统文化产业发扬光大、推向世界。习近平总书记的重要讲话，精辟揭示了全面保护历史文化遗产的时代价值、传承弘扬中华优秀传统文化的深远意义，深刻阐明了新时代历史文化遗产保护与旅游发展的重要原则和实践要求。各地区各有关部门要切实把思想和行动统一到习近平总书记重要讲话精神上来，深入推进学习宣传贯彻，在学深悟透、有效落实上持续用力，增强自觉自信、强化责任担当，本着对历史负责、对人民负责的精神，全面加强新时代历史文化遗产保护，建设社会主义文化强国，铸就中华文化新辉煌。

二、全面加强历史文化遗产保护利用。要坚持保护第一、强化系统保护，牢固树立保护历史文化遗产责任重大的观念，树立保护文物也是政绩的科学理念，统筹好历史文化遗产保护与城乡建设、经济发展、旅游开发；统筹好重要文化和自然遗产、非物质文化遗产系统性保护，加强各民族优秀传统手工艺保护传承；统筹好抢救性保护和预防性保护、本体保护和周边保护、单点保护和集群保护，加强世界文化遗产保护管理监测，维护历史文化遗产的真实性、完整性、延续性，牢牢守住文物安全底线。要对博大精深的历史文化、对前人留下的宝贵财富心存敬畏，正确处理历史与当代、保护与利用、传统与创新、资源与环境的关系，切实做到在保护中发展、在发展中保护，积极推进创造性转化、创新性发展，更好提炼展示中华优秀传统文化的精神标识，让历史文化遗产在新时代焕发新生、绽放光彩，成为增进全民族历史自信与历史认知的重要源泉。要深入推进融合发展，积极对接共建“一带一路”倡议和乡村振兴、区域协调发展、扩大内需等国家重大战略，全力推进长城、大运河、长征、黄河、长江国家文化公园建设，有效推动考古发掘、遗址保护、博物馆改革发展、历史文化名城（镇村）保护等工作融入经济社会发展大局，切实推动历史文化遗产保护利用融入人民群众生产生活。要坚持以文塑旅、以旅彰文，用好历史文化遗产，用好革命文物、爱国主义教育基地等红色资源，扶持旅游特色经营、培育传统文化产业，推进历史文化遗产与旅游深度融合，大力发展红色旅游，理顺文物保护单位与旅游景区关系，提升文化遗产类景区管理水平。

三、不断提高遗产价值挖掘阐释和传播推广水平。要加强历史文化遗产价值研究，推进中华文明、中华文化和中国精神的研究阐释，深入挖掘历史文化遗产蕴含的丰厚内涵、系统阐释中华文化的时代新义，让文物说话、让历史说话，更好发挥历史文化遗产以史育人、以文化人、培育社会主义核心价值观的优势作用。要推动资源禀赋有效转化为传播动能，多措并举做好阐释推广，用好考古和历史研究成果，系统展示历史遗存背后蕴含的哲学思想、人文精神、价值理念、道德规范等，准确揭示蕴含其中的中华民族的文化精神、文化胸怀和文化自信，提供多样化的文化内容供给，进一步丰富人民精神世界、增强民族精神力量。要积极拓展文化文物对外交流平台，推进中华文化走出去，多渠道提升中华文化国际传播能力，向全世界讲好中国历史故事、阐发中华民族精神、构建文明大国形象，全面生动展现中华文明的灿烂成就和对人类文明的重大贡献，扩大中华文化国际影响力，增进文明交流互鉴，营造良好国际合作氛围，把跨越时空、超越国度、富有永恒魅力、具有当代价值的文化精神弘扬起来。

四、抓好学习宣传贯彻，推进中华优秀传统文化传承发展。各地区各有关部门要把认真组织学习习近平总书记重要讲话精神，与学深悟透习近平总书记关于传承弘扬中华优秀传统文化的重要论述结合起来，与学习贯彻习近平总书记关于文化旅游和文物工作的重要指示批示结合起来，深入学习领会习近平新时代中国特色社会主义思想，切实用以武装头脑、指导实践、推动工作。要从深化文明认知、存续文化基因的高度充分认识历史文化遗产的重要价值，从守护文化瑰宝、坚定文化自信的高度充分认识新时代加强文物保护利用的独特作用，从凝聚精神力量、奋进崭新征程的高度充分认识做好文化遗产保护传承的深远意义，以高度的政治自觉、思想自觉、行动自觉把习近平总书记重要讲话精神落到实处，加强相关领域和部门统筹协调，不断提高保护利用能力水平，让历史文化遗产真正活起来。要加强组织领导，精心部署安排，把习近平总书记重要讲话精神贯彻落实到工作各方面各环节、覆盖到宣传各渠道各阵地，充分利用融媒体平台深入报道学习贯彻习近平总书记重要讲话精神的具体举措和创新做法，广泛宣传新时代历史文化遗产保护的新进展新成就，增强全社会文物保护意识，汇聚正能量、营造好氛围。

中共中央宣传部　文化和旅游部　国家文物局

2022年2月15日

文化和旅游部办公厅　教育部办公厅 国家文物局办公室关于利用文化和旅游资源、文物资源提升青少年精神素养的通知

办公共发〔2022〕29号

各省、自治区、直辖市文化和旅游厅（局）、教育厅（局）、文物局，新疆生产建设兵团文化体育广电和旅游局（文物局）、教育局：

为进一步整合文化和旅游资源、文物资源，利用学生课后服务时间、节假日和寒暑假，面向青少年开展社会主义先进文化、革命文化和中华优秀传统文化教育，培育广大青少年艰苦奋斗、奋发向上、顽强拼搏的意志品质，丰富青少年文化生活，提升青少年精神素养，现将有关事项通知如下：

一、创新利用阵地服务资源

（一）建设青少年教育实践基地。积极利用公共文化设施、剧场、红色旅游景区等打造青少年教育实践基地，优先保证青少年校外实践需要。公共图书馆优化少儿文献馆藏，少儿阅览室开辟“四史”教育、传统文化专架，组织开展未成年人阅读推广活动。文化馆（站）、美术馆、非物质文化遗产馆、剧场等面向青少年策划组织书法、国画、戏曲、民乐、非遗等传统文化展览展示和公益演出。博物馆、纪念馆、开放的文物保护单位、考古遗址公园、红色旅游景区等设计研学旅行精品线路，综合运用专题讲座、文艺演出、解说导览、参与志愿服务等方式，推动青少年在感悟社会主义先进文化、革命文化和中华优秀传统文化中增强文化自信。

（二）有效服务中小学社会实践活动。鼓励公共图书馆、文化馆（站）、美术馆、博物馆、纪念馆等公共文化机构，为青少年就近参加文化活动提供场地、设备、师资等方面的便利。具备条件的公共文化机构设置未成年人专属活动空间和固定服务时段，组织适合中小学生的公益性文化艺术培训服务和社会实践活动。公共文化机构在保证基本公共文化服务免费的基础上，可适当引入具备资质的艺术院校、文艺社团、志愿服务组织等参与，服务内容、时间、收费等应符合国家有关规定。

（三）丰富精神文化产品供给。加强艺术创作选题引导，推出一批能够提升青少年精神素养的文艺精品。广泛开展青少年艺术交流展示活动，办好中国少年儿童合唱节，推动爱国歌曲传唱。面向青少年，开展爱国主义、革命传统、社会主义核心价值观、中华优秀传统文化、生态文明、国家安全、普法教育等主题公益演出和展览展示活动。鼓励文化文物单位、艺术院校、旅游院校等面向青少年开发设计寓教于乐的文创产品，推出线上线下相结合的精品课程。

二、推动优质服务进校园

（四）开展文化进校园系列服务。各级各类公共文化机构、文艺院团要加强与教育行政部门合作，继续做好“戏曲进校园”“非遗进校园”“博物馆进校园”“高雅艺术进

校园”等品牌活动，积极服务学校教育教学工作和文化素养培育。结合中小学课程教材和地方特色，遴选推荐一批适合进校园、进教材的戏曲曲目、非遗项目和艺术培训项目等。定期组织志愿者深入乡村学校开展文艺辅导，推动优质资源向边疆民族地区和农村地区倾斜。

（五）支持学校课后服务。各地文化和旅游行政部门会同教育行政部门遴选推荐一批思想品质过硬、热爱教育事业的优秀文化工作者，按照“双向选择”原则，由义务教育学校根据需要自主选聘为文化辅导员。文化辅导员要积极参与学校课后服务，发挥自身专业优势，开设文化艺术类活动课程，指导学生文化艺术社团和兴趣小组活动，切实提高课后服务质量。对到校参与课后服务的文化辅导员可给予一定补助，补助经费纳入课后服务经费保障机制。有条件的地方教育行政部门会同文化和旅游行政部门组织遴选校外艺术培训机构，形成服务项目和培训机构名单，按照公益性原则，通过招标等竞争性方式确定课后服务收费标准，并建立定期调整机制，课后服务代收费标准要明显低于培训机构在校外提供同质培训服务的收费标准，学校根据实际需要，选用名单内的服务项目和培训机构。

（六）推动红色旅游资源进校园。结合青少年特点，遴选适合进入校园的红色旅游资源，推动红色教育和学校课程有机融合。组织红色旅游“五好”讲解员、红色旅游金牌讲解员进校园开展党史故事宣讲，继续举办全国红色故事讲解员大赛、全国大学生红色旅游创意策划大赛等特色品牌活动，创新中小学生社会实践载体。组织优秀红色旅游演艺作品展演展播，联合中央广播电视总台推出《跟着书本去旅行》红色旅游短片。

三、推进“文教合作”机制

（七）搭建“文教合作”平台。鼓励各地教育行政部门与公共文化机构、文艺院团、艺术院校、红色旅游景区等通过签订文教共建协议、举办文教互动活动、建立校外实践基地等方式，定期组织学生到公共文化机构、剧场、红色旅游景区参观学习。建立青少年活动效果评估、服务满意度评价等跟踪反馈机制，促进文化和旅游资源、文物资源的生产供给与学校的教育需求相匹配。联合开展师资培养培训，加强专业人员交流合作，建立文化和旅游系统、文物系统与教育系统协同提升青少年精神素养工作长效机制。

（八）优秀典型示范引领。各级文化和旅游行政部门与教育行政部门、文物行政部门加强联动，组织开展“青少年精神素养培养优秀案例”推介活动。鼓励各地教育行政部门和公共文化机构、文艺院团、艺术院校、红色旅游景区，在联合开展中小学生校内外活动、整合利用社会资源、提升青少年精神素养方面积极探索，勇于创新。

四、加强组织保障

（九）强化组织领导。文化和旅游部、教育部、国家文物局负责对利用文化和旅游资源、文物资源提升青少年精神素养工作进行统筹管理和监督指导，宣传推广典型经验和做法。地方各级文化和旅游行政部门、教育行政部门、文物行政部门要将其纳入等级评定、绩效考核等评价体系。要加强经费、人员、物资等方面保障，支持面向青少年开展活动的课程研发设计、活动组织实施、人员培训、空间及设施设备提升改造等。

（十）坚持正确导向。坚持“谁主管谁负责”“谁主办谁负责”和属地管理的原则，对面向青少年开展的文化活动、培训辅导等的内容和形式进行严格把关，坚持正确导向，确保活动教育性和公益性。

（十一）强化安全管理。加强对青少年参加的各类活动的组织管理和安全保障，研究制定安全预案。要针对青少年特点，开展工作人员安全培训，加强场馆内设施设备的安全检查，确保活动安全有序开展。要开展师生活动前安全教育，定期组织应急疏散演练，提高青少年安全意识和应急避险能力。严格遵守属地疫情防控动态调控机制，做好进入场馆、景区和学校的疫情防控。

请各省级文化和旅游行政部门会同省级教育行政部门、文物行政部门根据通知要求，研究制定本地区落实工作方案，于2022年2月28日前报送文化和旅游部公共服务司。

联系人及电话：文化和旅游部公共服务司，李麟，010-59881726；教育部基础教育司，马秀峰，010-66096959。

传真：010-59881776

电子邮箱：ggsqyc@mct.gov.cn

特此通知。

文化和旅游部办公厅　教育部办公厅　国家文物局办公室

2022年2月18日

中央宣传部　国家文物局
关于持续开展革命文物名录公布工作的通知

文物革发〔2022〕13号

各省、自治区、直辖市党委宣传部、文物局（文化和旅游厅/局），各计划单列市党委宣传部、文物局（文化和旅游局），新疆生产建设兵团党委宣传部、文物局：

为深入贯彻落实习近平总书记关于革命文物工作重要指示精神，深入贯彻落实中共中央办公厅、国务院办公厅《关于实施革命文物保护利用工程（2018—2022年）的意见》，摸清革命文物的资源底数和保存状况，切实把革命文物保护好、管理好、运用好，现就持续开展革命文物名录公布事宜通知如下。

一、公布范围

革命文物承载党和人民英勇奋斗的光荣历史，记载中国革命的伟大历程和感人事迹，是党和国家的宝贵财富。各部门各地方要从用好红色资源、传承红色基因、赓续红色血脉的政治高度出发，坚持政治属性和历史属性相统一，准确把握革命文物内涵，系统梳理本行业本地区所属文物资源，将符合条件的全面纳入革命文物名录公布范围。

二、公布程序

（一）省级文物主管部门按照《国家文物局关于开展革命文物名录公布工作的通知》（文物革函〔2020〕395号）和《国家文物局办公室关于核定公布革命文物名录的补充通知》（办革函〔2020〕987号）要求，组织做好本区域革命文物名录的核定和公布工作。

（二）党政军各部门及所属企事业单位、群众团体管理使用收藏的符合革命文物认定要求的文物资源，应商所在省级宣传、文物主管部门共同核定，并由省级文物主管部门统一公布。宣传、文物主管部门应加强业务指导和工作协同。

（三）符合革命文物认定要求但尚未认定登记为文物的历史遗存或实物藏品，县级以上文物主管部门应依据文物保护法律法规政策在先期组织开展文物认定工作的基础上，纳入革命文物名录公布。

三、工作要求

（一）加大推进力度。核定公布革命文物名录，是做好新时代革命文物工作的重要基础性工作。各部门各地方应提高政治站位，做好统筹规划，加强组织协调，常态化部署推进。各省级文物主管部门应于2022年10月31日前公布完成本区域第二批革命文物名录。

（二）坚持科学稳妥。地方文物主管部门应逐一核实文物档案，必要时进行实地勘察、组织研究论证，确保史实准确、名实相符。对罪证类文物暂不公布，对存在争议性、敏感性问题的和对真实性存疑、存在灭失风险的暂不公布。对上述暂不公布的有关文物应建立台账、加强管理。革命历史类馆藏文物的核定公布应严格审慎，确保文物真实可信。省级文物主管部门应加强对革命历史类馆藏文物定级、核定工作的业务指导，对革命历史类馆藏一级文物公布工作须认真把关。

（三）力求综合全面。系统梳理革命、建设、改革和新时代各个历史时期的革命文物资源，全面展现中国共产党百年奋斗重大成就和历史经验，全面展现中国共产党人精神谱系。围绕中国特色社会主义新时代取得的历史性成就、发生的历史性变革，研究并推动将打赢脱贫攻坚战、全面建成小康社会等重大成就和重大事件的代表性见证物、纪念物核定公布为革命文物。

（四）强化保护管理。革命文物名录一俟公布，省级文物主管部门应统筹组织革命文物保护管理机构在全国革命文物资源管理平台及时录入有关数据信息并实现动态更新。各部门各地方应落实保护责任，加大综合保障，不断改善革命文物保护状况，全面提升革命文物保护能力。中央宣传部、国家文物局将适时组织开展革命文物工作成效的督导检查。

特此通知。

中央宣传部　国家文物局

2022年4月28日

文化和旅游部　国家文物局
关于学习贯彻落实习近平总书记
在中共中央政治局第三十九次集体学习时的
重要讲话精神的通知

文物政发〔2022〕16号

各省、自治区、直辖市文化和旅游厅（局）、文物局，新疆生产建设兵团文化体育广电和旅游局、文物局，各计划单列市文化和旅游局、文物局：

2022年5月27日，中共中央政治局就深化中华文明探源工程进行第三十九次集体学习。习近平总书记发表重要讲话，高度评价了中华文明探源工程的研究成果，就进一步回答好中华文明起源、形成、发展的基本图景、内在机制以及各区域文明演进路径等重大问题提出了明确要求，对加强文物保护利用和文化遗产保护传承，推动中华优秀传统文化创造性转化、创新性发展，拓展文明交流互鉴作出了战略部署。为深入学习领会、切实贯彻落实习近平总书记重要讲话精神，做好当前和今后一个时期文物和文化遗产保护工作，现就有关事项通知如下。

一、深入学习领会习近平总书记重要讲话精神，增强历史自觉、坚定文化自信。习近平总书记强调，中华文明是中华民族独特的精神标识，是当代中国文化的根基，是维系全世界华人的精神纽带，也是中国文化创新的宝藏。中华优秀传统文化是中华文明智慧结晶和精华所在，要坚持守正创新，推动中华优秀传统文化同社会主义社会相适应，展示中华民族的独特精神标识，更好构筑中国精神、中国价值、中国力量。各级文化和旅游、文物行政部门要以习近平新时代中国特色社会主义思想为指导，把学习贯彻习近平总书记重要讲话精神作为当前重大政治任务，结合贯彻落实习近平总书记在中共中央政治局第二十三次、第三十一次集体学习和中央全面深化改革委员会第二十二次会议上的重要讲话精神，结合贯彻落实习近平总书记关于文化文物工作重要论述和指示批示精神，迅速兴起学习热潮，学深悟透、融会贯通，不断深化对中华文明、中华文化研究重大意义的理解和把握，深入了解中华文明五千多年发展史，传承弘扬中华优秀传统文化，确保各项部署落实落地，不断推进新时代文化文物事业高质量发展，以实际行动迎接党的二十大胜利召开。

二、深入开展中华文明和中华文化研究工作，努力破解历史之谜、回答重大问题。要加强统筹规划和科学布局，坚持多学科、多角度、多层次、全方位，建立健全多部门参与的工作机制，密切考古学和历史学、人文科学和自然科学的联合攻关，把考古探索、文献研究和科技手段有机结合起来，进一步扩大考古工作空间范围，进一步追溯文明起源早期迹象，进一步挖掘揭示中国古代遗存价值，力争取得更多研究成果。要深化研究中华文明特质和形态，不断拓展中华文明认知，深入阐释中华文明起源所昭示的中华民族共同体发展路向和中华民族多元一体演进格局，阐明中国道路的深厚文化底蕴，形成较为完整的中国文化基因的理念体系，推动建立中国特色、中国风格、中国气派的文明研究学科体系、学术体系、话语体系。要围绕中国文明历史研究的总体目标，持续推进、不断深化中华文明探源工程，协同推进“考古中国”重大项目、国家重点研发计划“文化遗产保护利用专题任务”，以及考古科学、文物保护全国重点实验室建设，加强学科建设和人才培养，加快推进中华文明文物基因库、国家重点区域考古标本库房、文物科研标本库、文物保护科学数据库建设，积极推动中华文明探源工程取得新的重要成果。

三、加强中华文明探源工程等研究成果宣传推广转化，增强传播效果、凝聚精神力量。要加强组织策划，持续加大对我国“古代文明理论”和中华文明探源工程、“考古中国”重大项目的重要成果和最新进展的宣传力度，加强对出土文物和遗址的研究阐释和展示传播，加快推进相关编纂出版、展览展示、影视制作、媒体传播等工作，更加完整准确地讲述中国古代历史，更好发挥以史育人作用。要进一步推动相关研究成果融入国民教育体系，鼓励依托考古遗址公园、考古研究基地和考古工作站等开展公众考古活动，依托博物馆、图书馆、文化馆等开展中华优秀传统文化教育体验活动，教育引导广大干部群众特别是青少年更好认识和认同源远流长、博大精深的中华文明，营造传承中华文明的浓厚社会氛围，为全面建设社会主义现代化国家注入强大精神力量。要综合运用多种艺术表现形式，用好各类新媒体手段，策划实施精品项目，推出更多生动鲜活、通俗易懂的宣传产品，把专业知识变成群众语言，提升中华文明影响力感召力，增强做中国人的志气、骨气、底气。

四、让文物和文化遗产活起来，彰显时代价值、延续历史文脉。要强化文物和文化遗产系统保护，深入研究挖掘文物和文化遗产的历史价值、文化价值、审美价值、科技价值、时代价值，准确提炼展示中华优秀传统文化的精神标识，传播更多承载中华文化、中国精神的价值符号和文化产品。要深化文化文物领域供给侧结构性改革，加快数字化发展，多方位展现中华优秀传统文化独特魅力，推进文物和文化遗产保护研究成果全民共享。要创新转化手段、强化平台建设、夯实人才基础、完善体制机制，以实施重大项目、重大工程为牵引，提升文化文物科技创新能力和各项工作保障水平，积极引导社会力量参与，增强全社会文物和文化遗产保护意识。

五、推动文明交流互鉴，传播中华文化、讲好中国故事。要积极拓展对外交流平台，做好中华优秀传统文化的对外话语转换，多渠道提升中华文化国际传播能力，运用中华文明探源工程等研究成果，传播展示中华文明的悠久历史、人文底蕴和时代风采，弘扬中华文明蕴含的全人类共同价值，向世界展现可信、可爱、可敬的中国形象。要坚持央地联动、多方参与，不断扩大“一带一路”文物交流合作，积极开展亚洲文化遗产保护行动，持续推进与相关国家在展览推介、联合考古、遗产保护等方面的交流合作，联合实施一批出土文物和古代遗址保护项目，推广中国文物保护理念。要深化国际合作，助力中国考古学国际化发展，有序推进“考古中国”重大项目对外开放，支持国内相关机构与海外研究机构联合开展文明起源等课题研究，推出一批原创性成果。

各地文化和旅游、文物行政部门要及时将学习贯彻落实习近平总书记重要讲话精神有关情况报送文化和旅游部、国家文物局。

特此通知。

文化和旅游部　国家文物局

2022年6月2日

财政部　国家文物局
关于印发《文物事业单位财务制度》的通知

财教〔2022〕162号

党中央有关部门，国务院有关部委、有关直属机构，有关人民团体，各省、自治区、直辖市、计划单列市财政厅（局）、文物局，新疆生产建设兵团财政局、文物局：

为进一步规范文物事业单位财务行为，加强财务管理和监督，促进文物事业的健康发展，根据《事业单位财务规则》（财政部令第108号）和国家有关法律制度，结合文物事业单位特点，我们对《文物事业单位财务制度》（财教〔2012〕506号）进行了修订。现将修订后的《文物事业单位财务制度》印发你们，请遵照执行。

财政部　国家文物局
2022年6月30日

文物事业单位财务制度

第一章　总则

第一条　为了进一步规范文物事业单位的财务行为，加强文物事业单位财务管理和监督，提高资金使用效益，保障文物事业单位健康发展，根据《事业单位财务规则》，结合文物事业单位特点，制定本制度。

第二条　本制度适用于各级各类文物事业单位（以下简称文物事业单位）的财务活动。

第三条　文物事业单位财务管理的基本原则是：执行国家有关法律、法规和财务规章制度；坚持勤俭办一切事业的方针；正确处理事业发展需要和资金供给的关系，社会效益和经济效益的关系，国家、单位和个人三者利益的关系。

第四条　文物事业单位财务管理的主要任务是：合理编制单位预算，严格预算执行，完整、准确编制单位决算报告和财务报告，真实反映单位预算执行情况、财务状况和运行情况；依法组织收入，努力节约支出；建立健全财务制度，加强经济核算，全面实施绩效管理，提高资金使用效益；加强资产管理，合理配置和有效利用资产，防止资产流失；建立健全内部控制体系，加强对单位经济活动的财务控制和监督，防范财务风险。

第五条　文物事业单位应当按照国家有关规定设置财务会计机构，配备财务、会计人员。财务、会计人员应当具备从事财务会计工作所需要的专业能力。

第六条 文物事业单位的财务活动在单位负责人的领导下，由单位财务部门统一管理。

第七条 文物事业单位的各项经济业务事项按照国家统一的会计制度进行会计核算。文物事业单位应当加强财务信息化建设。

第二章 单位预算管理

第八条 文物事业单位预算是指文物事业单位根据事业发展目标和计划编制的年度财务收支计划。

文物事业单位预算由收入预算和支出预算组成。

第九条 国家对文物事业单位实行核定收支、定额或者定项补助、超支不补、结转和结余按规定使用的预算管理办法。

定额或者定项补助根据国家有关政策和财力可能，结合文物事业单位改革要求、文物事业特点、事业发展目标和计划、单位收支及资产状况等确定。定额或者定项补助可以为零。

非财政补助收入大于支出较多的文物事业单位，可以实行收入上缴办法。具体办法由财政部门会同主管部门制定。

第十条 预算编制原则：

（一）坚持合法合规的原则。根据国家有关方针政策、法律法规以及文物事业发展目标和计划编制单位预算草案。

（二）坚持完整性和统一性原则。文物事业单位应当将所有收入和支出全部纳入单位预算，并按照统一的口径、程序及计算依据编制单位预算草案。

（三）坚持以收定支、收支平衡的原则。单位预算应当自求平衡，不得编制赤字预算。

（四）坚持统筹兼顾、保证重点的原则。预算编制既要考虑文物事业发展的需要，又要考虑国家财力的可能和单位的收入状况、资产状况，保证重点，兼顾一般。

（五）坚持厉行节约、注重绩效的原则。挖掘内部潜力，促进增收节支，加强绩效管理，将绩效结果与预算编制有机结合。

第十一条 文物事业单位参考以前年度预算执行情况，根据预算年度的收入增减因素和措施，以及以前年度结转和结余情况，测算编制收入预算草案；根据文物事业发展需要与财力可能，测算编制支出预算草案。

第十二条 文物事业单位应当根据国家宏观调控总体要求、年度事业发展目标和计划以及预算编制的规定，提出预算建议数，经主管部门审核汇总报财政部门（一级预算单位直接报财政部门，下同）。文物事业单位根据财政部门下达的预算控制数编制预算草案，由主管部门审核汇总报财政部门，经法定程序审核批复后执行。

第十三条 文物事业单位应当严格执行批准的预算。预算执行中，国家对财政补助收入和财政专户管理资金的预算一般不予调剂，确需调剂的，由文物事业单位报主管部门审核后报财政部门调剂；其他资金确需调剂的，按照国家有关规定办理。

第十四条 文物事业单位决算是指文物事业单位预算收支和结余的年度执行结果。

第十五条 文物事业单位应当按照规定编制年度决算草案，由主管部门审核汇总后报财政部门审批。

第十六条 文物事业单位应当加强决算审核和分析，保证决算数据的真实、准确，规范决算管理工作。

第十七条 文物事业单位应当全面加强预算绩效管理，提高资金使用效益。

第三章 收入管理

第十八条 收入是指文物事业单位为开展业务及其他活动依法取得的非偿还性资金。

第十九条 文物事业单位收入包括：

（一）财政补助收入，即文物事业单位从本级财政部门取得的各类财政拨款。

（二）事业收入，即文物事业单位开展专业业务活动及其辅助活动取得的收入。其中：按照国家有关规定应当上缴国库或者财政专户的资金，不计入事业收入；从财政专户核拨给事业单位的资金和经核准不上缴国库或者财政专户的资金，计入事业收入。

（三）上级补助收入，即文物事业单位从主管部门和上级单位取得的非财政补助收入。

（四）附属单位上缴收入，即文物事业单位附属独立核算单位按照有关规定上缴的收入。

（五）经营收入，即文物事业单位在专业业务活动及辅助活动之外开展非独立核算的经营活动取得的收入。

（六）其他收入，即本条上述规定范围以外的各项收入，包括投资收益、利息收入、捐赠收入、非本级财政补助收入、租金收入等。

第二十条 事业收入包括：

（一）门票收入，即文物事业单位开展业务活动出售门票取得的收入。

（二）展览收入，即文物事业单位自行举办或与外单位合办、协办展览而取得的收入。

（三）讲解导览收入，即文物事业单位为观众提供讲解、语音导览服务取得的收入。

（四）考古调查、勘探、发掘收入，即文物事业单位进行考古调查、勘探和依法考古发掘取得的收入。

（五）文物保护工程收入，即文物事业单位对外提供文物保护工程勘察设计、施工、监理等取得的收入。

（六）文物修复设计、施工和文物保护服务收入，即文物事业单位对外提供文物修复、文物复制、文物保护评估、文物保护方案编制、文物监测等服务取得的收入。

（七）文物鉴定、审核收入，即文物事业单位对外提供文物拍卖标底审核、文物进出境审核等取得的收入。

（八）文物调拨、交换、出借补偿收入，即文物事业单位因文物调拨、交换、出借取得的补偿收入。

（九）文化创意产品开发收入，即文物事业单位采取合作、独立开发等方式开发文化创意产品取得的收入。

（十）版权授权收入，即文物事业单位提供版权授权取得的收入。

（十一）其他事业收入，即文物事业单位开展专业业务活动及其辅助活动取得的除上述各项收入以外的收入。

第二十一条 经营收入包括：

（一）销售收入，即文物事业单位非独立核算的销售商品收入。

（二）经营服务收入，即文物事业单位非独立核算的对外提供影视拍摄等经营服务收入。

（三）其他经营收入，即文物事业单位在专业业务活动及其辅助活动之外开展非独立核算经营活动取得的除上述各项收入以外的收入。

第二十二条 文物事业单位应当将各项收入全部纳入单位预算，统一核算，统一管理，未纳入预算的收入不得安排支出。

第二十三条 文物事业单位应当在国家政策允许的范围内，依法组织收入，坚持把社会效益放在首位、社会效益和经济效益相统一。

第二十四条 文物事业单位应当严格执行国家批准或备案的收费项目和收费标准。

文物事业单位应当使用财政部门或税务部门统一监（印）制的票据，并建立健全票据管理制度。

文物事业单位各项收入应当及时入账，不得由下属单位或其他单位违规代存代管资金，防止流失。

第二十五条 文物事业单位事业收入应当用于文物保护事业发展需要，任何单位或者个人不得侵占、挪用。

配合建设工程进行考古调查、勘探、发掘取得的收入应当专门用于承担相关工作，任何单位不得统筹、挪用。

文物调拨、交换、出借补偿收入，必须用于改善文物的收藏条件和收集新的文物，不得挪作他用；任何单位或者个人不得侵占。

第二十六条 文物事业单位对按照规定上缴国库或者财政专户的资金，应当按照国库集中收缴的有关规定及时足额上缴，不得隐瞒、滞留、截留、占用、挪用、拖欠或坐支。

第四章　支出管理

第二十七条 支出是指文物事业单位开展业务及其他活动发生的资金耗费和损失。

第二十八条 文物事业单位支出包括：

（一）事业支出，即文物事业单位开展专业业务活动及其辅助活动发生的基本支出和项目支出。基本支出，是指文物事业单位为了保障其正常运转、完成日常工作任务所发生的支出，包括人员经费和公用经费；项目支出，是指文物事业单位为了完成其特定的工作任务和事业发展目标所发生的支出。

（二）经营支出，即文物事业单位在专业业务活动及其辅助活动之外开展非独立核算经营活动发生的支出。

（三）对附属单位补助支出，即文物事业单位用财政补助收入之外的收入对附属单位补助发生的支出。

（四）上缴上级支出，即文物事业单位按照财政部门和主管部门的规定上缴上级单位的支出。

（五）其他支出，即本条上述规定范围以外的支出，包括利息支出、捐赠支出等。

第二十九条 文物事业单位应当将各项支出全部纳入单位预算，实行项目库管理，建立健全支出管理制度。

第三十条 文物事业单位的支出应当厉行节约，严格执行国家有关财务规章制度规定的开支范围及开支标准，建立健全支出标准体系。国家有关财务规章制度没有统一规定的，由文物事业单位规定，报主管部门和财政部门备案。

文物事业单位的规定违反法律制度和国家政策的，主管部门和财政部门应当责令改正。

第三十一条 文物事业单位从财政部门和主管部门取得的有指定项目和用途的专项资金，应当专款专用，单独核算，并按照规定报送专项资金使用情况的报告，接受财政部门或者主管部门的检查、验收。

第三十二条 文物事业单位应当加强经济核算，可以根据开展文物业务活动及其他活动的实际需要，实行成本核算。成本核算的具体办法按照国务院财政部门相关规定执行。

第三十三条 文物事业单位应当严格执行国库集中支付制度和政府采购制度等有关规定。

第三十四条 文物事业单位应当依法加强票据管理，确保票据来源合法、内容真实、使用正确，严禁使用虚假票据。

票据经办部门和人员应当对票据的真实性、合法性负责。财务部门应当加强票据的审核，拒绝报销虚假票据。

第五章　结转和结余管理

第三十五条 结转和结余是指文物事业单位年度收入与支出相抵后的余额。

结转资金是指当年预算已执行但未完成，或者因故未执行，下一年度需要按照原用途继续使用的资金。结余资金是指当年预算工作目标已完成，或者因故终止，当年剩余的资金。

经营收支结转和结余应当单独反映。

第三十六条 财政拨款结转和结余的管理，应当按照国家有关规定执行。

第三十七条 非财政拨款结转按照规定结转下一年度继续使用。非财政拨款结余可以按照国家有关规定提取职工福利基金，剩余部分用于弥补以后年度单位收支差额；国家另有规定的，从其规定。

第三十八条 文物事业单位应当加强非财政拨款结余的管理，盘活存量，统筹安排，合理使用，支出不得超出非财政拨款结余规模。

第六章　专用基金管理

第三十九条 专用基金是指文物事业单位按照规定提取或者设置的有专门用途的资金。

专用基金管理应当遵循先提后用、专款专用的原则，支出不得超出基金规模。

第四十条 专用基金包括职工福利基金和其他专用基金。

职工福利基金是指按照非财政拨款结余的一定比例提取以及按照其他规定提取转入，用于单位职工的集体福利设施、集体福利待遇等的资金。

其他专用基金是指除职工福利基金外，按照有关规定提取或者设置的专用资金。

第四十一条 文物事业单位应当将专用基金纳入预算管理，结合实际需要按照规定提取，保持合理规模，提高使用效益。专用基金余额较多的，应当降低提取比例或者暂停提取；确需调整用途的，由主管部门会同本级财政部门确定。

第四十二条 各项基金的提取比例和管理办法，国家有统一规定的，按照统一规定执行；没有统一规定的，由主管部门会同本级财政部门确定。

第七章　资产管理

第四十三条　资产是指文物事业单位依法直接支配的各类经济资源。

第四十四条　文物事业单位的资产包括流动资产、固定资产、在建工程、无形资产、对外投资、文物文化资产等。

第四十五条　文物事业单位应当建立健全单位资产管理制度，明确资产使用人和管理人的岗位责任，按照国家规定设置国有资产台账，加强和规范资产配置、使用和处置管理，维护资产安全完整，提高资产使用效率。涉及资产评估的，按照国家有关规定执行。

文物事业单位应当汇总编制本单位行政事业性国有资产管理情况报告。

文物事业单位应当定期或者不定期对资产进行盘点、对账。出现资产盘盈盘亏的，应当按照财务、会计和资产管理制度有关规定处理，做到账实相符和账账相符。

文物事业单位对需要办理权属登记的资产应当依法及时办理。

第四十六条　文物事业单位应当根据依法履行职能和事业发展的需要，结合资产存量、资产配置标准、绩效目标和财政承受能力配置资产。优先通过调剂方式配置资产。不能调剂的，可以采用购置、建设、租用等方式。

第四十七条　流动资产是指可以在一年以内变现或者耗用的资产，包括现金、各种存款、应收及预付款项、存货等。

第四十八条　文物事业单位财务部门按照国家有关规定开立、使用和管理银行账户。

文物事业单位应当按时清理结算应收款项和预付款项，加强管理。

文物事业单位货币性资产损失核销，应当经主管部门审核同意后报本级财政部门审批。

第四十九条　存货是指文物事业单位在开展业务活动及其他活动中为耗用或出售而储存的资产，包括材料、燃料、包装物和低值易耗品以及未达到固定资产标准的用具、装具、动植物等。

第五十条　固定资产是指使用期限超过一年，单位价值在1000元及以上，并在使用过程中基本保持原有物质形态的资产。单位价值虽未达到规定标准，但是耐用时间在一年以上的大批同类物资，作为固定资产管理。

文物事业单位的固定资产明细目录由国务院主管部门制定，报国务院财政部门备案。

第五十一条　在建工程是指已经发生必要支出，但尚未达到交付使用状态的建设工程。

在建工程达到预定使用状态时，应当按照规定办理工程竣工财务决算和资产交付使用，期限最长不得超过1年。

第五十二条　无形资产是指不具有实物形态而能为使用者提供某种权利的资产，包括专利权、商标权、著作权、土地使用权、非专利技术以及其他财产权利。

文物事业单位应当加强对本单位无形资产的管理，转让无形资产取得的收入、取得无形资产发生的支出，应当按照国家有关规定处理。

第五十三条　对外投资是指文物事业单位依法利用货币资金、实物、无形资产等方式向其他单位的投资。

文物事业单位应当严格控制对外投资。利用国有资产对外投资应当有利于事业发展和实现国有资产保值增值，符合国家有关规定，经可行性研究和集体决策，按照规定的权限和程序进行。

文物事业单位不得使用财政拨款及其结余进行对外投资，不得从事股票、期货、基金、企业债券等投资，国家另有规定的除外。

文物事业单位应当明确对外投资形成的股权及其相关权益管理责任，按照国家有关规定将对外投资形成的股权纳入经营性国有资产集中统一监管体系。

第五十四条 文物文化资产包括不可移动文物、可移动文物、文创衍生品、标本模型以及其他藏品。

（一）文物事业单位应当将本单位的文物文化资产，按规定登记入账或设置备查簿进行登记，并在本单位行政事业性国有资产管理情况报告中体现。

（二）文物事业单位应当设立总登记账，对于按有关行业规定应作为藏品、文物资源资产进行管理的文物文化资产，及时、准确、完整登记录入总登记账，作为统计和核算实物量的依据。总登记账应合理分类，将不可移动文物、可移动文物单独登记。

（三）文物事业单位应当建立健全监督管理制度，定期核对总登记账数、资产账面数、备查簿登记数，确保数量、名称和实物一一对应。

（四）文物文化资产管理的具体办法，由国务院财政部门会同有关部门制定。

第五十五条 文物事业单位资产处置应当遵循公开、公平、公正和竞争、择优的原则，严格履行相关审批程序。

文物事业单位出租、出借资产，应当严格履行相关审批程序。

第五十六条 文物事业单位应当在确保安全使用的前提下，推进本单位大型设备等国有资产共享共用工作，可以对提供方给予合理补偿。

第八章 负债管理

第五十七条 负债是指文物事业单位所承担的能以货币计量，需要以资产或者劳务偿还的债务。

第五十八条 文物事业单位的负债包括借入款项、应付款项、暂存款项、应缴款项等。

应缴款项包括文物事业单位按照国家有关规定收取的应当上缴国库或者财政专户的资金、应缴税费，以及其他应当上缴的款项。

第五十九条 文物事业单位应当对不同性质的负债分类管理，及时清理并按照规定办理结算，保证各项负债在规定期限内偿还。

第六十条 文物事业单位应当建立财务风险预警和控制机制，规范和加强借入款项管理，如实反映依法举借债务情况，严格执行审批程序，不得违反规定融资或者提供担保，不得以任何方式直接或间接替地方政府及其部门融资或提供担保。

第九章 事业单位清算

第六十一条 文物事业单位发生划转、改制、撤销、合并、分立时，应当进行清算。

第六十二条 文物事业单位清算，应当在主管部门和财政部门的监督指导下成立财务清算工作组，对单位的财产、债权、债务等进行全面清理，编制财产目录和债权、债务清单以及清算财务报表，全面反映单位的财务状况和清算损益，提出财产作价依据和债权、债务处理办法，做好资产和负债的移交、接收、划转和管理工作，并妥善处理各项遗留问题。

涉及的文物资源资产应当单独报文物主管部门核准后处理。

第六十三条 文物事业单位清算结束后，经主管部门审核并报财政部门批准，其资产和负债分别按照下列办法处理：

（一）因隶属关系改变，成建制划转的文物事业单位，全部资产和负债无偿移交，并相应划转经费指标。

（二）转为企业的文物事业单位，全部资产扣除负债后，转作国家资本金。

（三）撤销的文物事业单位，全部资产和负债由主管部门和财政部门核准处理。

（四）合并的文物事业单位，全部资产和负债移交接收单位或者新组建单位，合并后多余的国有资产由主管部门和财政部门核准处理。

（五）分立的文物事业单位，全部资产和负债按照有关规定移交分立后的文物事业单位，并相应划转经费指标。

第十章 财务报告和决算报告

第六十四条 文物事业单位应当按国家有关规定向主管部门和财政部门以及其他有关的报告使用者提供财务报告、决算报告。

文物事业单位财务会计和预算会计要素的确认、计量、记录、报告应当遵循政府会计准则制度的规定。

第六十五条 财务报告主要以权责发生制为基础编制，综合反映事业单位特定日期财务状况和一定时期运行情况等信息。

第六十六条 财务报告由财务报表和财务分析两部分组成。财务报表主要包括资产负债表、收入费用表等会计报表和报表附注。财务分析的内容主要包括财务状况分析、运行情况分析和财务管理情况等。

第六十七条 决算报告主要以收付实现制为基础编制，综合反映事业单位年度预算收支执行结果等信息。

第六十八条 决算报告由决算报表和决算分析两部分组成。决算报表主要包括收入支出表、财政拨款收入支出表等。决算分析的内容主要包括收支预算执行分析、资金使用效益分析和机构人员情况等。

第十一章 财务监督

第六十九条 文物事业单位财务监督主要包括对预算管理、收入管理、支出管理、结转和结余管理、专用基金管理、资产管理、负债管理等的监督。

第七十条 文物事业单位财务监督应当实行事前监督、事中监督、事后监督相结合，日常监督与专项监督相结合。

第七十一条 文物事业单位应当建立健全内部控制制度、经济责任制度、财务信息披露制度等监督制度，按规定编制和报送内部控制报告，依法公开财务信息。

第七十二条 文物事业单位应当遵守财经纪律和财务制度，依法接受主管部门和财政、审计部门的监督。

第七十三条 各级文物事业单位、主管部门和财政部门及其工作人员存在违反本制度规定的行为，以及其他滥用职权、玩忽职守、徇私舞弊等违法违规行为的，依法追究相应责任。

第十二章　附则

第七十四条　文物事业单位基本建设投资财务管理，应当执行本制度，但国家基本建设投资财务管理制度另有规定的，从其规定。

第七十五条　参照公务员法管理的文物事业单位财务制度的适用，由国务院财政部门另行规定。

第七十六条　接受国家经常性资助的社会力量举办的文物公益服务性组织和社会团体，依照本制度执行。其他社会力量举办的文物公益服务性组织和社会团体，可以参照本制度执行。

第七十七条　下列文物事业单位或者事业单位特定项目，执行企业财务制度，不执行本制度：

（一）纳入企业财务管理体系的文物事业单位和文物事业单位附属独立核算的生产经营单位。

（二）文物事业单位经营的接受外单位要求投资回报的项目。

（三）经主管部门和财政部门批准的具备条件的其他文物事业单位。

第七十八条　省、自治区、直辖市财政部门和文物主管部门，可以根据本制度，结合本地区实际情况，制定补充规定，报国务院财政部门和国务院主管部门备案。

文物事业单位应当按照本制度，根据单位实际情况，制定单位内部财务管理办法，并报主管部门备案。

第七十九条　本制度自颁布之日起施行。《财政部国家文物局关于印发〈文物事业单位财务制度〉的通知》（财教〔2012〕506号）同时废止。

文化和旅游部　公安部　自然资源部　生态环境部　国家卫生健康委　应急管理部　市场监管总局　银保监会　国家文物局　国家乡村振兴局　关于促进乡村民宿高质量发展的指导意见

文旅市场发〔2022〕77号

各省、自治区、直辖市文化和旅游厅（局）、公安厅（局）、自然资源主管部门、生态环境厅（局）、卫生健康委、应急管理厅（局）、市场监管局（厅、委）、银保监局、文物局、乡村振兴局，新疆生产建设兵团文体广电和旅游局、公安局、自然资源局、生态环境

局、卫生健康委、应急管理局、市场监管局、地方金融监督管理局、文物局、乡村振兴局：

乡村民宿是指利用乡村民居等相关资源，主人参与经营服务，为游客提供体验当地自然、文化与生产生活方式的小型住宿设施。乡村民宿是乡村旅游的重要业态，是带动乡村经济增长的重要动力，是助力全面推进乡村振兴的重要抓手。为贯彻落实《中共中央国务院关于实施乡村振兴战略的意见》、《国务院办公厅关于服务“六稳”“六保”进一步做好“放管服”改革有关工作的意见》等文件精神，推动乡村民宿高质量发展，现提出以下意见。

一、总体要求

（一）指导思想

以习近平新时代中国特色社会主义思想为指导，全面贯彻党的十九大和十九届历次全会精神，立足新发展阶段，贯彻新发展理念，构建新发展格局，以推动高质量发展为主题，以深化供给侧结构性改革为主线，顺应人民群众乡村旅游消费体验新需求，引导乡村民宿开发和建设，推动乡村旅游提质升级，带动群众就业增收，为巩固拓展脱贫攻坚成果，全面推进乡村振兴战略作出积极贡献。

（二）基本原则

坚持生态优先。深入践行绿水青山就是金山银山理念，保持乡村传统风貌，倡导低碳环保、朴实自然、和谐共生。

坚持文化为根。培育弘扬社会主义核心价值观，深入挖掘乡村文化蕴含的优秀传统、人文精神、道德规范，凸显文化特色、乡村文明。

坚持以人为本。把保障农民利益放在第一位，支持农民直接经营或参与经营的乡村民宿发展，同时兼顾旅游者的利益。

坚持融合发展。丰富乡村民宿产品，创新乡村旅游业态，延伸产业链、拓展价值链，助力推进农村一二三产业融合和城乡融合。

坚持规范有序。加强政府引导和统筹规划，防止大拆大建、盲目复制。统筹发展和安全，加强质量监管，持续提升乡村民宿安全保障能力。

（三）主要目标

到2025年，初步形成布局合理、规模适度、内涵丰富、特色鲜明、服务优质的乡村民宿发展格局，需求牵引供给、供给创造需求的平衡态势更为明显，更好满足多层次、个性化、品质化的大众旅游消费需求，乡村民宿产品和服务质量、发展效益、带动作用全面提升，成为旅游业高质量发展和助力全面推进乡村振兴的标志性产品。

二、重点任务

（一）完善规划布局，优化资源开发

将乡村民宿发展纳入各地旅游发展规划，与国民经济和社会发展规划、国土空间规划等相衔接，严守耕地和永久基本农田、生态保护红线，确保乡村民宿发展的协调性与可持续性。充分考虑资源禀赋、客源市场、交通区位、水源道路等条件，评估洪涝、山洪、地质等灾害风险。提升基础设施和公共服务设施水平，完善垃圾、污水等处理设施，确保生活垃圾规范处理、污水达标排放，提高乡村民宿的通达性、便捷度和舒适感。引导村民和乡村民宿经营主体共同参与农村人居环境建设和管护，倡导低碳环保经营理念。（自然资源部、生态环境部、文化和旅游部、应急管理部、国家文物局等按职责分工负责）

（二）丰富文化内涵，加强产品建设

深入挖掘文化文物资源，充分展示地域特色文化，丰富乡村民宿文化内涵。尊重历史文化风貌，合理利用自然环境、人文景观、历史文化、文物建筑等资源突出乡村民宿特色，将农耕文化、传统工艺、民俗礼仪、风土人情等融入乡村民宿产品建设，注重与周边社区的文化互动，鼓励乡村民宿参与公共文化服务。找准乡村民宿发展定位，适应不同群体、不同层次需求，打造特色鲜明、类型丰富、品质优良、价格合理的产品体系。以乡村民宿开发为纽带，开展多元业态经营，拓展共享农业、手工制造、特色文化体验、农副产品加工、电商物流等综合业态，打造乡村旅游综合体，有效发挥带动效应。（文化和旅游部、国家文物局、国家乡村振兴局等按职责分工负责）

（三）引导规范发展，加强品牌引领

指导乡村民宿经营主体落实相关公共安全责任和食品安全主体责任，建立治安、消防、食品、卫生、环境、防灾、燃气等公共安全管理制度、应急预案及必要的监测预警设施设备。乡村民宿应按照国家标准、行业标准配置消防设施、器材，落实日常消防安全管理，履行消防安全职责。指导乡村民宿使用治安管理信息系统或手机APP、小程序、二维码等便利方式，落实旅客住宿实名登记、访客管理、接待未成年人入住“五必须”要求等治安管理制度。乡村民宿建筑应符合国家有关房屋质量安全标准。乡村民宿应配备卫生相关的清洗消毒保洁设施设备，没有条件设置独立清洗间、消毒间的，可通过专业洗涤消毒机构进行布草、公共用品等清洗消毒。推进实施旅游民宿国家、行业相关标准，培育一批乡村等级旅游民宿。鼓励各地在符合国家相关规定和标准基础上，因地制宜制定乡村民宿建筑、治安、消防、食品、卫生、环保、服务等地方标准。将乡村民宿纳入各级文化和旅游品牌建设工作。培育具有区域特征和地方特色的乡村民宿品牌，鼓励优质乡村民宿品牌输出民宿设计、运营管理、市场开拓等成熟经验。（公安部、生态环境部、文化和旅游部、国家卫生健康委、应急管理部、市场监管总局等按职责分工负责）

（四）创新经营模式，带动增收致富

积极吸引农户、村集体经济组织、合作社、企业、能人创客等多元投资经营主体参与乡村民宿建设。鼓励农户和返乡人员开发利用自有房屋自主经营乡村民宿，在规划布局、质量标准、建筑风格等方面加强指导。在尊重农民意愿并符合规划的前提下，鼓励农村集体经济组织通过注册公司、组建合作社、村民入股等方式整村连片发展乡村民宿。鼓励城镇居民等通过租赁产权明晰的闲置宅基地房屋、合作经营等方式开展乡村民宿经营。发挥乡村民宿就业渠道多、方式灵活等优势，鼓励和引导村民参与经营服务，提升劳动技能，促进增收致富。（文化和旅游部、自然资源部、国家乡村振兴局等按职责分工负责）

（五）加强宣传推广，引导合理消费

充分运用信息化手段，加强对乡村民宿产品的精准宣传和互动反馈，推出一批有故事、有体验、有品位、有乡愁的乡村民宿。将乡村民宿纳入文化和旅游消费惠民、会展节庆活动内容范围，鼓励各地将有条件的乡村民宿纳入政府机关和企事业单位会议培训、职工疗休养选择范围。支持乡村民宿加强与电商平台合作，争取电商平台在宣传营销、品牌推广等方面给予扶持。根据节庆、假期分布情况特点，在旅游高峰期加强信息服务，及时发布乡村民宿位置分布、入住率、停车场、交通路线等信息，合理引导游客，缓解拥挤压力。加强对乡村民宿的消费引导，倡导健康消费、理性消费，不片面追求奢侈高价。（文化和旅游部、应急管理部等按职责分工负责）

三、保障措施

（一）加强统筹协调

各地要在地方党委政府的统筹领导下，加强部门间协调联动，在规划建设、规范管理、公共服务、环境营造、安全保障等方面同向发力，解决乡村民宿发展中遇到的难点障碍问题，推动形成政府管理、部门联动、行业自律、企业履责、社会监督的综合治理格局。（文化和旅游部、公安部、自然资源部、生态环境部、国家卫生健康委、应急管理部、市场监管总局、国家文物局、国家乡村振兴局等按职责分工负责）

（二）优化证照办理

坚持规范管理与促进发展相结合，鼓励县级以上地方政府先行先试、创新突破，结合本地实际出台乡村民宿管理办法，协调市场监管、公安、卫生健康、消防等相关职能部门明确证照办理条件和流程。鼓励除直接涉及公共安全和人民生命健康的领域的产品许可事项之外的，通过联合审核、一站式办理、多证合一、以备案代替发证、告知承诺制、信息共享等方式，优化证照办理流程，为乡村民宿经营者提供便捷、规范的证照办理服务。落实好《农家乐（民宿）建筑防火导则（试行）》（建村〔2017〕50号）相关要求。在符合国土空间规划前提下，鼓励复合利用依法登记的宅基地发展乡村民宿。符合地方人民政府关于市场主体住所（经营场所）条件规定的，办理营业执照。（公安部、自然资源部、文化和旅游部、应急管理部、国家卫生健康委、市场监管总局等按职责分工负责）

（三）保障用地用房

推动落实乡村旅游用地政策，在充分尊重农民意愿的前提下，鼓励依法盘活利用农村闲置宅基地和闲置住宅等资源。各地要依据国土空间规划，通过全域土地综合整治、城乡建设用地增减挂钩等方式有效盘活利用存量建设用地用于乡村民宿建设，探索灵活多样的供地方式。乡镇国土空间规划和村庄规划中可预留不超过5%的建设用地机动指标，用于发展乡村旅游等必须在村庄建设边界外进行的少量配套设施建设，但不得占用永久基本农田和生态保护红线，不得破坏生态环境和乡村原貌，确需占用耕地的应依法落实占补平衡。鼓励农村集体经济组织以自营、出租、入股、联营等方式依法使用农村集体建设用地建设乡村民宿。在农村闲置宅基地和闲置住宅盘活利用试点示范中，整合资源推动创建一批民宿集中村、乡村旅游目的地等盘活利用样板。（自然资源部负责）

（四）完善支持政策

统筹农村供水保障工程、数字乡村建设工程、农村人居环境整治、危房改造、农村垃圾污水处理、公共服务均衡配置等项目布局，支持供水供电、消防水源、消防车道、垃圾污水处理、绿化亮化等乡村民宿配套公共设施建设。鼓励将符合条件的乡村旅游基础设施建设项目纳入地方政府专项债券支持范围。引导金融机构依法合规创新金融产品和服务模式，拓展乡村民宿经营主体融资渠道，在农村宅基地制度改革试点地区，探索通过宅基地使用权抵押、农民住房财产权抵押、信用贷款等形式支持乡村民宿建设和经营，在防范风险的前提下降低融资条件和门槛。调动农民群众等参与乡村民宿发展的积极性，对乡村民宿投资建设、改造升级可给予资金补贴或提供贴息贷款，对评定等级的乡村民宿可给予资金奖励，对返乡进行民宿开发创业的，可按规定享受相关税收优惠政策。探索满足乡村民宿经营需求的保险服务，发挥保险业风险管理和补偿功能，支持乡村民宿应对疫情、极端天气等突发情况带来的经营风险。（自然资源部、文化和旅游部、应急管理部、银保监会、国家乡村振兴局按职责分工负责）

（五）加强人才培养

将乡村民宿规划设计、开发建设、经营管理和服务人员培训纳入相关各级乡村旅游培训计划，整合行业协会、职业院校、社会企业等力量，充分发挥乡村文化和旅游带头人作用，定期开展各种类型的岗位培训，按相关规定给予培训补贴。加大人才返乡创业扶持力度，支持外出务工农民、高校毕业生等回乡进行乡村民宿创业，为乡村民宿持续健康发展提供人才保障。（文化和旅游部、国家乡村振兴局按职责分工负责）

文化和旅游部　公安部
自然资源部　生态环境部
国家卫生健康委　应急管理部
市场监管总局　银保监会
国家文物局　国家乡村振兴局
2022年7月8日

文化和旅游部　国家文物局 关于深入学习贯彻落实习近平总书记 给中国国家博物馆老专家回信精神的通知

文物博发〔2022〕20号

各省、自治区、直辖市文化和旅游厅（局）、文物局，新疆生产建设兵团文化体育广电和旅游局、文物局，各计划单列市文化和旅游局、文物局，文化和旅游部、国家文物局各司局（室）、各直属单位：

2022年7月8日，中共中央总书记、国家主席、中央军委主席习近平给中国国家博物馆老专家回信，明确了文物博物馆工作使命与宗旨，对文物博物馆工作提出明确要求，是指导我国文物博物馆事业发展的思想武器和行动指南。为深入学习领会、切实贯彻落实习近平总书记重要回信精神，现将有关工作通知如下：

一、切实提高政治站位，深入学习贯彻习近平总书记重要回信精神。习近平总书记的重要回信立意高远、内容丰富、情真意切、催人奋进，充分体现了以习近平同志为核心的党中央对文物博物馆工作的高度重视，对广大文博工作者的亲切关怀，为我们做好各项工作指明了前进方向、提供了根本遵循。各级文化和旅游、文物行政部门要以习近平新时代中国特色社会主义思想为指导，结合深入学习贯彻习近平总书记关于文化文物工作重要论述和指示批示精神，认真学习贯彻落实习近平总书记重要回信精神，深刻领会、学深悟透，切实把思想和行动统一到习近平总书记关于文物博物馆工作新要求上来，增强责任感、使命感，加强文物保护和管理利用，传承弘扬中华优秀传统文化，将博物馆建设成彰显民族发展历程、记录民族复兴伟业的历史长廊，展现中华文明永恒魅力、时代价值的文化殿堂，激励人民坚定信心、团结奋斗的精神家园，不断推进新时代文物博物馆事业高质量发展。

二、坚持正确政治方向，坚定文化自信。坚持党的领导，牢固树立以人民为中心的发展思想，坚持发展为了人民、发展依靠人民、发展成果由人民共享。坚守文物博物馆工作公益属性不动摇，积极回应和满足人民日益增长的美好生活需要，保障人民群众基本文化权益。坚持正确导向，落实意识形态责任制，充分发挥博物馆教育功能，加强爱国主义教育和革命传统教育，传播社会主流价值，弘扬主旋律，促进满足人民文化需求和增强人民精神力量相统一，培育人民文化生活新风尚，促进社会文明进步，使博物馆成为提高人民文化素养、凝聚人民精神力量的重要场所，成为坚定文化自信、弘扬社会主义核心价值观的重要阵地。

三、深化学术研究，加强文物藏品研究阐释。坚持学术引领，加强对博物馆藏品当代价值、世界意义的研究阐释，深入研究文物背后的中华文明历史，深入提炼中华优秀传统文化的精神标识，深入阐释中华文明起源所昭示的中华民族共同体发展路向和中华民族多元一体演进格局，阐明中国道路的深厚文化底蕴，将研究成果及时转化为展览、教育资源。加强博物馆学科建设，深化与高等院校、科研院所合作，加大博物馆管理、文物鉴定、文物修复、文物展览等关键领域人才培养力度，为强化文物藏品研究阐释提供坚实学科基础、人才保障。

四、创新展览展示，增加高品质文化产品供给。围绕创造性转化、创新性发展要求，创新展览展示方式，提高藏品展陈质量，推出更多观众喜闻乐见的精品展览，打造一批立得住、树得起、叫得响的展览品牌。支持联合办展、巡回展览、流动展览、网上展示，提高藏品展示利用水平。优化展览策划制作流程，推出更多原创性主题展览。鼓励公开征集选题，贴近实际、贴近生活、贴近群众，推广以需定供的菜单式展览服务，精准对接人民群众文化需求，不断丰富高品质、差异化、个性化文化产品和服务供给。

五、推动文物活化利用，增强博物馆发展活力。加强文物活化利用与传播方式创新，积极推动智慧博物馆建设和流动博物馆建设，发展云展览、云教育，以全媒体形态、文创产品衍生转化等多种形式，切实增强展览展示的影响力。深入推进服务体系建设，进一步完善服务机制，丰富服务内容，扩大服务覆盖，在完善设施、优化讲解、智慧导览、青少年研学等方面下功夫，不断提升服务效能。深入推进博物馆体制机制改革，加强重点改革任务推进落实，推动博物馆与教育、旅游、商业、设计等行业跨界融合，不断激发提升博物馆发展活力。

六、推进文明交流互鉴，提升中华文化国际影响力。坚持开放合作，充分利用博物馆窗口和平台作用，服务国家外交大局，广泛开展国际交流传播，讲好中国故事、做好文明使者，向世界展现可信、可爱、可敬的中国形象。加强中外文物展览交流合作，打造一批中国故事、国际表达的文物外展品牌。鼓励具备条件的文博单位加强国际交流，与国外专业机构友好合作，通过长期借展、互换展览、多地巡展等方式，共享人类文明发展成果，使博物馆成为世界文明交流对话平台。加强与联合国教科文组织、国际博物馆协会等国际组织合作，深度参与博物馆国际治理，提升话语权，展现负责任大国形象。

各地文化和旅游、文物行政部门要认真组织好习近平总书记重要回信精神的学习传达贯彻，开展多种形式的集体学习、交流研讨等活动，在深学细研、吃透悟透、学以致用上下功夫，切实将习近平总书记重要回信精神转化为干事创业的强劲动力、推动文博工作的实招良策、助力改革发展的务实成效，为建设社会主义文化强国和实现中华民族伟大复兴不懈努力，以实际行动和优异成绩迎接党的二十大胜利召开！

特此通知。

文化和旅游部　国家文物局

2022年7月12日

教育部　中共中央宣传部 中共中央网络安全和信息化委员会办公室 科学技术部　工业和信息化部 生态环境部　国家卫生健康委 国家文物局　国家乡村振兴局 中国关心下一代工作委员会 关于印发《全面推进“大思政课”建设的工作方案》的通知

教社科〔2022〕3号

现将《全面推进“大思政课”建设的工作方案》印发给你们，请认真贯彻执行。

教育部　中共中央宣传部

中共中央网络安全和信息化委员会办公室

科学技术部　工业和信息化部　生态环境部

国家卫生健康委　国家文物局

国家乡村振兴局　中国关心下一代工作委员会

2022 年7月25日

全面推进“大思政课”建设的工作方案

为深入贯彻落实习近平总书记关于“大思政课”的重要指示批示和在中国人民大学考

察时的重要讲话精神，贯彻落实中共中央、国务院《关于新时代加强和改进思想政治工作的意见》，中共中央办公厅、国务院办公厅印发的《关于深化新时代学校思想政治理论课改革创新的若干意见》和中共中央办公厅《关于加强新时代马克思主义学院建设的意见》精神，坚持不懈用习近平新时代中国特色社会主义思想铸魂育人，制定本工作方案。

一、总体要求

党的十八大以来，特别是习近平总书记亲自主持召开学校思想政治理论课教师座谈会以来，思政课在党中央治国理政战略全局中的地位日益凸显，发展环境和整体生态发生根本性转变，习近平新时代中国特色社会主义思想铸魂育人成效明显，思政课建设、日常思想政治工作、课程思政全面推进。同时，一些地方和学校对“大思政课”建设的重视程度不够，开门办思政课、调动各种社会资源的意识和能力还不够强，课程教材体系还需要进一步完善，有的学校教师数量不足、质量不高，对实践教学重视不够，有的课堂教学与现实结合不紧密，大中小学思政课一体化建设亟需深化，有的学校第二课堂重活动轻引领，课程思政存在“硬融入”“表面化”等现象。

全面推进“大思政课”建设，要坚持以习近平新时代中国特色社会主义思想为指导，聚焦立德树人根本任务，推动用党的创新理论铸魂育人，不断增强针对性、提高有效性，实现入脑入心。坚持开门办思政课，强化问题意识、突出实践导向，充分调动全社会力量和资源，建设“大课堂”、搭建“大平台”、建好“大师资”，建设全国高校思政课教研系统，设立一批实践教学基地，推出一批优质教学资源，做优一批品牌示范活动，支持建设综合改革试验区，推动思政小课堂与社会大课堂相结合，推动各类课程与思政课同向同行，教育引导学生坚定“四个自信”，成为堪当民族复兴重任的时代新人。

二、改革创新主渠道教学

1．建构党的创新理论研究阐释和教育教学的自主知识体系。各高校全面开设“习近平新时代中国特色社会主义思想概论”课。中央宣传部、教育部编写习近平新时代中国特色社会主义思想概论课教材。教育部实施习近平新时代中国特色社会主义思想研究重大专项，加强习近平新时代中国特色社会主义思想系统化学理化和分领域分专题研究，将习近平新时代中国特色社会主义思想有机融入全面贯穿哲学社会科学各学科知识体系。

2．建强思政课课程群。各地各校加强以习近平新时代中国特色社会主义思想为核心内容的课程群建设，形成必修课加选修课的课程体系。高校要统筹全校力量，结合自身实际，重点围绕习近平经济思想、习近平法治思想、习近平生态文明思想、习近平强军思想、习近平外交思想以及“四史”、宪法法律、中华优秀传统文化等设定课程模块，开设选择性必修课程。

3．优化思政课教材体系。落实系列重大主题教育指南和纲要，深入推进习近平总书记在地方工作期间的重大实践、视察地方和学校重要论述进课程教材。及时修订思政课统编教材，将党的创新理论最新成果有机融入各门思政课。编写马克思、恩格斯、列宁关于哲学社会科学及各学科重要论述摘编。持续推进新时代马克思主义理论研究和建设工程重点教材建设。

4．拓展课堂教学内容。教育部组织制作“思政课导学”课件、讲义、专题片等，帮助教师讲深讲透讲活学好思政课的重要意义。各地各校围绕新时代的伟大实践，充分挖掘地方红色文化、校史资源，将伟大建党精神和抗疫精神、科学家精神、载人航天精神等伟大精神，生动鲜活的实践成就，以及英雄模范的先进事迹等引入课堂，推动党的创新理论和历史融入各学段各门思政课。

5. 创新课堂教学方法。各校加强对学生思想、心理及关心的热点难点问题研究，制定针对性的教学方案。善于采用多样化的教学方法，注重发挥学生主体性作用，积极运用小组研学、情景展示、课题研讨、课堂辩论等方式组织课堂实践。有条件的高校要为思政课配备助教，协助开展教学组织、课后答疑等工作。

6. 优化教学评价体系。高校要建立校领导、教学督导、马克思主义学院班子成员、思政课教师和学生参加的多维度综合教学评价工作体系，重视教学过程评价，增加教学研究和教学成果在评价体系中的权重。用好思政课教学评价结果，作为马克思主义学院和班子成员考核的重要指标，作为思政课教师绩效考核、职称晋升、评奖评优等的基本依据。充分发挥教学指导委员会等专家组织作用，开展教学调研指导。鼓励有条件的高校聘请思政课退休教师担任教学督导员、青年教师的成长导师。

三、善用社会大课堂

7. 构建实践教学工作体系。高校要普遍建立党委统一领导，马克思主义学院积极协调，教务处、宣传部、学工部、团委等职能部门密切配合的思政课实践教学工作体系，在马克思主义学院指定专人负责，建立健全安全保障机制，积极整合思政课教师和辅导员队伍，共同参与组织指导思政课实践教学。将思政课教师、辅导员指导学生开展实践活动、指导学生理论社团等纳入教学工作量。参照学生专业实训（实习）标准设立思政课实践教学专项经费。

8. 落实思政课实践教学学时学分。高校要严格落实本科2个学分、专科1个学分用于思政课实践教学的要求，中小学校要安排一定比例的课时用于学生社会实践体验活动。精心设计实践教学大纲，坚决避免实践教学娱乐化、形式化、表面化。鼓励有条件的高校开设专门的实践教学课。

9. 组织开展多样化的实践教学。教育部持续组织开展中国国际“互联网+”大学生创新创业大赛青年红色筑梦之旅、习近平新时代中国特色社会主义思想大学习领航计划、“小我融入大我，青春献给祖国”主题社会实践、“技能成才，强国有我”主题教育等活动。高校要紧扣思政课实践教学目标和要求，利用志愿服务、理论宣讲、社会调研等实践活动，开展实践教学。注重总结实践教学成果，把优秀成果作为课堂教学的有效补充，支持出版高校思政课实践教学成果，推动实践教学规范化。

10. 建好用好实践教学基地。教育部会同有关部门，利用现有基地（场馆），分专题设立一批“大思政课”实践教学基地。发挥好教育部高校思政课教师研学基地的实践教学功能。各地教育部门要结合实际，积极建设“大思政课”实践教学基地。大中小学要主动对接各级各类实践教学基地，开发现场教学专题，开展实践教学。有条件的学校可与有关基地建立长效合作机制，加强研究和资源开发。各基地要积极创造条件，与各地教育部门、学校建立有效工作机制，协同完成好实践教学任务。

专栏　建好用好“大思政课”实践教学基地

1. 教育部、科技部联合设立科学精神专题实践教学基地。
2. 教育部、工业和信息化部联合设立工业文化专题实践教学基地。
3. 教育部、生态环境部联合设立美丽中国专题实践教学基地。

4. 教育部、国家卫生健康委联合设立抗击疫情专题实践教学基地。

5. 教育部、国家文物局联合设立中华优秀传统文化、革命文化、社会主义先进文化专题实践教学基地。

6. 教育部、国家乡村振兴局联合设立脱贫攻坚、乡村振兴专题实践教学基地。

7. 教育部、中国关心下一代工作委员会联合设立党史新中国史教育专题实践教学基地。

四、搭建大资源平台

11. 建设全国高校思政课教研系统。教育部建设“全国高校思政课教师网络集体备课平台”网络支持系统、“青梨派”大学生自主学习系统、高校思政课教学创新中心资源开发系统、高校思政课教学指导委员会指导审核评估系统、高校思政课教师基础数据系统、高校思政课教师研修培训系统等为一体，共建共享、系统集成、全面覆盖的全国高校思政课教研系统。

12. 推进国家智慧教育平台建设使用。教育部把“大思政课”摆在教育信息化的突出位置，加强国家智慧教育平台思政教育资源建设。通过项目支持的方式，推动教学资源建设常态化机制化。组织开发和推荐一批科学权威实用的课件、讲义，推动一线教师统一使用。加强思政课教学资源库建设，实施中小学思政课精品课程建设计划，推出一批思政“金课”。加大优质资源推广使用力度，指导各地各校用好国家智慧教育平台。

专栏　思政课教学资源库

1. 建设教学案例库。组织征集和开发高质量、多形式的教学案例，特别是聚焦习近平新时代中国特色社会主义思想在中华大地的生动实践，开发一批党的创新理论主题案例。

2. 打造教学重难点问题库。建立思政课教学重难点问题征集机制，动态收集学生关注的问题和思想理论困惑，统一组织研究回答，形成教学问题库。

3. 建设教学素材库。建立完善采集、审核、共享机制，充分调动一线思政课教师积极性创造性，持续推出一大批优秀思政课课件、讲义、重难点解析、重要参考文献、教学配图、微视频、融媒体公开课等优质教学素材。

4. 开发在线示范课程库。以国家统编教材为基本遵循，整合全国优秀思政课教师和哲学社会科学专家力量，组织开发高水平在线示范课程。

13. 打造网络教育宣传云平台。教育部会同中央网信办等，组织开展“大思政课”网络主题宣传活动，鼓励师生围绕思政课教学内容创作微电影、动漫、音乐、短视频等，建设资源共享、在线互动、网络宣传等为一体的“云上大思政课”平台。加强高校思想政治工作网、大学生在线、易班等网络平台建设。积极研发成本适宜的虚拟仿真教学资源。组织开展“同上一堂思政大课”活动。各地各校用好“学习强国”等平台，鼓励思政课教师积极参加中央和地方主流媒体的政论、时政节目，广泛传播党的创新理论。

五、构建大师资体系

14. 建设专兼结合的师资队伍。各地各校严格按照要求配备建强高校专职思政课教师、辅导员队伍，提高中小学专职思政课教师比例，实行思政课特聘教授、兼职教师制度，积极聘请党政领导、科学家、老同志、先进模范等担任思政课兼职教师。深入实施马克思主义学院院长（书记）培养工程，通过集中培养培训、委托重大项目、加强实践锻炼、开展国际国内访学等方式，培养一批青年马克思主义理论家。

专栏　建立思政课特聘教授、兼职教师制度

高校要通过建立健全思政课特聘教授制度，选聘优秀地方党政领导干部、企事业单位管理专家、社科理论界专家、各行业先进模范以及高校党委书记校长、院（系）党政负责人、名师大家和专业课骨干教师、日常思想政治教育骨干等加入思政课教师队伍，讲授思政课；通过建立健全兼职教师制度，形成英雄人物、劳动模范、大国工匠等先进代表，以及革命博物馆、纪念馆、党史馆、烈士陵园等红色基地讲解员、志愿者经常性进高校参与思政课教学的长效机制。

15．搭建队伍研究平台。充分发挥国家社科基金规划项目、教育部人文社科研究项目思政课教师研究专项作用，设立马克思主义理论研究和建设工程后期资助项目，组织教师加强马克思主义理论和思政课教学研究。重点支持开展“大思政课”建设规律、思政课教学难点及对策、大中小学思政课一体化、课程思政等研究。举办习近平新时代中国特色社会主义思想进教材进课堂进头脑系列研讨会。建设辅导员工作室、资助开展课题研究、推广优秀工作案例。

16．提升队伍综合能力。完善国家、地方、学校三级培训体系，实现思政课教师培训全覆盖。教育部完善“手拉手”集体备课机制，定期组织开展教学研讨活动。开展中小学思政课教师示范培训、教学基本功展示交流活动。建设辅导员网上资源库、开发虚拟仿真实训平台，组织支持开展国情考察。各地教育部门要建立中小学思政课教师轮训制度，依托各级党校和高校马克思主义学院每3年对中小学思政课教师至少进行一次不少于5日的集中脱产培训。中小学校新进专职思政课教师须取得思政课教师资格。小学兼职思政课教师在上岗前应完成一定学时的专业培训，并考核合格。各地各高校建立专门制度，常态化支持思政课骨干教师到各级宣传、教育等党政机关或基层挂职锻炼、蹲点调研，相关经历纳入评奖评优、干部选聘体系，相关成果作为职称评聘参考。严格落实生均经费用于思政课教师的学术交流、实践研修等，并逐步加大支持力度。

专栏　加强思政课教师培养培训

1. 加强“高校思政课教师信息库”建设。
2. 打造“全国高校思政课教师网络集体备课平台”升级版。
3. 实施“高校思政课教师队伍后备人才培养专项支持计划”。
4. 实施“高校思政课教师在职攻读马克思主义理论博士学位专项支持计划”。
5. 举办“高校思政课骨干教师研修班”和“高校哲学社会科学骨干研修班”。
6. 举办“周末理论大讲堂”。
7. 依托全国高校思政课教师研修（学）基地，组织思政课教师开展分课程、分专题研修活动。
8. “高校思想政治理论课‘手拉手’集体备课中心”和“高校思想政治理论课名师工作室”，举办跨地区、跨学段、跨学校等多形式的集体备课、教学研讨活动。

9. 举办“全国高校思政课教学展示活动”。

10. 开展“高校优秀思政课教师和马克思主义理论学科学生奖励基金”遴选。

11. 开展中小学思政课教师示范培训。

12. 开展中小学思政课教师基本功展示交流活动。

六、拓展工作格局

17. 分层分类开展“大思政课”综合改革试点。教育部围绕实践教学、教师队伍建设、大中小学思政课一体化、问题式专题化团队教学和均衡发展等思政课改革创新重大问题，在北京、天津、上海、江西、陕西等地设立综合改革试验区。地方党政负责同志坚持联系高校并讲思政课。坚持教材编写、师资培养、理论阐释、教学研究相结合，统筹推进习近平新时代中国特色社会主义思想研究中心（院）、国家教材建设重点研究基地、人文社科重点研究基地、师资培训中心、马克思主义学院等建设，开展“联学联讲联研”综合改革试点。深入推进“三全育人”综合改革，持续扩大高校“一站式”学生社区综合管理模式建设试点。

18. 深入推进大中小学思政课一体化建设。教育部加强大中小学思政课一体化建设指导委员会建设，支持各地建设一批一体化基地，鼓励高校积极开展与中小学思政课共建。各地教育部门加强引导和协调，建立大中小学师资培育、听课评课、教研交流、集体备课等常态化工作机制。

19. 全面推进课程思政高质量建设。教育部组建高等学校课程思政教学指导委员会，研制普通本科专业类课程思政教学指南，组织开展高校教师课程思政教学能力培训，建设一批课程思政系列共享资源库。建成一批课程思政示范高校，推出一批课程思政示范课程，选树一批课程思政教学名师和团队，建设一批高校课程思政教学研究示范中心。加强中小学学科德育建设。

20. 扎实开展日常思政教育活动。学校党委书记、校长要在开学、毕业典礼等重要场合，讲授“思政大课”。学校要以重大纪念日、重大历史事件为契机，通过“学习新思想，做好接班人”主题教育、职教学生读党报、新时代先进人物进校园、论坛讲坛、讲座报告会等，组织专题“思政大课”。教育部打造并集中展示一批校园文化原创精品，建设一批文化传承基地。办好“全国大学生网络文化节”和“全国高校网络教育优秀作品推选展示活动”。

七、加强组织领导

21. 强化统筹协调。教育部、中央宣传部做好“大思政课”建设的总体谋划。中央网信办指导做好“大思政课”全媒体宣传。科技部、工业和信息化部、生态环境部、国家卫生健康委、国家文物局、国家乡村振兴局、中国关心下一代工作委员会等部门，加强对基地的指导和建设，切实发挥好基地的育人功能。

22. 积极推进落实。各地要把“大思政课”建设作为“十四五”时期推动思政课高质量发展的重要抓手，在基地资源、经费投入、队伍建设、条件保障等方面采取有效措施。将中外合作办学院校纳入“大思政课”建设整体布局。各地各校要及时总结宣传“大思政课”建设的好经验好做法，营造良好舆论氛围。

最高人民法院　最高人民检察院　公安部　国家文物局关于办理妨害文物管理等刑事案件若干问题的意见

公通字〔2022〕18号

各省、自治区、直辖市高级人民法院、人民检察院、公安厅（局）、文物局（文化和旅游厅／局），新疆维吾尔自治区高级人民法院生产建设兵团分院，新疆生产建设兵团人民检察院、公安局、文物局：

为依法惩治文物犯罪，加强对文物的保护，根据《中华人民共和国刑法》《中华人民共和国刑事诉讼法》《中华人民共和国文物保护法》和《最高人民法院、最高人民检察院关于办理妨害文物管理等刑事案件适用法律若干问题的解释》（法释〔2015〕23号，以下简称《文物犯罪解释》）等有关规定，结合司法实践，制定本意见。

一、总体要求

文物承载灿烂文明，传承历史文化，维系民族精神，是国家和民族历史发展的见证，是弘扬中华优秀传统文化的珍贵财富，是培育社会主义核心价值观、凝聚共筑中国梦磅礴力量的深厚滋养。保护文物功在当代、利在千秋。当前，我国文物安全形势依然严峻，文物犯罪时有发生，犯罪团伙专业化、智能化趋势明显，犯罪活动向网络发展蔓延，犯罪产业链日趋成熟，地下市场非法交易猖獗，具有严重的社会危害性。各级人民法院、人民检察院、公安机关、文物行政部门要坚持以习近平新时代中国特色社会主义思想为指导，坚决贯彻落实习近平总书记关于文物工作系列重要论述精神，从传承中华文明、对国家对民族对子孙后代负责的战略高度，提高对文物保护工作重要性的认识，增强责任感使命感紧迫感，勇于担当作为、忠诚履职尽责，依法惩治和有效防范文物犯罪，切实保护国家文化遗产安全。

二、依法惩处文物犯罪

（一）准确认定盗掘行为

1．针对古建筑、石窟寺等不可移动文物中包含的古文化遗址、古墓葬部分实施盗掘，符合刑法第三百二十八条规定的，以盗掘古文化遗址、古墓葬罪追究刑事责任。

盗掘对象是否属于古文化遗址、古墓葬，应当按照《文物犯罪解释》第八条、第十五条的规定作出认定。

2．以盗掘为目的，在古文化遗址、古墓葬表层进行钻探、爆破、挖掘等作业，因意志以外的原因，尚未损害古文化遗址、古墓葬的历史、艺术、科学价值的，属于盗掘古文化遗址、古墓葬未遂，应当区分情况分别处理：

（1）以被确定为全国重点文物保护单位、省级文物保护单位的古文化遗址、古墓葬为盗掘目标的，应当追究刑事责任；

（2）以被确定为市、县级文物保护单位的古文化遗址、古墓葬为盗掘目标的，对盗掘团伙的纠集者、积极参加者，应当追究刑事责任；

（3）以其他古文化遗址、古墓葬为盗掘目标的，对情节严重者，依法追究刑事责任。

实施前款规定的行为，同时构成刑法第三百二十四条第一款、第二款规定的故意损毁文物罪、故意损毁名胜古迹罪的，依照处罚较重的规定定罪处罚。

3. 刑法第三百二十八条第一款第三项规定的“多次盗掘”是指盗掘三次以上。对于行为人基于同一或者概括犯意，在同一古文化遗址、古墓葬本体周边一定范围内实施连续盗掘，已损害古文化遗址、古墓葬的历史、艺术、科学价值的，一般应认定为一次盗掘。

（二）准确认定盗窃行为

采用破坏性手段盗窃古建筑、石窟寺、石刻、壁画、近现代重要史迹和代表性建筑等不可移动文物未遂，具有下列情形之一的，应当依法追究刑事责任：

1. 针对全国重点文物保护单位、省级文物保护单位中的建筑构件、壁画、雕塑、石刻等实施盗窃，损害文物本体历史、艺术、科学价值，情节严重的；

2. 以被确定为市、县级以上文物保护单位整体为盗窃目标的；

3. 造成市、县级以上文物保护单位的不可移动文物本体损毁的；

4. 针对不可移动文物中的建筑构件、壁画、雕塑、石刻等实施盗窃，所涉部分具有等同于三级以上文物历史、艺术、科学价值的；

5. 其他情节严重的情形。

实施前款规定的行为，同时构成刑法第三百二十四条第一款、第二款规定的故意损毁文物罪、故意损毁名胜古迹罪的，依照处罚较重的规定定罪处罚。

（三）准确认定掩饰、隐瞒与倒卖行为

1. 明知是盗窃文物、盗掘古文化遗址、古墓葬等犯罪所获取的文物，而予以窝藏、转移、收购、加工、代为销售或者以其他方法掩饰、隐瞒的，符合《文物犯罪解释》第九条规定的，以刑法第三百一十二条规定的掩饰、隐瞒犯罪所得罪追究刑事责任。

对是否“明知”，应当结合行为人的认知能力、既往经历、行为次数和手段，与实施盗掘、盗窃、倒卖文物等犯罪行为人的关系，获利情况，是否故意规避调查，涉案文物外观形态、价格等主、客观因素进行综合审查判断。具有下列情形之一，行为人不能做出合理解释的，可以认定其“明知”，但有相反证据的除外：

（1）采用黑话、暗语等方式进行联络交易的；

（2）通过伪装、隐匿文物等方式逃避检查，或者以暴力等方式抗拒检查的；

（3）曾因实施盗掘、盗窃、走私、倒卖文物等犯罪被追究刑事责任，或者二年内受过行政处罚的；

（4）有其他证据足以证明行为人应当知道的情形。

2. 出售或者为出售而收购、运输、储存《中华人民共和国文物保护法》第五十一条规定的“国家禁止买卖的文物”，可以结合行为人的从业经历、认知能力、违法犯罪记录、供述情况，交易的价格、次数、件数、场所，文物的来源、外观形态等综合审查判断，认定其行为系刑法第三百二十六条规定的“以牟利为目的”，但文物来源符合《中华人民共和国文物保护法》第五十条规定的除外。

三、涉案文物的认定和鉴定评估

对案件涉及的文物等级、类别、价值等专门性问题，如是否属于古文化遗址、古墓葬、古建筑、石窟寺、石刻、壁画、近代现代重要史迹和代表性建筑等不可移动文物，是否具有历史、艺术、科学价值，是否属于各级文物保护单位，是否属于珍贵文物，以及有关行为对文物造成的损毁程度和对文物价值造成的影响等，案发前文物行政部门已作认定的，可以直接对有关案件事实作出认定；案发前未作认定的，可以结合国务院文物行政部门指定的机构出具的《涉案文物鉴定评估报告》作出认定，必要时，办案机关可以依法提请文物行政部门对有关问题作出说明。《涉案文物鉴定评估报告》应当依照《涉案文物鉴定评估管理办法》（文物博发〔2018〕4号）规定的程序和格式文本出具。

四、文物犯罪案件管辖

文物犯罪案件一般由犯罪地的公安机关管辖，包括文物犯罪的预谋地、工具准备地、勘探地、盗掘地、盗窃地、途经地、交易地、倒卖信息发布地、出口（境）地、涉案不可移动文物的所在地、涉案文物的实际取得地、藏匿地、转移地、加工地、储存地、销售地等。多个公安机关都有权立案侦查的文物犯罪案件，由主要犯罪地公安机关立案侦查。

具有下列情形之一的，有关公安机关可以在其职责范围内并案处理：

（1）一人犯数罪的；

（2）共同犯罪的；

（3）共同犯罪的犯罪嫌疑人还实施其他犯罪的；

（4）三人以上时分时合，交叉结伙作案的；

（5）多个犯罪嫌疑人实施的盗掘、盗窃、倒卖、掩饰、隐瞒、走私等犯罪存在直接关联，或者形成多层级犯罪链条，并案处理有利于查明案件事实的。

五、宽严相济刑事政策的应用

（一）要着眼出资、勘探、盗掘、盗窃、倒卖、收赃、走私等整个文物犯罪网络开展打击，深挖幕后金主，斩断文物犯罪链条，对虽未具体参与实施有关犯罪实行行为，但作为幕后纠集、组织、指挥、筹划、出资、教唆者，在共同犯罪中起主要作用的，可以依法认定为主犯。

（二）对曾因文物违法犯罪而受过行政处罚或者被追究刑事责任、多次实施文物违法犯罪行为、以及国家工作人员实施本意见规定相关犯罪行为的，可以酌情从重处罚。

（三）正确运用自首、立功、认罪认罚从宽等制度，充分发挥刑罚的惩治和预防功能。对积极退回或协助追回文物，协助抓捕重大文物犯罪嫌疑人，以及提供重要线索，对侦破、查明其他重大文物犯罪案件起关键作用的，依法从宽处理。

（四）人民法院、人民检察院、公安机关应当加强与文物行政等部门的沟通协调，强化行刑衔接，对不构成犯罪的案件，依据有关规定及时移交。公安机关依法扣押的国家禁止经营的文物，经审查与案件无关的，应当交由文物行政等有关部门依法予以处理。文物行政等部门在查办案件中，发现涉嫌构成犯罪的案件，依据有关规定及时向公安机关移送。

最高人民法院　最高人民检察院　公安部　国家文物局

2022年8月16日

国家文物局　国家林业和草原局关于公布第一批“红色草原”名单的通知

文物革发〔2022〕23号

各省、自治区、直辖市文物局、林业和草原局：

为深入贯彻习近平总书记关于传承红色基因、赓续红色血脉重要指示精神，积极践行习近平总书记关于绿水青山就是金山银山重要理念，弘扬草原地区红色文化，推动草原地区生态保护和绿色发展，按照《国家文物局国家林业和草原局关于开展“红色草原”推介活动的通知》（文物革函〔2022〕265号）要求，国家文物局、国家林业和草原局确定12处草原入选第一批“红色草原”名单，即山西花坡草原，内蒙古明安草原、乌拉盖草原，吉林郭尔罗斯草原，湖南南滩草原，湖南、广西南山草原，四川红原草原、甘孜草原、松潘草原，甘肃红石窝草原，青海金银滩草原，新疆塔什汗草原。

各有关地方和部门要切实加强对“红色草原”革命文物和草原生态的系统保护，加大支持力度，建立协作机制，形成工作合力；开展革命文物资源调查，提升革命文物保护级别，讲好革命故事；用好红色资源，促进绿色发展，常态化、长效化服务党史学习教育、“四史”宣传教育和生态文明教育，打造富有特色的革命传统教育、爱国主义教育、青少年思想道德教育和草原保护与绿色发展基地；丰富文化和生态产品供给，助力融合发展，以绿色发展促进红色资源保护传承，以红色资源赋能草原地区高质量发展和生态文明建设。

特此通知。

国家文物局　国家林业和草原局

2022年8月17日

第一批“红色草原”简介

1．花坡草原，位于山西省长治市沁源县，草原类型以山地草甸为主，境内有山西花坡国家草原自然公园（试点）；是抗日战争时期太行地区通往延安的秘密交通线的重要段落，现有县级文物保护单位北沟村秘密交通站旧址和圪旋头遭遇战遗址。

2．明安草原，位于内蒙古自治区包头市达尔罕茂明安联合旗，草原类型以温性草原为主；是“草原英雄小姐妹”舍生忘死保护集体羊群的英勇事迹发生地，现有自治区文物保护单位龙梅玉荣旧居。

3．乌拉盖草原，位于内蒙古自治区锡林郭勒盟乌拉盖管理区，草原类型以温性草甸草原和温性草原为主，境内有内蒙古乌拉盖国家草原自然公园（试点）；是内蒙古生产建设兵团农垦历史的见证地，现有县级文物保护单位哈场兵团大礼堂、粮库旧址。

4. 郭尔罗斯草原，位于吉林省松原市前郭尔罗斯蒙古族自治县，草原类型以温性草甸草原为主；是郭前旗蒙古族进步青年组织“大同会”和蒙古骑兵独立团的诞生地，现有市级文物保护单位前郭县烈士陵园。

5. 南滩草原，位于湖南省张家界市桑植县，草原类型以热性灌草丛和山地草甸为主，境内有湖南南滩国家草原自然公园（试点）；是土地革命战争时期湘鄂西、湘鄂川黔革命根据地的重要组成部分，现有全国重点文物保护单位贺龙故居，红二、六军团长征出发地旧址和省级文物保护单位贺龙刀劈芭茅溪盐税局旧址、贺龙武装讨袁廖城议事旧址。

6. 南山草原，位于湖南省邵阳市城步苗族自治县和广西壮族自治区桂林市龙胜各族自治县，草原类型以山地草甸和热性灌草丛为主，是中国南方高山牧场的典型代表；是中央红军长征翻越的“老山界”所在地，现有全国重点文物保护单位湘江战役旧址和省级文物保护单位南山红军长征路遗迹、红军岩、高山红哨旧址。

7. 红原草原，位于四川省阿坝藏族羌族自治州红原县，草原类型以高山草甸和沼泽为主，境内有四川瓦切国家草原自然公园（试点）；1960年，国务院批准设立红原县，周恩来总理题词“红军长征走过的大草原”；现有全国重点文物保护单位阿坝红军长征遗迹和省级文物保护单位日干乔红军过草地遗迹。

8. 甘孜草原，位于四川省甘孜藏族自治州甘孜县，草原类型以高寒草甸为主；是红军第二、第四方面军长征途中的甘孜会师所在地，现有全国重点文物保护单位白利寺和省级文物保护单位甘孜县朱德旧居，红二、四方面军甘孜会师纪念地，十八军窑洞群遗址。

9. 松潘草原，位于四川省阿坝藏族羌族自治州松潘县，草原类型以高寒草甸为主；是红军长征爬雪山、过草地的发生地，现有全国重点文物保护单位阿坝红军长征遗迹和省级文物保护单位红军长征纪念碑碑园、松潘塔坪山红军战斗遗址。

10. 红石窝草原，位于甘肃省张掖市肃南裕固族自治县，草原类型以高寒草甸草原为主；是西路军浴血奋战的所在地，现有县级文物保护单位石窝会议会址、大草滩村红军战壕、红西路军纪念塔、石居里河红军居住地。

11. 金银滩草原，位于青海省海北藏族自治州海晏县，草原类型以高寒草甸和高寒草原为主；是中国第一个核武器研制基地的所在地，现有全国重点文物保护单位第一个核武器研制基地旧址。

12. 塔什汗草原，位于新疆维吾尔自治区巴音郭楞蒙古自治州和硕县，草原类型以高寒草原为主；是红山核武器试爆指挥机构的所在地，现有全国重点文物保护单位红山核武器试爆指挥中心旧址。

中共中央宣传部　文化和旅游部　国家文物局 关于贯彻落实全国文物工作会议精神的通知

文物政发〔2022〕24号

各省、自治区、直辖市党委宣传部、文化和旅游厅（局）、文物局，新疆生产建设兵团党委宣传部、文化体育广电和旅游局、文物局，中央军委政治工作部宣传局、中央宣传文化系统各单位：

2022年7月22日，全国文物工作会议在北京召开。会议深入学习贯彻习近平总书记关于文化遗产保护传承和文物工作重要论述，总结工作、分析形势，提出新时代文物工作方针，研究部署做好新时代文物工作，在文物事业发展历程中具有重要意义。为深入贯彻落实全国文物工作会议精神，现就有关事项通知如下。

一、深入学习领会习近平总书记关于文化遗产保护传承和文物工作重要论述精神。党的十八大以来，以习近平同志为核心的党中央高度重视中华优秀传统文化传承弘扬和文化遗产保护利用工作。习近平总书记多次就文物工作发表重要讲话、作出重要指示批示，强调要增强历史自觉、坚定文化自信，强化各级党委和政府文物保护的主体责任；强调把保护放在第一位，要像爱惜自己的生命一样保护好历史文化遗产，坚持在保护中发展，在发展中保护；强调建设中国特色中国风格中国气派的考古学，加强古代遗址的有效保护；强调让文物和文化遗产活起来，加强革命文物保护利用，统筹好文物保护和经济社会发展；强调推动文明交流互鉴，扩大中华文化国际影响力。习近平总书记关于文化遗产保护传承和文物工作系列重要论述，深刻回答了事关文物事业长远发展的一系列重大问题，深化了我们党对文物工作的规律性认识，对做好新时代文物工作具有重要指导意义。各地区各有关部门要组织认真学习习近平总书记重要论述，深入领会传承弘扬中华优秀传统文化的重大意义，深入领会做好文物工作的方针政策和具体要求，进一步增强责任感使命感，切实把思想和行动统一到党中央决策部署上来，有效落实到文物工作全过程、各方面，转化为工作理念、政策法规、具体措施。

二、认真贯彻落实新时代文物工作方针。要深刻把握文物工作面临的新形势新任务新要求，聚焦建设社会主义文化强国目标任务，将文物工作融入经济社会发展整体部署和国家重大战略，坚持“保护第一、加强管理、挖掘价值、有效利用、让文物活起来”的新时代文物工作方针，着力加强文物保护研究利用，着力深化对中华文明的认知，着力提升中华文化影响力，着力解决文物保护利用不平衡不充分问题。各级党委宣传部门、文化和旅游部门、文物行政部门要发挥统筹协调作用，推动各地党委政府落实文物工作主体责任，加强政策支持、人才支撑、资金保障，把各项工作职责、工作任务落到实处，推动新时代文物事业实现新的更大发展。

三、全面加强文物保护管理工作。要强化文化遗产系统保护，统筹好抢救性保护和预防性保护、本体保护和周边保护、单点保护和集群保护，维护文物资源的历史真实性、风貌完整性、文化延续性。重点加强长城、大运河、长征、黄河、长江，以及古建筑、古遗址、石窟寺、革命文物等的保护工作。切实加强市县级文物保护单位和尚未核定为文物保护单位的不可移动文物的保护管理，建立必要的工作机制，提高可移动文物保护修复水平。着力加强历史文化名城、历史文化名镇名村、历史文化街区、传统村落的整体保护，坚决杜绝大拆大建、拆真建假，积极采用微改造“绣花”功夫，注重文明传承、文化延续，让城市留下记忆，让人们记住乡愁。推动在城市更新前对老建筑进行普查甄别，及时开展保护对象认定公布工作。严格落实“先考古、后出让”的考古前置机制，在城乡建设中加强重要古代遗址的原址保护。注重加强文物领域法治建设，健全文物保护法律法规体系，实施好新修订的《水下文物保护管理条例》，鼓励制定文物保护地方性法规；完善文物资源管理和普查登录等制度，建设国家文物资源大数据库，建好管好革命文物保护利用片区，提升世界遗产保护管理水平。坚决纠正过度开发利用文物的行为，国有不可移动文物不得转让、抵押，不得作为企业资产经营。依法严格把握文物流通市场准入条件，规范民间收藏文物行为和文物鉴定，确保文物市场健康有序发展。

四、不断强化文物安全长效机制。要始终把确保文物安全放在首要位置，加强源头治理和全过程监督，着力防范法人违法、盗窃盗掘、火灾事故三大风险，健全文物防灾减灾体系。要压实地方政府文物安全主体责任，推动将文物安全工作纳入政府年度考核评价体系，保障文物安全投入，提高技术防控能力，加强队伍建设，整治重大隐患。要强化部门监管责任，加强地方文物执法力量，保持严厉打击文物犯罪高压态势，强化文物行政执法督察，严肃整治法人违法，对重大文物违法案件和事故严肃追责问责。要加强文物保护领域监督执纪，依法公布不可移动文物名录，加强文物行政的信息公开，畅通社会监督渠道，规范举报流程，加大文物公益诉讼力度，加大违法违纪行为惩处力度，违法违规案件依法依规移送司法机关和纪检监察机关，落实文物保护责任终身追究制。在全国文明城市测评体系中强化历史文化遗产保护要求，实施文明城市创建“历史文化遗产保护一票否决制”。

五、切实提高文物研究阐释和科技创新能力。要深化文明历史研究，继续推进中华文明探源工程、“古代文明理论”研究，持续开展中国文化基因专题研究、“考古中国”重大项目，深入探索未知、揭示本源，用更多考古成果实证我国百万年的人类史、一万年的文化史、五千多年的文明史，推动建立中国特色文明研究学科体系、学术体系、话语体系，努力建设中国特色中国风格中国气派的考古学。要加强文物价值阐释，做好文物、古迹、遗址等的研究阐释工作，经常性发布重大考古项目进展和考古发现成果。要持续推进文物科技创新，落实好《“十四五”文物保护和科技创新规划》，加大文物科技投入力度，加强文物数字化保护。用好国家自然科学基金、国家社会科学基金、国家重点研发计划等平台，组织好考古发掘、文物保存修缮、安全防护、展示传播等环节的关键技术攻关。

六、努力推动让文物活起来。要坚持古为今用，提炼展示中华民族精神标识，不断彰显文物中蕴含的时代价值，充分发挥文物在提供公共文化服务、满足人民精神文化生活需求、涵养社会主义核心价值观等方面的作用。要合理利用文物资源，积极创建中国特色世界一流博物馆，努力提升中小博物馆展示服务水平，推出更多高水平、高质量的主题展览。实施中国文物云建设工程，推动文物数字资源接入国家教育资源公共服务体系，发展云展览、云教育等文物数字内容新业态。健全社会参与机制，组织文博单位、研究机构、文史专家开展成果共享和知识普及工作。鼓励引导更多社会力量参与文物保护、修缮、展陈等，推进文化遗产志愿服务。要推进文旅融合，依托文物资源建设一批世界级旅游景区、一批特色旅游目的地，大力发展红色旅游。加强文物资源授权管理和文创开发引导，打造一批深受喜爱的文化创意品牌。

七、持续深化文物国际交流合作。推动文明交流互鉴、促进中外民心相通，扩大与共建“一带一路”国家、文明古国论坛成员国在文物保护领域的交流合作。实施亚洲文化遗产保护行动，持续开展中外联合考古，推进援外文物保护修复合作项目。要落实《关于让文物活起来　扩大中华文化国际影响力的意见》等政策文件，实施文明互鉴展示工程，加强中外文物展览交流合作，创新文明话语表达，创作文物传播精品，打造文物对外宣传品牌。要积极参与全球文化治理，扎实做好世界遗产申报工作，持续推进流失文物追索返还，支持国内相关机构与海外研究机构联合开展文明起源等课题研究，推出一批原创性成果。

八、大力推进文物机构和队伍建设。要贯彻执行中央编办关于加强文物保护和考古工作机构编制保障的有关要求，尽快推动文物保护和考古机构编制岗位、基层文物机构建设落实到位，保持文物工作机构和队伍稳定，完善人才培养、选用、激励、评价等机制。鼓励历史文化名城设置专门负责文物工作的行政机构，承担不可移动文物、历史文化名城、考古发掘、博物馆等管理工作。要关心爱护文物工作者，积极提供人力、物力、财力等方面的支持，对长期坚守一线岗位、默默奉献、择一事终一生的文物工作者，在科研经费、成果发表、教育培训、职称评聘、生活待遇、荣誉奖励等方面予以倾斜，千方百计培养人才、用好人才、留住人才。选树文物战线先进典型，弘扬“莫高精神”，鼓励更多文物工作者“把论文写在祖国大地上”，努力打造一支政治过硬、业务精通、敬业奉献、求实创新的文物工作队伍。

九、积极营造重视文物工作的社会氛围。要统筹新闻宣传和社会宣传，统筹网上网下，加大全媒体传播，大力宣传习近平总书记关于文化遗产保护传承和文物工作重要论述精神，大力宣传全国文物工作会议精神，广泛宣传科学的文物保护理念，广泛宣传文物考古研究成果，广泛宣传文物领域先进典型事迹，打造更多承载中华文化、中国精神的价值符号和文化精品，教育引导干部群众特别是青少年更好认识和认同中华文明，增强中国人的志气、骨气、底气，在全社会形成守护文化瑰宝、守望中华文明的浓厚氛围。

中共中央宣传部　文化和旅游部　国家文物局

2022年8月18日

文化和旅游部办公厅　国家文物局办公室关于印发《公共图书馆系统古籍类文物定级指南》的通知

办公共发〔2022〕181号

各省、自治区、直辖市文化和旅游厅（局）、文物局，新疆生产建设兵团文化体育广电和旅

游局、文物局，国家图书馆：

为进一步提高古籍保护质量和水平，做好新时代古籍保护工作，文化和旅游部、国家文物局根据中共中央办公厅、国务院办公厅印发的《关于推进新时代古籍工作的意见》要求，研究制定了《公共图书馆系统古籍类文物定级指南》，明确了公共图书馆领域古籍类文物定级的总体要求、工作依据、工作方法等相关规范及要求。

现将《公共图书馆系统古籍类文物定级指南》印发给你们，请结合实际，认真开展相关工作。

特此通知。

文化和旅游部办公厅　国家文物局办公室

2022年12月19日

公共图书馆系统古籍类文物定级指南

为深入贯彻中共中央办公厅、国务院办公厅印发的《关于推进新时代古籍工作的意见》精神，落实全国古籍工作会议精神和《2021—2035年国家古籍工作规划》要求，建立法定职责明确的古籍保护安全保障体系，全面加强古籍类文物保护，提升古籍保护水平，制定本指南。

一、总体要求

（一）指导思想

以习近平新时代中国特色社会主义思想为指导，全面贯彻习近平总书记关于保护传承发展中华优秀传统文化、做好古籍和文物工作的重要论述精神，遵循公共图书馆事业发展、古籍类文献存藏利用和文物保护管理规律，规范古籍利用，全面提升古籍保护、古籍修复质量和水平。

（二）基本原则

1．坚持尊重规律。开展古籍类文物定级，不改变古籍原有权属、管理体制和工作要求。

2．坚持科学规范。古籍类文物定级严格对照相关规定及标准，做到科学、客观、规范、定级依据充分翔实、定级材料完整、定级过程可溯。

3．坚持有序推进。各级公共图书馆在开展古籍类文物定级时，可分阶段、分重点进行，优先对珍贵古籍特别是保存条件欠妥的珍贵古籍开展文物定级和建档、备案。

4．坚持依法管理。完成定级后的古籍类文物，保护利用时遵守文物保护有关规定，确保安全、合理、规范利用。

（三）适用范围

本指南适用于各级公共图书馆和国家图书馆馆藏普通形制汉文古籍类文物定级。

二、定级工作依据

古籍类文物定级遵循《文物藏品定级标准》（文化部令第19号，2001年）要求，对照国家标准《汉文古籍特藏藏品定级第1部分：古籍》（GB/T31076.1-2014）（以下简称古籍定级国家标准），规范开展。

古籍类文物建档、备案按照《中华人民共和国文物保护法实施条例》和行业标准《文物藏品档案规范》（WW/T0020—2008）等规定和标准开展。

三、定级工作方法

（一）梳理古籍基础信息，建立古籍类文物目录，对照古籍定级国家标准对馆藏古籍进行定级。原已按照古籍定级国家标准或行业标准《古籍定级标准》（WH/T20—2006）定级为一、二、三级古籍的，可不再重新定级。未定级的古籍或已定为普通古籍经重新鉴定认为价值符合珍贵文物定级标准的古籍，严格对照古籍定级国家标准进行鉴定、定级。

（二）定级为一、二、三级古籍的对应直接套转为一、二、三级珍贵文物，定级为普通古籍的对应直接套转为一般文物。

（三）完成古籍类文物定级后，按照《文物藏品档案规范》及时完善古籍藏品档案信息，并在属地文物行政部门指导下，开展文物建档、备案。其中，一级文物藏品档案由省级文物行政部门报国家文物局备案，二、三级文物藏品档案报省级文物行政部门备案。

四、组织实施

（一）文化和旅游部、国家文物局要加强对定级工作的检查。国家图书馆（国家古籍保护中心）要带动各省级古籍保护中心充分发挥作用，加强业务指导，承担相关咨询和定级业务培训工作。

（二）各省、自治区、直辖市及新疆生产建设兵团文化和旅游行政部门会同省级文物行政部门，参照本指南要求，制定具体实施方案，统筹推进本地区古籍类文物定级工作，成立包括古籍、文物等领域专家组成的省级联合专家组，指导各级公共图书馆开展古籍类文物定级、建档和备案工作。

（三）各省、自治区、直辖市及新疆生产建设兵团文物行政部门在开展工作中应加强文物保护相关法律法规政策制度的宣传贯彻，为各级公共图书馆提供建档、备案等专业指导。

国家文物局关于加强石刻文物拓印管理的通知

文物督函〔2022〕100号

各省、自治区、直辖市文物局（文化和旅游厅/局），新疆生产建设兵团文物局：

为深入贯彻落实习近平总书记关于文物保护和文物安全工作的重要指示批示精神，坚决遏制违法违规拓印、盗拓碑刻石刻文物，切实加强和规范碑刻石刻文物拓印管理，确保文物安全，现通知如下：

一、全面加强监督管理。各地文物行政部门要认真组织对《文物复制拓印管理办法》（文物政发〔2011〕1号）执行情况进行排查梳理，严控拓印石刻文物范围，严格审批管理，严禁违法违规拓印。坚决杜绝以商业为目的的拓印行为；用于文物信息档案、陈列展览需要拓印的，要按规定严格管理，石刻文物保存状况和自身特点不宜拓印的，不得批准拓印。

二、严格限制碑刻石刻文物拓片销售。要对文物博物馆单位及其相关商业场所售卖拓片情况，进行全面清查排查。凡博物馆、文物保护管理机构售卖的碑刻石刻文物拓片应全部下架，并登记建档、严格保管；已经审批尚未实施拓印或者正在拓印的，应立即停止拓印，并重新严格审查。凡销售翻刻副版拓片的，应做出说明并告知购买者。

三、严禁用碑刻石刻文物拓片作为礼品馈赠。对辖区内文物博物馆单位现有的碑刻石刻文物拓片要进行登记建档。杜绝任何单位和个人用碑刻石刻文物拓片作为礼品馈赠。文物保管看护人员不得为违规拓印提供方便，任何机构和人员不得擅自向其他单位或个人提供文物拓印模具、技术资料，一经发现，要严格依法执纪问责。

四、严厉打击违法盗拓行为。各地文物行政部门要主动会同公安机关，将盗拓碑刻石刻文物行为纳入打击防范文物犯罪专项行动，严厉打击、严格防范盗窃、盗割、盗拓碑刻石刻文物等违法犯罪行为。落实文物安全责任和管理措施，加强物防技防手段，加大巡查检查力度，守牢文物安全红线、底线和生命线。

各省级文物行政部门要按照本通知要求，制定具体工作方案，开展清查整治，并于2022年2月28日前报我局。国家文物局将对各地整改落实情况进行督查检查。

特此通知。

国家文物局

2022年1月29日

国家文物局关于公布《国家考古遗址公园管理办法》的通知

文物考发〔2022〕7号

各省、自治区、直辖市文物局（文化和旅游厅／局），新疆生产建设兵团文化和旅游局：

为贯彻落实中共中央办公厅、国务院办公厅《关于加强文物保护利用改革的若干意见》，进一步提升考古遗址保护管理水平，推进国家考古遗址公园高质量发展，我局组织修订了《国家考古遗址公园管理办法》。现予公布，请结合本地实际贯彻执行。

特此通知。

国家文物局

2021年10月20日

国家考古遗址公园管理办法

第一条 为促进考古遗址的研究阐释和保护利用，规范国家考古遗址公园的管理，有效发挥其在经济社会发展中的作用，传承弘扬中华优秀传统文化，根据《中华人民共和国文物保护法》，制定本办法。

第二条 本办法所称国家考古遗址公园，是指以重要考古遗址及其环境为主体，具有科研、教育、游憩等功能，在考古遗址研究阐释、保护利用和文化传承方面具有全国性示范意义的特定公共文化空间。

第三条 国家文物局负责国家考古遗址公园的评定管理工作，省级文物主管部门负责本行政区域内国家考古遗址公园的监督管理工作，考古遗址所在地县级以上人民政府负责国家考古遗址公园创建和运营的组织实施。

第四条 国家文物局支持国家考古遗址公园的建设。对于在经济社会文化发展中作出突出贡献的国家考古遗址公园，予以表彰、奖励。

第五条 考古遗址所在地县级以上人民政府应开展可行性论证，评估考古遗址条件、地方经济社会条件及管理条件等，科学、审慎创建国家考古遗址公园，给予政策、经费和用地保障。

第六条 符合下列条件的考古遗址，可向国家文物局提出国家考古遗址公园立项申请：

（一）已公布为全国重点文物保护单位；

（二）文物保护规划已由省级人民政府公布实施；

（三）具备考古和研究工作计划；

（四）具备符合文物保护规划的考古遗址公园规划；

（五）具备独立法人资格的专门管理机构。

第七条 国家考古遗址公园的立项申请由考古遗址所在地县级以上人民政府提出，经省级文物主管部门初审同意后，报国家文物局。

第八条 国家考古遗址公园立项申请需提交以下材料：

（一）符合第六条所列条件的相关材料；

（二）国家考古遗址公园建设可行性研究报告。

第九条 经审查符合条件者，由国家文物局批准国家考古遗址公园立项。

第十条 国家考古遗址公园创建过程中，涉及文物保护单位保护范围和建设控制地带内的建设项目须按相关程序报批。

第十一条 国家文物局批准立项的考古遗址公园，符合以下条件，考古遗址所在地县级以上人民政府可提出国家考古遗址公园评定申请：

（一）所有自然或人为因素造成的考古遗址损害或破坏行为已得到控制或纠正；

（二）各建设项目的审批手续齐全；

（三）所有建设项目均符合考古遗址公园规划；

（四）考古和研究工作计划有序实施，出版考古报告等研究成果；

（五）已向公众开放，或已具备开放条件；

（六）无重大安全隐患。

第十二条 考古遗址所在地县级以上人民政府提交国家考古遗址公园评定申请，经省级文物主管部门初审同意后报国家文物局，国家文物局按照《国家考古遗址公园评定细则》开展评定工作。评定合格者，由国家文物局确定为“国家考古遗址公园”，并向社会公布。

第十三条 修编国家考古遗址公园规划、变更或扩展建设项目，须按原程序上报。

第十四条 国家考古遗址公园的专门管理机构负责公园的日常管理及运营，须履行以下职责：

（一）依法履行文物保护职责；

（二）实施考古遗址公园规划；

（三）建立健全相关管理规章制度；

（四）提供良好的卫生、服务、消防、救护等公共设施，并不断改善服务质量；

（五）在规定时限内向国家文物局提交年度运营报告。

第十五条 国家考古遗址公园内考古遗址的保护和管理，依照国家有关法律法规执行。

第十六条 国家考古遗址公园的管理与运营除遵守文物保护法律法规外，还应当执行国家其他有关法律法规的规定，并接受文物主管部门的指导和社会监督。

第十七条 国家考古遗址公园实行监测评估、巡查制度。

国家文物局组织开展国家考古遗址公园年度运营监测评估，发布年度评估报告；或指定专家对国家考古遗址公园进行巡查，组织开展全国国家考古遗址公园综合评估，对发现的问题提出整改要求。

第十八条 任何单位和个人不得擅自改变国家考古遗址公园的用途和功能，不得侵占其合法用地，不得擅自改变国家考古遗址公园的用地性质，不得开展任何不利于考古遗址保护的活动。

第十九条 国家考古遗址公园立项后，三年内未开展任何考古研究、文物保护项目和配套设施建设工程的，国家文物局将书面告知所在地县级以上人民政府进行整改；一年内仍未整改的，国家文物局将书面告知考古遗址所在地县级以上人民政府取消国家考古遗址公园立项，三年之内不得再次申报。

国家考古遗址公园评定期间，经核实有弄虚作假、行贿舞弊等违法违规行为的，国家文物局取消其评定申请；已评定为国家考古遗址公园的，撤销评定结果。

对管理和运营不当，监测评估或巡查后落实整改要求不到位，发生责任事故或造成文物损毁，已不具备开放条件的国家考古遗址公园，国家文物局视情节轻重全国通报或撤销评定结果。被撤销评定结果的，三年之内不得再次申报。

第二十条 对违反本办法规定，造成国家考古遗址公园内考古遗址、环境、生态、景观等资源损毁或破坏的机构与个人，依照有关法律法规的规定处理；构成犯罪的，依法追究刑事责任。

第二十一条 本办法自公布之日起施行。

附件

国家考古遗址公园评定细则

一、评定内容

（一）资源条件（150分）

1．遗址价值（40分）

▪ 能够体现中华文明起源和发展的历史脉络，展示中华文明取得的灿烂成就，以及中华文明对人类文明的重大贡献，在全国范围内具有突出代表性，历史、科学、艺术、社会、文化价值重大。

2．公园规模与范围（30分）

▪ 公园范围内必须包含集中体现遗址价值的核心部分、区域及相关内容。

3．区位条件（40分）

▪ 交通可达性（20分）

公园周边交通设施完善，能够比较便利地到达飞机场、火车站、公共汽车站、码头等交通枢纽；具有一级公路或高等级航道、航线直达；或具有旅游专线及交通工具；或具备近期实施的交通规划。

▪ 相关资源（5分）

公园所依托的遗址本体属于或毗邻世界遗产地、历史文化名城、国家级风景名胜区、国家级旅游区等，能够形成规模效应。

▪ 周边设施（10分）

公园周边具备与其规模、游客容量相匹配的配套住宿、餐饮等服务设施。

▪ 社会经济（5分）

公园所在地区经济发展具有一定水平、发展潜力较大，能够形成地区经济和公园的良性互动发展。公园创建、管理、运营过程中保证社会稳定。

4．基础条件（40分）

▪ 政策支持（10分）

地方政府对公园创建、管理、运营给予稳定的政策支持。

▪ 资金支持（10分）

公园的创建、管理、运营资金状况良好，得到地方政府、企业、个人等各个方面的支持。

▪ 利益相关者支持（10分）

公园的创建、管理、运营在充分听取各方面利益相关者意见的基础上，得到包括政府、专业机构、社会团体、地方社区、当地居民等方面的支持和协助，保持社会稳定。

▪ 土地权属（5分）

公园范围内的土地权属清晰明确，不存在争议，有相应权属证明文件。

▪ 管理责任（5分）

公园的管理权属、管理机构清晰明确。

*5．环境条件（附加指标，25分）

▪ 空气、噪声、水体等环境质量（15分）

公园周边空气、噪声、水体等环境质量达到国家相关标准要求。

▪ 公共卫生（5分）

公园周边公共卫生条件良好，环境整洁优美。

▪ 景观环境（5分）

公园周边环境植被覆盖率、绿化率高，风貌协调，优美舒适。

（二）考古、研究与保护（200分）

1．考古工作（30分）

▪ 工作基础（15分）

遗址的考古调查、发掘、资料整理、研究等工作已经开展，并取得如发掘简报、发掘报告、资料汇编等系列成果，有一定基础。

▪ 工作计划（15分）

具有完备的考古工作计划，并按计划开展工作，考古工作取得实际进展。根据公园建设进度，及时调整考古工作计划，能够相互协调。

2．文物保护规划实施（20分）

▪ 按照文物保护规划中相关规定逐步实施。

▪ 保护规划强制性内容纳入相应的国土空间总体规划和详细规划。

3．遗址本体保护（40分）

▪ 保存现状（15分）

遗址的物理构造和/或重要特征保存完好。

▪ 保护的科学性（9分）

最小干预、可逆性、可识别性等方面表现良好。

▪ 保护的全面性（5分）

保护工作覆盖面广，重要遗迹均得到妥善保护。

▪ 保护的有效性（11分）

保护工程实施确保质量与效果，各种病害因素对遗址的破坏得到较好的缓解和控制。

4．遗址环境保护（30分）

▪ 自然环境（15分）

对遗址周边自然环境进行整治和保护，保持遗址周边环境优美，实现自然环境资源和文化历史资源的协同保护。

▪ 历史环境（15分）

遗址历史环境尚存的，结合遗址对其历史环境进行保护，并在遗址展示中向公众阐释和展示。

5．日常维护与监测（30分）

▪ 制度（10分）

建立并完善遗址日常监测和维护制度，并严格按制度要求落实各项工作。

▪ 设备设施（5分）

具备对遗址进行检测和维护的基本设备，设备应及时维护、定点放置、专人管理，能够随时提用。

▪ 人员（5分）

设置专门的机构或人员负责对遗址的日常监测和维护，相关人员具备相应的文物保护知识和技术。

■ 记录（5分）

遗址的日常监测和维护工作及时记录存档，档案定点存放，专人管理，能够随时提取查看。

■ 报告（5分）

围绕遗址日常监测和维护工作建立动态报告制度，随时发现和报告问题，并及时整改。

6．风险防范（20分）

■ 制度（5分）

建立并完善风险防范制度，包括安防、消防、防疫、防灾、防暴等，编制应急预案，定期进行演练、培训，严格按制度要求落实各项工作。

■ 设备设施（5分）

具备基本的风险防范设备及物资储备，设备及时维护、定点放置、专人管理，能够随时提用。

■ 人员（5分）

相关人员具备相应专业知识和技术。

■ 记录（5分）

风险防范工作及时记录存档，档案定点存放，专人管理，能够随时提取查看。

7．研究与成果转化（30分）

■ 科研支撑（10分）

考古研究及其他多学科研究具有深入性、持续性，成果丰富、综合性强。公园创建期间出版相关考古发掘报告、研究专著。

■ 成果转化（20分）

研究成果转化的及时性、准确性、科学性、适用性。

*8．研究设施及条件（附加指标，25分）

根据遗址保护及公园的运营情况，设置标本库、资料库、开放实验室、考古工作站（基地）、研学基地、文物数据中心、信息基础平台等保护与研究设施，并酌情向公众开放。能够运用数字化管理和监测、预防性保护设施、技术。

（三）展示与阐释（200分）

1．公园规划实施（20分）

■ 按照公园规划的相关规定逐步实施，整体进度和计划性较好。

2．展示设施建设（60分）

■ 馆舍（30分）

展示馆舍如博物馆、陈列馆、体验中心等规模适宜、布局合理、功能适用，与遗址及周边环境协调，工程质量符合国家相关规范和标准，具备服务特殊人群的无障碍设计。

■ 展陈内容、技术与手段（20分）

展陈内容全面、深入、丰富、与遗址联系密切。

展示传播技术适宜，具有先进性、创新性。

展陈手段生动活泼、易于公众理解、可读可视性强。

■ 设施日常维护（10分）

及时进行设施日常维护、巡查，保持设施良好使用状态。

3．遗址现场展示（80分）

■ 展示策划（4分）

有遗址展示的策划研究，对展示内容、方法、布局等做出详细研究与论证，避免同质化。

■ 展示内容（12分）

能体现遗址价值与内涵。

能体现遗址的整体性。

展示依据具有科学性，信息来源可靠、数据准确。

■ 展示方法（16分）

具有良好的科学性、协调性、生动性、通俗性。

■ 展示布局（20分）

系统全面、脉络清晰、主旨明确、重点突出。

■ 展示流线（12分）

具有良好的科学性、逻辑性、流畅性。

■ 标识系统（16分）

简洁、环保、设计美观、制作精美；与遗址风貌相协调、布局合理、位置明显突出；内容明确、用词准确；至少两种语言。

4．公众参与（40分）

■ 考古工地现场及考古设施向公众开放的程度（10分）

■ 文化活动（10分）

积极举办各种与遗址内涵相关的文化活动，并体现教育性、普及性、针对性，能够寓教于乐。

有专门的机构或工作人员负责策划、组织、实施；每次活动都应及时记录并存档。

■ 教育活动（10分）

积极举办各种与遗址内涵相关的宣传教育科普活动。

活动类型多样（教育研学、社会培训、公众讲座等），效果显著，持之以恒。

有专门的机构或工作人员负责策划、组织、实施；每次活动都应及时记录并存档。

■ 社区活动（10分）

积极开展丰富的社区活动，体现广泛性、参与性、层级性，服务不同社区群体。

有专门的机构或工作人员负责策划、组织、实施；每次活动都应及时记录并存档。

*5．延伸展示（附加指标，25分）

■ 周边展示（12分）

场外及周边展示设施布局合理，规模适度，设计制作精美，与环境相协调。

展示内容准确科学、生动易懂。

■ 远程展示（13分）

能够采用数字化和线上展示、虚拟展示方式，设置远程数字博物馆或虚拟体验中心；公园有专门网站，网站架构清晰、完整，网页制作精美；网站内容丰富、准确、更新及时。网站能够支持两种或两种以上语言。网站具备服务特殊人群的无障碍服务设计。

（四）管理与运营（150分）

1．设施与服务（80分）

▪ 服务设施布局（15分）

游客服务设施根据遗址情况布局科学合理，环境氛围协调，舒适、便利、安全。酌情设立游客服务中心。

▪ 导览设施与服务（9分）

有语音导览等自助导览设备。

有专门的工作人员提供信息咨询服务；提供多语言服务。

有高素质、稳定的讲解员队伍；有两种或两种以上语言的、适合不同观众群体的讲解词，讲解兼顾专业性、科学性、生动性。

▪ 交通设施及服务（8分）

公园游览（参观）路线布局合理、顺畅，出入口、停车场池布局合理，满足人员及车辆出入、停放要求，道路条件便利、安全；园内交通工具清洁环保，提供便利的交通服务；所有设施与遗址及其景观环境相协调。

▪ 公共安全（20分）

安全出口、疏散通道通畅，标志醒目；应急照明、救生设施设备完好，有应急医护人员和常备药品、医疗设备，有疫情防控专人和防疫设施设备、物资；危险地段标志明显，防护设施齐备、有效，特殊地段有专人看守。

▪ 公共卫生（6分）

公共厕所布局合理，标识醒目美观，建筑造型协调；设备完好或使用免水冲生态厕所；

垃圾箱布局合理，标识明显，造型美观，与环境协调。

▪ 休闲设施及服务（6分）

游客公共休息设施布局合理，设计与周围景观环境相协调。

购物场所布局合理，建筑与周围景观环境相协调；购物场所环境整洁，秩序良好；旅游商品种类丰富，特色突出。

餐饮场所布局合理，规模适度，设施齐全，建筑与周围景观环境相协调，食品卫生符合相关餐饮服务标准。

▪ 信息服务（6分）

网络、电话、邮政、通信设施布局合理、功能齐全；设备方便使用，线路畅通，收费合理。

网络通信信号畅通稳定，公园内Wi-Fi全覆盖。

▪ 无障碍设施及服务（10分）

能够无障碍到达遗址展示设施及展示场地主要区域；标识或解说系统以及主要服务设施可满足无障碍要求。

2．公园开放效果（20分）

▪ 公益性开放（10分）

定时定期对老年人、军人、学生等团体优惠及免费开放；日常免费、优惠开放制度和措施向社会公示；提供定期免费专业讲解和针对特殊观众群体的讲解服务。

▪ 观众流量（10分）

公园能够有效吸引客流。同时，按照公园规划文本中确定并获批的游客容量对实际参观人数进行总数控制，兼顾遗址保护和公众参观要求。

3．公园管理机构与人员（20分）

▪ 机构（10分）

公园管理机构设置完善、合理，各部门职能明确。

▪ 人力资源（10分）

工作人员数量、专业背景、技术能力与公园规模、工作要求相匹配。

4．公园管理制度体系（30分）

▪ 公共安全制度（10分）

认真执行公安、交通、社会保障、市场监管、应急管理、文化和旅游等有关部门制定和颁发的安全法规，建立健全公共安全制度，配备与公园面积、游客接待量相匹配的安防、消防、逃生、医疗等设备和工作人员。

有专人管理相关设备，定期进行检查、维修、更新和补充。

有各项应急预案，专人负责并有相应的物资储备。

▪ 人员培训制度（10分）

培训机构、制度明确，人员、经费落实。

业务培训全面，除各岗位专业技能培训外，还应包括考古、文物保护、遗产管理等相关培训内容。

培训效果良好，上岗人员培训合格率达100%。

▪ 财务管理制度（5分）

公园创建、管理、运营等过程中，财务管理依法合规、制度健全，定期进行第三方财务审计、评价。

▪ 投诉反馈制度（5分）

游客意见征集制度完善，利用互联网、观众留言本、观众调查表等方式定期进行观众调查工作，征求观众意见或建议。投诉制度健全，投诉处理及时、妥善，档案记录完整。

*5．宣传推广（附加指标，25分）

▪ 出版宣传（5分）

重视与公园及遗址相关的印刷、电子出版物的制作和发行，加强对公园的宣传。

▪ 媒体推介（10分）

积极利用平面媒体、广播媒体、电视媒体、网络媒体、新媒体及融媒体等加强对公园的宣传和推广，提高公园的知名度。

▪ 品牌经营（5分）

具有独特的品牌形象并形成外在品牌标志；注册、运用自身的品牌标志，树立独特的产品形象、良好的质量形象、鲜明的视觉形象和文明的员工形象。

▪ 文化产品（5分）

文化产品开发体现公园特色，品种较多，制作精美，品位高、有内涵，产品销售情况好。

二、计分标准

本细则共计800分。其中必要指标分值700分，附加指标分值100分。

必要指标各大项分值分别为：资源条件150分，考古、保护与研究200分，阐释与展示200分，管理与运营150分。

附加指标各项分值分别为资源条件25分，考古、保护与研究25分，阐释与展示25分，管理与运营25分。

详细分值见国家考古遗址公园评定分值框架表。

必要指标得分为600分以上，且单项得分不低于总分值的80%，附加指标总得分50分以上可评定为“国家考古遗址公园”。

国家考古遗址公园评定分值框架

注：必要指标得分为600分以上，且单项得分不低于总分值的80%，附加指标总得分50分以上可评定为“国家考古遗址公园”

	资源条件评价（150分）	考古、研究和保护评价（200分）	展示与阐释（200分）	管理与运营（150分）
必要指标700	1．遗址价值评价（40分） 2．公园规模与范围（30分） 3．区位条件评价（40分） 4．基础条件评价（40分）	1．考古工作（30分） 2．文物保护规划实施（20分） 3．遗址本体保护（40分） 4．遗址环境保护（30分） 5．日常维护与监测（30分） 6．风险防范（20分） 7．研究与成果转化（30分）	1．公园规划实施（20分） 2．展示设施建设（60分） 3．遗址场地展示（80分） 4．公众参与（40分）	1．设施与服务（80分） 2．公园开放效果（20分） 3．公园管理机构与人员（20分） 4．公园管理制度体系（30分）
附加指标100	环境条件评价（25分）	研究设施及条件（25分）	延伸展示（25分）	宣传推广（25分）

附录：评定分值表（略）

国家文物局关于推进文物火灾隐患整治和消防能力提升三年行动　加强安全生产工作的通知

文物督函〔2022〕282号

各省、自治区、直辖市文物局（文化和旅游厅/局），新疆生产建设兵团文物局：

2022年以来，全国交通、建筑、煤矿等方面安全事故多发，特别是东航“3·21”坠机事故，给人民生命财产造成重大损失，教训深刻，习近平总书记作出重要指示批示，提出明确要求。当前，文物盗窃盗掘等文物犯罪案件和火灾事故时有发生，文物安全形势依然严峻。为深入贯彻习近平总书记关于安全生产和文物安全工作重要指示批示精神，根据国务院安全生产电视电话会议部署要求，落实安全生产“十五条”硬措施，推进文物火灾隐患整治和消防能力提升三年行动（以下简称三年行动），进一步加强文物安全工作，现通知如下：

一、切实增强安全意识，压紧压实安全责任

各级文物行政部门和各文博单位要牢固树立“人民至上、生命至上”理念，增强文物安全底线思维，强化安全风险意识和责任意识，切实把确保文物安全放在首要位置，坚持管行业必须管安全、管业务必须管安全、管生产经营必须管安全，全力抓紧抓实文物安全工作。要清醒认识新冠肺炎疫情防控形势下文物安全工作的严峻性、复杂性，坚决克服麻痹思想和侥幸心理，始终保持如履薄冰的高度警觉，做到警钟长鸣，强化源头治理、系统治理，夯实安全责任，清除各类风险隐患，遏制重大文物安全事故发生。今年是三年行动的收官之年，要按照《全国文物火灾隐患整治和消防能力提升三年行动实施方案》要求，加强组织领导，强力督导检查，确保各项工作取得实效。文博系统干部职工要坚持守土有责、守土尽责，立足本职，积极作为，切实把安全责任措施落实到基层和岗位，单位主要领导要亲力亲为、靠前指挥，深入一线督促推动，坚决杜绝工作浮于表面，责任落实流于形式。

二、集中开展排查检查，全力整治安全隐患

各地要根据文物资源分布情况，结合季节性、区域性等特点，分析评估文物安全主要风险，科学研判文物安全形势，结合三年行动主要任务和要求，全面开展文物安全排查整治工作。要坚持问题导向，重点排查检查古建筑群、宗教活动场所、博物馆、文博开放单位等火灾诱因较多的文博单位和场所；深入检查安全思想认识、安全队伍建设、安全责任落实、法规制度标准执行、安全管理措施等方面存在的问题；重点整治生产生活用火、宗教活动场所用火、电气故障、易燃可燃物及危险品存放等火灾风险隐患。采取“四不两直”明查暗访、专家指导等方式，精准发现问题，精准实施整改，真正解决问题。对排查出的隐患和问题，要建立整改清单，明确整改措施、责任人和整改时限，逐一挂账督导，逐一整改销号。对存在重大安全隐患的文博单位，要停业或者停工集中整改。

三、加强管理，确保文物保护工程和考古工地安全

文物保护工程和考古工地等事关人员和文物安全，要严格监管，加大执法力度，严厉查处工程项目违法分包转包等行为，坚决整治“边审批、边设计、边施工”以及不顾安全盲目赶工期、抢进度的行为。加强工地安全管理，明确现场安全责任人，设置安全监督检查人员，完善工地安全管理制度，开展施工人员岗前安全警示教育，配备必要的人员和文物安全防护设施设备。开展安全巡查检查，对工程施工的各个环节和区域实施全覆盖、无死角检查，及时排除各类安全隐患和问题。严格施工现场用电、动火审批，安全规范用电、动火，电气设施设备要有专人管理并定期检测检修，动火区域要实施防火分隔并与文物建筑保持安全距离。加强安全防护，对考古工地作业或者文物保护工程施工的危险区域、部位，要妥善采取加固、支护、围挡等安全措施，设置警戒线和警示标志，提前做好人员救护、文物抢救保护预案和措施，有效防止坍塌、坠落等生产安全事故，确保人员和文物安全。

四、夯实安全防控基础，提升应急管理水平

各文博单位要按照有关标准和安全需求，健全安全保卫力量，建设微型消防站，配备安全防护设施设备，并加强日常维护检测，确保使用效能，坚决杜绝安防、消防设施设备虚设或者值守操控不到位问题。积极推行文博单位安全风险隐患“自知、自查、自改”制度，加强安全技能教育培训，推进文博单位“四个能力建设”。建立指挥有效、反应灵敏、行动有力的应急管理制度，切实保障消防应急力量，制订可操作的防火、防盗、防破坏等突发事件应急预案，落细落实应急物资准备。加强应急值守，严格落实领导干部24小时带班值守和信息报告制度，重点时段确保骨干力量在岗在位。针对安全风险，开展实战演练和战术训练，加大应急演练频次和强度，重点开展消防演练，提升灭火反应速度和扑救效果，切实增强初起火灾扑救能力，遇到重大险情确保科学高效应对处置。

五、广泛开展“安全生产月”活动，强化安全宣传警示

加大文物安全宣传力度，结合全国“安全生产月”活动，根据文物安全工作实际，充分利用电视、广播、报纸、网站以及微博、微信、宣传展板等方式，宣传文物安全政策法规，普及安全生产、火灾危害和防火知识，提升消防安全意识。国家文物局组织编制了文物建筑及博物馆消防安全手册和警示教育宣传片等宣传材料，一并发给你们，请认真组织宣传，以案说法加强安全警示教育，从增强思想认识、丰富安全知识、强化安全技能、规范安全管理、处置突发事件等方面，培养“文物安全明白人”。

省级文物行政部门要加强检查督导，强力推进各项安全工作，及时总结和认真梳理本辖区内三年行动工作进展情况，请于2022年11月15日前，将工作总结和《全国文物火灾隐患整治和消防能力提升三年行动2022年度工作情况汇总表》（见附件）报国家文物局。

特此通知。

附件：全国文物火灾隐患整治和消防能力提升三年行动2022年度工作情况汇总表（略）

国家文物局

2022年4月19日

国家文物局关于进一步做好当前文物博物馆单位疫情防控工作的通知

文物督函〔2022〕385号

各省、自治区、直辖市文物局（文化和旅游厅／局），新疆生产建设兵团文物局：

当前，新冠肺炎疫情形势严峻复杂，疫情防控正处在关键时期。各级文物行政部门和文博单位要坚决贯彻党中央、国务院决策部署，深刻认识抗疫斗争的复杂性和艰巨性，落实责任、强化措施，坚决筑牢疫情防控屏障，坚决巩固住来之不易的疫情防控成果，以具体行动和实际成效践行初心使命，为党的二十大胜利召开营造良好社会环境。

一、提高政治站位，坚定抗疫信心。各地要深入学习贯彻习近平总书记重要指示批示精神，深刻、完整、全面认识党中央确定的疫情防控方针政策，始终保持清醒头脑，毫不动摇坚持“外防输入、内防反弹”总策略和“动态清零”总方针。要坚定必胜的信心，坚决同一切歪曲、怀疑、否定我国防疫方针政策的言行作斗争。要坚决克服麻痹思想、厌战情绪、侥幸心理、松劲心态，慎终如始抓好疫情防控各项工作，坚决防范疫情在文博行业传播。

二、强化责任意识，严格防控措施。要坚持底线思维、增强风险意识，从严、从紧、从细、从实、从快强化各项防控措施。各级文物行政部门要扛起行业监管责任，督促文博单位及时发现和整改各类安全隐患。文博单位要全面履行岗位职责，把责任落实到具体部门、具体人员、具体环节。要紧盯重点关键，强化实名预约、佩戴口罩、测量体温、查验健康码、保持参观距离等举措，做好室内场所通风换气和清洁消杀，按照“限量、预约、错峰”的要求控制游客数量和规模，严格控制聚集性活动，最大限度减少人员聚集。

三、加强联防联控，健全应急机制。各地文物行政部门要在当地党委政府统一领导下，因时因势对防控措施不断优化升级，既要防止形成防控“空挡”，又要杜绝简单化、“一刀切”的做法。要加强与卫健、疾控等部门沟通协调，建立会商通报机制，形成工作合力。各文博单位要结合本地实际修订完善应急预案，细化响应流程、应急措施、处置规范等具体内容，加强值班值守，开展应急演练，确保紧急状况下应急机制及时激活，有序有效开展各项工作。

四、严查严治严管，确保文物安全。各地要坚持一手抓疫情防控，一手抓文物安全，两手都要硬。要认真贯彻党中央、国务院关于安全生产工作有关部署要求，结合文物火灾隐患整治和消防能力提升三年行动，全面开展文物安全排查整治工作。要逐一梳理安全管理环节和程序，逐项落实安全措施，将各类安全事故诱因消灭在萌芽状态。对存在重大隐患的文物建筑、博物馆和文物保护工程工地、考古发掘工地等单位和场所，责令停业或者停工整改整顿，直至消除隐患。各文博单位要严格安全管理，健全安全保卫力量，备好安全防护设施设备，确保使用效能；开展安全警示教育，加大巡查检查力度，增强整体安全保卫和防范能力。

五、做好公共服务，开展宣传引导。博物馆、文物开放单位在加强疫情防控、确保人员和文物安全的前提下，积极开展形式多样、规模适当的展览展示、社会教育等线下活动；通过官方网站、微信公众号和小程序等，结合“云展览”“云直播”等线上形式，策划推送更多优质数字文化产品，满足公众文化需求。鼓励各地文博场馆利用电子显示屏、宣传栏、微信公众号、自媒体等传播平台，开展疫情防控知识宣传，普及科学防疫方法，引导广大群众做好自我防护。

特此通知。

国家文物局
2022年5月19日

国家文物局关于印发《关于鼓励和支持社会力量参与文物建筑保护利用的意见》的通知

文物督发〔2022〕14号

各省、自治区、直辖市文物局（文化和旅游厅/局），新疆生产建设兵团文物局：

《关于鼓励和支持社会力量参与文物建筑保护利用的意见》已经国家文物局党组同意，现印发给你们，请结合本地实际认真贯彻执行。

国家文物局
2022年5月23日

关于鼓励和支持社会力量参与文物建筑保护利用的意见

县级文物保护单位及尚未核定公布为文物保护单位的文物建筑（以下简称文物建筑），是我国不可移动文物资源的重要组成部分，是传承弘扬中华优秀传统文化、促进经济社会发展的重要资源。这些文物建筑日常管理维护难度大，保护任务量大面广，需要动员全社会力量参与。为鼓励和支持社会力量参与文物建筑保护利用，推动文物事业高质量发展，依据《中华人民共和国文物保护法》《关于加强文物保护利用改革的若干意见》《“十四五”文物保护和科技创新规划》等，现提出以下意见。

一、指导思想

以习近平新时代中国特色社会主义思想为指导，深入贯彻习近平总书记关于文物保护利用重要论述和重要指示批示精神，认真落实党中央、国务院有关部署要求，坚持“保护为主、抢救第一、合理利用、加强管理”的文物工作方针，充分发挥社会力量在文物保护利用中的积极作用，创新机制和模式，盘活文物建筑资源，促进保护管理，推动文物建筑保护利用融入经济社会发展，融入人民群众生产生活。

二、工作原则

坚持保护第一，始终将保护放在首要位置，加强顶层设计和系统谋划，统筹文物保护和利用，促进文物建筑保护利用与经济社会协调发展。坚持政策引导，强化监管服务、风险防范，完善激励机制，保障社会力量参与渠道通畅，实现社会效益为主、社会效益和经济效益两促进。坚持试点先行，各地根据文物建筑类型和地域分布特点等，选择若干县（市、区）作为试点区域，先行先试，总结经验，逐步推广。坚持价值导向，充分发挥文物建筑在传承中华优秀传统文化、革命文化和社会主义先进文化，推动经济社会发展中的重要作用。

三、参与内容

鼓励和支持社会力量参与文物建筑本体保护修缮、历史风貌维护、旅游文创开发、文化传承发展等保护利用全过程，着力解决文物建筑保护管理力量不足、日常维护保养不到位、社会力量参与不够等问题，推动文物建筑“有人管、在利用、出效益”。

四、参与方式

社会力量可通过社会公益基金、全额出资、与政府合作等方式，按照《文物建筑开放导则（试行）》要求，利用文物建筑开设博物馆、陈列馆、艺术馆、农村书屋、乡土文化馆和专题文化活动中心等公共文化场所，也可利用文物建筑开办民宿、客栈、茶社等旅游休闲服务场所，为社区服务、文化展示、参观旅游、经营服务、传统技艺传承和文创产品开发等，提供多样化多层次的服务，更好满足人民群众的精神文化需求。

五、发布名录

由县级文物主管部门选择国有或集体所有的文物建筑，拟定引入社会力量参与保护利用的文物建筑名录，经同级人民政府同意并向社会公开发布。名录包括文物建筑简介、保护利用需求、所有人或使用人情况等基本信息。通过公开竞争方式，确定引入参与文物建筑保护利用的社会力量主体，并向社会公示。鼓励私人所有文物建筑纳入上述名录。

六、签订协议

省级文物主管部门可参照社会力量参与文物建筑保护利用协议参考文本（附后），结合本地实际，制定社会力量参与文物建筑保护利用协议文本。按照“一处一策”原则，文物建筑所有人或使用人与确定的社会力量主体签订保护利用协议，明确保护利用要求、各方权利义务和违约责任等内容。没有明确使用人的国有文物建筑可由县级文物主管部门与社会力量主体签订保护利用协议。协议签订后，应报至省级文物主管部门备案。

社会力量参与文物建筑保护利用可获得该文物建筑一定时限的管理使用权，管理使用期限最长一般不超过20年，县级文物主管部门定期组织对文物建筑保护利用状况开展评估。

七、激励机制

各地可按有关规定，通过投资补助、运营补贴、资本金注入等方式支持社会力量参与，对文物建筑保护利用给予引导资金和项目支持。对社会力量参与成效显著、具有示范推广价值的文物建筑保护利用项目，可通过文物保护基金等给予必要的奖励。

八、示范引领

各地可选择文物保护利用示范区、文物建筑集中分布区域，开展示范或试点，探索导向明确、路径清晰、保护有力、利用有效的文物建筑保护利用模式，逐步推广实施。及时总结社会力量参与文物建筑保护利用的经验做法，分析存在问题，制定切实可行的示范推广措施。

九、组织领导

各级文物主管部门要将鼓励支持社会力量参与文物建筑保护利用纳入重点工作，制定配套政策措施，细化操作程序，及时发布确定引入社会力量参与保护利用的文物建筑名录等信息，快捷办理相关审批审核事项，必要时开通绿色通道。广泛听取社会需求，保障社会力量参与的合法权益。

十、监管服务

各级文物主管部门要加强指导和监管，规范文物建筑保护利用行为，提供有关业务咨询服务。实施负面清单管理制度。社会力量利用文物建筑，不得违背社会主义核心价值观、违反社会公序良俗，不得开设私人会所、高档娱乐场所，不得对文物建筑本体造成破坏，不得将文物建筑转让或者抵押、质押等。建立检查评估制度。定期对社会力量参与文物建筑保护利用项目开展检查评估，对发生的违法违规、不履行协议约定义务或者危害破坏文物安全等行为的，要督促整改，情节严重的应立即终止协议。

十一、宣传引导

加强文物保护法律法规和政策宣传，推广社会力量参与文物建筑保护利用的典型案例、成功经验和有效模式，增强社会力量参与的获得感和荣誉感，扩大社会力量参与文物建筑保护利用的广度和深度，营造全社会参与文物保护利用的良好氛围。

附件：社会力量参与文物建筑保护利用协议（参考文本）

附件

社会力量参与文物建筑保护利用协议

（参考文本）

文物建筑所有人或使用人（简称甲方）：________________________

社会力量主体（简称乙方）：______________________________

监管部门：____

根据《中华人民共和国文物保护法》《中华人民共和国文物保护法实施条例》《关于加强文物保护利用改革的若干意见》《文物建筑开放导则（试行）》《关于鼓励和支持社会力量参与文物建筑保护利用的意见》等，甲、乙双方在平等、自愿的基础上就文物建筑保护利用事宜达成如下协议：

第一条　甲方同意在文物建筑所有权不变的前提下，乙方在参与保护利用期间享有该文物建筑的管理使用权。

第二条　乙方管理使用文物建筑，应确保文物安全，文物建筑所有权不因乙方投资修缮而变更。

第三条 ________（文物建筑名称）基本情况

☐ 县级文物保护单位

☐ 尚未核定公布为文物保护单位的不可移动文物

位置：______________________________

占地面积：______________________________

现状描述（文物构成和保存现状等）：______________________________

第四条 参与内容：______________________________

第五条 参与形式：______________________________

第六条 该文物建筑协议管理使用期限共_____年，自_____年_____月_____日起至____年____月____日止。

第七条 甲方权利义务：______________________________

第八条 乙方权利义务：______________________________

第九条 文物安全管理要求：______________________________

第十条 乙方管理使用文物建筑，不得转借、转包他人，不得改变和破坏文物建筑原有的布局、结构和历史风貌，不得随意改建、扩建。

第十一条 乙方管理使用文物建筑，应遵守国家法律法规规定，不得违背社会主义核心价值观、违反社会公序良俗，不得开设私人会所、高档娱乐场所。

第十二条 乙方管理使用文物建筑期间，无能力或无法继续履行协议约定的保护管理义务的，经甲乙双方协商，并经县级文物主管部门批准，可终止本协议。

第十三条 本协议期满，或因其他原因终止后，双方不再续约的，乙方应无条件归还文物建筑的管理使用权。

第十四条 协议约定的乙方管理使用文物建筑期限届满前30日内，经甲乙双方同意，报县级文物主管部门同意后，可以续签保护协议。

第十五条 乙方有下列行为的，甲方有权终止协议，并依法追究乙方责任，乙方依法承担法律责任：

（一）未经依法审批，擅自对文物建筑进行修缮、改建的；

（二）擅自买卖、拆除、损毁文物建筑、建筑物构件及其附属设施的；

（三）转让、抵押、质押文物建筑，或者将文物建筑作为企业资产经营的；

（四）利用文物建筑开设私人会所或者高档娱乐场所的；

（五）擅自改变本协议约定的文物建筑用途的。

第十六条 本协议未尽事宜，经甲、乙双方协商一致，可订立补充条款。补充条款及附件均为本协议组成部分，经向县级文物主管部门备案后，与本协议具有同等法律效力。县级文物主管部门为协议甲方时，须经上一级文物主管部门备案。

第十七条 违约责任：____

第十八条 如乙方遵守本协议约定，甲方不得在管理使用期限内无故收回乙方的管理使用权。

第十九条 本协议若发生争议，可向县级文物主管部门提出调解。县级文物主管部门为协议甲方时，可向上一级文物主管部门提出调解。调解不成可向人民法院提起诉讼，也可直接向人民法院提起诉讼。

第二十条 本协议实施的监管部门为县级文物主管部门，本协议自协议双方签章、监管部门签章后生效。

本协议一式肆份，由甲、乙双方及县级文物主管部门各执一份，并报至省级文物主管部门备案。

甲方（签章）　　　　　　　　　　　　　乙方（签章）

____年____月____日　　　　　　　　　____年____月____日

监管部门（签章）

____年____月____日

国家文物局办公室关于印发《“十四五”文物保护标准立项指南》的通知

办科函〔2022〕486号

各省、自治区、直辖市文物局（文化和旅游厅／局）、新疆生产建设兵团文物局，各直属单位，各国家文物局重点科研基地，各有关单位：

为贯彻落实《国家标准化发展纲要》《“十四五”文物保护和科技创新规划》，进一步加强文物行业标准化建设，做好“十四五”时期文物保护国家、行业标准立项工作，为文物事业高质量发展提供技术支撑，特制定本指南。

一、总体要求

（一）完善标准体系

建立健全不可移动文物、可移动文物、考古调查与发掘、文物安全、博物馆、文物数字化、文物保护专用装备等子领域标准体系。强化基础通用标准制定，加快文物保护关键技术标准和支撑行政管理、公共服务标准制修订。鼓励先进适用的地方、团体、企业标准转化为国家、行业标准。

（二）提升标准质量

重视标准前期预研，加强关键技术指标的调查论证、比对分析、试验验证，提高国家、行业标准申报成熟度。增强标准起草组的专业性和代表性，标准制修订过程中充分征求利益相关方意见，凝聚广泛共识。加大系列标准研制力度，提升单项标准覆盖面，增强标准的协调配套性和通用性。

（三）完善工作机制

加强专业技术组织建设，成立分领域标准工作组。启用标准信息服务平台，实现标准全生命周期线上管理。优化标准审查机制，提高标准制修订效率。建立重大科技项目与标准化工作联动机制，及时将科研项目产出的科技创新成果融入标准。

二、立项重点

（一）不可移动文物领域

加强不可移动文物术语、分类等相关基础标准研制。加大不可移动文物日常养护、监测、保存现状评估等预防性保护相关技术标准和工作标准研制力度。加快古建筑、古文化遗址、石窟寺、石刻及室外石质文物等保护修缮技术标准制修订。加强文物保护工程管理标准研制，重点支持文物保护修缮材料、分项工程质量检验检测标准制修订。推进遗址展示利用先进技术标准制定。

（二）可移动文物领域

加强可移动文物术语、分类、定级等相关基础标准研制。开展文物本体检测方法、标准样品制备、科技标本库建设与管理等标准研制。加大文物保护修复材料评价和应用技术标准制修订力度。加强文物流通环节标准研制，支持文物出境鉴定国家标准制修订。

（三）考古调查与发掘领域

推动文物测年方法标准研制。加大古文化遗址、古墓葬、水下遗存等的考古调查、发掘关键技术标准和工作标准研制力度，加快考古现场的信息提取、样品采集、文物提取、文物保存状况评估、文物应急保护材料与技术等方面标准制修订。

（四）博物馆领域

加强博物馆开放管理、展览展示、教育服务相关标准制修订，重点开展从业人员管理、展览竣工验收、教育活动设计实施等方面标准的研制。加快文物库房建设与管理标准研制，加大博物馆藏品管理标准制修订力度。加强博物馆智慧化建设、评价方法相关标准研制。

（五）文物安全领域

加强古文化遗址、古墓葬、石窟寺、石刻、壁画等防盗窃盗掘、防破坏预警技术标准制定。加大博物馆和文物建筑等火灾防控、雷电防护、洪涝监测预警、地震和地质灾害防控关键技术标准研制力度。推动文物安全风险评估、应急管理相关标准的研制，加强文物保护工程工地、文物展览展示、文物运输等安全管理标准制修订。

（六）文物大数据领域

加快文物数据采集加工、数字化保护项目验收标准制修订，重点开展世界文化遗产、全国重点文物保护单位、馆藏一级文物、重要石碑石刻文物高清数据采集和展示利用相关标准研制。加强藏品档案信息化相关标准制修订，推动文物行业数据库及重要业务平台建设与管理标准研制。加强文物数字展览设计、实施等标准制定。

（七）文物保护专用装备领域

开展文物安全防护、监测预警、巡查监管、保护修缮等不可移动文物专用装备标准制修订。加大馆藏文物预防性保护、检测分析、保护修复、展示利用等可移动文物专用装备标准研制力度。推进考古方舱、考古探测、多功能移动实验平台等考古发掘装备标准制定。

国家文物局办公室

2022年6月7日

国家文物局办公室关于加强考古勘探管理工作的通知

办考函〔2022〕712号

各省、自治区、直辖市文物局（文化和旅游厅／局）：

为贯彻落实国务院办公厅《“十四五”文物保护和科技创新规划》的有关规定，进一步加强考古勘探管理，确保考古勘探质量和文物安全，现就有关要求通知如下：

一、认真履行监督管理职责，依法组织开展辖区内考古勘探工作，健全完善本省（区、市）考古勘探管理制度，加大考古勘探工作检查、验收力度，及时发现问题、督促整改，重大违规情况应及时上报我局。督促从事考古勘探工作的单位强化考古勘探项目管理，严格执行《考古勘探工作规程（试行）》，加强人员与装备设施配置、质量监督评价和资料管理。

二、加强考古勘探队伍建设，及时组织考古勘探从业人员开展必要的专业技能、法律法规知识培训，并强化职业道德教育。加强对从事考古勘探工作的单位、从业人员的监督管理，会同市场监管、公安等相关部门，严格审核从事考古勘探工作的单位和从业人员的业务能力、信用档案等信息，依法规范引导社会力量参与基本建设考古调查、勘探工作。

三、考古勘探工作结束后，从事考古勘探工作的单位应及时向勘探项目所在地省级文物行政部门提交考古勘探工作报告。各省级文物行政部门应在每年12月30日前向我局报送年度考古勘探工作情况。

四、考古发掘项目负责人不得以挂靠、兼职等方式，参与本单位以外的考古勘探项目招投标，承揽考古勘探项目。

特此通知。

国家文物局办公室
2022年8月22日

国家文物局关于印发《国家文物局重点科研基地运行评估规则》的通知

文物科发〔2022〕25号

各有关单位：

为贯彻落实国家深化科技体制改革要求，进一步加强国家文物局重点科研基地（以下简称科研基地）管理，规范科研基地运行评估工作，根据《国家文物局重点科研基地管理办法》（文物博发〔2017〕26 号），国家文物局修订了《国家文物局重点科研基地运行评估规则》。现印发你们，请遵照执行。

特此通知。

国家文物局

2022年10月13日

国家文物局重点科研基地运行评估规则

第一章　总则

第一条　为加强国家文物局重点科研基地（以下简称科研基地）管理，规范科研基地运行评估工作，根据《国家文物局重点科研基地管理办法》（文物博发〔2017〕26号），制定本规则。

第二条　运行评估是科研基地管理的重要环节，目的是全面了解和检查科研基地整体运行状况，引导科研基地发展方向，促进科研基地建设，为国家文物局管理决策提供依据。

运行评估重点考察科研基地作为文物行业科技研发中心、人才孵化中心、成果辐射中心和交流合作中心的功能实现情况。

第三条　科研基地运行评估周期为五年。每年选择1至2个子领域的科研基地开展评估，认定时间不足两年的科研基地不纳入参评名单。运行评估在年度考核的基础上进行，建立运行评估与年度考核有机结合的制度。

第四条　运行评估坚持“公开、公平、公正”原则，充分体现科学性、专业性和实效性。

第二章　评估职责

第五条　国家文物局负责运行评估的组织管理，主要职责是：制定科研基地运行评估规则，确定年度参评科研基地名单，择优委托并指导第三方评估机构（以下简称评估机构）实施评估，确定和发布评估结果。

第六条　评估机构负责评估工作的具体实施，主要职责是：拟定评估实施方案，组织专家进行会议评估和现场考察，提交评估报告，建立评估工作档案并及时向国家文物局移交。评估机构应为熟悉文物科技发展情况、具备开展评估工作能力的专业机构。

第七条　科研基地的依托单位负责对科研基地进行年度考核，考核结果报国家文物局和组织单位备案，并为科研基地运行评估提供必要的支持。

第八条　科研基地的组织单位应协助开展运行评估工作。

第三章　评估程序

第九条　国家文物局确定当年参评科研基地名单和评估机构，发布评估通知。

第十条　参评科研基地应按评估通知要求，按时提交评估材料。评估材料包括年度报告、五年工作总结报告，以及评估通知要求提供的其他材料。

第十一条　评估机构制订评估实施方案，报国家文物局审定后实施。评估实施方案应包括具体评估指标和评估方法、评估专家、评估进度计划和经费预算等。

第十二条　评估专家由相关领域学术水平高、公道正派、熟悉科研基地工作的同行专家和管理专家组成。

第十三条　运行评估实行回避制度和专家信誉记录制度。与科研基地有直接利害关系者不得参加评估。

第十四条　运行评估主要采取会议评估方式，必要时进行现场考察。

第十五条　会议评估专家通过审阅科研基地评估材料、听取科研基地主任汇报和讨论评议，根据评估指标记名打分，提出评估意见。

第十六条　现场考察根据需要视情况开展，重点考察实验室建设、标本库和数据库建设、科技成果转化应用等情况，并提出现场考察意见。现场考察专家一般从会议评估专家中产生。

第十七条　评估得分根据会议评估情况和现场考察意见综合形成。

第四章　评估结果

第十八条　评估机构应在评估工作结束后及时向国家文物局提交评估报告和完整的评估工作档案资料。评估报告应对评估工作进行系统分析和总结，并提出意见和建议。

第十九条　国家文物局根据评估报告和评估专家意见，确定科研基地运行评估结果并向社会公开。评估结果分为优秀、良好、合格和不合格四类。

第二十条　评估结果为“不合格”的科研基地，将予以警示并通报。该科研基地应在两年内改进工作并向国家文物局申请复评。复评结果仍为“不合格”的，取消科研基地资格。

第二十一条　无故不参加评估或复评、中途退出评估的科研基地，视为放弃科研基地资格。被取消或放弃科研基地资格的单位，三年内不得申报科研基地。

第五章　附则

第二十二条　科研基地依托单位、组织单位不得以任何方式影响评估的公正性。评估机构、工作人员和评估专家应严格遵守国家法律、法规、政策和保密规定，科学、公正、独立地行使职责和权利，不得收取评估对象任何评审费用、礼品、礼金。

第二十三条　科研基地运行评估费用由国家文物局承担。

第二十四条　本规则自发布之日起施行。原《国家文物局重点科研基地运行评估规则》（文物博发〔2007〕23号）同时废止。

附件：国家文物局重点科研基地运行评估指标体系

附件

国家文物局重点科研基地运行评估指标体系

一级指标	权重	二级指标	权重	要点
科学技术研究	40%	科研成果产出	20%	出版或发表著作、论文（含政府内参类研究成果）、获奖科技成果、专利等情况，以及代表性科研成果水平。
		承担重大科研任务	15%	承担国家级、省部级科研任务情况，以及横向委托或自主立项科研项目/课题情况。
		科技基础性工作	5%	文物科研标本库、科学数据库、科技资料库建设情况，包括但不限于制定工作规范、汇集标本、开发数据库平台等。
队伍建设与人才培养	25%	研究队伍	10%	科研基地固定人员规模及年龄、职称、专业结构，以及固定人员分工合作情况。
		青年科研骨干培养	10%	派遣40周岁以下青年科研人员在职深造、出国访学等情况，45周岁以下青年科研骨干牵头承担科研任务、作为第一作者（或通讯作者）发表科研成果情况。
		行业人才培养	5%	高校、科研院所类科研基地培养研究生情况，或文博单位作为合作导师与高校、科研院所联合培养研究生情况；组织开展行业技术/管理人才培训情况。

续表

一级指标	权重	二级指标	权重	要点
成果转化与推广	20%	科技成果应用	8%	对通过科学研究与技术开发所产生的具有实用价值的成果进行后续试验、开发和应用情况（仅考察应用基础类、工程技术类科研基地）；或研究成果被政府采纳，转化为政策文件（仅考察管理类科研基地）。
		标准制修订	7%	承担国家、行业、地方、团体标准制修订计划项目情况；承办或参与标准宣贯培训活动情况。
		工作站建设	5%	科研基地工作站设立与运行情况。
开放交流与运行管理	15%	开放交流	7%	设置开放课题、主办或承办大型学术会议、开展国内和国际学术交流与合作情况。
		组织管理	6%	科研基地主任及常务副主任（如果有）聘任及履职情况，学术委员会工作情况，科研基地网站建设及规章制度、团队建设、学术委员会、科研成果与科研动态等信息公开情况。
		条件保障	2%	依托单位在科研基地的基本运行经费投入、固定人员岗位、科研场所、标本库用房、数据库机房、仪器设备更新等方面的条件保障情况。

国家文物局关于印发《博物馆运行评估办法》《博物馆运行评估标准》的通知

文物博发〔2022〕28号

各省、自治区、直辖市文物局（文化和旅游厅/局），新疆生产建设兵团文物局，中国博物馆协会：

为进一步规范博物馆运行评估，推进博物馆事业高质量发展，根据《博物馆条例》相关规定，我局制定了《博物馆运行评估办法》《博物馆运行评估标准》，现予公布，自印发之日起施行。

特此通知。

国家文物局

2022年11月8日

博物馆运行评估办法

第一条 为引领博物馆进一步提高政治站位，坚持正确方向，全面贯彻落实习近平总书记关于文物博物馆工作重要论述和批示精神，规范博物馆运行评估工作，提高博物馆管理和运行水平，推动博物馆事业高质量发展，根据《中华人民共和国文物保护法》《中华人民共和国公共文化服务保障法》《博物馆条例》《关于推进博物馆改革发展的指导意见》等法律法规、政策文件，制定本办法。

第二条 本办法所称的博物馆运行评估（以下简称“评估”），是针对博物馆在三年周期内的管理运行状况而开展的专业评价活动，旨在对博物馆的运行质量进行考察和评价。

第三条 凡取得相应等级三年以上的国家一、二、三级博物馆，须依照本办法参加运行评估；无故不参加运行评估的，按自动放弃相应博物馆等级处理。

第四条 评估工作坚持公平、公正、公开原则，采取“政府指导、社会参与、独立运作”的工作机制。

第五条 国家文物局负责制定评估办法、评估标准，并指导中国博物馆协会组织开展国家一、二、三级博物馆的运行评估工作。

中国博物馆协会应根据本办法和《博物馆运行评估标准》的要求，制定评估工作方案，组织开展评估活动，拟定、发布评估结果。根据工作需要，可委托地方省级博物馆行业组织对本行政区域内二、三级博物馆进行评估、提出评定建议，报中国博物馆协会审核，按规定程序报批。

第六条 评估工作流程包括定性评估、定量评估、现场考察和综合评议。

第七条 定性评估、现场考察和综合评议环节的评估工作，由中国博物馆协会组织专家完成。

中国博物馆协会应建立评估专家库，在遵循回避原则的前提下，通过随机抽选方式，产生参与各环节评估工作的评估专家。

第八条 定量评估环节通过运用评估系统，对参评博物馆申报的量化数据进行处理，生成定量评估分值。

在评估过程中，应收集全国博物馆年报信息系统等公开发布的博物馆业务活动数据，并兼顾互联网公开的观众评价信息，作为评估依据。

第九条 评估结果分为优秀、合格、基本合格和不合格4个档次。

中国博物馆协会将拟定评估结果报国家文物局备案，并公示5个工作日。公示无异议后，向社会公布评估结果档次。

第十条 各级文物主管部门和博物馆行业组织，应逐步完善评估结果运用机制，鼓励通过经费分配、项目安排、科技扶持、人才交流等方式，加大扶优汰劣力度。

第十一条 对评估结果为“基本合格”的博物馆，限期整改，如在第二次评估中仍未达到标准，则对原一、二级博物馆降低等级、原三级博物馆取消等级；对评估结果为“不合格”的博物馆，原一、二级博物馆降低等级，原三级博物馆取消等级。针对评估结果为“基本合格”“不合格”的博物馆，可根据具体情况发出警告通知书或通报批评。

决定给予降低或取消现有等级处理的博物馆，由中国博物馆协会组织核查，并报国家文物局备案后向社会公布；

凡被降低或取消等级的博物馆，自降低或取消等级之日起三年内，不得重新申请参加定级评估。

第十二条 凡参与评估工作的单位和人员，均应严格遵守国家法律、法规及有关工作规定，履行相关职责和义务，不得以任何方式妨碍评估工作的正常开展。

经发现参评博物馆存在弄虚作假、行贿舞弊等违法违规行为的，情节严重、造成不良影响的，由中国博物馆协会核实并报国家文物局备案后，给予取消等级处理。

评估专家和工作人员如有违纪、违规行为，一经查实，由相关部门依法依规处理。

第十三条 中国博物馆协会应将评估工作情况及相关评估资料，在其网站上公布，主动接受社会监督。

第十四条 对评估过程和结果持有异议的单位，可向中国博物馆协会以书面形式提出申诉。中国博物馆协会应在接到申诉之日起20日内，对申诉的问题进行调查，并根据相关规定给予相应处理，处理结果应以书面形式告知申诉单位。

第十五条 本办法自发布之日起施行。《国家一级博物馆运行评估规则》（文物博函〔2013〕43号发布）、《国家二三级博物馆运行评估规则（试行）》（文物博函〔2014〕242号发布）同时废止。

博物馆运行评估办法

1．范围

本标准规定了对定级博物馆开展运行评估所使用的指标和评价方法。

本标准适用于博物馆行业组织针对定级博物馆开展的博物馆运行评估工作。

文物主管部门、博物馆行业组织针对未定级博物馆开展运行评估工作可参照本标准确定的指标和方法进行。

2．规范性引用文件

下列文件中的内容通过文中的规范性引用而构成本文件必不可少的条款。其中，注日期的引用文件，仅该日期对应的版本适用于本文件；不注日期的引用文件，其最新版本（包括所有的修改单）适用于本文件。

《国家基本公共服务标准（2021年版）》（发改社会〔2021〕443号）

GA27—2002《文物系统博物馆风险等级和安全防护级别的规定》

GB/T17775—2003《旅游景区质量等级的划分与评定》

GB/T22528—2008《文物保护单位开放服务规范》

WW/T0020—2008《文物藏品档案规范》

GB/T23863—2009《博物馆照明设计规范》

GB/T23862—2009《文物运输包装规范》

GB/T28227.2—2011《文化服务质量管理体系实施指南第2部分：室内博物馆》

GB/T16571—2012《博物馆和文物保护单位安全防范系统要求》

GB/T30234—2013《文物展品标牌》

WW/T0017—2013《馆藏文物登录规范》
JGJ66—2015《博物馆建筑设计规范》
GB/T36721—2018《博物馆开放服务规范》
WW/T0088—2018《博物馆展览内容设计规范》
WW/T0089—2018《博物馆陈列展览形式设计与施工规范》
WW/T0092—2018《博物馆运行评估指标》
GB/T22239—2019《信息安全技术网络安全等级保护基本要求》
《博物馆定级评估标准（2019年12月）》（文物博发〔2020〕2号）

3．术语和定义

3.1　博物馆

以教育、研究和欣赏为目的，收藏、保护并向公众展示人类活动和自然环境的见证物，经登记管理机关依法登记的非营利组织。

3.2　定级博物馆

依据《博物馆定级评估办法》参加博物馆定级评估并取得“一、二、三级博物馆”质量等级的博物馆。

3.3　博物馆运行评估

由博物馆行业组织负责实施，以考察、评价、监督为主要目的，针对定级博物馆在特定期间的运行状况及运行目标实现程度的评价活动，是针对定级博物馆运行质量的监督检查和复核，旨在通过评估客观反映博物馆在评估周期内的运行状况，建立科学的博物馆激励约束机制，以评促建，引导和促进定级博物馆向规范化、专业化、社会化和现代化方向发展。

3.4　评估机构

由博物馆行业组织组建，负责实施博物馆运行评估活动的专业机构。

3.5　评估专家

由博物馆行业组织建立评估专家库并随机抽选产生，参加博物馆运行评估工作的专家。

3.6　评估对象

取得相应等级三年以上的国家一、二、三级博物馆，均应参加运行评估。未定级博物馆的运行评估工作可参照《博物馆运行评估办法》确定的原则和程序组织实施。

3.7　定性评估

博物馆运行评估的工作环节之一，由评估专家依据评估对象提供的申报材料，综合判断评估对象规范管理、服务产出、社会评价等方面的运行状况，并进行定性评分。

3.8　定量评估

博物馆运行评估的工作环节之一，由评估机构针对评估对象规范管理、服务产出、社会评价等方面可以量化的数据指标进行汇总统计和比对核查，通过计算形成定量评分。

3.9　博物馆理事会

是依照国家法律法规、政府有关政策和本单位章程开展工作的博物馆的决策和监督机构。

3.10　藏品

以收藏、研究、展示、教育、传播为目的，由博物馆永久收藏的，具有历史、艺术、科学等价值的文物、标本、资料、模型等的总称。

3.11　博物馆年度报告

博物馆按照文物主管部门或上级部门有关规范性文件或行业标准要求，每年度定期编制，发布本馆上一年度基本信息、资源信息、活动信息等，向管理机关、主要捐赠人和社会公众公开披露的报告文件。

3.12　代表性科研成果

博物馆在评估周期内开展科研活动取得的最具代表性的一项学术成果。可以是获奖科研项目（科研工作）、著作、科普读物、教材、论文、研究型展览大纲和批准专利等（不包括一般性展览大纲等日常工作或项目），必须由博物馆单位（包括博物馆下属机构）或博物馆在职职工署名。

3.13　基本陈列

基于博物馆类型和定位，以本馆藏品为主体，以相关学术理论为基础的常设性陈列。依托文物保护单位设立的博物馆，对古迹遗址的保护展示或在文物建筑中的原状陈列可作为基本陈列参与评分。

3.14　代表性临时展览

博物馆在评估周期内举办，由本馆负责策展，内容及形式自主设计并组织展示的，最能够代表本馆展览策划、设计水平的一项临时性展览，所用展品可不局限于本馆藏品。

3.15　代表性教育活动

博物馆在评估周期内举办，由本馆负责策划，结合馆藏资源或陈列展览内容，面向大中小学生、家庭亲子或社区公众等受众群体推出的一项主题性、品牌性教育活动、教育课程、研学旅行活动、流动博物馆活动等。

3.16　代表性文创产品

博物馆依托本馆藏品、展览文化元素，在评估周期内自主研发、具有独立品牌价值并投放市场，取得良好社会、经济效益的一项标志性文创产品或系列产品。

3.17　线上数字化体验产品

博物馆依托互联网以及微博、微信、网络视频平台等新媒体形式，针对网络受众推出的云展览、云讲解、云教育（云课程）、短视频、高清直播、虚拟展厅、沉浸式体验等具有知识性、教育性、互动性的网络应用程序、内容产品或线上活动。

4．评估原则

4.1　依法评估

根据《中华人民共和国文物保护法》《中华人民共和国公共文化服务保障法》《博物馆条例》等有关法律法规规定，博物馆运行评估工作由博物馆行业组织实施，按照“以评促建、以评促改”的评估目标，在博物馆行业全面贯彻新发展理念的有关要求，引导、规范定级博物馆的发展方向。

4.2　分级指导

博物馆运行评估将根据国家一、二、三级博物馆的不同功能定位和发展方向，科学确定不同等级博物馆的评估指标权重，体现运行评估工作中的分级指导、科学管理。

4.3　动态管理

博物馆运行评估，既可对定级博物馆自身的年度运行状况进行纵向对比，也可对同一级别博物馆在评估周期内的运行状况进行横向对比。对不符合相应等级标准的，降低或取消等级，从而实现定级博物馆的动态管理，不断健全博物馆分级管理体系。

4.4　数质并重

评估指标包含定性评估和定量评估两个部分，兼顾博物馆不同领域、不同业务工作、不同指标项的数量增长与质量提升，通过定性和定量两类指标的综合评价，相互校验、补充，保障运行评估结果的科学、完整、准确。

4.5　公平公正

在评估工作中，使用统一的评价体系对不同博物馆进行评价，公平对待各级各类博物馆；在评估方法上，定性评估、定量评估和综合评议相结合，在评估过程中存在重大分歧时，可进行现场核实，切实保证评估工作的公平公正。

5．评估指标框架

5.1　总体要求

博物馆运行评估指标分为三级，评估的主要内容包括：规范管理、服务产出和社会评价三个方面，评估的方式包括：定性评估和定量评估两类，另外设置若干附加项。每级指标下均设有定性和定量两类考察要点。评估采取百分制计分，满分为100分。

5.2　规范管理

“规范管理”指标主要对博物馆的管理情况进行评估，具体分为“组织管理”“藏品管理”“开放管理”和“安全管理”四个二级指标。“规范管理”的指标权重为25%。

5.2.1　组织管理

本指标权重为4%，在定性评估中设立“法人治理”“制度规划”和“队伍建设”三个三级指标，在定量评估中不设三级指标。

5.2.2　藏品管理

本指标权重为10%，在定性评估中设立“藏品征集”“藏品登录”“藏品保管”和“藏品保护”四个三级指标，在定量评估中不设三级指标。

5.2.3　开放管理

本指标权重为5%，在定性评估中设立“信息公开”和“参观服务”两个三级指标，在定量评估中不设三级指标。

5.2.4　安全管理

本指标权重为6%，在定性评估中设立“意识形态安全”“藏品安全”“公共安全”和“信息安全”四个三级指标，在定量评估中不设三级指标。

5.3　服务产出

“服务产出”指标对博物馆主要业务功能的效率和质量进行评估。具体分为“科学研究”“陈列展览”“教育服务”和“文化传播”四个二级指标。“服务产出”的指标权重为55%。

5.3.1　科学研究

本指标权重为15%，在定性评估中设立“科研产出”和“科研服务”两个三级指标，在定量评估中不设三级指标。

5.3.2　陈列展览

本指标权重为15%，在定性评估中设立“基本陈列”和“临时展览”两个三级指标，在定量评估中不设三级指标。

5.3.3　教育服务

本指标权重为15%，在定性评估中设立“讲解服务”“教育活动”和“公益鉴定”三个三级指标，在定量评估中不设三级指标。

5.3.4 文化传播

本指标权重为10%，在定性评估中设立“馆际协作”“国际交流”“数字传播”和“文创经营”四个三级指标，在定量评估中不设三级指标。

5.4 社会评价

“社会评价”指标通过观众、媒体和社会反馈的信息情况对博物馆的社会服务产出的效果进行评估。具体分为“观众反馈”和“社会影响”两个二级指标。“社会评价”的指标权重为20%。

5.4.1 观众反馈

本指标权重为12%，在定性评估中设立“观众结构”和“观众满意度”两个三级指标，在定量评估中不设三级指标。

5.4.2 社会影响

本指标权重为8%，在定性评估中设立“社会关注度”“奖励与荣誉”和“公众参与”三个三级指标，在定量评估中不设三级指标。

5.5 附加项

附加项共分为“特色加分项”和“警示减分项”两类。

5.5.1 特色加分项

指对特色化、个性化发展创新表现突出的博物馆给予加分，参评博物馆如在藏品保护修复、科研、陈列展览、教育、文化传播方面实施有特色化、个性化发展创新项目，在全国范围内对博物馆行业形成重大引领示范作用的，可增加附加分，并计入总得分。评估时，由评估专家根据参评博物馆申报的项目材料，结合博物馆事业改革发展的有关要求具体确定加分额度。单个特色项目加分不超过3分；参评博物馆累计加分不超过6分，累计附加分后博物馆总得分最高不超过100分。在评估实践中，对特色加分应从严掌握，给予特色加分的单位最多不超过参评单位总数的10%。

结合博物馆事业改革发展的有关要求，特色加分的重点方向主要包括：

a）博物馆、纪念馆服务国家重大战略、重大文化工程，加强资源整合与协同创新方面开展的特色化、个性化发展创新项目；

b）博物馆、纪念馆落实中央和国家有关部门关于博物馆改革发展的政策要求，创新体制机制，释放发展活力方面开展的特色化、个性化发展创新项目；

c）博物馆、纪念馆在弘扬社会主义核心价值观，传承弘扬中华优秀传统文化、继承革命文化和发展社会主义先进文化，推动文物资源创造性转化、创新性发展方面开展的特色化、个性化发展创新项目；

d）博物馆、纪念馆在开展国际合作，推进文明交流互鉴，向国际社会讲好中国故事、讲好中国共产党的故事，提升中华文化国际传播能力，扩大中华文化国际影响力方面开展的特色化、个性化发展创新项目。

5.5.2 警示减分项

指对藏品管理、安全管理方面有重大违规行为或事故的博物馆予以处罚，旨在促使博物馆重视藏品管理、安全管理相关工作。警示减分项随藏品管理、安全管理项下有关三级指标设立，一旦发生指标项确定的违规行为或事故，关联的二级指标全项不得分。警示减分项的具体考察内容包括：

a）评估周期内未有效落实意识形态工作责任制，发生负面舆情或其他意识形态问题（关联指标：安全管理—意识形态安全），发生重大舆情或其他重大意识形态问题的，涉及安全管理二级指标项（6分）不得分；

b）评估周期内违规收藏有来源不明或者来源不合法的藏品（关联指标：藏品管理—藏品征集）；

c）馆藏文物借用或交换，未依法履行备案或报批程序（关联指标：藏品管理—藏品登录）；

d）未能依法合规处置文物（关联指标：藏品管理—藏品保管）；

e）评估周期内发生藏品安全事故（关联指标：藏品管理—藏品保管、安全管理—藏品安全），发生重大安全事故的，涉及藏品管理（10分）和安全管理（6分）两个二级指标项共计16分全部扣除；

f）评估周期内发生观众安全责任事故（关联指标：安全管理—公共安全）；

g）革命纪念类博物馆及陈列展览内容未履行相关审批手续（关联指标：安全管理—意识形态安全，其他类型博物馆不作考察）。

5.6　指标权重

为落实分级指导的评估原则，评估中一、二、三级博物馆各一、二级指标的权重相同，定性评估中的三级指标和定量指标的权重不同，一、二、三级博物馆定量指标所占权重分别为20%，30%，40%。具体权重安排详见表1　博物馆运行评估指标体系框架及权重分布。

表1　博物馆运行评估指标体系框架及权重分布

<table>
<tr><th colspan="3">指标名称</th><th colspan="3">指标权重</th></tr>
<tr><th>一级指标</th><th>二级指标</th><th>三级指标</th><th>一级博物馆</th><th>二级博物馆</th><th>三级博物馆</th></tr>
<tr><td rowspan="2">规范管理
25</td><td rowspan="2">组织管理
4</td><td>法人治理</td><td>1</td><td>1</td><td>0.5</td></tr>
<tr><td>制度规划</td><td>1.5</td><td>1</td><td>1</td></tr>
<tr><td rowspan="10">规范管理
25</td><td rowspan="2">组织管理
4</td><td>队伍建设</td><td>1</td><td>1</td><td>1</td></tr>
<tr><td>定量指标</td><td>0.5</td><td>1</td><td>1.5</td></tr>
<tr><td rowspan="5">藏品管理
10</td><td>藏品征集</td><td>2</td><td>2</td><td>2</td></tr>
<tr><td>藏品登录</td><td>2</td><td>2</td><td>2</td></tr>
<tr><td>藏品保管</td><td>2</td><td>2</td><td>2</td></tr>
<tr><td>藏品保护</td><td>3</td><td>2</td><td>1</td></tr>
<tr><td>定量指标</td><td>1</td><td>2</td><td>3</td></tr>
<tr><td rowspan="3">开放管理
5</td><td>信息公开</td><td>2</td><td>1.5</td><td>0.5</td></tr>
<tr><td>参观服务</td><td>2</td><td>1.5</td><td>1.5</td></tr>
<tr><td>定量指标</td><td>1</td><td>2</td><td>3</td></tr>
</table>

续表

指标名称			指标权重		
一级指标	二级指标	三级指标	一级博物馆	二级博物馆	三级博物馆
规范管理 25	安全管理 6	意识形态安全	1	1	1
		藏品安全	2	2	2
		公共安全	1.5	1	1
		信息安全	1	1	0.5
		定量指标	0.5	1	1.5
服务产出 55	科学研究 15	科研产出	9	7	5
		科研服务	3	5	6
		定量指标	3	3	4
	陈列展览 15	基本陈列	4	5	5
		临时展览	8	6	4
		定量指标	3	4	6
	教育服务 15	讲解服务	2	3	3
		教育活动	10	6	5
		公益鉴定	1	1	1
		定量指标	2	5	6
服务产出 55	文化传播 10	馆际协作	2	2	1
		国际交流	2	1	1
		数字传播	3	3	2
		文创经营	1	1	1
		定量指标	2	3	5
社会评价 20	观众反馈 12	观众结构	4	3	2
		观众满意度	4	4	4
		定量指标	4	5	6
	社会影响 8	社会关注度	3	2	2
		奖励与荣誉	1	1	1
		公众参与	1	1	1
		定量指标	3	4	4

续表

指标名称			指标权重		
一级指标	二级指标	三级指标	一级博物馆	二级博物馆	三级博物馆
特色加分项		根据参评博物馆申报的改革创新与特色发展项目材料给分，单个特色项目加分不超过3分；参评博物馆累计加分不超过6分，累计附加分后博物馆总得分最高不超过100分。			
警示减分项		一旦发生指标项确定的违规行为或事故，所关联的二级指标全项不得分。			

6．评估流程与方法

6.1 评估流程

博物馆运行评估流程包括：定性评估、定量评估、现场考察和综合评议。

6.2 定性评估

定性评估由随机抽选产生的评估专家通过评估系统在线审阅评估对象提交的申报材料，对照本标准确定的评估指标、考察要点和附录A确定的各考察要点原始分值进行记名打分和排序，形成定性评估分值。定性评估按评估指标分组进行，每项考察要点需要经过不少于3位评估专家分别评分，将各评估专家的评分以二级指标为单位进行汇总并按照简单算术平均进行计算，再根据评估指标的权重值还原形成该二级指标的定性评估得分。定性评估得分的具体计算方法，详见附录B。

6.3 定量评估

定量评估通过汇总评估申报书中的有关量化数据或评估中收集采集的相关数据，运用专门的统计计算系统进行处理。计分时，首先根据本标准确定的评估指标、考察要点和附录A确定的各考察要点原始分值，按照不同级别博物馆的评估数据分别计算各考察要点分值，然后以二级指标为单位进行汇总，并根据评估指标的权重值还原形成该二级指标的定量评估得分。定量评估得分的具体计算方法，详见附录B。

6.4 现场考察

在定性评估、定量评估过程中，评估机构可以委托评估专家和评估检查员组成考察小组，对参评博物馆进行现场考察，通过检查环境、查阅档案、听取汇报、交流座谈、实地暗访的形式核实相关评估材料的真实性、完整性，撰写现场考察报告，并可对前期形成的评估得分提出修订建议。

6.5 综合评议

综合评议以专家组会议形式进行，由评估专家集中审议通过对定性评估、定量评估结果加权计算形成的初步评估成绩，听取评估机构和评估专家的工作报告，在集中讨论、评议的基础上，通过记名表决，形成最终评估成绩。

6.6 原始分值

为了方便定性评估和定量评估环节的评分和统计工作，在各二级指标下设定性评估和定量评估原始分，每个二级指标的定性评估和定量评估原始分均为100分，按照不同权重，分配至每个三级指标和考察要点，在评分计分中使用。根据一、二、三级博物馆在定性评估中的三级指标和定量指标上的权重差异，不同级别博物馆各考察要点的原始分值也有所差异，具体分值安排，详见附录A。

6.7　评估成绩

各评估对象的最终评估成绩根据各二级指标的定性评估得分、定量评估得分，按照一定比重系数加权汇总计算形成。评估成绩实行百分制计分，满分100分，具体计算方法，详见附录B。

6.8　评估结果

国家一、二、三级博物馆分别得分80（含）分、75（含）分、70（含）分以上，评估结果为“优秀”；分别得分80分以下60（含）分以上、75分以下55（含）分以上、70分以下50（含）分以上，评估结果为“合格”；60分以下50（含）分以上、55分以下45（含）分以上、50分以下40（含）分以上，评估结果为“基本合格”；分别得分50分、45分、40分以下，评估结果为“不合格”。

6.9　相关要求

每次博物馆运行评估的时间周期、参与范围、工作安排、申报文件格式、数据采集和评分规则等以评估机构拟定的评估方案和评估通知为准，评估数据的统计时间区间应与评估周期一致，评估指标中部分数据的统计方法，可以参见WW/T0092—2018附录D的有关要求。

7．定性评估指标及考察要点

7.1　规范管理

7.1.1　组织管理

a）法人治理：主要考察博物馆推进法人治理结构，健全决策、执行和监督机制情况。具体考察内容包括：

——理事会或其他形式决策机构组成人员情况；

——理事会或其他形式决策机构履行职责，以及博物馆对于理事会相关决议、建议执行采纳情况；

——监事会或其他形式监督机构组建、运行情况。

b）制度规划：主要考察博物馆建立健全组织管理制度情况。具体考察内容包括：

——博物馆章程制定执行情况；

——博物馆中长期发展规划编制、执行情况；

——博物馆内部管理制度体系建设、完善、更新情况。

c）队伍建设：主要考察博物馆人才队伍建设情况。具体考察内容包括：

——博物馆管理人才、专业技能人才、研究人才、创新型人才的配备及培养情况；

——高水平创新团队及拔尖人才培养情况；

——博物馆根据不同岗位要求，开展分级分类培训，提升队伍整体素质能力情况。

7.1.2　藏品管理

a）藏品征集：主要考察博物馆依法合规充实馆藏资源情况。具体考察内容包括：

——博物馆藏品征集规划和年度计划制订、执行情况；

——博物馆新征集藏品对于完善收藏体系，满足展示、研究等方面的价值意义；

——博物馆征藏党史、新中国史、改革开放史、社会主义发展史、中华民族发展史、经济社会发展变迁物证以及流失海外中国文物的情况。

b）藏品登录：主要考察藏品档案建设及文物登录备案情况。具体考察内容包括：

——博物馆新搜集藏品依法建立藏品账目及档案的情况；

——单独设置文物档案，并区分文物等级的情况；

注：无文物类藏品的博物馆可参照评分。

——建立藏品数据库或藏品信息管理系统，健全藏品登录机制，采集登录藏品信息的情况；

——文物信息在主管文物部门备案的情况。

注：无文物类藏品的博物馆可参照评分。

c）藏品保管：主要考察藏品库房及保管装具配置及提用、运输等管理活动情况。具体考察内容包括：

——藏品库房管理及藏品保护装具配备情况；

——温度、湿度、光照等藏品保存、展示环境指标控制情况；

——藏品入库、上架、提用、运输等操作执行及工作记录情况。

d）藏品保护：主要考察藏品预防性保护、修复及日常养护情况（包括依托文物保护建筑设立的博物馆开展的文物保护建筑修缮情况）。具体考察内容包括：

——开展藏品预防性保护，针对文物常见多发病害病理开展研究和防治情况；

——针对珍贵濒危文物、材质脆弱文物、文物保护建筑的保护修复情况；

——藏品养护工作情况。

7.1.3　开放管理

a）信息公开：主要考察博物馆年报编制、发布和日常信息公开情况。具体考察内容包括：

——近三年博物馆年报编制、发布情况；

——博物馆向文物主管部门报送年报信息情况；

——通过博物馆网站等媒体平台，面向社会公示本馆管理、运行和公共文化服务工作情况。

b）参观服务：主要考察博物馆为到馆观众提供参观全过程服务和开放服务设施管理运行情况。具体考察内容包括：

——博物馆全年向社会开放情况；

——博物馆执行免费开放政策或对特殊人群免费、优惠开放情况；

——新增或更新的观众休息设施、卫生设施、文创产品销售服务设施、餐饮服务设施以及老年人、残疾人、婴幼儿等特殊人群服务设施配备情况；

——落实国家节能减排、绿色发展相关要求，积极推动博物馆基础设施、设备节能化改造和低耗能运行，助推碳达峰、碳中和重大战略实施的情况；

——通过互联网、新媒体为公众提供各类在线服务的情况；

——采取有效措施解决老年人运用智能技术困难问题的情况；

——有效落实常态化疫情防控工作要求为开放服务提供保障的情况。

7.1.4　安全管理

a）意识形态安全：主要考察博物馆认真贯彻落实党中央关于意识形态工作的决策部署开展各项相关工作的情况。具体考察内容包括：

——坚持正确方向，党建与业务相融合情况；

——博物馆落实意识形态工作责任制，健全并落实各级主体责任，将意识形态工作纳入工作规划、计划和重要议事日程，纳入领导班子和成员目标管理的情况；

——博物馆加强意识形态阵地建设，在展陈、教育、传播、文创、信息发布等各项工作中严把政治导向，按要求履行活动报告、审批程序，加强内容审核管理的情况；

——博物馆强化意识形态风险防控，开展工作人员教育培训，健全舆情监测、研判、回应机制，制订、执行意识形态安全应急预案，及时开展舆情处置和舆论引导工作，防范化解意识形态领域安全风险的情况。

b）藏品安全：主要考察博物馆藏品安全风险防控情况。具体考察内容包括：

——按照GA27—2002、GB/T16571—2012及相关标准要求，在库房和展厅内，配备保障藏品安全的设备、设施情况；

——对藏品安全保障设备、设施的检查、维护情况；

——对珍贵文物和易损藏品的特殊保管情况。

c）公共安全：主要考察博物馆公共安全保障情况。具体考察内容包括：

——博物馆安保人员配备和日常管理工作情况；

——按照GA27—2002、GB/T16571—2012及相关标准有关要求，在开放区域内，配备保障公共安全的消防、安防设施设备情况；

——对消防安全设备设施的使用情况；

——博物馆针对突发事件的预防措施、应急预案、善后处置措施准备情况；

——定期组织开展消防、安防演练情况；

——属地公安、消防部门对博物馆安保工作的检查、验收情况。

d）信息安全：主要考察博物馆信息系统建设、信息安全保护能力有关情况。

具体考察内容包括：

——博物馆信息系统架构与用户权限管理体系建设情况；

——博物馆信息安全保护、数据资源管理制度制订和执行情况；

——博物馆信息安全管理人员配备和日常工作情况；

——参照GB/T22239—2019及相关标准有关要求，落实信息系统安全等级保护有关情况。

7.2　服务产出

7.2.1　科学研究

a）科研产出：主要考察博物馆在科学研究、学术研究、考古发掘等方面取得成果（包括但不限于：针对藏品价值认知、藏品保护、藏品科学管理和藏品利用有关的研究成果；与陈列展览有关的理论和方法研究成果；与社会教育有关的原理和方法研究成果；与观众心理、观众行为、观众调查方法等有关的研究成果；与博物馆管理有关的研究成果；与博物馆主题文化有关的研究成果；具有考古资质的博物馆开展考古发掘项目的成果）。具体考察内容包括：

——博物馆在科学研究、学术研究方面综合实力，以及开展科研活动和取得成果（包括但不限于：发表学术论文、出版学术专著、承担科研项目、考古发掘项目、课题、获得专利、参与制订标准）的总体水平；

——代表性研究成果的学术价值、应用价值、创新价值情况；

——代表性研究成果影响力和获奖情况。

b）科研服务：主要考察博物馆为高等学校、科研院所、社会团体和馆外研究者进行研究提供服务情况。具体考察内容包括：

——面向其他博物馆、高等学校、科研院所开放藏品和学术研究资料，为专业研究者提供研究便利的情况；

——博物馆发挥本馆藏品、学术资源优势，与高等学校、科研院所等单位合作开展学术研究、承担科研项目、考古发掘项目、举办学术活动的情况；

——与高等学校、科研院所联合建立、运营实验室、研究室、科研基地、科研工作站的情况。

7.2.2 陈列展览

a）基本陈列：主要考察博物馆基本陈列体系建设和现有基本陈列的数量、水平。依托文物保护单位设立的博物馆，对古迹遗址的保护展示或在文物建筑中的原状陈列可纳入基本陈列评分范畴。具体考察内容包括：

——博物馆基本陈列体系建设，以及现有基本陈列的总体质量情况；

——基本陈列中展品、展项更新、充实的频率与幅度（原状陈列不考察此项）；

——基本陈列文化品牌的社会认知、认可度，以及获得奖励、推介的情况。

b）临时展览：主要考察博物馆临时展览体系建设和评估周期内举办临时展览的数量和水平。具体考察内容包括：

——博物馆临时展览体系建设，以及评估周期内举办临时展览的总体质量情况；

——代表性临时展览主题定位与博物馆定位的契合程度；

——代表性临时展览的内容策划水平，以及学术性、思想性情况；

——代表性临时展览形式设计水平，以及陈列主题和思想内容情况；

——代表性临时展览运用辅助展品和现代信息技术手段提升文化传播水平的情况；

——代表性临时展览文化品牌社会认知、认可度，以及获得奖励、推介的情况。

7.2.3 教育服务

a）讲解服务：主要考察博物馆讲解队伍建设和服务能力，面向公众开展讲解导览服务的情况。具体考察内容包括：

——讲解队伍建设和服务能力情况；

——日常公益性讲解导览服务情况；

——馆长、专家导览等特色化讲解导览服务情况；

——智慧导览服务情况。

b）教育活动：主要考察博物馆自主策划、实施各类品牌、特色教育活动（包括馆内教育活动、特色教育课程、研学旅行活动、流动博物馆活动等）的质量和水平。具体考察内容包括：

——博物馆教育活动规划编制与实施的总体情况；

——接待青少年群体利用博物馆资源，组织开展爱国主义、革命传统、中华优秀传统文化、生态文明、国家安全、“大思政课”等主题的研学实践教育活动的情况；

——博物馆与当地各类学校联系，签订馆校共建协议，开展博物馆进校园活动的情况；

——博物馆根据青少年群体认知规律和学校教育教学需求，结合传统节日、纪念日等，组织开展各类经常性教育课程、教育活动的质量水平；

——代表性教育活动的质量水平；

——代表性教育活动面向学校、社区等群体和互联网平台推广情况，以及大中小学生、社区公众、网络受众的参与情况；

——代表性教育活动品牌创建及其社会认知、认可度。

c）公益鉴定：主要考察博物馆开展公益鉴定服务的情况。具体考察内容包括：

——博物馆公益鉴定服务制度、规划的编制情况；

——博物馆公益鉴定服务实施的总体情况，如鉴定文物的类别，社会认知、认可度，服务推广情况。

7.2.4 文化传播

a）馆际协作：主要考察向国内其他博物馆输出文化资源，面向中小博物馆、非国有博物馆开展对口帮扶、馆际协作的情况。具体考察内容包括：

——向国内其他博物馆输出展览、展品的综合质量水平；

——举办国内学术研讨活动等文化交流活动的综合质量水平；

——面向中小博物馆、非国有博物馆开展对口帮扶、馆际协作情况；

——实施“博物馆+”战略，与教育、科技、旅游、商业、传媒、设计等各类社会机构开展跨界合作情况。

b）国际交流：主要考察博物馆与国（境）外博物馆、文化机构开展文化交流，组织实施国际交流展览、学术交流活动的情况。具体考察内容包括：

——独立或参与举办进出境展览的综合质量水平；

——举办国际学术研讨活动的综合质量水平；

——参加国际学术交流活动的总体情况；

——组织开展或参与文物保护、考古、科研等领域国际合作项目的情况。

c）数字传播：主要考察发挥自身文化资源优势，加强与融媒体合作，创新线上数字化体验产品和服务，发展云展览、云讲解、云教育（云课程）、短视频、高清直播、虚拟展厅、沉浸式体验等，构建线上线下融合的博物馆传播体系的情况。具体考察内容包括：

——为便于社会利用藏品资源，在本馆官方网站等渠道开放查询、展示藏品数据信息和高清影像的情况；

——与融媒体平台合作，针对网络受众推出的云展览、云讲解、云教育（云课程）、短视频、高清直播、虚拟展厅、沉浸式体验等各类线上数字化体验产品的情况；

——代表性线上数字化体验产品的质量水平。

d）文创经营：主要考察博物馆通过授权等手段开发文创产品，建立文创品牌，推动文化传播的情况。具体考察内容包括：

——博物馆通过授权等手段开发文创产品的种类、特色以及获得经济、社会效益的情况；

——代表性文创产品质量水平；

——代表性文创产品的品牌创建及其社会认知、认可度。

7.3 社会评价

7.3.1 观众反馈

a）观众结构：主要考察博物馆接待的观众数量及构成情况。具体考察内容包括：

——博物馆年均接待观众数量规模与博物馆接待能力相适应情况；

——博物馆观众构成与博物馆文化主题相适应情况。

b）观众满意度：主要考察观众对博物馆的展览、环境、服务等方面作出的总体评价情况。具体考察内容包括：

——博物馆观众调查制度建设与调查工作开展情况；

——近期观众调查反映的观众满意度情况；

——观众对博物馆的展览、环境、服务等方面作出的总体评价。

7.3.2 社会影响

a）社会关注度：主要考察公众、媒体等对博物馆的关注程度。具体考察内容包括：

——互联网公开数据显示的博物馆公众关注程度情况；

——互联网公开数据显示的博物馆媒体关注程度情况。

b）奖励与荣誉：主要考察博物馆获得党委、政府或社会团体的表彰奖励情况。具体考察内容包括：

——评估周期内，党委、政府或社会组织授予博物馆的组织荣誉与奖励情况；

——评估周期内，党委、政府或社会组织授予博物馆员工的个人荣誉与奖励情况。

c）公众参与：主要考察博物馆与公众建立联系、获得支持的情况。具体考察内容包括：

——“博物馆之友”活动组织开展情况；

——博物馆志愿者组织建设与服务工作情况；

——博物馆接受社会捐助情况。

8. 定量评估指标及考察要点

8.1 规范管理

8.1.1 组织管理

a）召开理事会次数：评估周期内，博物馆理事会召开会议的次数，以次为单位（未成立理事会的，本项数据为0）；

b）新增制度数量：评估周期内，博物馆新增制订或重新修订发布的各类制度文件总数，以项为单位；

c）副高级职称、正高级职称人员总数：评估周期末，本馆在职人员中，具有高级专业技术资格（职称）的专业技术人员数量，以人为单位；

d）平均从业年限：本馆专业技术人员从事博物馆工作的平均年限；

e）出国（境）进修（培训）人员：评估周期内，在国（境）外进修或培训与博物馆业务相关的博物馆在职人员（含访问学者），其中“进修”持续时间须在1个月（含）以上，“培训”须在1周（含）以上，以人为单位；

f）国内进修（培训）人员：评估周期内，在国内高等学校、科研机构、社会团体、其他机构进修或培训与博物馆业务相关的博物馆在职人员（含访问学者），其中“进修”持续时间须在1个月（含）以上，“培训”须在1周（含）以上，以人为单位。

8.1.2 藏品管理

a）年度新增藏品数：评估周期内，博物馆通过购买、接受捐赠、依法交换等法律、行政法规规定的方式取得并已建档的藏品数量，以件/套为单位。自然科学类博物馆自主研发制作并长久保存的标本、模型、辅助展品视同于藏品；

b）新增备案登录藏品数量：评估周期内，通过藏品管理信息系统，新增登录数据或建立数字化藏品档案的藏品数量，或向属地文物主管部门备案藏品档案的藏品数量，以件/套为单位；

c）修复文物数：评估周期内，博物馆修复的本馆藏品数，包括本馆自己修复和委托其他单位修复的藏品，以件/套为单位。遗址类博物馆对本馆范围内不可移动文物的保护修复工作可以视为藏品修复工作；

d）修复本馆文物数：评估周期内，博物馆独立自主修复的本馆藏品数，不包括委托其他单位修复的藏品，以件/套为单位。遗址类博物馆对本馆范围内不可移动文物的保护修复工作可以视为藏品修复工作；

e）采集藏品三维影像数据量：评估周期内，采集保存文物三维影像信息，并应用于推广和传播的文物藏品数量，以件/套为单位；

f）库房面积：评估周期末，博物馆拥有藏品库房的实际面积，有多处馆舍的，可以合并计算，以平方米为单位。

8.1.3 开放管理

a）全年开放天数：评估周期内，博物馆全年对外开放天数，以天为单位；

b）在线服务总量：评估周期内，博物馆通过互联网、新媒体为公众提供参观预约、虚拟展示、藏品赏析、资料分享、咨询答疑、文化产品营销、互动联系等在线服务的人次总量，以人次为单位。

8.1.4 安全管理

a）安保人员数：评估周期末，博物馆在职的安保人员，包括专职保卫干部和外聘的保安人员，以人为单位；

b）安全演练次数：评估周期内，博物馆组织开展有记录的安防、消防演练的次数，以次为单位。

8.2 服务产出

8.2.1 科学研究

a）科研项目数：评估周期内，博物馆承担的各类科研项目总数（含考古发掘项目），以立项年度为准，以项为单位；

b）省部级（含）以上研究项目：包含国际合作研究项目、国家级项目以及其他省级（含）以上项目。其中，国际合作研究项目指与博物馆自身业务相关且具有协议的项目；国家级项目指博物馆承担的中央各部委、国家自然科学基金、国家社会科学基金、国家艺术基金项目；其他省级（含）以上项目指各省、自治区、直辖市政府委托项目，以项为单位；

c）出版物数：评估周期内，博物馆编辑出版的各类出版物总数，以册为单位。其中学术专著（译著、编著）、教材、研究性图录、科普读物可根据WW/T0092—2018附录D规定的科研产出数量换算倍数关系加倍计数；

d）发表论文数：评估周期内，博物馆工作人员在各类期刊、刊物上发表的学术论文总数，以篇为单位。其中在核心期刊发表学术论文可根据WW/T0092—2018附录D规定的科研产出数量换算倍数关系加倍计数；

e）获得专利数：评估周期内，博物馆获得专利行政部门正式批准，取得专利证书，专利权归属本馆的专利项目数量，以项为单位；

f）参与编制标准数：评估周期内，博物馆参与编制国家、行业、地方标准的数量，以项为单位。

8.2.2 陈列展览

a）基本陈列（含原状陈列）数：评估周期内，博物馆内开放的常设基本陈列数量，包括在文物建筑中举办的原状陈列，按照陈列项目统计，以个为单位；

b）馆内原创临时展览数：评估周期内，博物馆利用本馆资源，本馆负责策展，内容及形式自主设计并组织展示，在本馆内自主举办的临时展览数量，按照展览项目统计，以个为单位；

c）馆际合作展览数：评估周期内，博物馆与其他国内博物馆或相关机构联合策划举办的临时展览数量（单纯出借文物参展不在此列）。

8.2.3　教育服务

a）讲解队伍人数：评估周期末，博物馆讲解队伍中的专职讲解员和志愿者讲解员人数，以人为单位；

b）人工讲解服务人次：评估周期内，博物馆人工讲解年服务的观众数量，以人次为单位；

c）智慧导览设备终端数：评估周期末，博物馆拥有的智慧导览设备终端数，以台为单位；

d）智慧导览设备服务人次：评估周期内，博物馆智慧导览设备年服务的观众数量，以人次为单位；

e）线下教育活动数：评估周期内，博物馆线下策划举办的课程、讲座、研学活动、进校园活动等各类教育活动场次数，以场为单位；

f）青少年教育课程数：评估周期内，结合大中小学生认知规律和学校教育教学需要研发博物馆教育课程的品类数量，按照课程门类统计，同类课程多次开展，按一课统计，以课为单位；

g）共建学校数量：评估周期内，博物馆与当地各类学校联系，签订馆校共建协议或举办馆校互动活动的合作学校数量，以校为单位；

h）学校教育服务次数：评估周期内，接待各类大中小学校利用博物馆资源，组织开展爱国主义、革命传统、中华优秀传统文化、生态文明、国家安全、“大思政课”等主题的研学实践教育、教学活动的次数，以次为单位；

i）培训师资人数：评估周期内，博物馆与各类学校合作通过教师研习、双师课堂、短期培训、联合教研等方式，联合培养博物馆教育培训师资人数，以人为单位；

j）教育活动参与人数：评估周期内，博物馆接纳观众进行社会实践、教育活动的人次总数，以人次为单位；

k）鉴定场次：评估周期内，博物馆策划举办的公益鉴定服务场次数，以场为单位；

l）鉴定数量：评估周期内，博物馆开展公益鉴定服务时鉴定的文物数量，以件为单位。

8.2.4　文化传播

a）输出展览数：评估周期内，博物馆将本馆原创展览向国内输出的临时展览的次数，不包括本馆提供展品参加展览的情况，按展览场次统计，以次为单位；

b）入境展览数：评估周期内，博物馆由国外、境外博物馆或相关机构引进的展览数量，按照展览项目统计，以个为单位；

c）出境展览数：评估周期内，博物馆向国外、境外博物馆或相关机构输出的出境展览数量，按照展览项目统计，以个为单位；

d）国内学术研讨活动次数：评估周期内，博物馆主办或承办的主题与博物馆业务相关的学术论坛、研讨会、座谈会、在线对话等国内各类学术研讨活动，以次为单位；

e）国际学术研讨活动次数：评估周期内，博物馆主办或承办的主题与博物馆业务相关，有国外、境外机构或个人参加的学术论坛、研讨会、座谈会、在线对话等各类双边、多边国际学术研讨活动，以次为单位；

f）文化创意产品数：评估周期内，博物馆依托馆藏文化资源，新开发并上市销售的文化创意产品种类数量，包括由博物馆自主或委托、授权企业或与企业合作开发、销售的文化创意产品种类，以类为单位；

g）文化创意产品销售收入：评估周期内，博物馆自主或委托、授权企业销售博物馆文创产品取得的收入总额，以元为单位；

h）公开藏品信息数量：评估周期内，博物馆在网站、官方微信、官方微博等渠道公开未经陈列展览展出的藏品数量，以件/套为单位。公开的文物藏品应当有年代、来源以及历史、艺术、科学等价值方面的介绍；其他类型藏品应有必要的介绍；

i）线上数字化体验产品数量：评估周期内由博物馆开发并上线运行的云展览、云讲解、云教育（云课程）、短视频、高清直播、虚拟展厅、沉浸式体验等线上数字化体验产品或在线活动数量，以项为单位；

j）线上数字化体验产品浏览量：评估周期内由博物馆开发并上线运行的云展览、云讲解、云教育（云课程）、短视频、高清直播、虚拟展厅、沉浸式体验等线上数字化体验产品或在线活动总浏览量，以次为单位。

8.3　社会评价

8.3.1　观众反馈

a）年度观众总数：评估周期内，博物馆接待的观众总数，拥有多处馆舍的，观众人数可以合并计算，以人次为单位；

b）临时展览参观人数：评估周期内，博物馆临时展览参观人数，以人次为单位；

c）未成年观众人数：评估周期内，博物馆接待的18岁以下未成年观众数，以人次为单位；

d）国（境）外观众人数：评估周期内，博物馆接待国外以及台、港、澳观众数量，以人次为单位；

e）免费参观人数：评估周期内，博物馆观众总数中免费接待观众总人数，以人次为单位；

f）受控参观人数：评估周期内，遇重大突发公共卫生事件或自然灾害等不可抗力情况下，博物馆在有关部门限定范围内接待观众总人数，以人次为单位。

8.3.2　社会影响

a）网站综合浏览量：博物馆网站年度综合浏览量，以次为单位统计；

b）新媒体关注量：评估周期末，博物馆各新媒体账号关注人数总和，以人为单位统计；

c）新媒体访问量：评估周期内，博物馆各新媒体账号浏览总量，以次为单位统计；

d）主流媒体报道次数：地市级以上主流平面媒体、广播电视媒体、网络媒体专题报道博物馆及活动宣传内容的次数；

e）部（省）级集体奖励：评估周期内，博物馆获得部委（省）级以上单位颁发的奖励或荣誉称号，以项为单位；

f）部（省）级个人奖励：评估周期内，博物馆工作人员获得部委（省）级以上单位颁发的奖励或荣誉称号，以项为单位；

g）其他集体奖励：评估周期内，博物馆获得地市（厅）级以下单位颁发的各类奖励或荣誉称号，以项为单位；

h）其他个人奖励：评估周期内，博物馆工作人员获得地市（厅）级以下单位颁发的各类奖励或荣誉称号，以项为单位；

i）接受捐赠次数：评估周期内，博物馆接受各类社会捐助的次数，以次为单位；

j）接受捐赠金额：评估周期内，博物馆接受各类社会捐助的总金额，以元为单位；

k）志愿者人数：评估周期末，博物馆注册志愿者总人数，以人为单位。

附录：A.（规范性）博物馆运行评估指标权重及考察要点（略）

B.（规范性）评估评分计算统计方法（略）

综述篇

办公室

推动党中央重大决策部署落实落地

持续加大习近平总书记重要指示批示和党中央国务院决策部署的督办力度。通过完善台账、定期督查、适时督办，提升办理实效长效。制定党的二十大报告任务分工方案，并细化具体落实举措。完善局党组重大决策部署督办机制，将党组议定事项、签署合作协议、局主要负责同志指示事项落实情况纳入台账。

有序推进重点任务落实。完成全国文物工作会议的筹备组织工作。推动出台《关于让文物活起来 扩大中华文化国际影响力的意见》并制定分工方案。印发通知落实国务院关于做好扩大有效投资的工作要求。落实对口援疆、援藏工作会议精神，保障重大项目资金落实到位。积极推动重大工程项目“科创中心”立项和落地。配合首都核心区腾退，推进国家文保资金上划中央部门预算管理模式改革。推动博物馆免费开放动态调整。履行局疫情防控办职责，抓好疫情常态化防控。

切实加强资金保障和财务管理

健全经费保障机制。推动文保专项资金保持稳中有升态势，2022年提高至65亿元。推动366家博物馆、纪念馆纳入免费开放补助名单，补助资金新增3.6亿元，达到34.4亿元。

加强资产、资金管理。编印《2022中国文物统计提要》《2021全国文物业统计资料》。完成局机关资产清查盘点，实现动态化管理。完成中央预算管理一体化系统迁移切换。政府采购信息统计工作被财政部通报表扬。

强化审计监督。编制审计手册，推进12家单位审计整改，问题整改率达98%。推进建立绩效管理长效机制。完成前三个季度“过紧日子”等有关情况评估，三季度评估结果为A。

提升机关政务管理和保障水平

提升政务服务水平。统筹协调局系统重要会议活动，全年组织全国文物工作会议等重要会议5次、党组会31次、局长办公会76次，协调会议活动安排230余项。履行局国家安全工作领导小组办公室职能，组织做好值班值守和突发事件报告工作。

加强制度建设。制修订《中共国家文物局党组贯彻落实中央八项规定实施细则》《文物事业单位财务制度》《国家文物局公文处理办法》等多项内部规章制度。

保障规范运转。进一步规范公文报送程序要求，开展2次公文和档案培训，编印《每周发文汇编》《季度公文勘误》。全年发文2354件、收文4324件。不断加强档案管理，统筹推进保密和网络安全工作。

提高政务信息化效能。上线新版国家文物局综合行政管理平台，完成安可替代工程项目建设及报备工作。

加强信息信访工作。及时向中办、国办报送信息，2篇信息得到中央领导同志批示，1篇信息被国办评为2022年度优秀政务信息，国家文物局被国办评为2022年度全国政务信息工作进步较大单位。做好信访维稳工作，妥善处理信访事项，全年共办理信访件126件，接待来访来电200余次。

政策法规司

坚持政治统领知行合一，党领导文物事业全面加强

学习落实中央决策部署坚定如一。深入学习领会、认真贯彻落实习近平总书记关于文物工作新论断新部署新要求，编印《习近平关于文物工作论述摘编》，落实习近平总书记考察平遥古城、在中央政治局第三十九次集体学习时重要讲话精神，联合印发通知，兴起学习热潮。深化中华文明探源工程成果宣传，联合中央网信办开展“文明之美看东方”主题宣传，点击量超42亿，联合摄制《寻古中国》《何以中国》。做好全国文物工作会议文稿起草、新闻宣传工作，联合印发贯彻落实会议精神的通知。

迎接宣传贯彻党的二十大坚强有力。参与举办“奋进新时代”主题成就展，参加中宣部“中国这十年”专题新闻发布会，文物考古工作团队代表登上国庆特别节目，展现文物事业历史性成就。制定学习宣传贯彻党的二十大精神宣传工作方案，在局属媒体开设专题专栏，协调央媒、新媒广泛转发，营造浓厚学习氛围。

政治机关建设持续强化。召开党建会议14次，1名预备党员按期转正。与司法部、文化和旅游部有关司局联合开展主题党日。被评为中央和国家机关“四强”党支部。

文物宣传领域意识形态工作责任全面压实，推动意识形态工作责任制专项检查发现问题整改。2次召开文物宣传领域意识形态工作专题会议，有力维护意识形态安全。

坚持立法先行服务大局，文物法治建设扎实推进

立法工作取得突破性进展。召开9次部门磋商会、2次专家论证会，司法部部务会审议通过文物保护法修订草案，进入中央宣传思想工作领导小组审议阶段。现阶段修订草案在革命文物保护、不可移动文物保护规划、地下文物埋藏区、“先考古、后出让”制度、流失文物追索返还、加大违法行为处罚力度、公益诉讼等方面实现重大突破。开展新修订《中华人民共和国水下文物保护管理条例》普法工作。

法治政府建设指数大幅度提升。推动文物领域“放管服”改革，编制26项行政许可实施规范和办事指南。印发关于提高监管效能、行政规范性文件和政策文件审核评估有关规定。办理行政应诉3件，均胜诉。会同最高人民法院成立中华司法研究会文物司法研究分会及其专家委员会。

建议提案办理高质量完成。承办人大建议173件、议案5件、政协提案144件，数量创历年新高。加强文物保护传承首次列入全国人大年度重点督办建议选题（共22项），国家文物局获全国政协提案承办工作先进单位表彰。

坚持统筹推进系统实施，文物政策规划改革务实高效

“十四五”规划稳步实施。出台推进文物领域“十四五”规划实施意见，制定国家“十四五”规划纲要、文物保护和科技创新规划以及文化发展规划、优秀传统文化传承发展工程规划等分工方案，加强协调监测，推动工作落实。

深化改革任务落地落细。完善国家文物局全面深化改革领导小组工作机制，协调推进7项年度重点改革任务。推动文物保护利用示范区纳入国家创建清单取得积极进展，统筹第一批创建和第二批申报遴选。

文稿起草保障和调查研究有力有效。起草核改局党组和局领导重要讲话、活动致辞等60余篇。围绕文物事业高质量发展等主题开展调查研究，推动成果转化，凝练为制度安排、理论体系。编印《文物调研》和文物工作文件选编。全年办理中央及各部门关于改革等来函征询意见近200件。

坚持正面引导凝聚共识，文物宣传传播形成蔚然声势

主流舆论做大做强。举办新闻发布会9场，开展让文物“活起来”、十大考古新发现等融媒体宣传活动20余次。统筹三星堆遗址、长江口二号古船考古等宣传报道。举办“文物保护：时代共进　人民共享”文化和自然遗产日主场城市活动及主题论坛，各地组织6300余项线上线下活动，丰富群众文化生活。

传播精品异彩纷呈。首次与中央网信办联合推介中华文物全媒体传播精品，与新华社联合开展“文物说节气”等融媒体宣传，与央视联合摄制《中国考古大会》《古韵新声》等节目，李群局长指导审看每期节目样片，严格把关、打造精品。与中国人民银行联合策划文物题材贵金属法定纪念币，共同讲好中华文明故事。

宣传阵地持续扩大。组建国家文物局新闻中心，开通官方视频号，首日访问量、点赞数、涨粉数排名近年中央部委第一。被国务院评为政府网站、新媒体考核优秀部门。开设《一周各地文物动态摘编》专栏，展示各地文物工作亮点热点。健全舆情日报、快报制度，编印日报249期、快报65期，有效引导处置大帅币等文物舆情事件。

督察司

督察督办重大文物违法案件和安全事故

开展碑刻石刻拓印专项整治。落实习近平总书记关于石刻碑刻拓印管理重要指示批示精神，李群局长、关强副局长带队，赴河南、山西、浙江、江苏、陕西等5省13个市县、31处文博单位开展实地督导检查。印发《关于加强石刻文物拓印管理的通知》，在全国组织开展碑刻石刻文物违规拓印专项整治行动，督导各地严肃查处存在的问题，严肃追责问责，对16人作出处理。积极会同文化和旅游部市场管理司召开专项会议，约谈20余家直播平台；将盗拓、盗窃碑刻石刻文物等违法犯罪行为纳入全国打击防范文物犯罪专项行动，进行持续专项打击。

严查文物法人违法案件。落实中央领导同志批示要求，关强副局长带队赴安徽实地督察，督促皖南土墩墓群周边违法建设问题查处整改到位。先后派员赴浙江、江苏、北京、宁夏现场督办绍兴大禹陵、南京明功臣墓、诸暨古民居和明长城等违法案件，督导落实整改要求，加大文化遗产保护力度；督办西安秦庄襄王墓和明秦王墓遭侵占破坏、西安市集中拆迁工作中文物遭破坏问题，指导地方依法立案查处，拆除违法建设，加强环境整治，严肃追责问责。全年直接督察督办文物违法案件124起，一批重大文物违法案件得到严肃查处。

约谈重大文物违法犯罪案件和安全事故。关强副局长主持集体约谈，督促山西太原、晋中、忻州等地方政府和相关部门落实文物安全法定责任，推动晋阳古城、猫儿岭墓群、五台山周边违法建设问题查处和整改。会同中央统战部、公安部联合约谈荆州市政府和相关部门，督办荆州三观文物遭破坏问题，5名犯罪嫌疑人被依法起诉，17名相关责任人受到党纪政务处分，违法建筑已全部拆除。约谈景德镇市政府，督导御窑厂窑址被盗及周边违法问题查处到位。约谈海东市政府，重点督办遥感监测发现违法问题，51名相关责任人被问责，拆除违法建筑9300余平方米。约谈宁德市政府，并会同应急部消防救援局现场督办万安桥火灾事故，11名相关责任人被严肃追责。

开展打击防范文物犯罪和火灾隐患整治专项行动

严厉打击防范文物犯罪。李群局长、关强副局长赴公安部动员部署，会同公安部持续开展全国打击防范文物犯罪专项行动。2020年专项行动以来，共侦破各类文物犯罪案件4200余起，抓获犯罪嫌疑人9700余名，追缴涉案文物9.3万件。会同公安部共同推进“全国文物犯罪信息中心”和“中国被盗（丢失）文物信息发布平台”的建设和完善，采集梳理被盗丢失文物信息，与国际刑警组织有关平台相对接。

部署开展文物安全专项检查。李群局长赴各地调研考察期间，28次检查文物安全工作；关强副局长多次深入文物博物馆单位开展实地督察检查。联合应急部消防救援局印发《关于开展文物建筑消防安全专项检查的通知》，会同应急部、财政部、中央统战部、公安部等部门，组成6个工作组，赴江西、云南、福建等10个省份，对重点文博单位进行实地安全督导检查。各地集中排查整治文物建筑火灾风险隐患，排查检查4.7万处文物博物馆单位，督促整改安全隐患和问题3.1万项。为确保国庆和党的二十大期间首都文物安全，李群局长带队赴白塔寺、首都博物馆、军事博物馆、徐悲鸿纪念馆和北京中轴线沿线等重点文物博物馆单位开展安全检查，督促安全隐患整改，以实际行动迎接党的二十大的胜利召开。

圆满完成三年整治行动。2020年以来，持续部署开展全国文物火灾隐患整治和消防能力提升三年行动，各级文物行政部门检查文物博物馆单位93万处，开展火灾隐患检查排查120万次，督促整改火灾隐患和消防安全管理问题24万项；全国文物系统开展消防安全培训和警示宣传近10万次，组织消防演练6.3万余次。专项行动期间，北京、河北、山西、江苏、浙江、广西、贵州、陕西、甘肃等省份持续开展消防应急能力提升和演练评比，安徽连续开展全省博物馆及文物建筑消防“大比武”活动，山东组织专业机构对全省120余处文博单位进行消防安全评估和火灾隐患排查工作，文物系统安全意识和管理能力明显增强。

全面督促文物安全责任落实

压紧压实主体责任。开展省级人民政府落实文物安全主体责任调研评估，通过案件约谈、致函督办、实地检查等督促各级政府增强文物安全意识，保障文物安全投入，将文物安全工作纳入重要议事日程，推动黑龙江、江西、福建、广东将文物安全工作纳入省级政府年度考核评价体系，截至2022年12月，全国31个省份已全部纳入。福建召开全省文物安全工作专题会议，浙江开展全省文物安全大排查大整治大提升攻坚行动，文物安全主体责任不断落实。

督导落实监管责任。对全国重点文物保护单位江西御窑厂窑址被盗、山西福源院琉璃脊饰在网络平台售卖等案件进行重点督办，督促落实部门监管责任，督导开展联合督察检查，整治安全隐患和问题，22名相关责任人依纪依法被严肃处理，其中福源院案件追责5人。浙江省文物局组建文物安全巡查队，强化文物安全监督管理；青海通报文物安全工作存在问题的地区，对重点文博单位进行集中约谈。开展全国文物行政处罚案卷评查工作，公布一批“十佳案卷”“优秀案卷”“优秀组织单位”，通过以案释法，规范文物行政执法程序，指导地方提升文物行政执法能力，落实文物行政执法责任。

推动落实直接责任。加强文物安全末端守护，督促文博单位强化安全队伍和能力建设，强化日常安全巡查和隐患排查整治，统筹做好疫情防控和安全管理工作。推动实施文物安全直接责任人公告公示办法，督促文博单位明确直接责任人员，主动接受社会监督。截至2022年底，27万余处文博单位已落实安全直接责任人公告公示制度，广东、宁夏、西藏等省区实现全国重点文物保护单位公告公示牌全覆盖。

筑牢文物安全防范体系

持续开展遥感执法监测。对大连、苏州、安庆、景德镇、大理等5市70处全国重点文物保护单位，开展主动性遥感监测，督办重大违法案件。遥感执法监测启动6年以来，已覆盖30省420处全国重点文物保护单位，国家文物局直接督办违法案件530余起，一批重大文物违法案件得以严肃查处。指导地方加强卫星遥感技术应用，上海对40处全国重点文物保护单位、227处省级文物保护单位开展了为期9个月的遥感监测，山东潍坊积极探索卫星遥感在文物安全监管、考古勘探、文物保护工程中的运用。

加强安全规划和规范管理。制定印发《文物安全防控“十四五”专项规划》，这是文物安全领域首个“五年规划”，对文物安全责任、风险评估、安全防护设施、管理能力等9个方面主要任务作出重点安排。启动全国重点文物保护单位安全基础数据库信息填报工作，完善安全风险和安全管理相关信息，强化安全形势研判和预警能力，截至2022年底，半数以上全国重点文物保护单位已完成安全基础数据收集工作。

强化文物安全防护设施建设。指导各地加强文物安全防护工程建设，支持建设全国重点文物保护单位安全防护工程430余项，为文物保护单位配备视频监控系统、入侵报警系统、火灾自动报警系统和消火栓系统等设施设备。组织对闽东北廊桥、崇仁村建筑群等20项重点文物安全防护工程进行实施效果评估，构建评估指标体系，实地检查评估存在的问题，加强文物安全防护工程事中事后监管。

强化文物安全部门协作和社会参与

深化部门协作。落实中央领导批示要求，会同最高法、最高检、公安部、海关总署等部门起草制定《打击防范文物犯罪专项工作方案（2022—2025年）》，并已经中央文化体制改革和发展工作领导小组第11次会议审议通过。会同最高法、最高检、公安部制定《关于办理妨害文物管理等刑事案件若干问题的意见》，为打击文物犯罪工作提供有力法律保障。与中国文明网共同加强文物安全宣传工作，国家文物局推荐的河北省涞源县长城文保员李勇、湖南省长沙市天心区文管所所长文亮、福建省龙岩市上杭县文化体育和旅游局文物股负责人傅清林入选中国文明网2022年第三季度“中国好人榜”，展示了基层文物安全工作者的良好精神风貌。

强化考核督导。组织并派出16人次先后参加国务院春节、冬奥期间安全生产督导检查、省级政府年度安全生产和消防工作考核巡查、安全生产“回头看”督导检查，考核人员克服新冠疫情防控带来的重重困难，利用春节、“五一”、“十一”等节假日，重点考核内蒙古、陕西等省份及公安部、广电总局等部门安全工作，考核工作得到国务院安委会充分肯定。先后派出20人参加中央文明委全国文明城市测评，关强副局长召开行前动员会，提出工作要求，参评同志克服疫情和酷暑的考验，历时一个月的时间，圆满完成各项任务，充分展现了文物系统过硬的工作作风。

拓展公众参与。国家文物局12359文物违法举报热线全年共接收各类举报信息913条，受理文物违法举报问题线索102件。举报问题线索中的山西省晋中市省保单位猫儿岭墓周边违法建设案、山东省淄博市国保单位齐国故城保护范围内违法建设案、湖北荆州国保单位荆州三观部分文物本体遭破坏案等一批违法案件得到严肃查处。拓展受理范围，督促地方严肃处理个别非国有博物馆法人冒用国家机关和国际组织名义进行虚假宣传问题，消除不良社会影响。及时受理、移交被盗文物违规拍卖线索，促使河北避暑山庄脊兽铜鎏金凤凰被成功追回。出台《关于鼓励和支持社会力量参与文物建筑保护利用的意见》，鼓励和支持社会力量参与文物保护利用全过程，推动文物建筑“有人管、在利用、出效益”。宣传推介15名“最美文物安全守护人”，一批默默无闻的基层文物安全工作者走上光荣的领奖台，促进社会支持文物安全工作。

文物古迹司（世界文化遗产司）

强化政治引领，坚定不移拥护“两个确立”

学习研讨扎实深入。全年开展习近平总书记重要论述专题学习5次，开展青年理论小组活动7次，灵活采用线上学习、参观展览等多种形式，与北京、正定、新疆等地基层文物部门开展联学共学，青年干部精神风貌昂扬振奋，理论水平有效提升。深化“学查改”专题学习，召开组织生活会，新发展理念进一步融入业务实践。

学习贯彻党的二十大精神持续推进。全体党员收听收看党的二十大实况直播，集体学习习近平总书记历史文化保护传承重要论述，关强副局长专题辅导，8名处级以上干部参加培训，力求学深学透，精准把握。制定贯彻二十大精神工作举措，强化任务落实。

中央领导批示落实有力。2022年收到中央领导批示85件，针对中央领导密切关注的低级别文物保护、防灾减灾、廊桥保护、壁画彩塑保护等方面，加强制度设计与工作指导。

意识形态阵地持续巩固。针对邻国申遗等重点领域会同外交部、教育部等部门及时研判应对，维护国家主权。石窟寺相关培训专设意识形态课程。及时应对、妥善处理泉州、故宫、五台山等突发事件，有力控制局面。

中央巡视整改向深推进。2022年整改任务全部完成，资质资格管理、工程管理、“放管服”改革等长期任务有序推进，切实将巡视整改“后半篇文章”做深做实。

组织建设坚强有力。严格落实“一岗双责”，完成支部换届选举，支委会补齐建强。加强正风肃纪，研判廉政风险，完善全司议事审批制度。严格落实中央八项规定精神，坚决反对“四风”，逢节必提醒，紧绷廉政弦，支部氛围风清气正，向心力凝聚力进一步增强。

聚焦资源安全，文物资源管理基础更加坚实

基础工作成果丰硕。修订全国重点文物保护单位记录档案工作规范，支持陕西、河南、河北等建成国保省保数字档案。启动第九批国保单位申报遴选预研究。统筹文物资源管理与名录公布，在中国文物信息咨询中心支持下，建立全国省保单位公布名录和实有名录，准确掌握公布与变化情况，为不可移动文物精细化管理奠定基础。

低级别文物保护力度持续加大。加强立法保障，会同政策法规司积极推动将未定级不可移动文物保护管理要求纳入新修订的《中华人民共和国文物保护法》草案。指导福建加大低级别土楼保护力度。支持山西出台利用政府一般债券加强低级别不可移动文物保护专项政策。

坚持保护第一，文物建筑保护利用持续深化

行政审批高质高效。全司全年完成技术方案、涉建项目、保护规划相关审批462项，落实中央稳经济大盘要求，重大建设、民生项目审批保质提速。完成年度项目计划审批890项，号脉行业现状，做好重点领域重点方向布局引领。

保护研究示范项目启动实施。部署实施“十四五”文物建筑保护研究示范项目重大工程，静明园示范项目顺利推进，应县木塔示范项目启动实施。

重点工程顺利推进。多次调研踏勘北平图书馆旧址、东交民巷使馆建筑群、协和医学院旧址等重点项目，加强技术指导，推动工程实施。制定《廊桥保护三年行动计划》，破题文物建筑系统性保护与精细化管理。

示范效应更加显著。出版《2018—2019年度优秀古迹遗址保护项目案例详解》《文物建筑保护利用案例解读》，推介13项优秀古迹遗址保护项目和18个文物建筑保护利用案例，召开发布交流会，提升行业发展水平。

深化精细管理，石窟石刻保护利用水平有力提升

加大碑刻石刻、壁画彩塑保护力度。部署开展全国碑刻石刻文物资源摸底调研，会同博物馆司、中国文化遗产研究院遴选公布第一批1658通古代名碑名刻文物名录。

石窟寺保护利用全面加强。开展石窟寺国家遗址公园专题研究，完成《石窟寺开放管理导则》。批复支持79项石窟石刻、壁画彩塑保护项目。龙门石窟奉先寺等重点工程竣工，莫高窟数字展示中心二期等重大项目启动。指导编制河西走廊、川渝、新疆、陕西片区规划，推动建立川渝协同机制和浙江区域中心。

人才培养见实见效。指导举办石窟寺保护学术研讨会，通报表扬全国石窟寺专项调查先进单位和优秀个人，培训全国石窟寺讲解员734人，加强学术交流，提高业务能力。

加强设计探索，防灾减灾与预防性保护稳妥推进

不可移动文物防灾减灾体系逐步完善。建立国家文物局防灾减灾专项工作机制，启动四川泸定6.8级地震等5次自然灾害应急响应，指导9省份稳妥处置803处文物灾损，批复20项国保单位灾后修复项目，现场处置辽宁、青海、福建等地灾情。

建立文物自然灾害每日预警预报机制，委托中国文物信息咨询中心发布预报188期，启动文物灾损模拟快速评估和风险图编绘，针对极端天气、台风和风暴潮、河湖水域出露文物印发专项通知。

文物建筑预防性保护深入推进。召开预防性保护试点工作推进会，交流地方经验，探讨解决体制机制难点与关键技术问题。承德避暑山庄及周围寺庙、西安城墙、曲阜孔庙孔府、诸葛村等11个试点项目成效显著。

加强部门协作，城乡建设中文物保护全面加强

文物资源空间保护制度取得重要突破。党中央国务院印发全国国土空间规划纲要，强化文物资源系统保护的空间管控要求，指导广东、湖南等编制完成省级文物保护空间规划。

城乡历史文化保护传承体系中文物资源核心地位逐步凸显。首都功能核心区文物腾退保护利用工作取得重要突破。协同编制《全国城乡历史文化保护传承体系规划纲要》。局领导带队圆满完成汪洋主席“在城乡建设中加强历史文化保护传承”重点提案督办协商会参会任务。

历史文化名城名镇名村保护力度不断加大。江西抚州、九江列入国家历史文化名城，总数达到140座。完成云南剑川申报国家名城考察评估，开展名城文物工作评估和名城文物评估导则研究，评选第六批中国传统村落名录，加强风景名胜区、老字号文物保护，多部门协同保护格局进一步完善。

坚持统筹推进，世界文化遗产申报管理成绩显著

景迈山古茶林现场评估圆满完成。局党组统筹调度，分管局长现场指挥，以超常规闭环方式高质量完成“普洱景迈山古茶林文化景观”申遗现场评估，国际古迹遗址理事会专函致谢。指导提交补充材料，及时回应国际组织评估工作组相关质询。

“北京中轴线”申遗保护扎实推进。李群局长、关强副局长召开2次部市联席会议、多次专题会议，完善优化申遗文本和管理规划。高质量推进遗产点保护展示、环境整治、考古发掘，南中轴考古取得重要发现。商相关部委报请国务院批准“北京中轴线”为2024年世界遗产提名项目。

“海丝”申遗再起高潮。在澳门举办庆祝《世界遗产公约》50周年主场活动暨“海上丝绸之路”国际文化论坛，发布《澳门倡议》。海上丝绸之路保护与联合申报世界文化遗产城市联盟联席会议成功举办，支持香港等加入海丝保护申遗城市联盟，联盟城市总数达到34个。

保护管理持续加强。批复支持明十三陵、哈尼梯田等95项世界文化遗产保护项目，指导加强泉州、武当山、五台山、鼓浪屿等保护管理，履约提交5项世界文化遗产地保护状况报告。

国际治理积极发声。全程参与世界遗产中心“气候变化与遗产保护”“世界遗产公约操作指南”特设工作组历次会议，在相关条款讨论中坚守国家利益。

发挥资源优势，国家文化公园建设高质量推进

长城、大运河国家文化公园建设持续深入。全国长城资源保护管理信息系统更新上线，巡查国家级长城重要点段，建立京津冀长城保护利用协同机制，实施箭扣长城四期等研究型保护工程，指导制定《长城河北段周边风貌控制导则》等政策文件。完成大运河预警监测平台浙江段、河南段试点。批复支持40余项长城、大运河文物保护项目，稳妥依法审批150余项涉建工程，长城、大运河保护展示体系稳步提升。

黄河、长江国家文化公园建设有序推进。牵头印发实施《黄河文物保护利用规划》。组织开展长江文物资源调查，湖北、湖南、重庆、四川率先完成。组织编制《长江文物保护利用规划纲要》。统筹支持黄河、长江沿线省市160余项文物保护与展示工程，初步形成集群效应。圆满完成全国政协主席主持召开的黄河国家文化公园建设远程协商会参会任务，强化文物部门在国家文化公园建设中的地位作用。

考古司

强化政治统领，贯彻落实党中央决策部署

学习领会习近平总书记重要论述和指示批示精神。深入贯彻落实习近平总书记主持十九届中共中央政治局第三十九次集体学习时就深化“中华文明探源工程”发表的重要讲话精神以及关于考古工作重要指示，不断加强制度建设和行业管理，将领导批示要求落实落地。

做好党的二十大精神学习宣传贯彻。召开党员大会集中学习党的二十大精神，邀请党的二十大代表、湖北省文物考古研究院方勤同志宣讲参加党的二十大体会和感受，与北京大学、吉林大学、中国科学院古脊椎动物与古人类研究所等田野考古实训班临时党支部联学联做，激励青年考古人不忘初心、扎根本职、有所作为。

完成党支部和司室建设。经局党组批准，建立中共国家文物局考古司党支部，对照“四强”党支部标准，建立“三会一课”等党建工作制度，2022年考古司党支部转正党员1名，培养入党积极分子1名。按照局内设机构“三定”规定、权责清单和行政许可事项清单管理相关要求，完成了三个内设处室框架搭建，明晰了工作边界，建立健全了议事规则和审批工作规则。

践行新时代文物工作方针，加强考古政策供给和能力建设

发挥规划引领作用。首次针对考古工作编制专项规划，出台《“十四五”考古工作专项规划》，明确新时代中国考古学和考古事业发展的目标任务，为建设中国特色、中国风格、中国气派的考古学提供规划保障和政策支撑。

完善考古管理体制机制。推动23个省市落实“先考古、后出让”制度，指导山西、陕西出台基本建设用地考古前置管理细化政策。推动在《全国国土空间规划纲要（2021—2035年）》中明确“先考古、后出让”、保障国家考古遗址公园等合理空间需求等措施，强化地下文物保护利用政策保障。印发《国家文物局办公室关于加强考古勘探管理工作的通知》，加强考古勘探项目监管、队伍建设、资料管理。修订印发《国家考古遗址公园管理办法》，指导规范国家考古遗址公园管理。

强化考古能力建设。扎实推进世界一流考古机构建设，签订《国家文物局　陕西省人民政府关于支持陕西省考古研究院创建世界一流考古机构协议》　指导河南省考古机构重塑性改革，浙江、山东、北京、河北等省级考古机构科学制定建设发展计划，新增7家考古发掘资质单位。全面加大在职考古人员田野实训力度，组织举办田野考古、石窟寺考古、水下考古等8个培训班，培训学员210名，新增97名考古发掘项目负责人。会同办公室推动20项重点地区考古标本库房建设，支持湖北郧县人遗址考古方舱、山西北白鹅墓地考古现场科技考古实验室等12个考古保护设施建设，全面提升考古设施和技术装备水平。

服务国家大局，全力抓好重大项目和重大工程

展示中华文明起源和发展历史脉络。推进“考古中国”重大项目，新批复长江中下游地区稻作农业社会形成研究项目，推进夏文化研究等16项“考古中国”重大研究项目，培育夏商文明研究工程，批复实施255项主动性考古发掘项目。湖北“郧县人”3号头骨化石、陕西石峁皇城台墓地、殷墟王陵区及外围聚落、河南开封北宋东京州桥遗址等重大考古发现与研究成果，进一步实证了我国百万年人类史、一万年文化史、五千多年文明史。

水下考古取得新突破。长江口二号古船考古项目取得阶段性成果，采用全球首创的“弧形梁非接触文物整体打捞技术”整体打捞成功，古船整体运输到船坞，进入考古发掘、文物整体保护和博物馆规划建设阶段。深海考古实现重大突破，借助“深海勇士”号载人潜水器在西沙实施了两次深海考古调查，发现深海沉船，大大拓展了水下考古研究领域。

融入国家重大战略。落实国务院优化营商环境、扩大有效投资部署，优先做好重点项目建设工程文物保护和考古许可事项审批手续办理，提高审批效率，办理458项文物本体保护、保护规划和涉建项目。1432项基本建设考古发掘项目，确保雄安新区、北京城市副中心、西安咸阳国际机场三期扩建、西气东输三期等国家重大项目顺利实施。推动将国家考古遗址公园纳入“十四五”文化、新型城镇化等国家重要战略和区域协调发展战略，助力国家文化公园建设，圆满完成第四批国家考古遗址公园评定，新增19家国家考古遗址公园评定单位和32家立项单位。完成《三峡地区后续文物工作情况评估（2011—2021年）》《三峡历史文化遗产资源专题调查报告》，将考古和文物工作融入长江经济带发展战略。

做好考古成果宣传。全年召开5次“考古中国”重大项目工作会，集中推介旧石器考古与人类起源研究、文明起源与夏文化研究、殷墟考古与甲骨文研究、西藏考古、城市考古等17项重要考古新发现和研究成果，社会反响强烈。指导中国文物报社做好“2021年度全国十大考古新发现推介活动”，相关报道及直播观看量超过7亿。指导四川省、上海市做好三星堆遗址、长江口二号古船考古工作宣传报道，微博话题“三星堆遗址考古重大发现”阅读量12.1亿次，长江口二号古船媒体报道5.1万余条，成为2022年现象级考古宣传案例。

博物馆与社会文物司

坚定不移扛牢政治责任

把学习宣传贯彻习近平总书记重要指示批示精神作为首要政治任务。胡和平部长、李群局长组织召开专题座谈会，部署、高位推动全国文博系统深入贯彻落实习近平总书记给国家博物馆老专家的回信精神。

及时跟进落实总书记和党中央关心的工作重点和方向。制定发布加强陈列展览意识形态管理的意见，统筹推进各地重要博物馆建设开放，指导新疆、西藏、内蒙古、广西、宁夏等民族地区博物馆建设，推动布达拉宫贝叶经保护利用示范项目，自觉主动担当“国之大者”。

以实际行动迎接党的二十大胜利召开。全国新增博物馆395家，总数达6183家，排名全球前列。新增纳入免费开放中央补助博物馆、纪念馆366家，总数达5605家，享受免费参观人数世界最多。全国指定130余家国有文博机构开展文物公益鉴定常态化咨询服务，实现省级全覆盖。指导协调全国文博系统通过多种方式支持国家版本馆建设，在故宫博物院等推出“何以中国”等原创展览，开展“青少年中华文物我来讲”博物馆志愿服务、“全国博物馆十大陈列展览精品推介”等活动，为党的二十大召开营造良好氛围。

坚定不移服务国家大局

落实国家战略。开展全国博物馆节能减排专项调研，推动博物馆绿色、低碳发展。推出“冰雪·双城·盛会”展，提升冬奥文化效益。支持香港故宫文化博物馆开馆，庆祝香港回归25周年。支持海南自贸港发展，推进国际文物艺术品交易中心建设。指导博物馆赴美国、日本、荷兰等国举办出境展览，加强文物进出境和流通领域监管，深化文物国际交流合作。

深化协同治理。与中央宣传部、发展改革委、财政部等部门协同开展专项工作15项，制修订重要文件6个。开展中国特色世界一流博物馆创建前期工作。与发展改革委共同开展国家重点专题博物馆建设前期研究。联合中央文明办实施首届全国博物馆志愿服务典型案例征集推介。联合中央文明办、中央网信办共同启动社会主义核心价值观主题展览征集推介活动。会同文旅部开展公共图书馆古籍类文物定级，纳入行业管理。会同财政部、海关总署、税务总局修订进口藏品免税政策，进一步扩大免税主体范围。配合公安部开展打击文物犯罪专项行动，协调指导洛阳宋氏兄弟等大案要案涉案文物鉴定，全年共鉴定涉案物品27万件、不可移动文物1064处，全力保障打击文物犯罪活动的顺利实施。推动军委纪委首次移交涉案文物247件/套，拓宽藏品接收渠道。

统筹疫情防控和公共文化服务。推出3000余个云展览、云教育，丰富疫情期间文化生活。首次全媒体联动、全程直播京鄂两地连线举办国际博物馆日中国主会场活动盛况，形成“现象级”传播。紧抓疫情窗口期成功举办第九届“博博会”，展览面积、参展单位、观众数量等均创历史新高，社会反响强烈。优化文物进出境审核管理服务，为120余批次因疫情等原因滞留的临时进境文物便捷办理延期出境手续。

坚定不移深化改革攻坚

博物馆改革纵深推进。指导18省份出台博物馆改革发展实施意见，优化博物馆体系布局，有序推进“四个计划”组织实施，指导北京等城市编制规划共建“博物馆之城”，组织吉林、山东、浙江等地乡村博物馆建设试点。部署博物馆“三权分置”改革试点，探索盘活博物馆资源有效路径。完成工业类博物馆专项调查，探索行业类博物馆共建共管模式。制修订《博物馆运行评估办法》及《博物馆运行评估标准》，体现新时代博物馆事业发展新要求。

国家文物鉴定体系加快构建。深入调研文物鉴定管理工作现状和问题，从法规、机构、职能、人才、科技等五方面系统研究体系建设方案。重点推动建设国家文物鉴定研究中心和区域文物鉴定中心，打造文物鉴定“国家队”。遴选第三批涉案文物鉴定评估机构23家，针对性补齐不可移动文物鉴定短板。

文物流通管理机制不断健全。全面落实国家文物局等6部门加强民间收藏文物管理、促进文物市场有序发展的改革文件，推动文物流通新业态服务纳入文化贸易改革发展大局。指导上海出台全国首部文物流通地方性法规，建设上海国际文物艺术品交易服务中心。落实进博会文物艺术品免税措施，第五届进博会37件文物艺术品达成购买意向。开部局联合督办、行刑衔接办理案件先河，全程指导福建、北京两地文物、文旅、公安部门查办非法拍卖文物案，联合制定《关于加强文物市场行政执法工作的通知》，净化市场环境。与相关部门联合开展文物电商平台监管前期调研，凝聚监管共识。

坚定不移夯实发展基础

完善管理制度。修订《博物馆藏品管理办法》《国家文物局临时保管文物管理规定》，编制《博物馆藏品保管工作手册》，细化馆藏文物行政审批程序，研究数字藏品授权规范，健全藏品管理“四梁八柱”。编制文物出境审核标准名家名单，提高文物出境审核精准度。

优化管理服务。开展全国馆藏一级文物复核备案工作，遴选编制全国古代名碑名刻馆藏文物名录，优化出境展览审批服务、支持做好入境展览，向华侨博物馆等多家博物馆划拨文物。建设文物市场信息备案管理数据库，升级文物进出境信息管理系统，完成文物拍卖标的审核备案30余万件/套，文物艺术品进出境审核1.1万余件/套。

加强机构队伍建设。大力支持上海、湖南、甘肃、新疆等地推进文物进出境审核机构建设，推动文物进出境审核机构全国布局。备案可移动文物修复资质单位302家，加强机构资质管理。举办非国有博物馆馆长、瓷器文物鉴定等系列培训班，提升行业人才队伍素质。

革命文物司

认真学习贯彻落实党的二十大精神和习近平总书记关于革命文物工作重要指示批示

深刻领悟党的二十大精神的丰富内涵，深刻领悟“两个确立”的决定性意义，增强“四个意识”、坚定“四个自信”、做到“两个维护”，不断增强做好革命文物工作的政治自觉和文化自觉。对标对表党的二十大报告关于用好红色资源、赓续红色血脉的部署要求，不断增强做好革命文物工作的使命感、责任感、光荣感。

深入落实习近平总书记关于第一个核武器研制基地旧址重要批示，组织专家赴青海进行现场办公、实地督导，提升项目进度和施工质量；三年累计批复旧址保护展示、环境整治和纪念馆展陈提升项目17项，累计下达中央财政专项资金2.03亿元。全年办理中央领导同志批示25件和部、局领导批示23件。

扎实推进、全面完成年度工作任务

与中宣部印发《关于持续开展革命文物名录公布工作的通知》，21个省份陆续完成第二批革命文物名录公布工作。抗美援朝文物资源调查基本完成；红色标语类革命文物资源调查全面铺开，14个省（区、市）完成方案制定和调查试点。革命旧址重点工程有效推进，蒙藏学校旧址保护修缮工程和安消防工程已经完工，陈列布展进场作业；湘江战役旧址——界首红军堂、红军街、渡口整体展示工程加快推进，遵义会议会址——红军总政治部旧址修缮工程竣工。20个革命文物保护利用片区工作规划全面编制，《长征文化和文物资源保护传承专项规划》编制工作进展顺利。

革命文物展陈水平不断提升、展示方式创新拓展，围绕喜迎党的二十大胜利召开，全国革命博物馆、纪念馆推出主题展览100多个，生动彰显新时代成就和风采。编辑出版《深厚的滋养——革命文物资源服务党史学习教育大数据分析与案例探究》。确定并印发第四批免费开放博物馆、纪念馆名单，新增202家革命博物馆、纪念馆纳入其中。革命历史类精品陈列荣获第十九届（2021年度）“全国博物馆十大陈列展览精品”特别奖8个、精品奖3个、优胜奖1个。

协同开展革命历史类纪念设施专项调研核查。与中央广电总台共同制作《红色烙印——革命文物的故事》第一季（100集）并在央视播出，李群局长主持召开节目审片会，指导、把关并出席启播仪式；顾玉才副局长对节目脚本、节目样片逐一审核。联合开展

"见证新时代——晒晒我们的新物件"主题宣传活动，出版《见证新时代》书籍，制作《见证新时代·新物心声》网络音频节目，李群局长出席节目启动仪式并致辞，开展系列大型融媒体宣传报道，各类影视频点击量、播放量累计超过10亿次。举办中国革命纪念馆高质量发展峰会·2022（重庆）。

强化部门协同，十部门联合印发《全面推进"大思政课"建设的工作方案》，与教育部联合设立中华优秀传统文化、革命文化、社会主义先进文化专题实践教学基地，将100家博物馆、纪念馆联合公布为首批专题实践教学基地。联合教育部完成国家革命文物协同研究中心自主申请、材料初核工作。与退役军人事务部签订战略合作协议。与国家林业和草原局联合发布第一批国家"红色草原"名单。

加强行业指导，举办第三届（2021）全国革命文物保护利用十佳案例宣传推介活动，出版《全国革命文物保护利用案例集（2022）》。举办全国革命文物保护管理培训班、革命文物展览与展陈策划提升工作培训班。指导行业博物馆、纪念馆有序开展馆藏革命文物保护展示与名录公布工作。

认真落实意识形态工作和党风廉政建设责任

切实履行意识形态工作责任制，全年对43家革命纪念馆展陈大纲及版式稿进行核审，对11处新建改扩建纪念设施研提意见，时刻绷紧意识形态、革命史实、文物藏品"三根弦"，筑牢意识形态工作前沿阵地。坚决落实中央巡视整改要求，全面完成2016—2019年革命文物保护工程项目整改任务，开展革命文物保护项目年度检查，建立整改台账，强化过程监管，确保工程进度和质量。建立健全革命文物司党支部，成立支部委员会。持之以恒狠抓中央八项规定精神落实，加强日常监督、警示教育和作风建设。

圆满完成中办、国办《关于实施革命文物保护利用工程（2018—2022年）的意见》的重点任务

六大发展目标总体实现，五大主要任务全面完成，六大重点项目成效显著，革命文物保护利用状况大大改善，革命文物保护利用传承体系基本健全，革命文物工作社会影响力显著提升。保护革命文物、用好红色资源的社会共识全面形成，全国革命文物工作会议在京高规格召开，中办、国办出台文件13份，各有关部门出台文件30余份，对新时代革命文物工作进行全面部署；31个省份党政主要负责同志作出批示或专题调研。革命文物资源家底基本摸清，全国登记的不可移动革命文物3.6万余处、国有可移动革命文物超过100万件/套，文物保护单位革命旧址开放率94%。革命纪念馆体系基本形成，以中国共产党历史展览馆为代表的一批标志性革命纪念馆建成开放，全国革命纪念馆超过1600家。革命文物教育功能充分彰显，革命旧址、场馆服务党史学习教育和"四史"宣传教育的便利性、可及性大大增强。革命文物保护管理队伍初具规模，25个省级、28个市级文物行政部门设立革命文物处/科。革命文物法治建设硕果累累，14个省、22个市累计出台有关地方性法规50部。革命文物保护利用与脱贫攻坚、乡村振兴、红色旅游融合创新，革命文物主题研学游活动蓬勃开展。

六大重点项目实施取得新突破。实施百年党史文物保护展示工程，以北大红楼、上海中共一大会址、遵义会议会址、香山革命纪念地旧址为代表的300多项革命文物保护展示和环境整治工程顺利竣工。实施革命文物集中连片保护工程，创建片区保护制度，确定公布37个革命文物保护利用片区，连片保护、整体展示迈出坚实步伐。实施长征文化线路整体保护工程，印发《长征国家文化公园建设保护规划》，编制《长征文物和文化资源保护传承专项规划》，持续打造"重走长征路"红色品牌。实施革命文物主题保护展示工程，开展抗战文物保护行动，基本排除抗战类文物保护单位重大险情；推进武昌起义军政府旧址、鸭绿江断桥、团一大旧址保护修缮工程完工和抗美援朝纪念馆新馆、团一大纪念馆建成开放。实施革命文物陈列展览精品工程，109个庆祝中国共产党成立100周年精品展览对外推介，200多家革命博物馆、纪念馆完成改陈布展或展陈提升，全国每年推出革命文物主题陈列展览超过4000个。实施革命文物宣传传播工程，《红色烙印——革命文物的故事》三季（300集）制播工作全面推进，专题节目、红色展演和云展览、云直播、云快闪推陈出新，革命文物保护利用优秀案例持续推介。

科技教育司

强化顶层设计，统率改革发展根基

制定“三个文件”。《关于加强文物科技创新的意见》经中央文改领导小组第十一次会议审议通过。文件明确了面向2035年文物科技创新的发展思路、重点领域和改革举措，已报请中央深改委审议。商教育部研究制定《关于推动新时代文物职业教育高质量发展的实施意见》，强化行业需求引领，推动职业院校实现从“会什么教什么”向“用什么教什么”的转变。印发《“十四五”文物保护标准立项指南》，部署七大重点领域标准群建设。

研究两项基础问题。加强国际跟踪和技术预见预测，组织文物界和科技界百余名专家，首次绘制完成《考古科学技术图谱》《文物保护科学技术图谱》，为行业科技创新提供方向指引。

构建文物保护学科体系。吸收国际先进经验、结合国内学科发展实际，组织完成“文物科学与技术”学术学位二级学科和“文物”专业学位专业领域设置研究，为文物领域科学家、工程师培养设计针对性路径。

拓展合作渠道，构建协同治理格局

商请科技部深化全面合作。推动建立平台、机构、项目、人才、国际合作和体制机制创新相结合的全方位战略合作机制；在国家重点研发计划增设“中华文明探源与文物保护利用”专题，加大经费支持力度。

商请教育部加大教育资源向文物行业倾斜。就学科体系构建、急需人才培养、科研合作等领域达成共识。

商请中组部支持文物人才选拔培养。“全国考古人才振兴计划”纳入《国家“十四五”期间人才发展规划》，“文物优秀青年支持行动”方案获认可，1人入选第七批国家青年拔尖人才。

商请国家自然科学基金委支持基础研究，其交叉学部将考古、文物保护利用基础研究列为重点领域，加大对优青、杰青及创新团队的支持力度。

商请人力资源和社会保障部、中华全国总工会共同筹备全国文物行业职业技能大赛，大赛首次被列入一类赛事，获奖选手可优先申报“全国技术能手”和“五一劳动奖章”。

围绕文保装备升级、气候变化与文化遗产保护等重大需求，拓展与工业和信息化部、中国气象局、中国地震局、中国科学院等部门的合作，探索建立优势互补、互利共赢的合作机制。

聚焦重点难点，提升破题攻坚能力

筹备国家级科技创新平台。组织完成考古科学、文物保护全国重点实验室建设可行性研究，凝聚共识、明确任务，打破藩篱、形成合力。

系统部署“十四五”科研任务。国家自然科学基金重大项目、科技基础资源调查专项等国家科技计划实现零的突破（“海岸带环境变迁与文化文明演替”列入国家自然科学基金重大项目，项目经费1500万元；“中国先秦两汉时期矿冶遗址综合调查”列入科技基础资源调查专项，项目经费964万元），“贝叶经保护修复关键技术研究及应用示范”等11个项目列入2022年度国家重点研发计划，项目经费9600万元。编制完成“中华文明探源与文物保护利用”国家重点研发计划专题实施方案。

创新成果不断涌现。“中华文明探源工程（第五期）”等36个国家重点研发计划在研项目进入收官阶段。已累计取得新技术新方法174项、新产品新装置158项、标准建议95项，新建生产线1条，申请专利478项（其中获授权152项）；发表论文664篇，出版专著31部，取得软件著作权182项。项目培养研究生699人（其中博士104人），培训技术人员1260人。

推动科技成果向标准转化。组织开展《田野考古发掘方舱》等18项关键标准预研究和制修订工作。

学科设置取得突破。组织编制文物科学与技术学科建设论证报告，推动在《研究生教育学科专业目录》交叉学科门类下增设“文物”专业学位类别，增授博士学位；部署“文物科学与技术”交叉学科试点工作。

加强急需人才培养。推进“考古学国家急需高层次人才培养专项”（年新增博士研究生指标79个）和“高层次文博行业人才提升计划”（文物系统8人被录取）。

拓展涉外培训支持渠道，“哈德良长城考古研究与保护利用技术方法”等3个培训班获得科技部支持。

推动行业信息化建设。组织开展国家文物资源大数据库（中国文物云）建设可行性研究，初步完成总体架构设计；落实“数据二十条”，开展文物开放素材库建设试点，探索建立公共数据确权授权机制；“数字敦煌”项目获评世界互联网大会精品案例。

夯实基础工作，积蓄行稳致远动力

修订发布《国家文物局重点科研基地运行评估规则》，优化评估方法，提升评估实效。建设文物保护标准化服务平台，强化标准制修订过程管理和社会监督。科技资源共享服务平台建设稳步推进，动物遗存、金属、纺织品、陶瓷等文物科技资源标本库、数据库建设试点初见成效。充实文博网络学院课程资源，遴选203门文博精品共享课程。参与修编《国家职业分类大典》。稳妥推进“国家文物局2022年度培训计划”实施，培训学员4000余名（含线上培训）。加强科普宣传，举办第二届文物科技创新论坛，指导中央广播电视总台制作播出《重生技》。

交流合作司（流失文物追索返还办公室）

文化遗产持续纳入元首外交视野

中乌联合开展希瓦古城历史古迹保护修复、中沙联合开展塞林港遗址考古写入习近平主席国事访问署名文章，希瓦古城微缩模型作为国礼赠予乌方。上合组织成员国博物馆领域合作备忘录列入元首外交配套成果。习近平主席签批同意与沙特、上合、澜湄等双多边机制文化遗产合作成果。

营造文化遗产标志性事件

李克强总理参观中柬文化遗产交流合作30年成果展，出席茶胶寺保护修复项目移交仪式。王毅同志现场考察他冰瑜佛塔保护修复工作。香港回归25周年之际，香港故宫文化博

物馆建成开馆。我国收藏家在法国拍得的两册《永乐大典》在国家版本馆中央总馆和杭州分馆展出。

深化“一带一路”文化遗产合作

完善亚洲文化遗产保护联盟机制，设立秘书处，起草联盟章程，完成基金项目开放申报方案、平台搭建。与叙利亚等4国签署关于协同开展“亚洲文化遗产保护行动”的联合声明，与柬埔寨等8国达成签署共识。

九层神庙、茶胶寺、王宫遗址、他冰瑜佛塔保护修复项目稳步推进，摩洛哥“中摩茶室”、突尼斯本阿鲁斯遗址考古调查前期工作进展顺利。推进与东盟、埃及、沙特、希腊、吉尔吉斯斯坦商签合作协议。

务实开展流失文物追索返还

实现38件流失文物艺术品回归。“章公祖师像案”二审终审判决，推动国内诉讼作为追索流失文物新途径。

流失文物追索返还部际协调机制运转有力。通报土耳其39件/套被盗文物清单，及时更新“外国被盗文物数据库”。加强国际合作，防止文化财产非法进出境政府间协定签署国增至24个。加入1970年公约示范条款核心专家团队。举办“打击非法贩运文化财产国际日”中国主场活动。

文化遗产国际治理和国际传播

在系列部长级多边会议上提出中国主张。与ICCROM合作举办世界遗产能力建设培训。启动国际传播海外新媒体运营调研工作和文化遗产国际观察工作。

培育对港澳台文化遗产合作新亮点

与香港特区政府发展局首次签署合作协议。用好用活香港红色历史建筑，在港举办“血浓于水：香港历史建筑中的家国情”展览。举办第十一届海峡两岸文化遗产保护论坛，与台湾佛光山文教基金会续签合作协议。

创造条件积极支持文化遗产“国家队”建设

支持故宫博物院对接开展香港故宫文化博物馆建成开馆系列活动。支持中国国家博物馆在冲突地区文化遗产保护联盟科学委员会履职。支持鲁迅博物馆做好海外追索文物临时保管工作，开展流失文物进境免税调研。指导中国文物信息咨询中心、中国文物交流中心在流失文物追索返还工作中发挥自身优势。推进中国文化遗产研究院在亚洲文化遗产保护行动、文物援外、海丝申遗等国际合作中更好发挥专业引领作用。为中国文物交流中心在展览展示、国际传播能力建设中搭建合作平台。协调国家文物局考古研究中心牵头开展与沙特、希腊等国联合考古与科研合作，开拓与突尼斯、南非等国考古新合作。对接中国文物保护基金会面向全亚洲开放亚洲文化遗产保护基金项目申报，为亚洲文化遗产保护行动提供有力支撑。做实中华文物交流协会，培育对港澳台文化遗产交流有生力量。

机关党委（人事司）

坚持党建引领，推动机关党建高质量发展

坚持以习近平新时代中国特色社会主义思想为指导，深入学习贯彻党的二十大精神，深刻领悟“两个确立”的决定性意义、增强“四个意识”、坚定“四个自信”、做到“两个维护”，把党的政治建设摆在首位。组织全体干部职工收听收看会议实况和习近平总书记在中国共产党第二十次全国代表大会上的报告。局党组理论学习中心组及时传达学习党的二十大精神，制定学习贯彻党的二十大精神实施方案。组织局系统正处级以上干部参加党的二十大精神专题学习班，采取理论学习中心组学习、党支部“三会一课”、座谈研讨交流、主题党日等形式，深入学习领会党的二十大精神。

学习宣传贯彻习近平新时代中国特色社会主义思想，加强理论武装，把牢政治方向。协助局党组召开理论学习中心组学习会和局党组会议，集体学习习近平总书记重要讲话精神和关于文物工作重要指示批示，研究部署贯彻落实举措。持续推进政治机关意识教育，组织“以政治机关建设为统领　切实推进文物事业高质量发展”专题党课辅导，深化模范机关创建。组织局机关、直属单位和局业务主管社会组织各级党组织扎实开展“学查改”专项工作并取得实效。

落实中央和国家机关基层党组织建设质量提升推进会精神，加强基层党组织建设。督促指导局系统5个党委单位、7个基层党支部完成换届选举或补选工作。加强党支部标准化规范化建设，组织做好《中央和国家机关基层党组织建设质量提升三年行动计划（2019—2021年）》总结评估工作，2个党支部被中央和国家机关工委评为“四强”党支部。以中央和国家机关工委党建专项督查为契机，全面回顾梳理五年来党建工作的成绩与不足，开展局系统党建专项督查。举办局系统新任基层党支部书记及党务纪检干部培训班。

紧跟“三农”工作重心历史性转移到全面推进乡村振兴的新要求，协调筹集经费用于淮阳基层干部培训、产业转移就业技能培训、乡村振兴带头人培训，党建及人居环境改善以及巩固“两不愁三保障”和农村安全饮水工程；协调有关单位完成农产品采购任务；全面完成中华太昊伏羲始祖圣地旅游区创建国家5A级旅游景区前期工作，并通过河南省文化和旅游厅初步验收。

贯彻落实意识形态工作责任制，修订《国家文物局选拔任用领导干部考察工作实施办法》，将意识形态工作责任制落实情况作为干部选拔任用考察和年度考核的一项重要内容。加强对主办媒体、出版物以及论坛、研讨会、展会等活动的意识形态管理。

健全监督体系，纪检执纪力求实效

一是强化政治监督。制定《贯彻落实习近平总书记关于文物工作重要指示批示精神和党中央重大决策部署督查问责机制》，从五方面建立领导、执行、监督、问责贯通联动工作体系。制定《国家文物局党组落实驻部纪检监察组2022年工作要点实施分解方案》，协助局党组与驻部纪检监察组开展专题会商，制定31条落实具体措施。二是推动全面从严治党工作不断向基层延伸。修订局党组书记和局党组成员全面从严治党责任清单，明确77条具体措施。制定《中共国家文物局党组贯彻落实〈关于加强中央和国家机关部门机关纪委建设的意见〉的具体措施》，压实加强机关纪委建设的22条措施。三是提升监督效能。印发《关于进一步加强党风廉政意见回复工作的通知》，建立“重点领域、关键岗位人员”廉洁谈话机制，动态更新廉政档案。加强对重要节日节点落实中央八项规定精神的监督，开展“廉洁文化教育月”活动。

推进中央巡视整改，党组巡视实现“全覆盖”

局党组认真学习贯彻习近平总书记关于巡视工作重要论述精神，持续推进中央巡视整改落实，党组巡视成效凸显，为文物事业高质量发展注入强大动力。一是持续深入推进中央巡视整改。集中整改和中期整改任务落实，长期整改措施取得实质性成果。二是如期完成党组巡视“全覆盖”任务。制定《局党组2022年巡视工作方案》，组织开展党组第四轮巡视，对中国文化遗产研究院党委开展常规巡视，对中国长城学会党支部开展落实意识形态工作责任制情况专项巡视，并对党组第一、第二轮巡视的6家党组织开展巡视整改“回头看”。

加强队伍建设，助力文物事业高质量发展

推动中央编办《关于加强文物保护和考古工作机构编制保障的通知》落实，省级文物行政机关内设机构增加11个，编制增加74名，增幅10%；市级文物行政机关内设机构增加33个，编制增加80名，增幅3.6%。省级文物考古事业单位编制增幅为46%，市级增幅为38%，县级增幅为140%。修订并落实局机关内设机构“三定”规定，编制总数达到165名，设置更加优化，职能配置更加完善。推动人社部、财政部出台《关于调整文物考古事业单位职工野外工作津贴标准等有关问题的通知》，文物考古职工野外工作津贴单独设立，首次将水下考古职工纳入津贴发放范围，津贴标准大幅提高，最高按照每人每天300元标准执行，极大激发了广大文物考古职工工作积极性。

联合人力资源和社会保障部印发《关于表彰全国文物系统先进集体、先进工作者和劳动模范的决定》，在全国文物工作会议上表彰“全国文物系统先进集体”49个、“全国文物系统先进工作者”77名、“全国文物系统劳动模范”2名。先进个人的表彰名额大幅增加，增幅167%，全国文物工作者受到极大鼓舞。表彰会议组织有序，服务周到，得到与会代表的高度评价。夯实制度基础，修订《国家文物局司局级干部选拔任用工作实施办法》和《国家文物局选拔任用领导干部民主推荐工作实施办法》，制定《国家文物局机关处级及以下干部选拔任用工作实施办法》，实现了局党组关于局机关各层级干部选拔任用制度管理全覆盖的要求，优化了程序，提高了效率。加大干部选拔任用工作力度，开展领导干部任免、职级晋升、调任转任等共计72人次，考察拟提拔、调任和录用人选对象69名，机关新提拔正司长6名、副司长9名、处长15名，直属单位正职2名、副职7名，选优配强局机关司局级、处级领导干部和直属单位领导班子。重视青年干部培养，局党组召开机关青年干部座谈会，李群局长出席会议并讲话，对青年干部成长成才提出殷切希望。加大培养力度，克服疫情影响，完成中组部干部调训任务9人次。强化干部监督，制定《国家文物局公务员辞去公职后从业行为限制清单》。认真执行领导干部个人有关事项报告，全年集中报告个人有关事项271人，查核74人，一致率为96.25%。

聚焦直属单位需求，先后批复中国文化遗产研究院“三定”规定，国家文物局考古研究中心《绩效工资管理办法》及配套实施细则，从职责设置及激励机制方面推动单位改革发展。指导直属单位以考察方式聘用人员8人次，接收应届毕业生30名，京外调干5名。完成专业技术二级岗位资格评审工作，3位同志获得专业技术二级岗位任职资格。积极推动改善直属单位绩效工资水平。完成中国文物报社、文物出版社2021年工资总额及企业负责人薪酬审核。加强社会组织管理服务，批复社会组织重要活动50余项，指导相关社会组织累计申请国家社科基金资助经费180万元。

做好离退休干部服务管理工作

加强政治引导，组织老同志学习党的十九届六中全会和党的二十大精神，组织开展“我看中国特色社会主义新时代”和“建言二十大”专题调研活动，有序完成机关离退休干部“光荣在党50年”纪念章的发放和困难老党员走访慰问工作。进一步优化新媒体平台功能，顺利完成老年大学授课任务。不断加强对离退休干部的精准规范化日常服务工作，稳中求进，用心用情做好离退休干部工作。

分述篇

国家文物局机关服务中心

【概述】

2022年，机关服务中心坚持以习近平新时代中国特色社会主义思想为指导，围绕局机关服务保障中心工作，把握新时代机关事务工作的新要求、新标准，守正创新、团结奋斗，扎实推进各项服务保障工作，圆满完成年度各项任务。

【内部建设】

强化政治引领，不断加强党的政治建设，教育引导全体党员干部牢固树立政治机关意识，确保习近平总书记重要指示批示精神和局党组决策部署第一时间学习领会，第一时间贯彻落实。

全面抓实理论学习。把学习宣传贯彻落实党的二十大精神作为最重要的政治任务，深入学习贯彻习近平总书记重要指示批示精神，严格贯彻落实局党组部署要求，积极开展研讨交流，不断增强指导工作的针对性和有效性。

全力夯实党建工作基础。以建设“四强”党支部为目标，健全党的基层组织，党支部标准化规范化建设不断推进。创新党建活动形式，组织活动更加丰富。加强对党支部书记的监督考核，把年度计划任务落实情况纳入述职评议考核范围，促进党建与业务深度融合。

【服务保障】

服务保障安全周到。全力保障“全国文物工作会议”、“5·18”国际博物馆日等各类会议近1500次。其中7月22日举办的全国文物工作会议，涉及260余人参会，3处会场，天气炎热，防疫要求高，会务工作繁重。中心上下紧紧依靠局领导和局办公室、革命文物司等，超常完成了工作任务。妥善处理、接待信访人员28人次，接待来访人员3622人次。

办公用房保障有力。有序开展局机关办公楼维修改造项目。局机关办公用房需要进行腾退、搬迁、改造、修缮、修整，涉及十个司、近百人，各环节丝丝紧扣，时间紧、任务重，容错率低，协调任务严峻。中心干部职工随时待命，及时提供人力物力，实现快速搬迁。在中国文化遗产研究院的帮助支持下，通过积极沟通协调、预先科学规划，快速有序地完成对孑民堂、会议室等的维修改造、室内设计施工、强弱电工程、软装布置，以及孑民堂整体整治等工作，有力保障机关工作正常运转。文博大厦维修改造二期工程稳步进行。

绿色低碳机关建设深入推进。深入开展绿色低碳行动，召开节能减排专题工作会，分析上年能耗情况，制定全年水电气油月度、季度能耗指标，扎实有序推进节能降耗和降碳减碳，助力实现碳达峰、碳中和。坚持绿色采购、集中采购、优先采购节能环保产品。开展节能宣传教育，倡议干部职工积极响应“四个一”绿色生活方式，营造自我约束、主动减排的良好氛围。

全心投入当好疫情防控“守门员”。中心在局党组领导下，始终坚持科学精准防控，全体干部职工不畏艰辛、勇毅坚守，积极协调应对突发情况。

全员保障南海基地工程建设。南海基地工程在疫情的影响下，虽然面临很多困难，但在局领导有力领导和全面协调下，中心上下群策群力，海南工作组积极作为，努力协调各方，逐步破解工程难题，在国家文物局考古研究中心的支持下，当前基地工程建设进度正在快速有序推进。同时，切实把好工程建设安全关、质量关，全年实现安全生产零事故、基地人员零感染。

【事业发展】

2022年，在局党组的坚强领导下，中心创新思维、统筹谋划，挖掘利用优势资源潜力，发挥积极干事创业合力，切实推动中心事业稳步向前发展。

着力增强干部队伍凝聚力和战斗力。认真贯彻落实新时代党的组织路线，加强人才培养储备。坚持正确选人用人导向，有序开展选拔聘任干部工作，干部人才队伍逐步优化。

扎实做好北大红楼相关工程项目。北大红楼综合提升改造工程相关工作进入收尾阶段，已完成红楼保护修缮工程和消防、安防升级改造工程。切实履行共管共建责任，充分发挥红楼文物价值和社会效益，与北京市委宣传部合作启动《北大红楼文物保护利用工程报告》编撰工作。

稳步推进绍兴会馆文物建筑活化利用。按照局工作部署，与北京鲁迅博物馆联合推进绍兴会馆文物建筑保护利用项目，已组织完成绍兴会馆文物修缮工程方案深化设计，目前，北京市已确定国家文物局机关服务中心和北京鲁迅博物馆为该项目的利用单位。

北京鲁迅博物馆（北京新文化运动纪念馆）

【概述】

2022年，在国家文物局党组正确领导下，馆党委认真贯彻落实习近平新时代中国特色社会主义思想、党的十九大及十九届历次全会精神和党的二十大精神，改革创新，攻坚克难，真抓实干，较好地完成了各项工作任务。

【内部建设】

以理论学习为切入点，切实提高思想政治水平。馆党委认真贯彻落实党中央重大决策部署和习近平总书记关于文物工作重要指示批示精神，认真履行抓党建主体责任，以抓党的建设为引领，不断提高党员干部思想政治水平。一是狠抓党委理论学习中心组制度落实。采取党委领导班子成员带处级以上干部学习的方式，重点抓好党的十九大和二十大精神的学习宣传贯彻。二是采取多种形式开展学习教育活动，不断推进党史学习教育常态化长效化。为党员干部购买学习辅导资料，组织参加党的二十大精神培训班，组织党员干部上党课、参观主题展览、开展主题党日活动等。

以组织建设为着力点，不断发挥战斗堡垒作用。坚决贯彻落实上级决策部署，打好疫情防控攻坚战。坚持民主集中制原则，先后召开19次党委会，对本馆建设发展的重大问题进行集体决策。组织党务纪检人事干部参加局系统党务纪检人事干部培训班。认真落实“三会一课”制度，各党支部采取领学、问答等方式抓好党员学习教育。强化党员教育管理，积极选派人员参加工委组织的培训班。配合完成党建督查工作并认真落实整改，不断提高党建质量和成效。第二党支部获得中央和国家机关工委“四强”党支部荣誉称号。做好巡视“回头看”及整改工作，推动党建高质量发展。狠抓纪委建设，加强全过程全领域监督。组织开展多种形式的党性、党风、党纪教育，不断提高党员遵纪守法的自觉性。积极落实乡村振兴工作，为河南淮阳定点帮扶10万元，预留购买农副产品2万元。

【事业发展】

馆党委认真落实习近平总书记关于建设文化强国重要指示精神，与武汉经济技术开发区合作建成武汉鲁迅书店（美术馆）项目并正式对外开放。与国家文物局机关服务中心联合申报的西城区绍兴会馆活化利用项目，目前已完成绍兴会馆修缮方案的编制工作和修缮专项资金的申报工作。加大推进博物馆事业改革发展工作力度，推进策展人制度落实，不断完善激励奖励机制，推进绩效工资改革，加大干部人才队伍建设力度，优化干部队伍结构，营造干事创业的浓厚氛围。

【学术研究】

认真完成《鲁迅研究月刊》编辑出版工作。国家社科基金一般项目“北京鲁迅博物馆藏稀见及未刊文献整理与研究”获批，“鲁迅的新文学收藏”项目进入审批流程。全年参加学术会议等12次，举办鲁迅的道路系列学术讲座4次，联合澳门大学举办纪念鲁迅逝世86周年线上学术讲座。参与社科院组织的全国A刊学术期刊评审。全年共发表学术研究文章40余篇（含C类核心期刊及国家级报纸6篇）。

【陈列展览】

全年共送出展览10项、引进展览7项，其中“鲁迅生平陈列展”获评第十九届（2021年度）“全国博物馆十大陈列展览精品奖”。与中共一大纪念馆、上海图书馆合作举办的“伟大精神铸就伟大时代——中国共产党伟大建党精神专题展”为该展全国巡展首站。原创展览“曙光·伟业：五四运动与中国共产党的创立”赴全国多地展出，并推出线上展览。“鲁迅收藏佛教拓片艺术展”在云冈石窟博物馆展出，其中多件馆藏珍贵文物首次出馆。派员参与中宣部“奋进新时代”主题成就展、中国国家版本馆展览大纲的撰写、展品选择等工作。

【社会教育】

扎实做好对外开放工作，全年共接待27万余人次，其中鲁博馆区11.5万余人次、红楼馆区接待15.5万余人次。不断加强讲解员队伍建设，完成鲁博馆区73场、红楼馆区35场及“奋进新时代”主题成就展413场接待讲解任务。积极配合“鲁迅生平陈列”语音导览制作，更新鲁迅旧居讲解播放设备。充分利用馆藏资源，开展“走进鲁迅”“三味书屋读鲁迅”等入校研学活动，万余名师生参与其中，培训校内志愿讲解员百余名。在鲁博馆区开展“鲁迅纪念月”系列活动，开展“慰问抗疫志愿者暨社区敬老”活动。依托“互联网＋”模式，开展“世界读书日”“云游博物馆”“小脚丫走胡同”等多个线上直播活动。申报的学生志愿者团队入围“首届全国博物馆志愿服务典型案例征集推介活动”。

【藏品保管】

积极推进文物资料楼提升改造项目，共清点交接文物、藏品、资料6.6万余件/套，装箱封存450余箱期刊图书，110余箱社科类图书移交鲁迅书店（武汉）供借阅。完成资料楼办公区的搬迁、改造工作，对资料楼库区和功能区重新进行规划，严格按照文物库房标准进行施工。全年共征集4批32件/套文物藏品，其中5件为抗美援朝期间的珍贵文物。完善文物藏品数据库，加强文物提用管理。协助国家文物局接收美籍华人邓芳、范世恩夫妇等捐赠文物艺术品10件/套，接收香港海关移交涉案流失银币8枚。

【文创产品】

不断加大文创产品推介与展示力度，新推出鲁迅书籍封面冰箱贴4款、新文化运动中进步杂志书名徽章6款，五四青年节期间推出“新青年”文创大礼包，夏季推出猫头鹰文创雪糕等。新青年文创产品、北大红楼纸质模型等获第九届“博博会”最佳展示奖、第六届三亚国际文化产业博览交易会最佳展示奖，并在北京展览馆“奋进新时代”主题成就展上展示。北大红楼文创店成为展示鲁迅及五四精神的新窗口，鲁迅博物小程序创造线上销售和展示文创产品的新空间，实现主营业务收入近百万元。

中国文物信息咨询中心（国家文物局数据中心）

【概述】

2022年，中国文物信息咨询中心坚持以习近平新时代中国特色社会主义思想为指导，认真学习贯彻党的二十大精神，勇于在疫情大考中担当使命，坚定不移深化改革、加强管理，在局党组的正确领导下，在局机关各司室和各直属单位的大力支持下，稳中求进，紧紧围绕局党组决策部署，组织编制中心事业发展规划（2023—2035年），推进重点工作，力求创新突破，较好地完成了各项工作任务。

【内部建设】

一是认真学习党中央精神和习近平总书记重要论述。中心党委及时传达学习习近平总书记关于文物工作重要指示批示精神，学习习近平总书记在关于深化中华文明探源工程、在省部级主要领导干部专题研讨班上的重要讲话和《习近平谈治国理政（第四卷）》等理论著作。通过收看党的二十大开幕式，召开党委会、中心组学习会、青年理论学习小组会、“三会一课”等形式，深入学习党的二十大报告和相关文件，全面系统领会党的二十大精神。

二是提高政治站位，扎实推进巡视审计一体化整改。局党组巡视“回头看”意见反馈后，中心党委多次召开会议研究，充分发挥党委的组织力凝聚力战斗力，层层压实责任，对照巡视审计整改要求，抓住北京国文信文物保护有限公司和泛华易拍（北京）科技文化有限公司整改、清理等工作难点问题，细化任务分工，建立月报制度，做好整改“后半篇文章”。

三是建立安全生产责任制度，强化意识形态安全意识。中心党委高度重视安全生产工作，针对中心的网络安全、消防安全、疫情防控及意识形态安全等实际情况，制定出台《中国文物信息咨询中心安全生产实施方案》。特别是把网络安全，局官方微博、视频号运维，舆情监测等纳入安全生产管理，强化了全员意识形态安全意识和责任感。及时落实北京市和国家文物局疫情防控政策，制定防控预案，保障正常工作秩序和职工健康安全。

四是加强组织建设，推进中心党组织换届工作。中心党委按照党章和基层组织选举工作条例的规范程序，精心组织开展换届选举工作，制定工作方案和任务分工表，严肃纪律，落实好每个步骤和环节，切实把党性强、政治素质高、责任心强的党员选进中心党委、纪委，进一步加强党组织的战斗堡垒作用。

五是服务国家大局，选派人员积极响应援藏支教等工作。中心党委积极响应国家政策，选派优秀人员落实援藏、支教、挂职等工作。继续推荐张学文赴西藏挂职；选派年轻党员蒲昱晓参加中央和国家机关第25批青年支教帮扶队，赴河北张家口阳原县支教；推荐邱方到海南省旅游和文化广电体育厅挂职。中心持续落实“全国文物援藏工作电视电话会议”和“全国文化文物对口援疆工作会议”精神，支持阿里地区文化局开展石窟寺和岩画点数字化保护工作，积极开展《“十四五”对口支援新疆文物工作专项规划》实施情况评估，并援助局定点帮扶点河南周口淮阳区10万元扶贫款，助力当地经济文化建设。

【数据库建设】

全力推进国家文物资源大数据库建设前期研究。对数据库建设，中心党委高度重视，落实局党组要求，建立工作专班，在局办公室的积极指导下，开展了北京、山东、山西和江西四个试点省市工作调研，组织编制国家文物资源大数据库项目总体方案、建设指导意见、一期项目方案、数据资源管理办法等。协助4个试点省市编制完成试点建设方案。通过调研分析，中心已初步形成文物资源大数据库的基本建设思路。

【信息化基础工作】

持续提升服务能力，做好国家文物政务一体化平台和网络机房基础设施的安全运维保障。在局办公室的指导下，加强数据汇集，推进政务一体化平台性能提升。开展机房及信息系统巡检440余次，网站及应用系统状态检查220余次，系统漏洞扫描12次，处理网络安全应急协调平台提示事件26起，阻止网络攻击事件240万余次，并在党的二十大等重要保障期间，严格落实网络机房7×24小时值班制，全力保障了局机关和局直属单位业务系统、网络设施和数据机房的正常运转。完成局机关视频会议系统升级改造，全年保障局机关各类视频会议直播和局领导重要活动视频拍摄服务138次。

【信息化服务】

主动加强数据处理和分析，积极服务局各项业务信息化和数据工作。加大政务业务系统自主研发力度，配合文物古迹司、考古司、博物馆与社会文物司、革命文物司、交流合作司持续开展全国革命文物资源信息管理平台、博物馆年度信息报告系统、全国考古发掘电子审批系统改造升级（一期）建设；研发博物馆运行评估填报系统、馆藏一级文物备案系统和社会文物流通信息备案系统；建成全国红色标语类革命文物数据库，以及“红色基因传承平台”“亚洲文化遗产保护行动项目平台”。加强对中心现有数据的归纳整理和更新维护，配合督察司持续做好全国重点文物保护单位安全基础数据管理系统完善与数据填报和基于遥感监测技术的全国重点文物保护单位执法监测工作；配合文物古迹司开展全国重点文物保护单位数据信息整合和省级文物保护单位名录复核工作；配合博物馆司推进博物馆业务“一网通办”，完成2021年度博物馆名录和专项年报数据分析报告；配合交流合作司做好流失海外中国文物数据库更新与整理工作，报送34期“中国文物预警监测信息”。

【新媒体与舆情监测】

加强文物数据价值挖掘和展示传播，推进舆情监测和新媒体运行管理。在局政法司的指导下，加强新媒体日常运维管理，严格落实意识形态工作责任制，注重内容建设，提升服务水平，保证内容发布的时效性、准确性、权威性。微博“中国文博”发布信息1547条，粉丝数121.3万人，阅读量超过10万人次的发布内容累计263条，多次获得文博微博影响力周榜排名第一，登上微博热搜。国家文物局视频号开通后已发送视频39个，关注人数

9850人，视频浏览量150.1万，首发视频获7000多点赞，在相关部委或文博机构首发视频名列前茅。不断提高舆情监测工作服务能力，逐步得到局机关及行业认可，形成了以国家文物局文物舆情监测为核心，各省文物舆情监测稳步增长的局面。同时中心认真落实党管意识形态工作原则，加强文物舆情工作人员意识形态管理，先后出台多项管理规定，并通过开展文物舆情案例研究、建立定期专家会议制度、组织行业舆情培训等方式，推动行业文物舆情处置应对工作更加科学有效。

【咨询服务】

提升基于信息数据的咨询服务水平，积极拓展工作新领域。在科技教育司的支持下，通过全国文博网络学院平台，面向全行业征集203门精品课程，极大充实了现有课程库。为国家文物局、中国文化遗产研究院和北京、甘肃、福建等地方文物局举办线上专题培训和直播讲堂，不断扩大文博知识服务行业，提升社会效益。配合科技教育司成功申报科技部2022年第二批线上出国（境）培训试点项目并组织实施“考古与文化遗产”和“文物保护与科技考古研究”培训。开展相关标准制定及修订工作。

在文物古迹司支持下，启动全国文物自然灾害每日预警预报工作，探索文物数据与降水、洪涝、台风、地震等数据的综合利用途径。在中国文化遗产研究院的支持下，积极承担不可移动文物自然灾害风险评估管理系统建设。作为课题参与单位，成功申报文物领域第一个科技基础资源调查专项——中国先秦两汉时期矿冶遗址综合调查项目，负责数据库建设和数据研究工作。

积极主动为文博单位、行业和社会提供文物保护信息化咨询服务。承担国家“文化润疆”工程《新疆文物综合信息管理数字资源建设项目（一期）》，已按时完成任务，并通过项目验收，得到新疆维吾尔自治区文物局、文博院的认可与好评。配合陕西省文物局编制印发《“十四五”网络安全和信息化专项规划》。配合北京、四川等省市开展不可移动文物数据资源建设。持续完善并在行业内外多家博物馆推广中心拥有自主知识产权的“推广博物馆藏品综合管理系统”。

文物出版社有限公司

【概述】

2022年，在局党组的正确领导下，文物出版社以习近平新时代中国特色社会主义思想为指导，深入学习贯彻党的二十大精神，始终坚持正确出版导向，坚持双效统一，全力抓好巡视整改落实，统筹推进新冠疫情防控和生产经营，基本完成全年既定目标任务。

【内部建设】

加强党的创新理论学习，切实贯彻执行。持续推动深入理解贯彻习近平新时代中国特色社会主义思想，及时跟进学习习近平总书记的最新重要讲话和中央会议精神；通过“三会一课”、自学、参加部局专题培训、主题党日等活动，持续抓好党员干部日常学习。同时，坚决落实习近平总书记重要指示批示和中央决策以及局党组部署，围绕有关文物、考古、文明起源、文物保护、文化基因、革命文物、融合发展等方面，加大有关图书、数字产品的组约稿和出版、制作工作力度，持续推出相关图书和数字产品。

加强政治引领，精心组织党的二十大精神专题学习。围绕迎接和宣传党的二十大，深入开展“奋进新征程、建功新时代”主题实践活动；围绕“走好第一方阵，我为二十大作贡献”，组织党员领导干部讲专题党课，指导各支部组织开展主题党日活动。党的二十大召开后，及时成立领导小组，制订学习计划，采取理论学习中心组学习、宣讲报告会、专题学习班、各支部“三会一课”等形式，在社内迅速兴起学习贯彻党的二十大精神热潮，切实把党员干部的思想和行动统一到党的二十大精神和确定的目标任务上来。

加强责任履行，推动全面从严治党向纵深发展。制定出台党建工作领导小组工作要点，专题研究并召开党的工作纪检工作会议。健全工作汇报制度，定期向局党组书面报告党建和意识形态工作，定期听取社纪委、各支部年度工作进展。对照党委和党委成员履行全面从严治党责任清单，召开专题履职报告会议。加强组织和队伍建设，完成党委、纪委和支部换届，将专兼职党务工作经历纳入年度述职和干部履历。做好党员发展工作，4名中共预备党员按期转正，发展3名新党员。

充分发挥纪委作用，加强对各部门、单位“一把手”和领导班子的监督，把干部选拔任用廉政审核、意识形态阵地建设和防控、廉政风险防控、反对餐饮浪费、落实垃圾分类等纳入纪委监督范围，对各支部“学查改”专项工作全程督导。注重做好党员日常教育管理，认真开展警示教育，引导党员干部自觉遵规守纪。

加强严格要求，持续推进中央和局党组巡视整改和“学查改”专项工作。

持续推进中央巡视整改和局财务专项审计整改。7项长期任务中，5项已完成，2项持续深化。

有力推进局党组巡视问题整改。巡视整改工作领导小组全年召开12次工作推进会，整改工作领导小组办公室召开18次推进会，聚焦局党组巡视组反馈的4个方面39个问题，研究制定90项重点整改任务和措施“时间表”“路线图”“任务书”，压实整改主体责任，做到件件有回应，事事有着落，按时保质保量完成年度巡视整改任务。

认真组织“学查改”专项工作。制定专项工作方案，召开专题组织生活会，按照“六对照六看六查”要求，查找问题，剖析根源，明确整改措施和方向，建立工作台账，集中改进提高。

加强阵地建设，严格落实意识形态工作责任制。社党委两次专题研究全社意识形态工作，加强社图书、期刊、新媒体等意识形态阵地的建设和管理，制定修订《文物出版社有限公司意识形态风险处置预案》等6项意识形态配套制度，保证全流程安全。强化选题论证和编辑教育培训，严格执行三审三校和重大选题备案制度，确保正确的出版导向和价值导向。全年出版的图书、期刊、新媒体、数字产品无政治导向问题、无政治性错误。

【图书出版】

聚焦主业，图书出版态势平稳。全年累计出书557种，总印数135.6万册，总码洋2.34亿元，稳固了产品规模。

继续调整图书结构。考古与文明丛书、考古新视野、敦煌艺术书系、马王堆帛书帖、双观帖、全清小说等系列丛书新品持续推出。

加大主题图书出版力度。围绕革命文物、“一带一路”等，组织出版《探索与实践：江西省红色标语保护利用》《破晓——吉林人民革命斗争史陈列》《海上丝绸之路丛书》等近百种图书，继续完善相关电子书和主题数字库。考古中国、中国文明起源、石窟寺考古研究图书也陆续推出。

重大出版项目有序推进。《欧洲冯氏藏中国古代版画丛刊续编（全100卷）》《银雀山汉墓简牍集成（第二批）》《敦煌蒙书辑录与研究》《甲骨文合集（精聚本）》《伊犁地方史资料辑录》《中国文物志》等重大出版项目推进顺利，全部或部分完成了出版。

融合发展持续推进。继续推进数字化内容建设和数字产品设计、生产、出版，产品平台机构版的建设、增量数据在线处理系统的建设、文物保护工程学习平台用户端优化、出版数据汇总系统搭建、英文站点的搭建与制作、数据采集与电子书制作、数字产品运营维护等进展顺利。配备专职人员和设备，图书的“全网化营销”取得阶段性成果。

进口图书业务稳步拓展。进口图书业务贸易额达到152.7万，增长31.6%。

【获奖情况】

全年共有23种书刊获得奖项，《文物》月刊荣获“2022中国最具国际影响力学术期刊”称号。在2022年度中国图书海外馆藏影响力百强排行榜上，文物出版社排名第17位。

一批图书获得国家出版资助，其中《中国青铜器全集续编（第二批）》获国家出版基金项目资助，《银雀山汉墓简牍集成（第二批）》《敦煌写本禅籍辑校》获国家古籍整理项目资助，《中国彩陶图谱》《长江文明的曙光（增订本）》获国家社科基金中华学术外译项目资助，《陕西旬邑枣林河滩遗址考古发掘报告》《元代铜权研究》获国家社科基金后期资助项目资助。

【规范化管理】

全面贯彻新发展理念，编制完成“十四五”图书出版、数字化转型专项规划；全面贯彻落实党的群众路线，激发群众持久创新活力，修订《文物出版社有限公司创新资金使用管理办法》，制定出台《关于激活公司创新资金组建科技、文化等类子公司办法》等。制定实施《数字内容资源管理办法》《数字内容资源经营与服务管理办法》等19项业务管理规范，通过业务流程的标准化、制度化、严把关，将从严要求和责任传递到各项业务工作的神经末梢。

【人才队伍建设】

加强人才培养和干部队伍建设。组织全体编辑人员参加“出版专业技术人员继续教育培训”线上培训，持续提升编辑业务素质和业务能力。制定出台《文物出版社有限公司中长期人才培养规划》《文物出版社有限公司中长期干部队伍建设规划》，着力优化人才发展体制机制，建设一支高素质的企业经营管理和编辑出版人才队伍，为企业的发展提供有力的人才保障基础。

中国文化遗产研究院

【概述】

2022年，在国家文物局党组坚强领导下，在各司室专业指导下，在兄弟单位关心支持下，在全体同仁共同努力下，文研院较好地完成各项工作。

【内部建设】

举办“新时代文物保护利用主要成果展”，喜迎党的二十大。持续深入学习贯彻党的二十大精神和习近平总书记关于文物工作重要指示批示精神、全国文物工作会议精神，院党委书记带头讲党课。完善党委理论学习中心组扩大学习制度，组织集体学习45次，参与交流90余人次。强化意识形态主体责任，印发《中国文化遗产研究院党委意识形态工作责任制实施办法》。不断加强党的组织建设，筹备两委换届选举，皆顺利完成。配合国家文物局党组完成常规巡视，按要求落实整改事项。

队伍建设上，在国家文物局党组大力支持下完成了院领导班子调整和内设机构设置调整。用好新增岗位编制，招聘20名专业人员入职。

机制创新上，制修订外协、政采等制度20余项，建立院内重要工作任务清单制度，纪检专项督办。建立项目工作专班制，打破部门壁垒。实行月度、季度、年度汇报制度，克服懒政“躺平”。推动绩效制度改革。组建院学术委员会，实行特聘院外研究员制，开门办院，与高校和科研机构广泛合作。

【国际交流合作】

举全院之力推进文化遗产对外援助项目。11月10日，国务院总理李克强参观中柬文化遗产交流合作30年成果展，并出席中国援柬吴哥古迹茶胶寺修复项目实体移交仪式。援助尼泊尔杜巴广场九层神庙被尼方誉为“文化遗产保护的典范”。赴阿富汗开展艾娜克遗址保护情况调研。完成柬埔寨茶胶寺项目移交，两位青年职工金昭宇、袁濛茜获柬埔寨王国骑士勋章。

承办“庆祝《保护世界文化和自然遗产公约》50周年——海上丝绸之路国际文化论坛”。参加2022年海上丝绸之路保护和联合申报世界文化遗产城市联盟联席会议、首届粤港澳大湾区文物建筑高峰论坛。

【科研任务】

1项科技部重点研发计划《贝叶经保护修复关键技术及应用示范》（共性关键技术类）

完成答辩，2项国家社科基金项目《尼泊尔杜巴广场王宫建筑考古与古代中尼文化交流研究》和《五一广场东汉简牍官文书复原研究》获批。

国家社科基金特别委托项目、重大项目顺利实施。《大运河画传》现已出版，《长城画传》即将出版。国家自然科学基金《基于X射线-中子衍射联合成像的岩石内应力研究》即将结项。

【重点项目】

在国家文物局支持下，积极拓展业务空间、业务布局，立足北京，辐射全国。积极配合北京中轴线申遗工作，完成《北京中轴线监测巡视制度体系建设方案》编制，指导南中轴考古遗址保护展示工作。完成故宫景福宫、明十三陵泰陵、协和医院旧址民国时期建筑彩画、颐和园长廊彩画等系列保护方案设计。

古建筑保护修复方面，持续开展应县木塔系列研究和变形监测年度报告编写。推进清东陵等文物建筑保护修缮工程。壁画彩绘彩塑保护方面，完成山西省240余处国保单位壁画彩塑现状文字及影像调查记录。革命文物和近现代文物方面，完成《河南革命文物保护利用片区工作规划》《东北抗联片区革命文物保护利用工作规划建议书》《深圳市改革开放重要史迹补充调研》初稿。可移动文物保护修复方面，完成《布达拉宫文物（古籍文献）保护利用项目总体规划实施方案（2019—2028年）》编制，持续推进保护修复子项和病害调查子项。石窟寺及石刻文物保护修复方面，持续推进明中都皇故城及皇陵石刻午门遗址本体保护工程、承德避暑山庄及周围寺庙石质文物科技保护。古遗址古墓葬保护方面，完成平粮台遗址环境整治设计方案与南城门遗址保护展示方案编制。世界遗产监测保护方面，继续为遗产地监测提供咨询支持服务，开展申遗研究和文本编制，推进世界遗产地保护管理规划编制。教育培训方面，完成4个培训项目，培训学员2000余名，组织完成系列教材编制。古文献研究方面，《出土文献研究（第二十一辑）》《陈介祺手稿拓本合集》出版。

完成第四批国家考古遗址公园评定、全国名碑名刻遴选推荐及碑刻石刻文物资源摸底调研、文物领域贯彻新发展理念研究、尚未核定公布为文物保护单位的不可移动文物基础信息汇总整理、《长江文物保护利用工作规划纲要》初稿编制等。

积极推进《长城保护条例》修订研究、抗美援朝文物资源调查评估、全国红色标语保存状况专项调查、2022年革命文物保护项目实施情况检查评估、国家考古遗址公园年度运行状况监测等。

推进科创中心项目。赴科研院所、高校、企业开展实地调研8次，4月份完成项目建议书、概念设计文本修改，签署土地使用意向协议，已上报国家发展改革委待批。

【成果宣传】

制作纪录片《我在吴哥修文物》，在人民日报、新华社等媒体报道援外工作。与中国文物报社加强合作，积极发声。《中国文化遗产》学术质量稳步提升。举办“文研院大讲堂”系列讲座9次。主办“全国石窟寺保护利用学术研讨会”。

中国文物报社有限公司

【概述】

2022年，中国文物报社在国家文物局党组的正确领导下，以习近平新时代中国特色社会主义思想为指导，全面贯彻落实党的二十大精神，认真贯彻落实新时代党的建设总要求和新时代党的组织路线，坚决拥护“两个确立”，增强“四个意识”、坚定“四个自信”、做到“两个维护”，牢记“三个务必”，坚持稳字当头、稳中求进、稳中向好，准确把握国家文物局直属单位、全国性行业传媒机构和中央文化企业三个核心定位，积极推进党建与业务融合、媒体融合、文旅融合。

【内部建设】

一是不断强化政治引领。坚持把党的全面领导贯穿报社工作全过程，深入学习贯彻党的二十大精神，深刻认识把握“两个确立”的决定性意义，严格落实全面从严治党主体责任，切实把“两个维护”落实到日常工作当中。结合巡视整改、党建督查和“学查改”专项工作，持续巩固和深化党史学习教育成果，全面完成各党支部委员会换届工作，开展专题学习，召开专题组织生活会，开展“七一”系列活动。加强意识形态工作，修订制度，落实监督考核，将意识形态工作作为干部职工年度考核的重要内容。认真贯彻国家文物局关于文物宣传工作的指示要求，无条件、全力支持国家文物局新闻中心建设。

二是深刻把握宣传导向。坚持把学习宣传贯彻党的二十大精神作为当前和今后的首要政治任务，结合报社文物宣传工作实际，紧跟党中央唱响主旋律，认真做好党的二十大精神宣传工作。在国家文物局官网、官微和《中国文物报》推出“喜迎二十大”“学习宣传贯彻党的二十大精神”“奋进新征程、建功新时代”“文博奋斗者正青春”等专栏专题的系列报道，充分利用线上线下资源，对文物系统学习贯彻党的二十大精神开展形式多样的宣传报道，营造学习宣传贯彻浓厚氛围，把党的二十大精神宣传报道引向深入。

【全媒体建设】

坚持平台为王、渠道至上，加快推进传统媒体与新兴媒体深度融合，加强全媒体综合传播体系建设，从小传播走向大传播。

一是扎实办好《中国文物报》，报刊媒体内容质量不断提升。全年编辑出版《中国文物报》102期，共872个版面。主动配合国家重大活动，围绕中心、服务大局，及时准确发布党的理论和路线方针政策、党中央决策部署、重要会议、重要文件等重要新闻，推出“聚焦两会关注文博”“贯彻落实全国文物工作会议精神”“非凡十年——新时代文物工作主题宣传”“中华文明探源”“百年百大考古发现”“新时代百项考古新发现”等20项重大宣传主题，聚焦习近平总书记关于文物工作重要指示批示和国家文物局年度重点工作，密切关注文博领域社会热点，作为重要的宣传窗口，积极助推全国文物系统各项工作落地见效。报社新闻采编人员在“新春走基层”活动中被授予全国行业媒体先进个人。全年编辑出版《文物天地》12期，《策展研究》增刊2期，《文物调研》内刊4期；受中国博协委托，完成《中国博物馆》正刊6期、增刊2期的编辑出版任务，根据中国知网数据，期刊综合影响因子大幅提升，对比上一年度增加幅度达45.39%，复合影响因子首次“破1”，达到1.092，在文化与博物馆学类23种学术期刊中排名第4，首次被选入中国学术期刊影响因子年报统计刊源Q1区期刊。

二是三大新媒体矩阵基本形成，视频优先的传播格局初步显现。国家文物局政务网络媒体矩阵建设扎实推进，国家文物局官方微信共推送文章近千条，16.5万人关注，总阅读量超过389万次，有效发挥了政务新媒体职能；国家文物局政府网站完成新闻发布会直播12场，发稿11000余条，视频近100个，阅读量达3000余万次，被列入国务院办公厅政府信息与政务公开办公室17个受表扬优秀部门之一。中国文物报全媒体矩阵、文博在线全媒体矩阵建设初显成效，2022年全社40个新媒体账号从“策采编发”全流程发力，发稿量近2万篇，自采稿4013篇，实现总浏览量3亿余。报社全面实施视频优先战略，积极探索媒体数字化的“破圈”之路，全年累计开通、升级视听新媒体账号20个，播发视频作品3000余条，一批高质量原创视频作品获得广大网友点赞好评。文化遗产视频媒体传播矩阵初步形成，“文博视频”抖音号被评为2022年政务抖音号优秀创作者，由“文物之声”抖音号推出的“博物馆里过新年”活动聚集27家博物馆共同参与，讲历史故事、晒博物馆文创精品，累计总曝光量2.5亿次，在2022年末以763.6万的单日浏览量被推上抖音热榜。

【业务拓展】

坚持内容为王，服务至上，努力促进文化遗产与旅游融合，打造“媒体+服务”的传播品牌集群，从小服务走向大服务。

一是利用内容优势创新产品形态。持续策划推出“全国十大考古新发现评选活动”“全国博物馆十大陈列展览精品推介活动”“全国革命文物保护利用十佳案例”“全国文博技术产品评选推介活动”“全国十佳文物藏品修复项目推介活动”“全国十佳文化遗产旅游案例推介活动”等22项文化遗产系列媒体推介活动，并围绕相关活动推出新闻、视频、图书、专刊等特色宣推产品，为文物博物馆专业工作的开展树立了一批学习借鉴的先进典型。秉承高标准、全覆盖原则，先后策划推出“中国文化遗产公开课 · 2022年全国博物馆陈列展览线上高级研修班”等15个“中国文化遗产公开课”品牌培训项目，累计授课百余场，培训学员数万人次。克服疫情带来的不利影响，成功举办了新时代考古发现与研究论坛、新时代博物馆陈列展览创新发展论坛、2022全国文化遗产旅游论坛、“让文物活起来：文化遗产与当代智造”主题论坛等10场文化遗产系列主题论坛活动，为文物博物馆行业搭建交流平台，创新阐释和广泛宣传新时代文博事业的历史性成就和历史性变革。

二是深耕文博行业拓展服务内容。依托行业媒体优势资源，努力发挥文博领域专业智库作用，先后承担了国家文物局和各地文物部门委托的《博物馆运行评估标准》研究编制、《北京博物馆之城建设发展规划》编制、深圳自然博物馆运营咨询、北京奥运博物馆展陈大纲和可行性研究、大运河博物馆（首博东馆）概念设计和可行性研究等多项专业研究、咨询任务，在博物馆建馆咨询、规划编制领域初步形成品牌效应。创新赋能展览策划服务，“新春生肖文物（图片）联展”线上线下联展单位近250家，观众总量突破1000万人次，并配套开发了包括线上展览、沉浸式剧本推理活动、短视频话题、春节直播活动、数字藏品等多种形式的数字文化传播产品，已经成为全国博物馆领域春节档重要的品牌展览；“繁星盈天——中国百年百大考古发现展”在79家联展单位陆续开展；策划推出“考古里的长江文明——新时代·新发现”“全国百家文化创意产品推介展”“红色中国——革命文物藏品图片展”等多项主题展览产品。依托2022中国-东盟博览会旅游展、2022海丝之路文化和旅游博览会、第九届“中国博物馆及相关产品与技术博览会”平台探索开展会展服务业务，获得“2022中国-东盟博览会旅游展”最佳展示奖、最佳组展奖，第九届中国博物馆及相关产品与技术博览会“弘博奖”最佳组织奖。

中国文物交流中心

【概述】

2022年，中国文物交流中心坚持以习近平新时代中国特色社会主义思想为指导，全面学习贯彻党的二十大精神，在局党组坚强领导下，在局机关各部门大力支持下，围绕中心、服务大局，稳中求进、创新驱动，推动各项建设取得新成绩。

【内部建设】

党的全面领导巩固加强。及时跟进学习习近平总书记关于文物工作的重要论述和重要指示批示精神，开展“强国复兴有我”活动、“学、查、改”专项工作、党建专项督查整改。成立中心党委、纪委，提升党支部标准化规范化水平，创新设立“党费日”“主题党日活动日”，试行党支部委员和党小组长轮值制度。向河南周口市淮阳区捐赠帮扶资金15万元，采购农产品8.27万元，助力乡村振兴。

全面从严治党有力推进。履行纪委监督执纪责任，严格落实中央八项规定精神，“反四风”树新风。落实意识形态工作责任制，维护意识形态阵地安全。压实巡视整改政治责任，完成中央巡视整改、局党组常规巡视整改任务。统筹推进疫情防控与业务工作。

【文物展览】

充分发挥文物交流国家队作用，成功举办文物展览49个，累计观展人数500余万人。

进出境展览丰富多彩。配合策划举办“中柬文化遗产交流合作30年成果展”，赴香港举办“血浓于水：香港历史建筑中的家国情”展览，在台湾举办“长路相贯——茶马古道上的人文历史”文物资料展，与中国驻荷兰、哥伦比亚、波兰等使领馆合作举办展览展示活动，塑造可信、可爱、可敬的中国形象。成功引进叙利亚、英国、意大利、日本、埃及、德国、白俄罗斯等国家展览来华巡展，推动文明交流互鉴。“亚洲文明展”荣获“新时代博物馆百大陈列展览精品”荣誉、“英国V&A博物馆馆藏吉尔伯特精品展”荣获十大精品国际及港澳台合作奖。

国内展览亮点突出。举办“宋瓷展”“古琴展”“服饰展”“宋人生活展”“财富展”等不同主题的国内精品展览，传承中华优秀传统文化。举办“旗帜飘扬”“丰碑”“光辉伟业”等革命文物展览，加大革命文物展示传播力度，弘扬伟大建党精神。

【文旅文创】

创新活力不断迸发。与中国黄金等知名品牌进行IP授权，开发“爷爷的传家宝”文创盲盒，搭建“探元数字文创平台”。筹备成立中国文物学会文物旅游专业委员会，策划“万里茶道环中国自驾游”等文物旅游线路，推动文物与旅游融合发展。

【科研咨询】

科研咨询成果丰硕。牵头承担国家重点研发计划“民间文物流通安全服务关键技术研发项目”顺利通过中期评审，完成“关于数字影像和虚拟仿真技术在‘四史’学习教育中的应用研究”课题并获得优秀评价，编制完成11项规划设计方案和咨询评估报告，出版6本图书，合作推出“远古指路”“云上觅宝”等平台，为30家中小博物馆提供数字化公益服务。

【其他】

服务机关尽心尽力。完成局委托的展览初审、会议论坛筹办、中华文物交流协会重组等相关工作任务，承办“党的故事我来讲”“见证新时代”等主题活动，承担美国返还文物回运工作，举办12个线上线下培训项目，培训全国学员1.3万余人，线上课程播放量超过20万人次。

基础支撑得到强化。依托天竺业务用房建设中国文物交流展览馆，与央视合作策划“触梦三星堆”数字展览。推进南海文博产业园建设，为中心生存发展带来新活力。

国家文物局考古研究中心

【概述】

2022年，国家文物局考古研究中心坚持以习近平新时代中国特色社会主义思想为指引，深入学习贯彻党的二十大精神，在局党组的坚强领导下，带领干部职工圆满完成各项重点工作任务，取得了显著成效。

【内部建设】

深入学习贯彻党的二十大精神与习近平总书记重要讲话和重要指示批示精神，深刻领悟“两个确立”的决定性意义，增强“四个意识”、坚定“四个自信”、做到“两个维护”，在思想上政治上行动上同以习近平同志为核心的党中央保持高度一致。落实全面从严治党主体责任，落实意识形态工作责任制，加强对重点领域和关键岗位管理。配合局党组第二巡视组开展巡视“回头看”，相关整改工作迅速落实到位。

以建设世界一流考古机构为目标，坚持以改革促发展，初步形成中心新的“三定方案”。积极落实考古野外津贴政策，制定了绩效工资、科研绩效考核、奖励和科研课题间接费等一系列重大激励措施，强化了预算执行、重点工作督办等关键环节，极大地调动了干部职工干事创业的积极性。全年引进各类人才26人，在编人员增长63.4%，中心自身建设跃上新台阶。

【考古项目】

水下考古取得新突破。积极宣传新修订的《中华人民共和国水下文物保护管理条例》，编制完成《水下考古工作规程》。上海“长江口二号”沉船整体提取出水并顺利入坞，树立了我国水下考古新的里程碑。中心与中国科学院深海科学与工程研究所联合实施西沙深海科考调查，在千米深海发现多处沉船遗址，实现了我国深海考古的历史性飞跃。漳州圣杯屿元代沉船遗址水下考古发掘项目获央视连续7天滚动播报，各平台播出收视、点击率合计超过2亿次。西沙北礁海域、威海“靖远”舰遗址的水下考古调查工作扎实推进。举办第九期全国水下考古专业人员培训班，进一步优化水下考古人才队伍结构。中心与青岛市文旅局签署协议，共同推进北海基地二期（国家海洋考古博物馆）建设，计划于2025年底前建成开放。

田野考古工作走深走实。新疆图木舒克市唐王城遗址的考古发掘工作进一步明确了城址的形制、年代和性质，开启了新疆生产建设兵团主动性考古发掘工作的序幕。西藏昌都比果哇遗址考古发掘发现卡若文化房屋遗迹，丰富了西藏新石器时期考古文化内涵。西藏考古工作站和新疆南疆考古基地建设初见成效。实施宁波地区海岸线变迁及人地关系研究项目，持续推动对早期人类活动、文明起源和海洋文明发展的考古研究。服务国家发展战略，积极参与雄安新区等国家重大基本建设考古工作。

科技考古完成谋篇布局。完成植物考古、动物考古、体质人类学、分子古生物学和考古年代学实验室建设，建成覆盖科技考古各主要领域的研究团队，在安徽淮南武王墩楚墓、河南洛阳苏羊遗址等重要遗址的多学科考古中崭露头角。科技考古数据信息平台和植物考古、动物考古、碳十四年代、东亚古DNA等数据库建成运行。

考古智库作用更加凸显。落实习近平总书记重要讲话和重要指示批示精神，承担“中华文明探源研究”咨询评估工作，编制完成《三峡历史文化遗产资源专题调查报告》和《三峡文物保护利用专项规划》。组织编制《“十四五”考古工作专项规划》并报国家文物局发布实施。编制《考古探掘工国家职业技能标准》，并通过人社部初审。受国家文物局委托，开展考古勘探管理、考古项目预算编制规范、全国考古人才振兴计划等政策调研工作。

【科研成果】

全年发表学术论文46篇，其中SCI一区、二区（合占SCI期刊数的前20%）发表论文10篇，含一作5篇，*Science*亮点论文二作1篇。发表考古报告2部、研究报告3部，获专利3项。牵头承担的国家重点研发计划“水下考古探测关键技术研发”“海洋出水木质文物保护关键技术研发”项目顺利通过中期验收，完成气候变化对我国考古遗址的影响前期研究项目。中心联合中国中医科学院成功申报国家重点研发计划“道地药材源流的本草考古研究”项目。稳步推进国家重点研发计划2个项目专题、国家自然科学基金2个研究项目。

北京市

【概述】

2022年，北京市文物、博物馆行业紧紧围绕“一轴一城、两园三带、一区一中心”重点任务，用心用情用力保护好、管理好、运用好首都文博资源，首都文博事业取得新成效、新进步。

【文物安全工作】

文物安全纳入各区政府年度绩效考核，文物保护法纳入市委党校教学内容。推动建立行业监管与公安、消防等部门工作协同机制，建立北京文物安全研究院。对78个市级及以上文物保护单位进行“回头看”核查，督促抓好隐患整改工作。

【不可移动文物的保护与管理】

《北京中轴线文化遗产保护条例》正式施行，北京中轴线申遗文本完成定稿，保护管理规划正在公开征求意见。推进文物保护，完成正阳门箭楼、景山绮望楼等文物修缮。推进风貌提升，庆成宫及五八二电台家属区腾退和三处超高降层征收项目即将启动，西城区教育学院正在搬离，育才学校新址建设立项，中央单位信访办新建选址明确征地和代建工作。推进环境整治，钟鼓楼周边和前门大街第五立面整治收尾，万宁桥两侧环境整治完成，中轴线南段道路工程即将完工。

大运河文化带，路县故城遗址保护展示工程年底前完成主体结构施工，北京大运河博物馆（首都博物馆东馆）年底基本完工。

长城文化带，中国长城博物馆改造提升完成设计方案国际征集。北京、天津、河北文物局签订《全面加强京津冀长城协同保护利用联合协定》。

西山永定河文化带，推进三山五园艺术中心主要形象工程施工。

【革命文物保护利用】

北京市第二批革命文物名录通过市政府常务会审议。

蒙藏学校旧址文物保护修缮工程已完工。

腾退清华园车站，推进“进京赶考之路（北京段）”重点节点保护利用。

北京大学红楼保护展示工程等2个案例入选第三届（2021）全国革命文物保护利用十佳案例；北京大学红楼与中国共产党早期北京革命活动旧址连片保护利用入选国家文物局《全国革命文物保护利用案例集》，充分体现了北京市革命文物保护管理运用成果。

【考古工作】

配合基本建设工程的考古发掘项目66项，发掘面积8.2万平方米。中轴线考古发掘正阳桥、天桥遗址和中轴道路遗存。琉璃河遗址考古入选北京全国文化中心建设十件大事。北京市考古研究院获评全国文物工作先进集体称号。

【博物馆工作】

市委统战部和市政协围绕“博物馆之城”举行议政会。印发《北京市社会力量兴办博物馆扶持资金管理办法（暂行）》。《北京博物馆之城建设发展规划（2022—2035年）》完成征求意见稿编制。截至11月底，全市备案博物馆共214座，全年共举办展览和活动近500项。原创节目《博物馆之城》在北京卫视播出，引起广泛关注。

“北京之声·博物馆”项目已入驻22家博物馆。全市8项博物馆展览在第十九届（2021年度）“全国博物馆十大陈列展览精品”推介活动中获奖。

【文旅融合】

北京文博衍生品创新孵化中心平台共新增博物馆文物藏品素材采集800余件/套、文博文创设计作品2200余件/套，颁发数字版权登记证书600余件/套，社会踊跃参与。

【社会文物管理】

审批3000余场文物拍卖会，成交额超75亿元。其中，线上文物拍卖会2900余场，同比增长约58%，北京地区文物艺术品拍卖市场整体活跃度再创新高。

【其他】

编制《世界遗产在北京》手册，在纪念《保护世界文化和自然遗产公约》通过50周年系列活动发布。圆满承办首届北京文化论坛历史文化传承与发展分论坛。

校核首都功能核心区中央单位（含军队）文物的管理使用状况，贯彻落实中办、国办《关于进一步做好首都功能核心区文物腾退保护利用工作的意见》，加快制定文物腾退实施方案。

天津市

【概述】

2022年，天津市委、市政府高度重视文物工作，市领导多次作出批示，深入文化文物单位调研指导工作，提出明确要求，给予关心支持，为文物工作提供了有力保障。

【法制工作】

天津市人大常委会组成执法检查组对《中华人民共和国文物保护法》，以及《天津市文物保护条例》《天津市红色资源保护与传承条例》实施情况进行检查，对推动各区各部门履行文物保护管理法定职责、落实法律规定起到重要作用。

【文物安全工作】

天津市公安局成立文物保护工作领导小组，制定《关于加强文物安全保护工作的实施方案》，联合部署打击文物犯罪专项行动。市规划资源局组织编制《天津市历史文化名城保护规划（2020—2035年）》，加强历史文化遗产周边环境的整体保护，落实考古前置政策措施。配合市住建委起草《关于在城乡建设中加强历史文化保护传承的工作方案》，协同加大历史风貌建筑中的文物保护力度。市应急、消防部门联合开展文物安全检查。市文物局与天津铁路运输检察院、和平区文物部门和检察机关探索建立文化遗产保护公益诉讼沟通协作机制。

组织推动广东会馆消防二期工程、觉悟社安防工程、独乐寺消防工程等5项重点文物平安工程建设。组织对梁启超旧居、黄崖关长城、南开学校旧址等工程项目的立项批复、设计方案评审。组织对文物建筑和博物馆单位的安全检查和燃气使用安全隐患排查，推动落实文物火灾隐患整治和消防能力提升三年行动各项任务，取得明显成效。

【不可移动文物的保护与管理】

组织完成文物保护工程审批18项，其中国保修缮工程项目1项，市保修缮工程项目11项，市保抢险加固工程项目1项，市保文物本体保护及展示利用设计1项，市保建控内行政审批4项。

推动开展梁启超旧居、千像寺造像、天津文庙、独流木桥、黄崖关长城等多项维修工程，加强对不可移动文物巡查检查，坚决遏制并严厉查处未批先建、破坏损毁文物本体及环境等法人违法行为发生。

与北京市文物局、河北省文物局联合签订《全面加强京津冀长城协同保护利用联合协定》。

【革命文物保护利用】

加强革命文物保护管理。组织各区文物局、各有关单位开展了天津市首次革命文物普查。对耀华学校礼堂、扶轮中学旧址、天津市军事管制委员会和中共天津市委旧址（天津张园）、平津战役前线司令部旧址、盘山抗日标语石刻等进行本体保护修复、预防性保护和安消防升级改造。与北京、河北建立协同保护机制，推动革命文物整体规划、连片保护。

推进《晋察冀、冀热辽革命文物保护利用片区工作规划》联合编制工作。

设计研发可供课上、课下灵活使用的革命文物数字资源包，组织推进革命文物进校园。

【考古工作】

重点实施十四仓遗址前期调查和综合研究，以及西青区大运河国家文化公园文化小镇考古发掘。其中，十四仓遗址项目，完成考古调查540万平方米、考古勘探66万平方米，发现遗址集中分布区3处、各类遗迹现象431处；文化小镇考古发掘项目，清理各类遗迹438处、明清墓葬101座，考古实证杨柳青的形成发展。

推进“放管服”改革。按照市政府关于优化营商环境的统一部署，配合规划和资源部门，依托“多规合一、一张蓝图”综合业务协同平台，实行“先考古、后出让”，完成41次涉及33宗地块的考古审批。

【博物馆工作】

指导全市文博场馆，充分发掘馆藏资源，创新展示方式，推出主题鲜明、形式多样的主题展览335项。平津战役纪念馆“红色医药文化遗存展”入选100个社会主义核心价值观主题推介展览名单。

推动平津战役天津前线指挥部旧址陈列馆、天津市武清区博物馆进入全国第四批中央免费开放的博物馆、纪念馆名单，并向社会免费开放，让更多文物成果惠及民众。

成立天津市博物馆青少年教育联盟，探索形成馆校常态化联动共建机制。

【文博宣传】

创新文物价值传播。按照国际博物馆日主题，通过声、屏、报、网、端等多个传播渠道，创新举办系列宣传活动，播发原创作品超过50件，活动当天，新媒体端总阅读量突破100万。

推进智慧博物馆建设。天津博物馆和津云新媒体联合推出新媒体产品“VR天博”，让津城文物活在云端。

组织天津博物馆专业研究人员，走进天津交通广播《动听天下》节目《博物馆奇妙夜》栏目，直播讲述馆藏文物背后的故事。

【文旅融合】

推动革命文物资源融入红色旅游。联合机场、地铁、公交和商业综合体，通过开发革命文物主题登机牌、系列主题地铁站、“行走的博物馆”公交专线、博物馆虚拟展览进入城市公共空间等方式，让文物资源“活”起来、“动”起来。

【教育培训】

市委组织部将文化遗产保护纳入党校干部教育培训，并在天津干部在线学习平台开设相关视频课程。

【机构建设】

经市委编制部门批复，增设革命文物处，壮大了革命文物保护工作队伍。

在文物保护处加挂考古处牌子，不断充实文物工作力量。

加强基层文物机构建设，各区文化和旅游局加挂文物局牌子。

【其他】

编制《天津市落实“十四五”文物保护和科技创新规划实施方案》，经市政府批准印发实施。

河北省

【概述】

2022年，河北省文物局坚持政治引领，把学习贯彻习近平新时代中国特色社会主义思想作为首要政治任务，切实增强政治判断力、政治领悟力、政治执行力。深入贯彻落实党的二十大精神和习近平总书记关于文物工作重要论述和重要指示批示精神，坚持“保护第一、加强管理、挖掘价值、有效利用、让文物活起来”的新时代文物工作方针，坚决贯彻党中央、国务院和省委、省政府决策部署，切实推动各项工作任务有序开展。

【法制建设】

健全文物法规政策，推动《河北省大运河文化遗产保护利用条例》通过人大常委会审议，做好普法宣贯工作，配合做好《河北省博物馆条例》起草工作。

【文物安全工作】

全面加强文物安全监管。开展文物建筑消防安全专项检查，巩固全省文物消防安全专项整治三年行动成果。以张家口、保定为试点，委托第三方机构开展文物安全巡查，联合公安机关，持续开展打击文物犯罪专项行动。依法督办文物行政执法案件。强化文物部门、文化市场综合执法机构执法协作，强化责任追究。做好厦门市公安局向承德市文物局移交流失文物的接收工作。

【不可移动文物的保护与管理】

山海关长城北翼城1号马面至4号马面段修缮工程基本完工。推进山海关北水关第1段墙体及9号马面段长城开工实施。

做好大运河沿线文物保护利用项目，指导地方文物部门积极对接地方水利、运河管理等部门，推进郑口挑水坝、朱唐口险工等项目顺利实施。

指导地方文物部门对存在险情的石窟寺制定修缮计划并报审。指导完成南响堂山石窟保护性设施前期勘察研究报告，指导曲里千佛洞石窟危岩体加固与水害治理方案编制。

推进正定古城保护。指导完成隆兴寺三通御碑本体工程，谋划将正定城墙东西城墙北段、北城墙整修列入维修计划。

推动清代皇家建筑保护。推动承德普宁寺石质文物科技保护项目完工，须弥福寿之庙万寿塔壁画等项目实施中。昌西陵古建筑彩画保护修缮项目实施中。清东陵定陵、裕陵妃园寝项目基本完成。

做好大遗址文物保护利用工作。省政府公布实施赵王陵和定窑遗址保护规划，大力推进赵王城遗址、邺城遗址、泥河湾遗址群等考古遗址公园建设，并做好保护利用工程的实施。谋划燕下都、定窑遗址等大遗址的遗址公园立项申报，启动省级遗址公园的评定工作。

【革命文物保护利用】

积极推动与北京、天津、山西、辽宁等地联合编制《晋察冀革命文物保护利用片区工作规划》《冀热辽革命文物保护利用片区工作规划》。组织完成西柏坡中共中央旧址、中央人民广播电台旧址等项目验收。完成八路军一二九师司令部旧址、中共晋冀鲁豫中央局和军区旧址等修缮项目。完成李大钊故居、晋冀鲁豫边区政府旧址——教育厅旧址等工程方案审批。

【考古工作】

做好考古发掘和研究工作。有序推进泥河湾、尚义四台、康保兴隆、邺城等遗址考古工作。泥河湾下马碑遗址、尚义四台遗址考古取得重大成果，尚义四台遗址发现万年前的遗存。

做好雄安新区、大运河考古工作。继续推进南阳和古州城遗址考古工作。组织实施大名府故城和大运河永济渠年度考古工作。

做好基本建设工程中的考古工作。协调推进“先考古、后出让”工作。

【博物馆工作】

加强博物馆管理工作，与保定市政府签署“博物馆之城”合作框架协议。顺利推进泥河湾博物馆开工，支持山海关中国长城博物馆（暂定名）冠名、藏品征集、展陈等方面的建设工作。开展全省全国工业类博物馆摸底调查工作。组织申报全国博物馆志愿者典型案例评选。

【科技与信息】

河北省文物建筑数字化项目进行整体验收。建设完成河北省文物保护单位数字化平台，为文物保护维修、展示利用、科学研究和安全监管提供数据支撑。

为进一步拓展河北文物宣传推广渠道，通过网络科技和智慧赋能，链接文物与当下人们的文化旅游生活，策划编制推出《跟着文物游河北》智慧语音导览图。

山西省

【概述】

2022年以来，全省文物系统认真贯彻落实党的十九大、十九届历次全会和二十大精神，坚持以习近平新时代中国特色社会主义思想为指导，深入学习贯彻习近平总书记关于文物工作重要论述和考察调研山西重要指示精神，按照全国、全省文物工作会议要求和省委十二届五次全会部署，结合“11356”工作矩阵，全方位推动新时代山西文物工作高质量发展。

【文物安全工作】

聚焦“法人违法、盗窃盗掘、火灾事故”文物安全三大风险，深化部门协作，健全长效机制，坚决守牢文物安全底线。国保、省保文物安全线上监管平台年内建成，线下安全巡检实现常态化、专业化，市保以上文物保护单位基本实现看护员全覆盖。建立网上文物售卖巡查机制。文物灾害风险监测和评估制度加快建立，打击文物犯罪专项行动持续发力，文物安全定期会商、公益诉讼、综合执法等机制不断完善。

【不可移动文物的保护与管理】

组织实施云冈石窟彩塑壁画保护修复、危岩体抢险加固工程，永乐宫壁画保护修复基本完成，持续推进佛光寺保护利用基础设施建设，深入推进长城堡门抢救保护行动。沁河流域古堡文物密集区和武乡革命文物密集区体制机制改革取得阶段性成效，39处国保级文物特殊保护机制不断健全，18个省级文物保护利用示范区积极创建。长城重要点段、代表性革命文物、部分珍贵彩塑壁画、国保省保集中成片传统村落、重点文物抢险救灾等保护利用工程有效实施。截至目前，1.25亿中央灾后恢复重建财力补助资金安排的302处抢险维修，已完工202处，其余正在实施中。平遥城墙61处受灾段落抢险维修工程完工。

公布太原文庙、晋祠等56处全国重点文物保护单位保护规划。石窟寺、石刻文物、低级别文物、壁画彩塑、红色文化遗址、军工遗址等专项调查全面完成，一大批不可移动文物纳入法定保护范畴。

完成文物单位两线范围涉建项目审批72项，公布、调整文物保护规划105处，完成全省第一至第七批全国重点文物保护单位和第一至第五批省级文物保护单位的保护区划矢量化，开展《山西省国土空间规划文物保护专项规划》编制工作。认领认养文物单位300余处，吸引社会资本3亿元，研发系列文创产品千余种。

【考古工作】

深化重大考古研究，围绕“考古中国”重大课题，持续推进“晋南在中华文明进程中的地位与作用研究”；围绕“考古中国·夏文化”重点课题，开展沁水八里坪等遗址考古调查发掘；围绕“中华文明探源”工程，开展坡头遗址等考古发掘。配合晋阳古城国家考古遗址公园建设开展考古发掘，《晋阳古城遗址保护规划》已获国家文物局批准。陶寺考古遗址公园、陶寺遗址博物馆、全国首座墓葬壁画遗址博物馆加快建设。考古实训、考古研学、考古实验室等一系列基础平台和基地建设正在布局。提请省政府办公厅出台《关于加强全省考古工作的意见》《山西省基本建设用地考古前置管理规定》，与省自然资源厅、省财政厅联合印发《山西省建设用地考古前置管理规定操作细则》。

优化“先考古、后出让”工作流程，明确工作时限，建立联动协调机制和重点工程月调度例会制度、专管员包片制度、全代办服务制度，召开全省考古工作服务项目建设侯马现场推进会，出台“考古前置”配套政策和服务指南。以开发区为主战场探索开展文物保护区域评估，科学划定避让区、勘探区和释放区，实现在保护中发展，在发展中保护。

【博物馆与可移动文物】

完成“永乐宫壁画艺术展”“大同辽金元文物展”巡展，举办“晋商历史文化专题展”。开启“类博物馆培育计划”。

一批馆藏珍贵文物得到有效修复。

【科技与信息】

与腾讯合作开发数字藏品，探索通过文物资源IP授权方式，进行开发、收益反哺等方面尝试。

【社会文物管理】

开启文物流通领域登记交易制度改革试点工作。

【其他】

印发《关于推进全省不可移动文物活化利用的指导意见》，起草《山西省贯彻落实〈关于让文物活起来　扩大中华文化国际影响力的意见〉实施方案》。

深化“文明守望工程”，按程序落实落地涉及14处受灾文物1822万元社会捐助抢险修缮资金，启动实施“守护乡野记忆”公益捐助活动，动员社会力量在17个县搭设128个价值约675万元的受灾文物保护大棚。

基层文物全科人才培养工作全面启动，出台《文物全科人才免费定向培养实施办法》，“十四五”期间免费定向为县级文物保护事业单位培养600名文物全科人才，已录取112名学生。省直文博系统核增全额事业编制182名。举办首届全省文物行业职业技能大赛，为承办2022年全国文物行业职业技能大赛进行了实战演练。

内蒙古自治区

【概述】

2022年，组织召开全区文物局长会议及文物保护工作新闻发布会，深入学习贯彻习近平总书记关于文物工作的重要论述和重要指示批示精神，传达全国文物局长会议精神。完成全国文物系统先进集体、先进工作者推荐申报工作，多方位开展文物安全宣传活动，不断深化推进文物局政务服务能力和水平。

【法制建设】

推动全区文物保护立法工作，协调自治区人大颁布《内蒙古自治区革命文物保护利用条例》。

【执法督察与文物安全】

有力夯实文物安全责任，全区14个盟（市）将文物安全工作纳入政府年度考评体系。加大文物安全督察检查力度，对657处文物建筑、1处廊桥、63处革命文物安全进行检查排查，发现1262个安全隐患问题，立行立改1207个，剩余按整改通知书限时整改。全面落实文物安全巡查制度与防护设施建设，无人机巡查数据库逐步完善，增设文物安全责任牌1000余块，对24个自治区级以上的文物保护单位、2个博物馆单位实施安全防护工程，文物保护单位、博物馆文物安全直接责任人公告公示实现全覆盖。持续推进法人违法案件查处和打击文物犯罪专项行动，查处文物安全案件9起，移送公安机关侦破；法人违法案件4起，罚款人民币31万元；协助公安机关破获文物案件23起，抓获犯罪嫌疑人44人，收缴文物12076件/套，其中二级文物2件/套、三级文物8件/套、一般文物12066件/套。建立文物和文化遗产保护公益诉讼机制，与自治区人民检察院联合印发《关于建立文物保护与检察公益诉讼协作的意见》。

【不可移动文物的保护与管理】

武安州辽塔保护修缮工程通过终验，《武安州辽塔保护修缮工程报告（初稿）》编制完成。持续推进区域评估工作，完成全区62个园区、118个区块的文物保护区域评估和成果共享工作。37项重点文物工程项目已全部完成方案编制和评审，其中17项已完工，19项进入工程实施阶段，持续推进文物建筑三年维修保护计划项目落地。

辽上京遗址等8项主动性考古调查资质已获国家文物局批复，龙山时代石城址、赤峰市彩陶坡遗址、吉呼郎图匈奴墓群、坝顶北魏祭祀建筑遗址等考古发掘项目取得阶段性成果。石窟寺发掘保护工作有序进行，编制完成《内蒙古石窟寺考古中长期计划》《内蒙古自治区石窟寺保护利用规划》。持续配合推进黄河、长城国家文化公园建设，编制完成

《内蒙古自治区黄河文物保护利用规划》，印发实施《内蒙古自治区长城保护规划》。

完成第六批省级文物保护单位申报材料初审。重点支持居延遗址、阿尔寨石窟等138个文物保护项目建设。对全区文物待审批项目“半拉子”工程大起底工作进行专门部署，实行自治区、盟市二级负责人“双签字”确认制度，完成2022年涉建考古调查许可350余项。完成第二批全国文物保护利用示范区申报工作，推荐鄂尔多斯市申报国家文物保护利用示范区。

【革命文物保护利用】

推进编制《内蒙古自治区革命文物保护利用总体规划》。

加强革命文物展示利用工作，开展全区第二批革命文物名录（可移动）认定公布工作。

【博物馆与可移动文物】

全面推动博物馆改革发展，与相关部门联合印发《关于推进博物馆改革发展的实施意见》《让文物活起来扩大中华文化国际影响力的重点举措和分工安排》。全面加强意识形态管理，开展“双随机、一公开”监管工作，印发《关于进一步规范博物馆历史类展陈内容的指导意见》，修订《内蒙古自治区博物馆历史类陈列展览纲目编写示例（试行）》。开展全区馆藏珍贵文物定级工作，指导实施馆藏文物预防性保护、数字化保护、抢救性修复项目36个。

加强博物馆馆际交流能力，联合举办“长城两边是故乡”“黄河从草原上流过”“塞上风光无限好”“玉·见文明”等巡回展览，鄂尔多斯博物院的“黄河几字弯里孕育的青铜文明”展列入2022年度“弘扬中华优秀传统文化、培育社会主义核心价值观”主题展览推介项目。

持续开展博物馆文化惠民活动，疫情期间推出“云游博物馆”系列宣传栏目，开展线上云展览、云课堂活动。加强博物馆志愿服务和社会教育功能，内蒙古博物院荣获“喜迎二十大强国复兴有我——青少年中华文物我来讲”博物馆志愿服务项目单位，并入选“大思政课”之中华优秀传统文化、革命文化、社会主义先进文化专题教育实践教学基地名单。内蒙古博物院《“博物弘文·守望相助”志愿服务案例》、鄂尔多斯博物院《“傲其少年·志向未来——鄂尔多斯博物馆暑期志愿典型案例》入围全国博物馆志愿服务典型案例。完成中央财政对免费开放博物馆、纪念馆陈列展示项目补助项目申报推荐工作。

【文博宣传】

拓宽博物馆宣传渠道，与新华社、内蒙古广播电视台等媒体合作推出《长城长》《馆长请亮宝》《根脉》等大型综合节目；与新华网股份有限公司合作，计划推出12期文物全媒体可视化宣传产品，目前已推出4期。

【文旅融合】

深入推进文旅融合，统筹推进“感悟中华文化畅游祖国北疆之万里茶道”主题系列活动，组织阿尔山市举办“文物保护：时代共进人民共享”2022年文化和自然遗产日内蒙古主会场活动。

辽宁省

【概述】

2022年，辽宁省文物局认真学习贯彻习近平总书记关于文物工作重要论述和指示批示精神，贯彻落实党的二十大精神，在省委、省政府的正确领导下，在国家文物局大力支持下，大力实施中华优秀传统文化传承发展工程，文物保护利用理念不断加强，文物保护基础工作进一步夯实，文物保护利用形成良好发展局面。

【文物安全工作】

聚焦火灾事故、盗窃盗掘、法人违法三大风险，坚持专项行动和常态监管相结合，做好文物安全防范工作，特别是省委召开常委会，根据指示开展全省文物单位安全隐患大排查工作，省市县三级联动，共排查文物单位891家，落实整改资金8800余万元，文物安全责任有效落实，文物安全和检查巡查体制机制进一步完善。文物领域“放管服”改革工作不断深化，编制《辽宁省文物保护区域评估成果应用指南（试行）》，文物保护区域评估等工作不断完善，进一步推动了文物保护区域评估成果应用，为优化营商环境助力。

【不可移动文物的保护与管理】

在国家文物局的大力支持下，组织完成41项省级文物保护项目评审申报工作，争取2023年度国家文物保护专项资金1.2亿余元，文物保护得到有力的资金保障。实施了鞍山钢铁厂早期建筑保护修缮工程、本溪湖工业遗产群重点文物抢险加固工程、万佛堂石窟安防工程等一批重点文物保护工程项目，文物保护现状得到明显改善，对文化遗产保护和传承的支撑作用进一步加强。

【革命文物保护利用】

组织开展抗美援朝文物遗迹调查工作，与河北、北京、天津三省市文物局联合推进《冀热辽革命文物保护利用片区工作规划》编制工作，革命文物基础工作扎实推进。

【考古工作】

紧扣中华文明探源工程开展工作，推进“考古中国——红山社会文明化进程研究”重大项目，继续开展牛河梁遗址第一地点2号建筑址和马鞍桥山遗址考古发掘工作，在红山文化研究上取得了较大突破，获得了丰硕的阶段性成果。启动大凌河流域、西辽河流域、辽河干流（沈阳）地区红山文化专项等考古调查工作，调查面积1500平方千米，为后续开展红山文化考古勘探和发掘工作奠定了坚实基础。开展二布尺南遗址、马贝遗址、小北山遗址、城子山山城、青石岭山城的考古发掘工作，发掘面积5375平方米，进一步加强对青铜时代、汉唐时代等地域文化的研究。大力实施《辽宁大连旅顺口军民融合国家文物保护利用示范区建设实施方案》，开工重点项目17个，初步形成军民融合大连旅顺口模式。

全年共完成基本建设考古调查勘探266项，考古调查300万平方米，考古勘探1163万平方米，促进经济社会发展、改善民生等方面的重要作用进一步显现。

【博物馆工作】

2022年，全省博物馆、纪念馆推出线下专题展览300余个，其中重点展览项目44个，共推出线上展览近800个，参观人数达750万人次，其中未成年人190万人次，博物馆线上访问量超1500万人次。辽宁省博物馆“和合中国——‘和’文化主题文物展”的举办，弘扬了中华优秀传统文化和社会主义核心价值观，抗美援朝纪念馆的“抗美援朝保家卫国”、辽宁省博物馆的“山高水长——唐宋八大家主题文物展”、大连博物馆的“圆梦——从北洋铁甲到航母舰队”等3项展览上榜“新时代博物馆百大陈列展览精品”名单，文物展览展示的社会宣教作用得到彰显。

【其他】

在国家文物局大力指导下，编制实施《辽宁省“十四五”文物事业发展规划》，各地结合实际编制出台了地方规划，全省文物工作目标和方向更加明确。

吉林省

【概述】

2022年，全省文物工作者坚持以习近平新时代中国特色社会主义思想为指引，深入贯彻落实习近平总书记关于文物工作的重要讲话和重要指示批示精神，在国家文物局的大力支持下，在省委、省政府的正确领导下，抢抓机遇，团结奋进，各项工作取得明显成效。

【文物安全工作】

开展文物安全大检查工作，全年共出动检查人员6919人次，检查文物保护单位11479处，发现文物安全隐患和问题172项并督查整改。

调整绩效考核指标，完成对市（州）政府文物安全的绩效考核工作。

【不可移动文物的保护与管理】

实施“吉林省重要遗址保护区划测绘项目”，争取省级专项资金895万元，完成219处重点文物保护单位的保护区划地形测绘工作。深度挖掘弘扬长城的历史文化价值，编制完成《吉林省长城保护规划》。积极推进“三区三线”划定，将重点文物保护单位文物保护范围和建设控制地带纳入国土空间基础信息平台。经省政府同意，公布龙潭山城等5处国保单位保护区划。按照年度计划，完成50家重点遗址类文物保护单位安全评估工作，开展全省国有文物资源资产清查工作。

召开全省文物安全电视电话会议，对一般不可移动文物撤销情况进行摸底调查，切实加强了一般不可移动文物管理。

高效推进长白山神庙遗址保护利用工程，组织申报并发行一期工程地方专项债券1.13亿元。

【革命文物保护利用】

完成第二批革命文物名录遴选公布工作，目前全省共有革命旧址327处，馆藏珍贵革命文物1145件/套。郭尔罗斯草原入选国家第一批“红色草原”，吉林省博物院、四平战役纪念馆被列入国家“中华优秀传统文化、革命文化、社会主义先进文化专题实践教学基地”。

“吉林革命旧址百课开讲”课程被“学习强国”平台采纳，“百课”视频成为省委组织部等单位的党史教育内容。

【考古工作】

实施国家社科基金项目6项、省社科项目2项，编纂5部大型考古报告，发表专著论文20

余篇，国家社科基金项目数量位居全国前列。围绕国家重点科研课题，实施“吉林东部长白山地区古人类遗址考察与研究”“高句丽考古研究”“渤海文化研究”等“考古中国”重大项目，从多角度、各时段实证吉林地方文明在中华文明延绵不断、多元一体发展进程中的重要作用。创新革命文物研究新模式，系统开展红石砬子遗址考古调查和发掘，发现2600处抗联遗址，出土抗联文物600余件，实证吉林省作为东北抗联创建地的历史地位。红石砬子遗址考古调查得到中央电视台、人民日报、光明日报、吉林广播电视台等新闻媒体宣传报道，吉林广播电视台推出专题节目《红石考古志》，社会反响热烈。

落实中办、国办印发的《关于加强文物保护利用改革的若干意见》，进一步优化配合基本建设考古经费财政保障机制，协调财政部门增加两批基本建设考古项目经费总计2100万元。开展2022年度国家重点文物保护专项资金、省级文化遗产补助资金绩效自评，首次联合省财政厅印发《关于2021年国家文物保护专项资金和省级文化遗产补助资金（文物）执行情况的通报》，对加强资金监管、提高资金社会效益起到了积极促进作用。优化审批流程，主动对接大型基本建设项目，保障重大民生工程建设，全年共完成涉及文物建设审批项目17项、基本建设考古许可重大项目26项、考古调查项目111项。

【博物馆工作】

全省博物馆体系布局更加优化，题材类型日趋齐全，陈列展览质量稳步提升，免费开放工作顺利实施。伪满皇宫博物院入选全国文物旅游景区创新发展力TOP10，列第7位。顺利完成国家文物局乡村博物馆试点工作任务。

吉林省数字博物馆在线服务平台有93家博物馆注册，收录省内一普文物数据638614件/套，完成文物三维或全景数据采集920件/套。积极推进中小型博物馆提质升级和高质量发展，创建首个省级重点科研基地——博物馆数智创新实验室，启动“点亮文博之光”行动计划，推动中小博物馆发展实践。全省共有备案博物馆109家、乡村博物馆113家，全年中央和省财政拨付免费开放补助资金4532万元，共推出各类展览503个，接待观众282.26万人次，共举办线上展览216个，累计浏览人数271.95万人次。

【文博宣传】

成功举办“吉林红·点亮创意生活”——吉林省首届红色文创设计征集活动。

“雪傲吉林红”红色旅游精品短视频、“吉林省红色故事会”节目在吉林卫视黄金时段播出。

联合省教育厅开展“感知吉林”红色故事进校园活动，创排《穿越时空的对话》红色故事剧目，提升了红色故事呈现的吸引力和感染力。

【文旅融合】

联合辽宁、黑龙江、内蒙古共同设计推出红色旅游区域线路7条，联合省乡村振兴局推出红色旅游示范村10个。

喜迎党的二十大召开，推出“新时代吉林十年成就”“三地三摇篮”“红色引领融合发展”等三大主题20条线路。多举措带动红色旅游产业发展，建立红色旅游大项目库和专家智库，成立吉林省红色旅游协会，为产业发展搭建交流展示平台。

【教育培训】

成功举办2022年全省博物馆安全技术与智慧管理培训班。

深入推进文化数智化，成功举办数赢未来·智慧文博——全省博物馆信息化建设专题培训班，中国博物馆协会理事长刘曙光出席活动并授课。

【其他】

按照省政府领导批示要求，印发《关于加强文物保护和科技创新工作的实施方案（2021—2025）》。深入贯彻落实全国文物工作会议精神，省委宣传部印发《吉林省贯彻落实全国文物工作会议精神具体举措》。

争取国家文物保护专项资金总计1.09亿元，支持项目45个；省级文化遗产保护经费1450万元，支持项目8个。

黑龙江省

【概述】

2022年，黑龙江省文物系统将贯彻落实习近平总书记关于文物工作系列重要讲话和全国文物会议精神作为首要重点工作，谋划落实“十四五”文物事业发展规划。深入贯彻国家《“十四五”文物保护和科技创新规划》，结合本省实际，出台《黑龙江省“十四五”文物事业发展规划》，全力推进“让文物活起来”。强化省级对文物活起来的规划引领，出台《黑龙江省关于让文物活起来 扩大中华文化国际影响力的实施方案》，并结合黑龙江省实际制定“重点任务清单”，按照任务项目和完成时限逐项推进，确保任务按期完成。

【文物安全工作】

与省住建厅联合开展历史建筑和建筑类不可移动文物安全隐患专项排查整治工作，对142处存在安全隐患的文物进行督办整改。联合省消防救援总队开展文物建筑消防安全专项检查行动，组织全省成立148个检查组，出动815人次，检查文物建筑1256家，对发现的安全隐患和问题，以制发文件、约谈督导、安全培训等方式督促整改。推进文物火灾隐患整治和消防能力提升三年行动收尾工作，在前两年的基础上，组织915个检查组，出动检查人员3606人次，检查4054处文物单位，发现隐患894项，督促整改658项。通过三大专项行动，有力推动各级政府落实文物安全主体责任、各相关部门监管责任和文物管理使用者直接责任。

不断强化文物执法工作。加强顶层规划设计，印发《黑龙江省文化市场综合执法运行机制》《黑龙江省文化市场综合行政执法事项指导目录》《黑龙江省文化市场综合执法行政处罚裁量权适用规则》，将文物领域15项行政处罚事项纳入指导目录当中，核准文物领域自由裁量基准，进一步厘清文物行政执法事项和规范行使文物行政处罚裁量权。督办国保单位金界壕遗址甘南县段、龙江县段，县保单位天长山要塞等涉嫌违法问题，有效遏制文物违法犯罪势头。

打击文物犯罪活动取得新收获。积极提供犯罪线索，会同公安机关破获依兰县盗掘古遗址案，抓获犯罪分子 5 人，缴获钱币等文物5000余件。

【不可移动文物的保护与管理】

完成第八批国保单位608个保护标志的制作和竖立，以及185处省级文物保护单位的“两线”划定工作。梳理、核实省级以上文保单位基本信息，整理、完善国保单位“两线”图纸386幅，为文物安全、行政审批、文物执法等提供了坚实依据。

全面梳理57处国保单位保护规划编制情况，指导齐齐哈尔、黑河等地加快规划编制进程，督促牡丹江等地履行规划公布程序，为文物保护工作提供法律依据，推动文物保护与城乡建设统筹发展。完成2023年度文物保护项目审核、申报工作，向国家文物局申报不可移动文物保护项目10余个。配合发改等部门推进6个文化保护传承利用项目。创新项目管理模式，组织专家开展古遗址、古墓葬保护情况调研，主动帮扶牡丹江、鸡西等8个市县谋划文物保护利用方向，梳理项目申报重点。开展10余个项目质量检查、验收及评估，限期整改。

【革命文物保护利用】

强化规划引领作用。为统筹规划革命文物工作，启动编制《黑龙江省革命文物保护利用总体规划》，已完成学习调研、基础数据整理等工作，正在推进数据审核、实地踏查等任务。

创新开展革命文物类主题展览。结合党的二十大，开展“喜迎党的二十大，革命薪火代代传”主题联展活动。以赵尚志纪念馆、赵一曼纪念园等6家展馆联展为引领示范，组织全省举办各类迎庆展览活动百余个，在充分展示利用革命文物的同时，掀起了宣传贯彻党的二十大精神的浓厚氛围。

着力夯实革命文物基础。对全省革命文物进行重新梳理核对，摸清革命文物底数，研究公布第二批革命文物名录。

【考古工作】

全面推进文物考古体制机制完善。为破解制约文物考古难题，配合省人大开展文物考古工作专项视察，会同省委组织部、省委编办、省财政厅等10个部门落实视察任务，从顶层设计、政策指导、行业监管等方面组织推进落实，完成增加省考古所编制、增加省级文物保护专项资金、落实考古野外津贴、社会力量参与文物保护、提档升级考古工作站、规范市县文物保护机构名称及编制等16项任务，解决了一批制约本省文物考古事业发展的突出问题，促进了文物事业良性发展。

不断提升考古发掘水平。完成金上京遗址、大庆九间遗址年度发掘任务，出土各类可修复文物1000余件；开展方正县望江楼遗址等3项配合基本建设抢救性考古发掘。各项考古发掘均取得预期科研成果。组织研讨会，深入研究本省考古领域不足和空白，指导考古科研机构科学布局发掘方向和目标。

经济建设和基建考古取得“双赢”。通过检查验收、约谈等方式规范社会力量参与配合基本建设的考古勘探，全年为60余个建设单位提供业务指导，有序完成哈尔滨太平国际机场二期扩建项目等30余个重大项目调查勘探工作。做到经济建设和文物保护两手抓两手硬，在保护中发展，在发展中保护。

【博物馆与可移动文物】

“传历史记忆、展黑土风采”主题系列展览提档扩容。精心筹划“5·18”国际博物馆日主会场活动，统筹组织全省各地博物馆开展150余项展览活动。组织2022年度“弘扬中华优秀传统文化、培育社会主义核心价值观”主题展览，向全省推广“东北抗联精神、北大荒精神、大庆精神（铁人精神）”等优秀展览。

不断夯实博物馆人才队伍建设。以“博物馆三年提升行动”为契机，策划组织博物馆馆长、讲解员、馆藏可移动文物专业技术培训，2022年线上培训博物馆从业人员千余人。

加强博物馆基础设施建设。为发挥省博物馆示范引领作用，争取6100余万元资金，重点支持免费开放、陈列布展等项目建设。

向国家文物局申报可移动文物保护项目20余个。

【文博宣传】

积极扩大博物馆宣传展示影响力。充分利用传统媒体和新媒体资源，开通“云上博物馆”专栏，在省电视台等媒体展播；精心筹划制作百集融媒宣传片《百宝征程》，在学习强国、央视新闻等媒体推出。

【教育培训】

创新召开多期“一对一”“一对少”文物保护项目培训班，针对问题开展定向辅导，解决项目存在的问题。

组织开展安全执法培训。为进一步完善文物安全基础工作，召开线上培训班，全省57处国保单位管理使用者参加，提升了保护文物、科学管理意识。开展第四批文物行政执法指导性案例培训，全省百余名执法人员受训。

【其他】

制定实施文保专项资金周报、月报制度，发现问题及时纠正，采取检查、督办、约谈、发文等方式重点督办项目资金绩效问题，取得了较好成效。

上海市

【概述】

2022年，是党的二十大胜利召开之年，也是深入实施“十四五”规划关键之年。上海市文物局坚持以习近平新时代中国特色社会主义思想为指导，深入学习贯彻习近平总书记关于文物工作重要论述和在十九届中央政治局第三十九次集体学习时重要讲话精神，认真贯彻落实市委、市政府决策部署，召开全市文物工作会议，突出迎接党的二十大胜利召开，围绕深化改革创新，扎实推进各项重点工作，形成文物事业高质量发展良好态势。

【文物安全工作】

在全国率先完成国家及省级文物保护单位“两线”划定，推动上海在城市更新发展中夯实文物保护基础、留存城市历史文脉。联合公安机关开展打击文物犯罪专项行动，联合消防救援部门开展文物火灾隐患专项治理，持续开展文物安全隐患排查整治行动，委托专业第三方机构对部分重点文物建筑开展“体检式”文物安全评估工作。

【不可移动文物的保护与管理】

积极推进圣约翰大学历史建筑群、上海交通大学早期建筑、佘山天文台、嘉定孔庙等全国重点文物保护单位修缮工作，狠抓工程质量。完成中福会少年宫等全国重点文物保护单位以及南翔古猗园、巴金故居等市级文物保护单位保护修缮工程，确保重点文物安全。

【革命文物保护利用】

加强革命文物保护利用。编制上海市不可移动革命文物保护利用报告，实地调研16个区共计225处不可移动革命文物，掌握革命旧址遗址保存现状第一手资料，对革命旧址遗址保护利用情况进行分类梳理和系统分析，为今后保护利用打好基础。编制《上海市优秀历史建筑和不可移动文物保护指引（革命文物专篇）》，完成第二批41处革命类上海市文物保护单位《保护指引》编制工作，强化红色旧址、遗址周边环境综合整治。建立不可移动革命文物修缮项目库，健全完善本市革命类国保和市保单位“四有”工作，统筹推进全市革命文物的修缮保护工作。

【考古工作】

长江口二号古船考古与文物保护取得重大突破。3月2日，长江口二号古船考古与文物保护项目正式启动，李群局长出席仪式并宣布项目启动。在国家文物局具体指导下，经过各方共同努力、协同推进，长江口二号古船整体打捞迁移顺利实施。11月21日0时40分，长江口二号古船成功整体打捞出水；11月25日，古船安全顺利运送至上海船厂旧址1号船坞，长江口二号古船考古与文物保护取得重大突破，转入考古与文物保护新阶段。

【博物馆工作】

聚力强化顶层设计。全面启动“大博物馆计划”，重点围绕上海博物馆“建设大场馆、确立大使命、引领大科研、配置大资源、打造大品牌”战略，推动建设“中国特色世界一流博物馆”，辐射联通全市各级各类博物馆，推动全市博物馆实现跨越式高质量发展。完善层级分明、特色显著的博物馆体系，围绕满足群众多层次、个性化、高品质文化需求，完善与具有世界影响力的社会主义现代化国际大都市地位相匹配的博物馆体系。稳步推进上海博物馆东馆建设，精心培育以上海博物馆为代表的中国特色世界一流博物馆。落实博物馆资源的均等化，加强市区联动模式，提升重点区域尤其是“五个新城”博物馆文化服务能级，持续在五个新城投放优质的博物馆展览资源。

丰富优质展览供给。推动上海博物馆打造“何以中国”文物考古大展品牌，首展“宅兹中国——河南夏商周三代文明展”于7月开幕，引发社会热烈反响，让观众系统了解“何以中国”的文物、艺术与人文历史，彰显博物馆在中华文明传承中的重要作用。此外，奉贤区博物馆“与天无极——陕西周秦汉唐文物精华展”、中国航海博物馆“大汉海疆：南越航海文明展”等多个重量级文物考古大展彼此接力，掀起了一股文博考古热。6个博物馆精品大展共同入选国家文物局“弘扬中华优秀传统文化、培育社会主义核心价值观”主题展览推介项目。

举办上海博物馆70周年馆庆系列活动。策划推出一系列文博展览、学术、公共教育等国际化、专业性活动，以学术推动中国话语、中国智慧、中国经验的国际研究和传播。其中核心活动“博物馆的力量：赋能城市未来——庆祝上海博物馆建馆70周年暨国际博物馆馆长对话”，邀请国内外知名博物馆馆长进行线上线下对话交流，发出有力的中国文博之声，助力构建中国特色文物话语体系。

探索业态融合，扩容服务能级。用好用足上海独特的博物馆资源优势，探索百姓视角的、全城博物馆更富创意的“打开方式”，通过多渠道、立体化的传播途径让博物馆走进机场、社区和商圈，创新打造全国首个机场博物馆、中共一大纪念馆沉浸式戏剧、玻璃博物馆的夜宿奇妙夜，让博物馆文化不断滋养市民的日常生活。

【科技与信息】

科技赋能打造“云文博”。鼓励本市博物馆深入挖掘数字资源，充分利用AR、VR、新媒体等技术，聚焦“云观展”“学游M”“云赏国宝”“云游M”“云直播”等板块，打造各种数字场景，形成线下与线上共同服务公众的格局。应对疫情，组织全市150余家博物馆围绕“艺起前行”主题，深挖资源优势，开辟“云文博”专题专栏，持续推出市民可参与、可体验、可感受的云上资源。

【文旅融合】

推动“建筑可阅读”品质提升。建立“建筑可阅读”标识体系，遴选1000处价值内涵丰富、城市特色显著的优秀建筑加挂统一的标识铭牌。升级“建筑可阅读”线上总入口，完善已有的建筑介绍、故事阅读、建筑打卡等基础内容，增加文创专区、影音专区等拓展功能。提升“建筑可阅读”品牌影响力、美誉度，建立“建筑可阅读”吸引力指数指标体系和评价模型，发布《上海“建筑可阅读”吸引力指数报告》。提升已投入运营的“建筑可阅读”专线巴士服务体验，增设白玉兰广场站。推出“建筑可阅读”线上专区，结合地铁4、10号线“建筑可阅读”专线的打造，进一步扩大“建筑可阅读”公众知晓度、社会参与度。

【社会文物管理】

社会文物管理综合改革试点深入推进。完成浦东新区文物艺术品交易创制性立法，在国家文物局大力支持和全力推动下，8月27日，《上海市浦东新区文物艺术品交易若干规定》经市人大常委会表决通过，正式施行。这部浦东新区法规是以社会文物管理综合改革试点取得的阶段性实践成果为基础，在现行法律框架下进行的更高质量的制度创新探索，是全国首部社会文物领域地方性法规。常态化实施进博会文物艺术品免税进境销售政策，第五届进博会在消费品展区设立了文物艺术品板块，佳士得、苏富比、富艺斯等9家境外展商的37件文物艺术品达成购买意向，总成交额达4.9亿元人民币。推动文物市场复苏回暖，加强针对文物市场主体相关服务，强化疫情后支持和扶持，引导各类经营主体进入良性发展轨道，截至11月底，举办文物拍卖会822场，审核文物拍卖标的90879件，办理文物进出境审核113批3219件。

【其他】

加快推进上海杨浦生活秀带国家文物保护利用示范区创建工作。指导杨浦区相关部门推进工业遗产保护活化利用相关举措的制定工作。联合杨浦区召开专家智库研讨会，集思广益、建言献策，推进智力资源与创建工作的深度融合。支持杨浦区借力高校学科优势，开展工业遗产基础研究、工业遗产保护活化利用研究等项目。指导推动杨树浦电厂、圣心医院等文物保护利用重点项目。

江苏省

【概述】

2022年，全省文物系统深入学习党的二十大精神，认真贯彻习近平总书记关于文物工作的重要论述和重要指示批示精神，全面落实全国文物工作会议精神和国家文物局部署要求，抓重点、破难点，谋创新、求发展，各项工作取得新的进展。

【执法督察与文物安全】

加大力度推进实施文物博物馆单位文物安全直接责任人公告公示，强化文物安全责任落实。扎实开展文物违法违规拓印排查整治专项行动，排查碑刻石刻类不可移动文物657处，文物博物馆单位及其相关商业售卖场所298家，对现有的11080件/套碑刻石刻文物拓片全部登记建档、严格规范管理。持续开展文物安全隐患大排查大整治，深入开展文物建筑火灾隐患整治和消防能力提升三年行动，排查文物建筑2190处，督促整改火灾安全隐患546项。创新文物安全举措，积极推进文物建筑智慧消防建设，为7个县（市、区）省级以上文物保护单位建立文物安全“体检”档案，利用AI技术建设不可移动文物安全视频监测系统。加大文物行政执法督察力度，配合省公安厅开展打击文物犯罪专项行动，三年累计追缴文物超万件，举办全省打击防范文物犯罪成果展，实现对文物违法行为的有力震慑。

【不可移动文物的保护与管理】

坚持抢救性保护与预防性保护并重，推进实施大运河、长江文物保护利用工程，持续推进苏州市文物建筑国家文物保护利用示范区创建工作，积极探索文物保护利用“江苏模式”。

【革命文物保护利用】

完成“慰安妇”遗址和纪念设施、抗美援朝革命文物资源调查，启动红色标语类革命文物调查。扎实做好革命历史类馆藏文物定级和革命旧址保护修缮工作，实施红色遗产专项维修保护和展示利用、大运河文化带和长江沿线革命旧址专项保护工程，2个项目入选全国革命文物保护利用十佳案例。推进革命文物连片保护，联合上海、安徽，牵头编制《苏南革命文物保护利用片区工作规划》，制定苏北、苏中文物保护片区工作规划编制方案。深入挖掘革命文物精神内涵和时代价值，会同省委宣传部核定并公布江苏第二批革命文物名录，包括不可移动革命文物43处、可移动革命文物227件/套，组织开展一批革命文物精品展、巡回展，推动红色资源鲜活呈现深入人心。

聚焦迎接党的二十大胜利召开，组织开展“江苏最美革命文物守护人”“江苏双十佳革命文物讲述人”“新物件里的江苏故事”遴选活动，6100多万人次参与网络投票，有效扩大革命文物表现力、传播力和影响力。

联合省发展改革委制定印发《江苏省红色旅游融合发展示范项目建设指南（试行）》，评估认定首批7个示范项目、8个培育项目，遴选推出20条“喜迎二十大见证新江苏”精品线路，助力乡村振兴和共同富裕。

【考古工作】

启动实施江苏地域文明探源工程，设立以淮河下游、太湖流域、宁镇地区等区域文明化进程为重点的九大科研课题，着力揭示江苏地域文明在多元一体中华文明形成发展中的历史贡献和独特地位。完成淮河下游、太湖西部和盐业遗存的年度调查工作，完成苏州草鞋山遗址、常州寺墩遗址等5个遗址的年度发掘。组织召开长三角科技考古科研交流会，开展国家、省文物科研基地运行评估交流。统筹文物保护需求和地方经济发展，扎实推进“考古前置”改革和开发区文物资源区域评估，实施考古发掘和配合大型基本建设考古项目594项、基本建设考古发掘150多项，发现地下文物遗存204处，出土文物2.09万余件/套。

【博物馆工作】

联合9部门率先出台推进博物馆改革发展的实施意见，提出并落实新时代江苏博物馆事业高质量发展的具体举措。立项并推进南京博物院故宫馆建设。

突出创新引领，研究制定引导非国有博物馆健康发展意见，开辟“云上博物”专区，增强馆藏文物数字化保存、展示和传播。着力打造时代化表达、特色化呈现原创主题展览，2个项目入选第十九届（2021年度）“全国博物馆十大陈列展览精品”推介，9个项目入选2022年度“弘扬中华优秀传统文化、培育社会主义核心价值观”主题展览重点推介，12个项目入选“新时代博物馆百大陈列展览精品”展示推介，数量均位居全国第一。充分利用文物、博物馆资源提升青少年精神素养，2个项目入选“喜迎二十大·强国复兴有我——青少年中华文物我来讲”推介。

以线上线下相结合方式，创新办好文化和自然遗产日、“5·18”国际博物馆日等活动，全省共举办展览展示及宣传教育活动387项。

【文博宣传】

联合央视频制作推出《水韵江苏·博物馆九分钟》栏目，指导扬子晚报策划“宝物奇旅”融媒体行动，办好“苏韵珍藏”微信公众号栏目，挖掘文物价值讲活讲好“水韵江苏”故事。

【文旅融合】

推进文化和旅游深度融合，围绕“两廊两带两区”文旅发展空间布局，推出一批沿江、沿河、沿湖、沿海专题文化遗产旅游和红色旅游精品线路，打造“博物知旅”文旅融合品牌，推出13组江苏文化遗产旅游精品、10个博物馆教育示范项目和首批16家江苏省博物馆研学基地，招募评选100名“博物知旅达人”。

【机构建设】

经省委同意，在江苏省文化和旅游厅增设考古管理处，核增行政编制6名；组建江苏省文物考古研究院，核定事业编制90名，考古人才队伍建设得到有效加强。

浙江省

【概述】

2022年，在国家文物局的精心指导下，浙江省文物局深入学习贯彻习近平总书记关于文物工作重要论述，全面学习贯彻党的二十大、全国文物工作会议等重要会议精神，推进全省文物事业发展取得显著成绩。

【文物安全工作】

深入开展文物安全整治年行动，联合民宗、公安、文旅、消防等省级部门开展文物安全专项督查，检查文博单位53家，发现问题隐患215处，并督办各地限期做好整改工作。按照省委“七张问题清单”工作要求，挂牌督办重大文物安全问题12起。会同省消防救援总队对16处存在重大消防安全隐患的省级以上文物保护单位进行挂牌督办。浙江省文物局在全国打击防范文物犯罪专项行动推进部署电视电话会议上作典型发言。组建省级文物安全督查队，会同省妇联深入推进“巾帼护宝队”试点工作，指导舟山市、宁波市鄞州区分别建立“东海渔嫂”“金鄞花”护宝志愿者队伍。

【不可移动文物的保护与管理】

浙江省人民政府成立了上山文化遗址保护和申遗工作专班，并召开专班例会2次，印发实施《上山文化遗址保护和申遗实施方案（2022—2025）》。

嘉兴南湖中共“一大”会址、浙江革命烈士纪念馆等4家单位入选首批“大思政课”实践教学基地。

【考古工作】

深入推进土地储备考古前置工作，编制形成《浙江省土地储备考古前置管理规定（征求意见稿）》。温州朔门古港考古发现获国家文物局“考古中国”重大项目进展工作会推介。联合江西省、湖南省考古机构编制完成《长江中下游早期稻作农业社会的形成研究（2023—2032年）》并被列入“考古中国”重大项目。开展“三普”登录文物重点复查，并在此基础上启动全省“三普”登录文物复核工作。

【博物馆工作】

建筑面积达10万平方米的浙江省博物馆之江新馆建设项目完成土建工程，进入陈列布展施工阶段。南宋德寿宫遗址博物馆等一批博物馆建成开放。成功承办第三届“丝绸之路周”主场活动。乡村博物馆建设被列入全国试点和2022年省政府十大民生实事，印发全国首个《乡村博物馆建设指南（试行）》，验收认定乡村博物馆464家。在2021年度全国博物馆陈列展览精品评选活动中，获精品奖1项、特别奖1项和优胜奖3项。“24小时博物馆”“国丝·时尚博物馆”等创新做法获得社会各界广泛好评，尤其是“24小时博物馆”相关信息被中纪委官网刊发。配合国家文物局编制《中国特色世界一流博物馆管理暂行办法》等世界一流博物馆创建系列文件。

【科技与信息】

旨在构建涵盖整体智治、高效协同文物数字化治理体系和普惠共享、优质便捷文博数字化服务体系的“浙里文物”应用，被省委深改委列入2022年全省重大改革（重大应用）“一本账S2”目录，并基本完成框架体系架构、数据底层开发和核心应用建设等任务。文物安全智慧监管应用、浙江省文物博物馆综合管理系统等实现迭代升级，“揭榜挂帅”8个赛道23个试点项目顺利推进，杭州市临安区天目文保、良渚5000+等特色应用场景建成投用。

【文博宣传与出版】

与浙江大学共同完成“中国历代绘画大系”项目。出版《越地藏珍——浙江馆藏文物大典》《浙江考古与中华文明丛书（第一辑）》。

“浙江考古的这些‘世界最美’你了解多少”线上问答活动被中宣部纳入“文明之美看东方”系列。拍摄“浙江考古公开课”并在省级平台播出。完成《万年浙江》专题片制作并在浙江卫视播出。

【文旅融合】

加快实施宋韵文化传世工程文物保护利用项目，开展“跟着考古去旅游”“诗画浙江宝藏游”等活化利用项目。

【社会文物管理】

确定了国有文博机构提供民间收藏文物委托保管服务试点。设立民间收藏公益性鉴定咨询服务点，推出“鉴宝·周周鉴”活动。

【机构建设】

省文物考古研究所增编59名，总编制达120名。温州市挂牌成立文物考古研究所，核定事业编制20名。绍兴市成立宋六陵考古遗址公园保护中心，增加事业编制10名。衢州市衢江区挂牌成立浙西考古工作站。浦江县建立了正科级事业单位上山遗址管理中心（上山文化研究中心），核定编制16名。龙游县建立浙西古建筑研究中心。1人入选中宣部青年典型采访对象。

【其他】

中共浙江省委办公厅、浙江省人民政府办公厅《关于让文物活起来　扩大中华文化国际影响力的实施意见》印发实施。围绕浙江省第十五次党代会提出打造“文博强省”的目标，起草形成《关于全面加强新时代文物工作打造文博强省的意见（送审稿）》，并起草形成包括10大工程实施方案和4个世界一流文博机构创建计划的文博强省建设“一揽子”计划。

安徽省

【概述】

2022年，全省文物系统深入学习贯彻习近平总书记关于文物工作的重要论述，切实增强责任感、使命感。坚持稳中求进，守正创新，全力推进国家和省“十四五”文物保护规划落实，抓好考古发掘研究、文物保护、革命文物保护传承、博物馆和社会文物、文物安全基础保障等重点工作任务，全力推进文物事业高质量发展。

【文物安全工作】

文物安全责任体系进一步健全，各地通过争取党委政府支持、签订责任书、落实安全责任人公示牌等措施，不断压实文物保护责任。先后组织开展文物保护单位保护范围内自建房屋安全、违法建设等专项整治工作。组织开展文博单位安全督查检查，指导各文博单位积极推进消防安全标准化管理工作，打好文物安全隐患整治和安全能力提升三年行动收官之战，全省共检查文物建筑1455家，发现并移交问题和隐患329项。与公安部门联合召开推进会，深入推进打击文物犯罪专项行动，共破获文物案件130起，抓获犯罪嫌疑人39名，追缴文物349件。举办“亮剑江淮守护文明”全省打击防范文物犯罪成果展。

【不可移动文物的保护与管理】

推进大运河国家文化公园（安徽）建设。完成柳孜运河遗址环境综合整治工程，顺利推进通济渠泗县段保护展示工程等。加快推进蚌埠禹会村、双墩、寿县寿春城、凤阳明中都等国家考古遗址公园项目建设，做好凌家滩遗址博物馆前期工作。加强传统村落文物古建筑保护修缮。推进万里茶道申遗相关工作，在黄山市举办“世纪动脉——九省（区）万里茶道文物巡展”（安徽站），以及“祁门红茶杯”2022年万里茶道环中国自驾游集结赛。召开凌家滩遗址申遗工作推进会。完成长江文物资源调查工作。完成全省古道文物资源调查，全省现有古道196条，总长约1500公里，分布于13个市35个县（市、区），主要分布在皖南山区。开展首批省级考古遗址公园遴选，公布潜山薛家岗等6个省级考古遗址公园。

【革命文物保护利用】

强化资源管理。公布第二批全省革命文物名录，启动安徽省红色标语类革命文物专项调查工作。推进建立全省红色资源保护和传承联席会议机制。积极推进皖中革命文物保护利用片区规划编制。推动实施萧县淮海战役总前委和华东野战军指挥部旧址等20处国保省保维修保护和展陈提升项目；完成岩寺新四军军部旧址文峰塔护坡加固等21处革命文物保护利用项目。推进落实革命文物检察公益诉讼，加强铁路沿线革命文物保护。推出10名全省十佳革命文物讲述人。持续开展“纪念馆里的思政课”主题活动。

【考古工作】

开展人字洞、凌家滩、垓下、禹会村、太和殿顶子、淮南武王墩、繁昌窑、明中都等8个主动性考古发掘项目。凌家滩遗址新发现大型祭祀遗迹，基本厘清大型红烧土功能性质和外壕形制，并召开考古成果专家论证会；淮南武王墩墓完成一号墓封土清表和临时大棚、文物标本库房和保护实验室建设。明中都遗址发现前朝区宫殿基址墙基6处、道路1处，考古发掘入选年初公布的“2021年度全国十大考古新发现”。考古成果整理工作有序推进，完成发掘简报16篇。开展“2020—2021年安徽重要考古新发现暨优秀考古工地”评选并公布。

【博物馆工作】

出台《安徽省关于让文物活起来　扩大中华文化国际影响力的意见具体举措》《安徽省关于推进博物馆改革发展的实施方案》。阜阳市、繁昌区等市县级公共博物馆新馆建成并投入使用，新增28家博物馆、纪念馆进入中央免费开放名单。全年推出各类展览近1300个，开展社教活动6000多场，年均接待观众3000多万人次。安徽博物院荣获2022年度“最具创新力博物馆”。推进安徽博物院、安徽中国徽州文化博物馆等5家智慧博物馆建设。

【文博宣传】

强化宣传。通过线上线下相结合的方式，开展“5·18”国际博物馆日、“文化和自然遗产日”主场活动。推出“听故事、游安徽”之文物、考古、文博等广播电视节目60期，创新讲好本省文物故事。

【教育培训】

实施讲解员专业素质提升工程，开展两轮集中强化培训。举办长三角博物馆策展人高级研修班。开展全省博物馆青少年教育精品课程大赛。

加强人才技能提升。举办全省文物保护项目申报、文物安全负责人、博物馆讲解员等各类培训班，培训近1000人次。举办全省文物行政执法资格认证考试培训班，135人取得文物行政执法资格。

【社会文物管理】

审核批复5家公司7场次拍卖会，共5153件/套拍卖标的；审批设立3家文物商店、1家文物拍卖机构，2家可移动文物维修单位；开展涉案文物鉴定19起，文物300件/套，审核文物临时进出境26件/套，社会文物管理规范有序。

【其他】

省政府办公厅印发《安徽省“十四五”文物保护和科技创新实施方案》。加强工程项目管理。完成2022年度2.45亿元国家级、5184.5万元省级文物保护专项资金下达，保障重点项目实施。审核文物保护工程方案近100项，开工项目近70项；批复2023年全省三防项目立项工作42项。开展资金使用绩效评估。

福建省

【概述】

2022年，福建省文物工作坚持把保护放在首位，重点突出、多措并举、夯实基础、健全机制，力争推动文物保护工作实现新跨越，推动文化遗产保护管理水平实现新提升，推动考古和研究工作实现新突破，推动革命文物保护传承实现新成效，推动文物活化利用实现新拓展，推动党建引领和人才队伍建设方面实现新作为。

【法制建设】

推进《福建省红色文化遗存保护条例》立法，已通过省人大常委会二审。

【文物安全工作】

万安桥火灾事故发生后，按照党中央和国家有关部委领导批示要求，以及省委、省政府工作部署，召开全省文物安全视频会，并组织对全省各地文物保护单位进行拉网式排查，杜绝安全事故发生。组织开展全省冬春文物安全隐患排查整治工作，共检查7431个文物单位，督促整改文物安全隐患1542处。优化提升“福建省文物保护平台安全在线监管系统”，新增接入31处已竣工国保单位安防系统监控视频。开展“文物保险+服务”试点工作，开创构建政府、商业保险、第三方专业科技公司共同参与的文物保护新模式，为全国文物安全防护措施更新升级提供样板，在《新华社智库经济分析报告》《中国文物报》等多家媒体进行重点宣传报道。

【不可移动文物的保护与管理】

推荐城村汉城考古遗址公园申报第四批国家考古遗址公园立项和评定。组织开展第二批省级考古遗址公园评估认定工作，3个项目列入第二批省级考古遗址公园名单，5个项目列入立项名单。

支持泉州打造世界文化遗产保护利用典范城市，指导泉州编制并公布实施《泉州：宋元中国的世界海洋商贸中心系列遗产管理规划》。探索世界遗产文物建筑数字化保护工作，启动实施城村汉城遗址世界文化遗产监测系统建设项目。

完成全省文物土楼调查，公布福建省文物土楼名录。完成2022年度文物保护工程资质评审，共公布26家文物保护工程资质单位。加强历史文化街区、名镇名村和传统村落保护，会同省住建厅联合印发《关于在城乡建设中加强历史文化保护传承七条措施的通知》。

【革命文物保护利用】

组织开展福建省第二批革命文物名录的核定和公布工作。推动中央红色交通线保护利用工作，推进建设纪念馆和纪念碑。古田会议旧址群入选国家文物局《全国革命文物保护利用案例集（2022）》。2家单位入选教育部、国家文物局设立的首批100家中华优秀传统文化、革命文化、社会主义先进文化专题实践教学基地。推动龙岩提升新四军“新泉整训”红色资源价值，将“新泉整训”革命旧址纳入古田会议旧址群保护发展规划。

【考古工作】

继续推进“考古中国”重大项目——南岛语族起源与扩散考古研究课题。配合全国水下考古培训班的实习开展漳州古雷半岛周边海域水下考古调查工作，启动实施漳州圣杯屿元代沉船水下考古发掘。

国家水下文化遗产保护福建（平潭）基地暨福建水下考古（平潭）基地揭牌，标志着福建省水下考古事业开启新篇章，省文物局与平潭综合实验区管委会签订了《福建水下考古（平潭）基地共建协议》。加强与国家文物局考古研究中心等研究机构和高校的考古研究合作，设立“王巍学部委员工作室”。

【博物馆工作】

深入贯彻落实中办、国办《关于让文物活起来　扩大中华文化国际影响力的意见》和中宣部等九部门出台的《关于推进博物馆改革发展的指导意见》，组织起草了《福建省关于让文物活起来　扩大中华文化国际影响力的实施方案》《福建省博物馆改革发展的实施意见》。

各有一个展览列入国家文物局2022年度“弘扬中华优秀传统文化、培育社会主义核心价值观”主题展览全国重点推介项目和全国推介项目。组织省属博物馆推出“一物一码”智能导览项目。举办福建省通史展览博物馆联盟大会暨馆长论坛。印发规范陈列展览工作以及指导不同时期陈列展览的相关文件，提升博物馆陈列展览质量。引进“共饮一江水——长江流域青铜文明特展”，并在筹备、展陈期间在海博TV、微信视频号、抖音、快手等多平台进行视频直播，为展览宣传造势，引发全省新一轮“博物馆热”。

【文博宣传与出版】

举办2022年文化和自然遗产日福建主会场暨助力城村汉城遗址申报国家考古遗址公园活动。《福建海丝文化故事》纪录短片获评国家文物局、中央网信办评选出的“2022年度中华文物全媒体传播精品（新媒体）入围项目”。与福建日报社联合开展以“保护、传承、创新”为主题的“福建文物杯”《行吟·文化遗产》征文大赛活动、2022“遇见·文物”短视频征集大赛。

与出版社合作出版《福建省博物馆概览》《八闽物语——福建馆藏文物精品》等书籍。

【其他】

积极与省委编办沟通，制定了加强全省文物保护和考古机构力量的方案，省委编办在2019年机构改革增强省级文物行政机构力量的基础上，此次再为省文物局增加7名编制。组织开展全国文物系统先进集体和先进工作者推荐评选，2个集体、2名个人获评全国文物系统先进集体、先进工作者。

开展常态化公益性文物鉴定咨询服务工作，现有9家文博单位加入常态化公益性文物鉴定咨询服务工作中。

江西省

【概述】

2022年，江西省文物工作坚持以习近平新时代中国特色社会主义思想为指引，深入学习贯彻党的二十大精神，坚持新时代文物工作方针，结合全国文物工作会议部署的目标任务，抓好重点工作的推进落实，埋头苦干、担当作为，全力推进新时代江西文物事业高质量发展。

【文物安全工作】

加强节假日等关键节点和党的二十大、汛旱期等重要时段的文物安全，联合消防、公安、气象等部门多次开展专项检查督导，圆满完成全省文物火灾隐患整治和消防能力提升三年行动等专项行动，快速推进全国重点文物保护单位安全基础信息填报工作。“文物保护”继续纳入省委、省政府对市、县综合考核体系。积极推进全省各级文物保护单位和登记备案博物馆文物安全直接责任人公告公示工作。联合公安部门持续开展打击防范文物犯罪专项行动，2022年破获文物案件59起，追回各类文物3078件，成功打掉一批犯罪团伙，“江西省打击文物犯罪成果展”于11月16日开展。加强全省文物安全监管体系建设，基本建成市级文物安全监管平台，省级监管平台已接入26处/家全国重点文物保护单位和一级博物馆安全数据。

【不可移动文物的保护与管理】

国字山战国墓葬入选中国社会科学院“2021年度中国六大考古新发现”。推进国家考古遗址公园建设，公布5处首批省级考古遗址公园。

推进“万里茶道”联合申报世界文化遗产。抚州市、九江市被列为国家历史文化名城，新增第六批中国传统村落70处。以婺源县、金溪县为试点，鼓励和支持社会力量参与文物建筑保护利用工作。

【革命文物保护利用】

革命文物创新出彩，继续保持第一方阵。在全国率先开展省级革命文物保护利用示范县创建，制定出台《江西省革命文物保护利用示范县创建管理办法（试行）》，公布首批10个示范县创建单位。积极创建国家革命文物协同创新研究中心。牵头组织湘鄂赣、井冈山、闽浙赣、原中央苏区等片区革命文物保护利用规划编制。开展长征文物资源、红色标语类革命文物等专项调查。公布全省第二批不可移动革命文物名录，先后两批次共公布全省不可移动革命文物2535处、可移动革命文物9759件/套。积极宣传推广《江西省革命文物保护条例》。开展“百件革命文物说江西”第三季——革命故事篇短视频节目制作播放，持续打造江西革命文物展示传播品牌。《那年八一》沉浸剧等一批革命场馆、展览和社教活动获评奖项，取得荣誉。

【考古工作】

开展全省长江文物资源、枯水季节鄱阳湖区域出露文物等文物资源专项调查。开展全国重点文物保护单位“两线”范围图谱数字化。景德镇古陶瓷基因库揭牌建成。印发《江西省“十四五”考古发展规划》，编制《古建筑修缮工程消耗定额（江西省单位估价表）》。推进“考古中国”重大项目实施，加强考古资料整理，推进省级考古标本库房建设，落实“先考古、后出让”制度。

【博物馆与可移动文物】

印发《关于让文物活起来　扩大中华文化国际影响力的实施方案》《关于推进全省博物馆改革发展的实施意见》。发布全省新增珍贵文物名录1.6万余件，八大山人印章、海昏侯文物等一级文物名录成为社会热点。省博物馆开通运行智慧博物馆，景德镇中国陶瓷博物馆等市县博物馆初步建成数字博物馆，各级博物馆线上新媒体云展览云展示800余个，开创性举办全省性博物馆文创直播大赛。推出一批符合新时代主题的、高质量的展览展示。瑞金中央革命根据地纪念馆荣获“全国博物馆十大陈列展览精品”推介特别奖。积极推进江西汉代文化研究，建立“一中心五基地”研究构架。

【文博宣传与出版】

完成《江西省第三次全国文物普查成果丛书》的编辑出版。

山东省

【概述】

2022年，全省文物系统深入学习贯彻党的二十大精神，贯彻落实习近平总书记关于文物工作重要论述、重要指示批示精神和党中央国务院决策部署，省委、省政府召开全省文物工作会议，印发《文物保护利用“十大工程”实施方案》，将文物工作纳入各级党政领导干部和领导班子考核体系，纳入高质量发展综合绩效评价指标，构建起系统完备的政策体系。

【法制建设】

《山东省齐长城保护条例》正式出台，条例的出台将进一步提高齐长城保护工作法治化、规范化水平。

【执法督察与文物安全】

调整省文化和旅游厅内部处室职责分工，明确执法督察处专门负责全省文物安全管理和行政执法监督工作。扎实推进文物火灾隐患整治和消防能力提升三年行动、石刻文物拓印清查整治专项行动、文旅系统安全生产大检查行动、节前安全大检查等专项安全排查整治行动。实施全国重点文物保护单位卫星遥感监测，指导潍坊开展“文物+遥感”，探索文物保护新模式。严厉打击文物违法犯罪，共侦破各类文物案件76起，打掉犯罪团伙29个，抓获犯罪嫌疑人288名，追缴涉案文物705件。查处文物行政违法案件41起。推进文物安全天网工程建设，开展全国重点文物保护单位安全基础信息填报，搭建山东省文物安全智慧监管平台。

联合有关部门对国家和省级文物保护资金使用情况进行绩效监控。

【不可移动文物的保护与管理】

公布第六批省级文物保护单位257处、第一批水下文物保护区1处。山东省级文物保护单位总数已达1968处，居全国第一位。勘定公布第一至第八批共226处全国重点文物保护单位的保护范围和建设控制地带。启动省级文物保护单位保护范围和建设控制地带的勘定工作。摸清各级文物保护单位家底，更新完善文物保护单位名录信息。曲阜孔庙及孔府、青岛八大关预防性保护项目列入全国10家文物预防性保护试点工作。齐长城遗址实施“红黄绿段”分级动态保护管理，这一做法是全国长城保护管理的创新之举；建成齐长城省市县三级监管平台；顺利推进定头崖西山段等重点保护工程。举办全省石窟寺及石刻保护研讨会，完成山东省碑刻石刻摸底调研。

对接黄河、大运河、长城国家文化公园建设战略，加强重大片区文物保护利用。水师饭店旧址保护利用项目入选国家文物局《文物建筑保护利用案例解读》。公布19家首批省级考古遗址公园立项单位，组织第四批国家考古遗址公园立项申报工作。

【革命文物保护利用】

编制完成《山东省革命文物保护利用总体规划》《山东革命文物保护利用片区工作规划》，启动编制《冀鲁豫革命文物保护利用片区工作规划》，启动国有馆藏革命文物评估定级，启动全省红色标语类革命文物专项调查。《红色故事追述历史》系列短视频获评2022年度中华文物全媒体传播精品（新媒体）推介项目，开展2021年全省革命文物保护利用典型案例评选，推出第二届"红色文物主题月"系列活动。成立山东革命场馆与高校融合发展联盟，5家革命场馆入选首批100家中华优秀传统文化、革命文化、社会主义先进文化专题实践教学基地。开展第二批山东省红色文化特色村创建工作。

【考古工作】

推动文物领域"放管服"改革，全面实现文物行政审批事项"一网通办"和"一次办好·一窗受理"，推进多评合一、联合审验等改革措施。起草制定《山东省工程建设考古工作管理办法》，探索开展国有建设用地区域性文物影响评估工作。12地市出台"先考古、后出让"制度配套实施意见，陆续开展国有建设用地考古前置工作。印发《山东省文物保护利用示范区创建方案》，公布首批10个山东省文物保护利用示范区创建单位，组织泰山、青岛老城区申报创建第二批国家文物保护利用示范区。

深入开展中华文明探源工程、"考古中国"山东课题研究。滕州岗上遗址入选"2021年度全国十大考古新发现"，跋山遗址、赵家徐姚遗址、稷下学宫遗址等考古发掘项目取得重要进展。

编制《山东省创建世界一流考古机构工作方案》。

建立北京大学山东临淄田野考古教学实习基地，并依托基地举办国家文物局田野考古实践培训班。组织实施配合性考古发掘项目113项，考古发掘面积超过7.4万平方米。加强监督管理，严厉查处工程建设考古调查勘探违法违规行为。建立考古机构帮扶机制，提升地方考古能力和水平。

对引进或取得资格的考古发掘项目负责人一次性给予5万元奖励，实施"青年文博人才培养项目"。

【博物馆工作】

全省已备案博物馆679家，数量保持全国领先；认定公布乡村（社区）博物馆100家。支持青岛、淄博等城市开展"博物馆之城"建设试点，实施"一县一馆"建设工程，创建中国特色世界一流博物馆。4项展览荣获第十九届（2021年度）"全国博物馆十大陈列展览"精品奖和优胜奖，8项展览入选国家文物局"弘扬中华优秀传统文化、培育社会主义核心价值观"主题展览推介。

制定《让文物活起来扩大中华文化影响力行动计划（2022—2025）》。

【文博宣传】

中国文物报以《新时代，山东擦亮"海岱考古"品牌》为题，整版刊发十八大以来山东考古成就。

大型考古纪录片《城子崖》在中央电视台、山东电视台播出。

【文旅融合】

举办文化和自然遗产日山东主场活动，成立齐长城文化和旅游推广联盟，编印《山东省文物保护宣传普及手册》。

【教育培训】

举办山东省第七期田野考古技术培训班。

【机构建设】

加强全省文物考古机构和队伍建设，省委编办批复成立考古处（大遗址保护处），为省直文博单位增加编制103名，为文物大市、文物大县下沉事业编制107名。

【其他】

省政府将“文物保护巡查”列入公益性公共管理类岗位，共设置860个齐长城巡护公益性岗位，成为全国首个将长城保护员全部纳入公益性岗位的省份。开展“全省最美基层文物工作者”选树工作，举办2022年山东省文物职业技能竞赛暨全国文物行业职业技能大赛山东省选拔赛。

河南省

【概述】

2022年，河南省文物局在国家文物局的关心支持下，在省委、省政府的正确领导下，深入学习贯彻党的二十大精神和习近平总书记关于文物工作的重要论述，坚决落实习近平总书记对河南文物工作的重要指示批示精神，认真贯彻全国文物工作会议精神，文物保护利用各项工作明显提升。特别是党的二十大召开后，习近平总书记到安阳考察殷墟、红旗渠并作出重要指示，全省文物系统倍受鼓舞、倍感振奋，激发出贯彻党的二十大精神、推动文物事业高质量发展的强大动力。

【文物安全工作】

编制《河南郑州等地特大暴雨洪涝灾害灾后恢复重建文物保护专项规划》，对全省灾后重建文物保护工作进行统筹安排，共有158项列入文物保护修复项目。

切实履行文物安全监管职责。与各地文物行政部门和省直文博单位签订《2022年度文物安全目标责任书》。推进文物平安工程建设，批复省级以上文物保护单位和博物馆、纪念馆安全防护工程35项。在全国率先建成启动河南省文物保护单位空间位置矢量化工程暨河南省文物保护单位数字化监管平台。

部署开展文物安全整治专项行动。开展石刻文物拓印专项排查整治，各级文物部门累计排查文物保护单位4016个，博物馆、纪念馆272家，文物商店10家，文物考古发掘及调查勘探单位49家，排查石刻文物拓片25266件。开展房屋建筑安全隐患排查整治专项行动，采取“工作人员+技术专家”模式，坚决防范各类事故发生。

重点抓好文物系统消防安全。持续推进全省文物火灾隐患整治和消防能力提升三年行动，开展文物系统火灾警示教育月活动，集中开展重大火灾风险综合整治工作，不断提升消防应急能力，坚决遏制重大文物安全事故发生。

健全文物安全工作部门协作机制。配合有关单位开展全省打击防范文物犯罪专项行动，共同做好“全国文物犯罪信息中心”和“中国被盗（丢失）文物信息发布平台”的信息采集、报送工作。加强与海关部门的沟通协调，参加2022年全省打私综合治理工作。

【不可移动文物的保护与管理】

殷墟遗址保护作为首个“文化遗产保护传承”项目被明确写入《国家“十四五”规划和2035年远景目标纲要》，殷墟国家考古遗址公园多个项目开工实施，殷墟遗址博物馆建设顺利推进，考古小镇建成开放、中国文字博物馆二期建成开放。指导邓州开展宋金街区考古发掘研究、保护展示工作，指导并修改完善出土文物遗迹保护方案，推进邓州宋金古街遗址整体性保护。扩大二里头遗址发掘范围，进一步摸清城市网格状布局，发现外围古城村壕沟等重要遗存。开展巩义宋陵遗址公园建设和环境整治，成效明显。州桥遗址考古成果在国家文物局“考古中国”平台发布，宣传传播影响广泛。习近平总书记等中央领导同志有关批示件办理工作取得阶段性成效。

有序推进石窟寺保护利用工作。完成全省石窟寺调查，并获得国家文物局表彰，其中先进单位2个、先进个人5名。继续推进龙门石窟奉先寺危岩体加固和渗漏水治理工程，对擂鼓台区域加固维修等工程设计方案进行审核。制定《河南省石窟寺考古重大项目实施方案（2021—2035）》《河南省“十四五”时期石窟考古工作计划》。组织开展龙门石窟古阳洞、唐代香山寺遗址、看经寺区域石窟考古报告编写。完成奉先寺保护工程，开展宾阳三洞保护工程，推进奉先寺大卢舍那像龛考古报告编写工作。初步完成豫北地区全部中小石窟的数字化采集工作，开展河南石窟寺数字化展示利用方法研究工作。组织实施巩县石窟山体加固、大丕山摩崖大佛综合保护工程、小南海石窟危岩加固等保护工程，开展灵泉寺石窟、鸿庆寺石窟、水泉石窟勘察研究，为下一步石窟寺保护研究提供科学依据。

推进黄河、大运河、长城、长征文化公园建设。推进《黄河文物保护利用专项规划》落实工作，组织完善黄河流域文物资源信息库建设。推进沿黄考古发掘研究、考古遗址公园和博物馆建设，打造黄河国家文化公园展示廊道。争取专项经费5亿多元，对全省大运河核心区和拓展区内文物保护单位实施200余项保护、研究、展示工程，洛阳隋唐大运河文化博物馆5月已建成开放。做好《长城保护条例》修订工作，开展长城“四有”档案编制，推进赵长城、楚长城的规划编制工作。开展长征文物资源调查，实施“北上先锋”红二十五军长征出发地文化园建设项目（一期）和红二十五军军部及医院旧址保护与提升工程。

加强世界文化遗产保护工作。核准批复殷墟动态信息及监测预警系统总体建设方案，组织殷墟和登封“天地之中”历史建筑群保护管理机构进行世界文化遗产区划信息数据确认，编报丝绸之路遗产点保护管理状况报告。加强遗产保护工程监管，办理开工备案、中期检查、竣工验收等手续。做好涉及遗产保护区划建设工程审批管理。持续推进万里茶道申遗。

加强大遗址保护利用二作。持续开展郑州商城、殷墟、隋唐洛阳城、汉魏洛阳故城、北宋东京城等大遗址考古发掘研究，推进相关大遗址本体保护、展示利用、环境整治及考古遗址公园建设项目实施。组织各地申报第四批国家考古遗址公园。公布首批省级考古遗址公园立项名单。安阳高陵本体保护与展示工程基本完成，正在加快实施景观控制项目。灵宝西坡遗址F105、F106大房址保护展示项目，仰韶村遗址断面文化层保护工程，清凉寺汝官窑遗址环境整治（一期）项目正在实施中。

推进第八批国保、省保单位保护利用工作。推进开展第八批全国重点文物保护单位和第八批河南省文物保护单位的保护区划定工作。目前，已初步划定第八批国保、省保保护区基础数据。有序推进第八批351处省级文物保护单位的文物保护简介编制工作，为第八批河南省文物保护单位保护利用工作提供基础条件。

做好不可移动文物保护管理相关基础工作。系统推进实施新乡百泉古建筑群、郑州文庙、汝州风穴寺、浚县碧霞宫等一批古建筑保护工程。加强全省文物普查数据汇总和归集，强化省级数据平台建设，指导各地开展不可移动文物“四有”工作，明确时间节点，推进市级文物保护单位保护区划划定、县级文物保护区划划定，全省文物保护单位文物基础保护工作有序推进。

开展遗址公园提升工程，公布河南省级考古遗址公园。

【革命文物保护利用】

做好革命文物工作。提请省政府印发《关于进一步加强新时代革命文物保护管理利用工作的通知》，并进一步细化责任分工，制定《河南省文物局加强新时代革命文物保护管理利用工作任务分工方案》《河南省新时代革命文物保护管理利用三年行动计划（2023—2025年）》。开展河南省革命文物资源底数、保存状况摸排和抗美援朝文物资源专项调查。设立首批河南省革命文物协同研究基地。完成“河南片区”“晋冀豫片区”“冀鲁豫片区”三大片区的革命文物保护利用工作规划在国家文物局的立项工作，推进“河南片区”革命文物保护利用工作规划编制。开展“见证新时代——晒晒我们的新物件”“高校思想政治理论实践教学基地申报”等活动，做好革命文物展示利用。

【考古工作】

深入推进中华文明探源和夏文化研究工作。贯彻落实习近平总书记在中共中央政治局第39次集体学习时关于中华文明探源的重要讲话，实施中原地区文明化进程研究、夏文化研究等“考古中国”重大课题。组织南阳黄山、偃师二里头遗址等11个文明探源相关主动性考古发掘项目，获得重大考古发现。推动河南省夏文化遗址专项文物调查工作，审核批准10个与夏文化相关的考古勘探、区域性考古调查、综合研究项目工作计划，储备夏文化基础研究项目。推动文明探源、夏文化相关考古资料整理和科研成果出版，10余项多学科研究顺利推进。推进伊洛河流域、南阳地区等区域系统考古调查。举办“贯彻落实习近平总书记致仰韶文化发现和中国现代考古学诞生100周年贺信精神一周年座谈会”和“2022年度夏文化论坛”，与中国考古学会等单位共同主办了“首届仰韶论坛”。

围绕人类起源、多民族统一国家开展发掘研究。组织实施主动性考古发掘32项、配合基本建设考古发掘117项。鲁山仙人洞遗址发现了河南省内年代最早的早期现代人化石，对中国现代人起源研究具有重要意义。汝州温泉遗址发现旧石器时代较大规模遗存。新郑裴李岗遗址发现距今3万年前后的旧石器时代晚期遗存，对探索农业起源，新旧石器时代的连接有重要价值。郑州商城发现重要的贵族墓葬区、小双桥首次发现商代高台建筑遗迹。商丘古城发现重要城墙和遗迹。隋唐洛阳城发现太平公主宅院和国子监、孔庙等遗迹。开封州桥发现宋代巨幅石刻。这些新发现丰富了历史内涵。

持续加强考古管理水平。完善考古发掘组织管理和考古发掘出土遗迹、文物移交程序。全年共组织开展32项主动性考古发掘项目，260项配合性考古发掘项目。加强考古工地管理，部署省考古院、市级文物部门对遗址范围内的临时用棚搭建进行指导。

推进全省文物考古研究单位重塑性改革。会同河南省文化和旅游厅起草《河南省文物考古研究院重塑性改革方案》，推动省考古院新院建设，努力打造全国一流、具有世界影响力的考古科研机构。支持郑州、洛阳、开封、商丘、安阳等市加强考古力量，形成全省一体的考古格局。强化文物勘探管理，组织开展全省基本建设中考古调查勘探发掘和文物保护排查工作。

【博物馆与可移动文物】

优化博物馆布局，谋划建设博物馆群落。持续推进以河南博物院为龙头的具有中原文化特色的博物馆群落体系建设，研究起草《河南省加强非国有博物馆管理和扶持的实施意见》。目前，博物馆群建设的背景、必要性、规模和内容以及政策法规等专题研究报告，主体馆和8个主题馆的研究报告均已完成。全省博物馆数量达到398家。

开展系列展览、主题日活动。支持并组织参加第九届“博博会”，各项指标均创历届之最，河南省文物局荣获“突出贡献奖”。首次以“云端”形式开展“5·18”国际博物馆日主会场活动。成功举办“宅兹中国——河南夏商周三代文明展”“繁星盈天——中国百年百大考古发现展”等系列文物考古大展。推出16个全省优秀陈列展览，其中，三门峡庙底沟博物馆“花开中国——庙底沟与中华早期文明的发生历程”荣获第十九届（2021年度）“全国博物馆十大陈列展览精品推介活动”精品奖，郑州博物馆“黄河珍宝——沿黄九省（区）文物精品展”荣获“国际及港澳台合作奖”。4个展陈列入2022年度“弘扬中华优秀传统文化、培育社会主义核心价值观”主题展览国家推介项目。

开展可移动文物保护修复项目的申报、实施工作；有计划地推进全省可移动文物预防性保护工作。

【文博宣传】

持续推进数字化建设工作。策划开展“虎虎生风，文物贺岁——博物馆地图‘寻虎记’”主题活动；上线“河南省博物馆数字群落”，作为国内首个省级文物地图，实现上线305家博物馆，共6000余件文物的线上数字化建设；遴选十余家重点博物馆，从重塑和新生两个角度，策划录制宣传河南“文博十年”发展变化的视频，献礼党的二十大。

“行走河南·读懂中国”品牌体系持续打造。统筹国家文物保护资金和省级文物保护资金2.9亿元，用于涉及“行走河南·读懂中国”百大标识项目的文物保护及展示。

各类宣传活动亮点纷呈。启动河南考古与中华文明探源工程成果主题宣传、“指尖上的国宝”宣传专栏等项目，与中国联通河南分公司、河南一百度、远海智行旅行社等签订合作协议推动文物活起来。《动听了！博物馆》荣获2022年度中华文物全媒体传播精品（新媒体）入围项目。央视“中国考古大会”安阳殷墟、二里头、仰韶专场，州桥直播宣传、闪耀吧中华文明等特色宣传形成热度。《河南文博》栏目精耕细作，影响不断扩大。

【教育培训】

加强考古发掘技术人员培训，举办2022年度考古发掘技术人员培训班。

【机构建设】

完善考古工作站建设，建立省考古院邓州考古工作站，并加挂城市考古与保护国家文物局重点科研基地邓州工作站牌子，成立汝州旧石器考古工作站，在罗山县建设古息文化考古研学基地暨考古资料整理基地。

【交流与合作】

文物对外交流合作不断加强。完成“交融·魅力——北魏鲜卑拓跋部的历史足迹”韩国展的展览工作。持续推进与卢森堡国家历史与艺术博物馆第二个五年合作协议，暂定于2023年9月与其举办考古精品展。举办中韩制铁领域专家线上国际学术交流讲座和“中·韩编钟、编磬及相关音乐研究”国际学术会议。

【其他】

开展2022年度地方标准立项工作；开展古建筑生物病害防治工作；完善文物科技保护专家库人员及管理制度；开展省重点科研基地的认定工作。命名龙门石窟“中原地区石窟寺及石质文物保护研究与人才培训河南省文物局重点科研基地”。

湖北省

【概述】

2022年，湖北省文物局以迎接和学习宣传贯彻党的二十大精神为主线，深入学习贯彻习近平总书记关于文物工作系列重要论述精神，紧紧围绕国家文物局和湖北省委、省政府工作部署，扎实做好全省文物工作，取得较好成效。

【执法督察与文物安全】

坚决贯彻习近平总书记关于加强安全生产的重要指示批示精神，积极推进全省文物保护单位安全防护工程建设，坚持在防范化解文物重大消防安全风险上下功夫，全省没有发生重大文物安全事故。印发《关于推进文物火灾隐患整治和消防能力提升三年行动的通知》和《文物建筑和博物馆火灾风险指南及检查指引》，重点围绕文物建筑消防安全和文博单位消防能力提升进行安排部署，指导各地严格落实消防安全制度，消除火灾隐患，做好定期巡查、日常维护和消防演练等工作，落实消防安全责任，提升消防能力。印发《开展全省文物系统安全生产大检查的通知》，以安全生产专项整治三年行动为抓手狠抓隐患排查整治，全年省市县三级累计开展文物消防安全自查12804次，检查文物保护单位和博物馆16136次，发现隐患1151处，整改完成975处。积极督办安全隐患整改难度大、工作推进慢的文物保护单位，确保整改效果，保持全省文物安全稳定向好的发展态势。深化文化市场综合执法改革，进一步理顺文物领域执法督察机制，印发实施《湖北省文化市场综合行政执法事项指导目录》，明确文物领域执法事项名称、职权类型、实施依据和实施主体；进一步完善文物领域执法运行机制，与省委宣传部等4部门联合印发《关于进一步完善文化市场综合执法运行机制的通知》，建立案件归口统一受理等8项工作制度；进一步健全文物行政执法和刑事司法衔接，全面推行文物行政执法三项制度；进一步提升文物执法能力水平，组织执法人员法律法规、专业知识、执法技能全员培训；进一步加大执法督察力度，组织开展全省文物保护单位"两线"范围内违建问题专项排查、文物"三查（察）一改"专项行动，查处文物行政违法案件15起。重点督办查处荆州四圣殿部分文物本体遭损毁、襄阳城墙违法建设等一批涉全国重点文物保护单位行政违法案件，确保文物安全；一批文物行政执法案件入选全国文物行政执法指导性案例和优秀案例，国家文物局致函湖北省政府予以表扬。

【不可移动文物的保护与管理】

持续推进荆楚大遗址传承发展工程。评定公布华新水泥厂旧址等6处第二批湖北省文化遗址公园，报请省政府公布走马岭遗址等11个文物保护规划。认真做好第四批国家考古遗址公园申报工作，加快长江、长征国家文化公园湖北段建设中文物保护展示，构建以国家文化公园、国家考古遗址公园、湖北省文化遗址公园为主体的荆楚文化保护传承体系和金名片。

稳步推进世界文化遗产申报与保护管理。就第44届世界遗产委员会会议决议有关武当山古建筑群反应性监测内容进行督办，召开湖北省万里茶道申报世界文化遗产领导小组第一次成员会议，举办万里茶道“赤壁宣言”发表十周年座谈会暨申遗工作现场会、2022万里茶道（中国段）——环中国自驾游集结赛暨九省（区）文化旅游推介会。

大力做好历史文化名城名镇名村和街区中的文物保护工作。推进全省城乡历史文化保护传承体系建设，召开专题视频会议部署全省城乡历史文化遗产保护传承相关工作，并在荆州开展试点。会同湖北省住建厅、财政厅对全省传统村落进行全面摸底调查并建立档案，积极申报第六批中国传统村落。印发《关于开展历史文化名城保护专项评估工作的通知》，部署历史文化名城保护评估工作。

扎实做好文物保护基础工作。完成长江文物资源调查和《湖北长江文物保护利用规划》编制，全面掌握全省长江文物资源现状。认真做好国家文物保护利用示范区创建、省级以上文物保护单位名录信息更新完善、名碑名刻调查有关工作。开展文物领域省级标准化工作，《文物保护单位保护范围和建设控制地带划定及管理规范》作为省级标准立项，修改完善湖北省《文物保护单位保护标志及保护界桩管理规范》。组织开展2022年文化和自然遗产日湖北主场活动和遗产日系列活动，宣传文物法规，展示文物风采，凝聚保护共识，让更多文物保护成果惠及人民群众。开展第八批湖北省文物保护单位“两线”划定工作，进一步夯实文物保护基础。

【革命文物保护利用】

不断加大革命文物保护利用力度。公布第二批湖北省革命文物名录。组织开展全省抗美援朝文物、“慰安妇”相关遗存及纪念设施、革命文物标语等专项调查。支持英山县、郧西县开展长征文化公园配套文物保护、环境整治。

【考古工作】

认真做好主动性和基建考古工作。云梦郑家湖战国秦汉墓地入选“2021年度全国十大考古新发现”，“考古中国”9月28日发布郧县人3号头骨化石重大考古发现，引起国内外广泛关注和热议。湖北考古博物馆建成并对外开放，省考古标本库房建设可研报告获批。

【博物馆工作】

在国家文物局指导支持下，圆满完成“5·18”国际博物馆日中国主会场活动，文化和旅游部副部长、国家文物局局长李群，湖北省委副书记、省长王忠林出席开幕式并致辞，24个省、区、市200余名领导、专家和学者通过线上线下方式参与活动。主会场活动开幕式广受好评，博物馆之夜富有特色，宣传工作富有成效，国家文物局专门致函湖北省政府表示感谢。围绕迎接和宣传党的二十大精神，指导各地举办丰富多彩的展览，“湖北省博物馆新馆基本陈列”获得第十九届（2021年度）“全国博物馆十大陈列展览”精品奖，辛亥革命博物院“辉煌十年荆楚答卷”等主题展览获得观众欢迎。出台《湖北博物馆改革发展实施意见》，进一步激发全省博物馆发展动力，释放博物馆发展活力。

【其他】

积极推进《中国少数民族文物图谱·湖北卷》编纂等工作。举办“奋进新征程建功新时代”演讲比赛，激发全省文博系统党员群众立足岗位、奋发有为、不忘初心、砥砺奋进的干事创业热情。

制定印发关于推进文物领域“十四五”规划实施的工作分工方案，推进落实各项任务。全年组织召开3个省级会议，推动出台1个省级文件，确保国家文物局和湖北省委、省政府重要工作部署落到实处。一是争取建立湖北省文物工作联席会议制度并召开第一次会议，加强部门联动和协调配合，凝聚做好全省文物工作的合力。二是组织召开全省文物工作会议，贯彻落实全国文物工作会议精神，部署安排新时代湖北文物工作任务。三是以加强全省历史文化名城名镇名村保护与利用为主题协助召开省政协月度专题协商会，广泛建言献策，促进全省文物和文化遗产保护利用。四是推动出台《湖北省关于在城乡建设中加强历史文化保护传承的具体措施》。

湖南省

【概述】

2022年，全省文物工作围绕迎接和学习宣传贯彻党的二十大主题，深入学习贯彻习近平总书记关于文物工作重要论述、指示批示精神，落实全国文物工作会议部署，持续深化文物保护利用改革，取得较好成绩。

【文物安全工作】

文物保护纳入省委对市州绩效考核约束指标体系，文物安全工作纳入省政府真抓实干督察激励措施，推动文物保护责任有效落实。持续优化文物安全“四级”巡查机制，探索聘请第三方专业机构开展文物博物馆单位安全巡查工作新模式。持续深化文化遗产保护领域监督执纪问责工作，按照全覆盖要求，组织第三方机构开展文物保护专项资金监督检查和绩效评价，提高资金使用绩效。

文物安全形势平稳向好。统筹开展疫情防控、防汛减灾、罕见高温干旱等6方面文物行业安全生产和安全隐患排查整治行动，共出动检查人员9000余人次、检查文博单位13709处次、整改隐患2109项。打击文物犯罪专项行动共打掉犯罪团伙18个、收缴文物1000余件/套，有效确保了文物安全。文物安全防护能力明显提升。文物火灾隐患整治和消防能力提升三年行动计划收官，共出动检查人员14826人次，整改隐患13689项，文物博物馆单位消防处置能力得到提升。依法查处文物行政违法案件9起，全国重点文物保护单位夹山寺保护范围违建案入选全国文物行政执法指导性案例。

【不可移动文物的保护与管理】

长江国家文化公园（湖南段）文物资源调查共查明不可移动文物10495处。整体规划实施红二、六军团长征出发地旧址等9个长征国家文化公园（湖南段）文物保护展示项目。

【革命文物保护利用】

抗日战争、抗美援朝战争等专项资源调查进一步厘清革命文物资源分布和保存状况，公布第三批革命文物名录，共涉及英雄烈士纪念设施类不可移动革命文物584处，湖南南滩国家草原自然公园和湖南省南山种畜牧草良种繁殖场入选首批国家“红色草原”，数居全国第二位。

革命文物利用成效突出。《讲好“半条被子”故事，助力沙洲乡村振兴》《“锋”火传承行动——湖南雷锋纪念馆服务大学生思政教育实践》获评为“全国革命文物保护利用优秀案例”。韶山毛泽东同志纪念馆等3家纪念馆获评为全国中华优秀传统文化、革命文化、社会主义先进文化专题思想政治理论实践教学基地。“韶山下的思政课”“青春心向党·音乐思政课”等品牌思政课成为资政育人重要课堂。红色资源馆校共建共享持续深化。“互联网+革命文物”成效凸显，“一切为了人民——迎接党的二十大胜利召开主题展”线上展览播放量达2000万人次。

【考古工作】

中华文明探源工程和考古中国项目取得重要成果。澧县鸡叫城遗址出土的新石器时代大型木构建筑遗存填补我国史前建筑史空白，入选“全国十大考古新发现”，全省共有全国十大考古新发现13项，位居全国第八位。

基本建设考古高效推进。完成茶（陵）常（宁）高速公路、益阳电厂、宁电入湘等25个省重点工程建设所涉考古和文物保护工作。

考古研究有新进展。汨罗黑鱼岭墓地为省内首次发现集中分布的商代晚期墓地，蓝山五里坪墓群新发现战国晚期楚墓实证楚人南下和楚越文化交流，益阳兔子山遗址、桂阳桐木岭矿业遗址、鸡叫城遗址入选“新时代百项考古新发现”。顺利实施国家重点研发计划项目“文物出土现场应急保护技术体系研究”，举办中国古代青铜器论坛、首届洞庭郡历史文化学术研讨会等重要研究活动。

【博物馆工作】

博物馆阵地进一步壮大。全省博物馆数量增至178家。浏阳、津市博物馆建成开放，郴州、石门、慈利等地博物馆建设有序推进。

文博公共产品和服务出新品。湖南博物院等12家博物馆入选中国博物馆参观量百强，《跟着文物去旅行》系列动漫获“中华文物全媒体传播精品（新媒体）”推介，3个陈列展览列入“弘扬中华优秀传统文化、培育社会主义核心价值观”主题推介项目，《考古湖南：十堂课听懂湖南历史》获评“湖南省优秀社会科学普及作品”。

【文博宣传与出版】

全省博物馆、纪念馆推出“5·18”国际博物馆日线上线下主题展览和宣传教育活动200余场次，制作推出《湖南一万年——文物保护利用成果展（2012—2022年）》《走读湖湘文物现场——湖南古迹遗址的万年之旅》等文化遗产日主题宣传作品，其中《走读湖湘文化现场——湖湘古迹遗址的万年之旅》音频节目全网点击量超2000万，有力营造了浓厚的“时代共进　人民共享”的氛围。

《长沙走马楼西汉简牍》《走马楼三国吴简校释》入选国家古籍工作规划重点出版项目。国家重点研发计划课题“长江流域文明进程研究”和“中华文明起源进程中的生业、资源与技术研究”阶段性成果《吾道南来——中华民族共同体的史前湖南》出版。

【社会文物管理】

“放管服”改革面向湖南自贸试验区（长沙片区）下放文物商店设立审批权。

【其他】

高质量办结线上受理政务服务办件269件，办结率100%，满意度100%。

《全省历史文化资源保护利用情况》审议意见的整改落实工作通过省人大监督，《湖南省文物保护国土空间专项规划》编制工作扎实推进。

上项争资有力有效。围绕办好首届全省旅游发展大会、中国红色旅游博览会和联县帮扶安化等重点工作，争取中央免费开放补助资金2.2007亿元、国家重点文物专项补助资金2.6691亿元，分别居全国第三、第七位，补助博物馆、纪念馆84家、文物保护项目96个。

广东省

【概述】

2022年，是党的二十大召开之年，广东省文物系统以习近平新时代中国特色社会主义思想为指导，深入学习贯彻习近平总书记关于文物工作重要论述和重要指示批示精神，全面落实全国文物工作会议部署，坚持新时代文物工作方针，严格执行《“十四五”文物保护和科技创新规划》《关于让文物活起来 扩大中华文化国际影响力的实施意见》等政策文件要求，紧密结合《粤港澳大湾区发展规划纲要》实施，以迎接宣传贯彻党的二十大精神为主线，按照国家文物局和省委、省政府的部署安排，守正创新，踔厉奋发，全面推进文物博物馆事业高质量发展，取得扎实成效。

【文物安全工作】

保障文物安全，促进文物市场发展。积极开展打击文物犯罪专项行动，配合公安部门开展涉案文物的鉴定工作，共鉴定涉案物品12451件，其中文物5917件、珍贵文物52件。指导各地做好常态化公益性文物鉴定咨询服务，引导民间合法合理收藏。印发《广东博物馆领域疫情防控工作指引和应急预案》，指导全省博物馆领域疫情防控和应急处置工作。

【不可移动文物的保护与管理】

完善文物“岁修”。统筹抢救性保护和预防性保护、本体保护和周边保护、单点保护和集群保护，维护文物资源的历史真实性、风貌完整性、文化延续性，做好文物日常保养维护。推进重点工程。批复省级以上文物保护单位工程方案36项，完成陈芳家宅、南粤雄关与古道、柏园等一批文物保护工程。加强笔架山潮州窑遗址、方济各·沙勿略墓园及大洲湾遗址等大遗址保护和国家考古遗址公园建设。加强世界文化遗产“开平碉楼与村落”的保护管理工作。完成《广东省全国重点文物保护单位保护利用调研报告》。

提请省政府于7月核定公布第十批广东省文物保护单位132处，与现有广东省文物保护单位合并3处。

【革命文物保护利用】

出台《广东省革命遗址保护条例》。广东省革命遗址领导小组成立，建立革命遗址保护工作联席会议制度。

加强革命文物保护。开展广东片区、海陆丰片区革命文物保护利用工作规划，以及“南昌起义部队南下广东”“中央红色交通线”“东江纵队抗战”等遗址群保护利用规划编制工作。做好广州农民运动讲习所旧址、虎门炮台、黄埔军校旧址等全国重点文物保护单位修缮工作，完成80处红色革命遗址保护和活化利用的省民生实事清单，让革命遗址重获“新生”。推进长征国家文化公园（广东段）、鸦片战争海防遗址公园两个重点项目建设。完善全省革命文物资源名录和大数据库，落实革命文物风险排查和日常养护管理制度。

加强革命文物运用。开展“四史”相关物证征集与研究，组织“革命文物服务党史教育常态化长效化”“革命文物资源进高校思政课指引”等课题研究。紧抓中国人民解放军建军95周年、第一次全国劳动大会召开100周年、香港海员大罢工胜利100周年等重大时间节点、重要历史事件开展宣传，深入阐释革命精神。组织举办革命文物展览和活动，广东革命历史博物馆“串联红色线路，追寻革命足迹”活动获评第三届全国革命文物保护利用优秀案例。省文化和旅游厅精心打造“走读广东粤游粤红”“赓续红色血脉培育时代新人”“红心向党·革命故事会”等系列活动。

【考古工作】

召开全省文物考古工作会议，部署新发展阶段广东文物考古工作，国家文物局局长李群作视频讲话，省委常委、宣传部部长陈建文，时任副省长、省政协副主席许瑞生出席会议并讲话。

加强考古工作。谋划早期岭南探源工程，以实证广东百万年人类史、一万年文化史、五千多年文明史。启动英德岩山寨遗址、笔架山潮州窑遗址2022年发掘工作。推动各地开展地下文物埋藏区划定工作，指导韶关市完成地下文物埋藏区划定公布工作。“南海I号”等三个项目入选全国“新时代百项考古新发现”。

【博物馆与可移动文物】

推进博物馆高质量发展。至2022年11月，全省博物馆达376家，其中国有博物馆251家、非国有博物馆125家。开展博物馆质量等级提升工作，指导广东省博物馆征集2000件文物支持基层博物馆藏品建设。组织开展国家文物局课题“全国博物馆节能减排”研究，推动博物馆领域能源资源节约绿色低碳发展。有序推进广东省类博物馆培育实施计划，对全省类博物馆开展调查。鼓励支持非国有博物馆发展，筹备出版《博物馆工作指南》。开展2020—2021年度全省博物馆运行评估工作。

强化科学技术支撑。推进广东文物保护科技中心建设，打造区域性文物保护科技服务先进平台。指导、督促省博物馆协会对全省博物馆可移动文物预防性保护和数字化保护利用方案和项目进行审批和验收，全年完成43个项目的评审、验收。

提高陈列展览质量。公布“广东省弘扬社会主义核心价值观主题展览”25个，其中4个展览入选国家文物局推介项目。“三城记——明清时期的粤港澳湾区与丝绸外销”展览获第十九届（2021年度）“全国博物馆十大陈列展览精品”推介活动“国际及港澳台合作入围奖”。广东省流动博物馆2022年推出55个展览，在基层博物馆展出超250场。

发布一批广东博物馆数字藏品，合计发行数量9万余份。鼓励文博单位开发文化创意产品，举办广东博物馆文创产品展。

出台《关于推进博物馆改革发展的实施方案》。

【文博宣传】

创新举办文化和自然遗产日、国际博物馆日、国际古迹遗址日等活动，组织省内20

多家博物馆组成广东馆“粤博创意”，亮相第九届“中国博物馆及相关产品与技术博览会”。

在国家文物局指导下，与中国考古学会、中国文物报社在广州联合主办“新时代考古发现与研究”论坛。

结合广东省博物馆精品展览“绘冠南天——粤藏宋元书画特展”，创排推出与展览主题相配合、与展厅空间相适应的“沉浸式”现代舞展演。

联合中央电视台《探索与发现》栏目组推出《探秘广东考古》九集电视纪录片，公布广东省十年十大重要考古发现和4处广东省文物保护工程典型案例，启动第二届文物古迹活化利用优秀案例和“最美文物考古人”推介活动。

【机构建设】

落实省委编办关于加强文物保护和考古工作机构编制保障的有关要求，加强文博人才队伍建设，省文物考古研究所增编并更名为省文物考古研究院，全省共有15个地市加挂市文物局牌子，30多个县（区）加挂县（区）文物局牌子。

【交流与合作】

深化粤港澳三地文化遗产交流合作，与香港发展局、澳门文化局签署《关于深化粤港澳大湾区考古及文物建筑交流与合作意向书》，联合举办首届大湾区文物建筑高峰论坛。

广西壮族自治区

【概述】

2022年，在国家文物局等中央和国家有关部门的大力支持下，以及自治区党委、政府的高度重视和统筹谋划下，全区各级文物部门深入学习贯彻党的二十大精神，认真贯彻落实习近平总书记关于文物工作的重要论述和重要指示批示精神，坚持“保护第一、加强管理、挖掘价值、有效利用、让文物活起来”的新时代文物工作方针，推动文物事业发展取得了显著成效。

【文物安全工作】

联合自治区住房城乡建设厅、广西消防救援总队组织开展文旅系统行业消防与文物安全隐患排查整治工作，先后派出2批6个共15人的联合督查执行组对全区14个市的重点文博单位和文物建筑火灾防控情况进行督查整治，组织全区各市县文物部门共检查文博场馆及不可移动文物3022次，发现火灾隐患问题385项，整改安全隐患和问题377项，联合有关部门重点督查勘察文物博物馆单位三防项目111个。全年共组织开展涉案文物鉴定43起，完成鉴定4454件/套涉案文物，打击文物犯罪行动取得了阶段性成果。督办桂林、北海、贵港等地3起文物法人违法案件。

【不可移动文物的保护与管理】

完成向国家文物局报送《左江花山岩画文化景观2021年度监测年度报告》《关于贯彻落实第44届世界遗产委员会会议决议有关情况的报告》。推进海上丝绸之路·北海史迹、灵渠、侗族村寨·三江侗族村寨保护和申遗基础工作，国家文物局批复花山岩画——万人洞岩画加固保护、兴安县灵渠古桥修缮、灵渠（南渠南陡至大湾陡段）修缮工程计划，组织开展灵渠课题研究。完成收集整理《高定侗寨文史资料》《高友侗寨文史资料》，编写高定村乡愁馆陈列大纲等工作。

完成《广西名碑名刻文物推荐项目推荐表》《广西名碑名刻文物推荐项目汇总表》及调研报告。实施对桂林石刻，武宣郭氏庄园等一批古建筑、石刻、近现代重要史迹和代表性建筑等不可移动文物的保护维修工程。组织开展第八批自治区级文物保护单位推荐申报工作。

【革命文物保护利用】

协同自治区人大出台《广西壮族自治区红色资源保护传承条例》。

完成广西第一批革命文物名录信息录入全国革命文物资源大数据管理平台系统，公布广西第二批革命文物名录，其中不可移动文物309处，可移动文物1312件/套（1399件）。

制定《广西红色标语类革命文物专项调查实施方案》《左右江革命文物保护利用片区工作规划工作实施方案》。完成“见证新时代——晒晒我们的新物件”、抗美援朝、红色草原、保密文物、抗日战争历史文化资源、广西剿匪、与东盟国家有关文物和红七军主力北上中央苏区沿线革命文物等专项革命文物资源调查工作。召开加强全区革命类纪念馆、博物馆管理工作会议。2023—2027年自治区本级每年投入3000万元资金用于长征国家文化公园（广西段）建设。组织湘江战役“三园三馆”开发纪念馆里的思政课——湘江战役沉浸式体验课程研发项目。

【考古工作】

公布南宁市顶蛳山遗址等4处第一批广西考古遗址公园，指导编制完成《靖江王陵保护总体规划（2022—2035）》（修编）、《靖江王陵考古遗址公园总体规划（2022—2035）》。实施靖江王府及王陵——靖江王陵石刻保护前期勘察等保护及环境整治工程；桂林市甑皮岩遗址独山、靖江王陵——端懿王陵、康僖王陵等保护修缮、环境整治计划获得国家文物局批复。推进广西考古标本库房建设，完成平陆运河工程等高速铁路、高速公路、水利枢纽、风电场、能源、产业园区、工业园区等一批重大基本建设工程中的考古调查勘探发掘及文物保护工作，抢救保护了一批文物。

【博物馆工作】

与自治区党委宣传部等8部门联合印发《关于推进广西博物馆改革发展的实施意见》，自治区深改委审议通过《广西让文物活起来扩大中华文化国际影响力实施意见》。

11月28日，广西壮族自治区博物馆新馆开馆，自治区党委书记、自治区人大常委会主任刘宁出席开馆仪式并宣布开馆。新增16家博物馆、纪念馆纳入中央免费开放的博物馆、纪念馆名单。全区备案博物馆总数达126家（其中国家一级博物馆3家、二级博物馆9家、三级博物馆18家）。组织广西民族博物馆举办广西边海疆国家安全主题展览、“家和万事兴——广西家庭家风主题”等展览，其中，“家和万事兴——广西家庭家风主题”入选2022年度“弘扬中华优秀传统文化、培育社会主义核心价值观”主题展览推介项目。广西博物馆、湘江战役纪念设施、百色起义纪念馆被国家公布为“大思政课”实践教学基地。全区各级博物馆共举办1000多场次形式多样的社会教育和陈列展览活动。

【教育培训】

举办2022年文物保护工程与管理、全区革命类场馆管理人员能力提升等培训班。

【其他】

与自治区住房和城乡建设厅联合报送《关于在城乡建设中加强历史文化保护传承的实施意见》，已由自治区党委办公厅、政府办公厅印发实施。

海南省

【概述】

2022年，海南省文物系统深入学习贯彻党的二十大精神，以习近平新时代中国特色社会主义思想为指导，学习领会习近平总书记关于文物工作重要论述，贯彻落实全国文物工作会议精神和新时代文物工作方针，全面推进文物工作。

【法制建设】

开展文物立法工作。进行文物立法工作调研，启动编制《海南省文物保护条例（草案）》，向海南省人大常委会报送立法计划。

【文物安全工作】

不断提升文物安全及执法水平。完成文物火灾隐患整治和消防能力提升三年行动，全省共组织文物安全检查1185人次，结合推进文物消防工程项目，系统推进整治提升。联合省消防救援总队开展文物建筑重点单位专项检查。推进落实《文物博物馆单位文物安全直接责任人公告公示办法（试行）》，省级以上不可移动文物安全直接责任人公告公示基本全覆盖。

【不可移动文物的保护与管理】

完成崖城学宫消防、防雷等项目，启动落笔洞遗址危岩加固、五公祠西斋修缮等项目，指导完成信冲洞遗址、临高角灯塔、秀英炮台等9处全国重点文物保护单位保护规划编制。实施海瑞墓文化公园提升改造项目。

推进“海南热带雨林和黎族传统聚落”申报世界自然与文化遗产。2022年4月“海南热带雨林和黎族传统聚落”已被正式列入世界遗产预备名单。印发《关于做好“海南热带雨林和黎族传统聚落”项目提名地范围内有关文物保护工作的通知》，对推进“双申遗”的文物保护工作提出具体要求，启动五指山初保村民居修缮项目。开展黎族地区传统聚落文化遗产研究，挖掘海南黎族地区传统聚落文化遗产的特色和价值。

【革命文物保护利用】

一是开展琼崖革命片区保护。启动编制《海南省革命文物保护利用片区工作规划》，以挖掘展现琼崖片区革命精神和时代价值，做好连片保护和整体展示。二是开展全省第二批革命文物名录核定公布工作。组织市县系统梳理本行业本地区所属革命文物资源，截至目前市县共申报不可移动革命文物48处，可移动革命文物121件/套。三是开展红色标语类革命文物专项调查。组织市县摸清本辖区本单位的不可移动、可移动红色标语类革命文物资源底数、保存状况和管理情况。

【考古工作】

有序开展考古工作。完成儋耳故城考古勘探项目工作，启动珠崖岭城址和湾仔头遗址的考古发掘工作，推进海南自贸港11个重点园区建设用地的考古调查勘探和文物影响评估工作。开展2022年度西沙北礁海域水下考古调查，重新精确部分遗址分布范围。深海考古有新的重大发现。组织开展2022年度文化和自然遗产日活动。围绕“文物保护：时代共进人民共享”活动主题，组织开展“琼崖晨曦——海南早期革命史图片展”“保护文物利在千秋——海口市2022年文物普法宣传暨非物质文化遗产展”等25个文博活动。筹备召开第四届海上丝绸之路文化遗产保护论坛。

协调省委机构编制委员会印发《关于加强文物保护和考古工作机构编制保障的实施方案》。

【博物馆工作】

联合省委宣传部、省发展改革委等部门研究制定并印发《海南省关于推进博物馆改革发展的实施方案》，完善博物馆公共服务能力，将博物馆事业融入省经济社会发展大局。

促进非国有博物馆健康可持续发展。研究制定海南省促进非国有博物馆发展的意见，2022年3月17日，《省政府办公厅关于海南省促进非国有博物馆发展的意见》正式印发，正研究制定《海南省促进非国有博物馆发展实施细则》，建立海南省非国有博物馆专家库，推动海口、三亚加快建设高水平非国有博物馆集群。

博物馆高质量发展。省民族博物馆二期工程加紧推进；定安、东方新馆建设基本完成，海口、三亚、乐东等市县筹建新馆；推动中国海南黄花梨沉香博物馆、海南疍家博物馆、华侨博物馆等专题博物馆建设。推出“碧海丹心——海南岛战役专题展”“向海而兴——15—19世纪世界航海文物展”“海药本草——唐宋时期海上丝绸之路上的香药”等展览，推出“可以吃的文物”系列之中秋月饼礼盒、“海捞瓷”修复盲盒、“南溟奇甸”之陆地考古盲盒等代表性文创产品。海南省博物馆“传承之声”——海南历史文化传播志愿服务项目获得中宣部、国家文物局“喜迎二十大强国复兴有我——青少年中华文物我来讲”博物馆志愿服务重点扶持项目。

【文旅融合】

推动东坡文物资源保护利用。印发《东坡文化资源保护及农文旅融合发展行动计划（2022—2026年）》，组织开展东坡文化古迹研学游，完成桄榔庵遗址考古。策划首届中国（海南）东坡文化旅游大会，筹备东坡文物专题展览。

【社会文物管理】

放宽文物行业领域准入。做好《国家发展改革委商务部关于支持海南自由贸易港建设放宽市场准入若干特别措施的意见》相关工作，2022年1月中国海南国际文物艺术品交易中心在三亚挂牌，指导首届中国海南国际文物艺术品展览及拍卖会，完成328件文物拍卖标的加急审核，拍卖会总成交额达1.03亿元。海南文物商店设立审批已实行告知承诺管理，积极推进市场化运营相关机构设立，2022年全省新增文物商店1家，文物保护、修复企业1家，文物拍卖企业5家。

【其他】

加强央地合作，中国海南国际文物艺术品交易中心、国家南海文博产业园、国家文物局水下文化遗产保护中心南海基地建设项目有序实施。

联合财政厅、资规厅、发展改革委、退役军人事务厅等单位印发《海南省“十四五”文物保护和科技创新工作实施方案》，切实加强全省“十四五”时期文物保护和科技创新工作，推动文物事业高质量发展。

重庆市

【概述】

2022年，重庆市文物局突出迎接、学习、宣传、贯彻党的二十大精神这条主线，结合学习贯彻全国文物工作会议精神，通过召开机关干部大会、中心组专题学习会、委属文博单位和文博专家座谈会，以及开辟学习宣传专栏等方式，层层传达学习贯彻会议精神。同时，筹备以市委、市政府名义召开全市文物工作会议，进一步研究部署文物工作，分解落实重点任务，确保把党的二十大及全国文物工作会议精神全面落实在重庆大地上。

【文物安全工作】

2022年8月以来，面对重庆地区持续40℃以上高温、森林火灾、严峻疫情形势等多重考验，重庆文博人不畏艰险、义无反顾、冲锋在前，不分白昼黑夜，持续奋战在文物、森林防火、疫情防控第一线，全力筑牢文物安全“防火墙”，万众一心、众志成城打赢了文物安全保卫战，确保了全市文物总体安全。全面落实文物安全主体责任，41个区县政府（高新区管委会）分别与1015个乡镇（街道）签订文物安全目标责任书，累计制作文物安全直接责任人公示牌1.2万处。

严格文物安全日常监管，与市检察院协同推进文化遗产领域检察公益诉讼，利用全市文物安全综合管理系统巡查文博单位9.5万次。圆满完成文物火灾隐患排查整治和消防能力提升三年行动，累计开展排查检查1.6万次，检查文博单位3.1万次。持续开展打击文物犯罪行动，共破获文物犯罪案件23起，抓获犯罪嫌疑人87人，追缴涉案文物185件，打掉文物犯罪团伙5个，拍摄制作打击防范文物犯罪拍案说法节目《斩断伸向文物的黑手》，有力震慑了文物犯罪行为。

【不可移动文物的保护与管理】

加强文物资源管理，完成革命文物、石窟寺、三峡文物、长江文物、碑刻石刻等专项调查，建立起较为系统全面的各类别文物资源数据库，全市市级文物保护单位总量达383处、十年来增长20.8%。

全力争取重庆纳入长江国家文化公园重点建设区建设，全面摸清长江流域2.2万处不可移动文物，编制完成《长江国家文化公园（重庆段）保护建设规划》，万州天生城遗址、奉节白帝城遗址、忠县皇华城遗址、云阳磐石城遗址保护展示工程相继开工建设，正按照“一园多点”的模式加快推进长江三峡国家考古遗址公园建设。长征国家文化公园（重庆段）建设成效明显，实施文物保护、场馆改建、文旅开发等项目46个，其中完工19个，綦江红一军团司令部旧址、酉阳南腰界红三军司令部旧址等一批长征文物得到有效保护展示，綦江红军街、长征主题研学中心、王良同志纪念馆建成开放，完成重庆红军长征纪念馆建设方案前期工作。

持续完善钓鱼城遗址、白鹤梁题刻的申遗文本、管理办法、保护规划等申遗要件，积极参加国家文物局申遗项目专家评审会，钓鱼城遗址列入国家重点申遗培育项目，完成钓鱼城范家堰衙署遗址保护展示工程、白鹤梁题刻文物本体和保护环境监测系统工程等重点项目，修订《重庆市长江白鹤梁题刻保护管理办法》，启动白鹤梁题刻与埃及尼罗尺石刻联合申遗前期工作。

围绕川渝石窟寺国家遗址公园建设，出台《重庆市石窟寺保护利用专项规划》，修订完善《重庆市大足石刻保护条例》。推动大足石刻宝顶山摩崖造像圆觉洞综合性保护工程纳入2023年国家文物局重点项目实施，实施以大足石刻为代表的石窟寺保护项目19项，石窟寺保护状况得到有效改善，完成大足石刻中小石窟保护利用示范项目（一期），率先在全国开展中小石窟整体保护利用，助力乡村振兴成效显著。加强城乡建设中的文物保护，以南岸弹子石摩崖造像保护修缮工程（二期）为抓手，推动建设以石窟寺为主题的历史文化公园，完成劳动人民文化宫、大田湾体育场、开埠遗址群等文物保护利用，老鼓楼衙署遗址、太平门城墙、东水门城墙等保护展示工程正加快推进。

【革命文物保护利用】

市人大常委会颁布施行《重庆市红色资源保护传承规定》，市政府颁布《重庆红岩革命旧址保护区管理办法》，市委办公厅、市政府办公厅印发实施《关于进一步加强红色资源保护利用工作的通知》。

加大革命文物保护力度，一体推进红岩村、曾家岩、虎头岩“红色三岩”的保护提升，红岩文化公园首期项目建成开放，曾家岩文化客厅完成布展并对外开放，完成红岩文化公园二期项目建设方案设计和可研报告，“红色三岩”提升项目获评“全国革命文物保护利用十佳案例”，红岩革命文物承载的红岩精神成为第一批纳入中国共产党人精神谱系的伟大精神。完成王朴烈士故居、酉阳南腰界红三军旧址、周吉可故居等保护状况差、群众意见大、媒体关注度高的低级别革命文物保护展示并对外开放，完成聂荣臻故居、林园等27处重点革命文物保护展示。

加快推进红色标语专项调查，全面公布全市革命文物名录，公布11处革命文物市级文物保护单位。

【考古工作】

开展考古调查发掘近100项，考古发掘面积近2万平方米，继续推进“考古中国”重大项目《川渝地区巴蜀文明进程研究》，实施涪陵小田溪遗址、江津梧桐土遗址、涪江流域考古调查等重点项目。举行重庆市考古成果新闻发布会，向社会整体展示近年来全市考古成果。整体推进44项三峡考古研究报告编写及出版，促进重庆地区早期巴文化研究。实施配合基本建设文物考古项目80余项，积极服务经济社会发展大局。

持续深化文物领域“放管服”改革，文物考古调查勘探报告审批纳入全市社会投资项目“用地清单制”改革事项，进入“多规合一”平台土地出让前并联审批，基本建设中涉及文物保护审批事项纳入全市“渝快办”一站式审批平台。

【博物馆与可移动文物】

市级文物部门联合相关部门出台《关于推进博物馆改革发展的实施方案》，起草形成《重庆市关于让文物活起来　扩大中华文化国际影响力的实施方案》。

全年新增备案渝中区博物馆、潼南区博物馆等7家博物馆，全市博物馆备案129家，每24.8万人拥有一家博物馆，完成重庆博物馆新馆选址研究、重庆自然博物馆园区方案设计、中国水文博物馆建筑设计，中国民主党派陈列馆扩容升级工程进入尾声，区县公共博物馆全面覆盖率达95%。全市新增21家免费开放博物馆纳入中央免费开放资金补助范围，补助数量达52家。修复馆藏珍贵文物371件/套。“重庆云上博物馆”项目建设取得新突破，30家博物馆开启云上游博物馆之旅，展播20集微纪录片《以文物说》，为因疫情居家的市民提供了精神食粮。依托文旅广电云平台，完成115家博物馆共145个点位的观众数据接入，告别人工统计参观人次。组织25家博物馆参加第九届“博博会”，推出50多个系列文创产品439种4280件，重庆中国三峡博物馆等4家单位荣获“弘博奖·最佳展示奖”。3项展览入选“弘扬中华优秀传统文化、培育社会主义核心价值观”主题展览推介项目。

全面摸清长江流域19.6万件可移动文物资源底数。实施重庆三峡库区出土文物修复三年行动计划，启动第一批三峡出土文物修复2000余件。

【文博宣传】

2022年11月2—4日，由国家文物局、重庆市人民政府主办的“中国革命纪念馆高质量发展峰会·2022”在重庆成功举办，举行专家论坛、《见证新时代》新书发布及赠书仪式、红岩革命故事新篇《我们的新时代》展演等重磅活动，登上央视新闻联播，广受业内外好评。创新打造的“红岩革命故事展演”特色党史课赴全国各地演出415场、受众达550万人次，获评“2021全国文化遗产旅游百强案例”。市文物考古研究院建成开放全国首个考古虚拟展示体验馆、考古标本陈列馆、重庆故事馆和考古书院“三馆一院”研学基地，多角度展示重庆历史文化。

【机构建设】

在红岩革命历史博物馆挂牌重庆市革命文物保护中心。

【交流与合作】

联合四川省文物局举办“5·18”国际博物馆日川渝主会场暨重庆市第十三届文化遗产宣传月活动、文化和自然遗产日川渝地区主场城市活动，联合签订《川渝石窟寺国家遗址公园建设战略合作协议》，共同成立川渝石窟保护研究中心、联合实验室和科技创新基地、川渝博物馆联盟，共同揭晓博物馆精品推介项目，其间全市各文博单位推出惠民服务、专题展览等10个板块168项活动，为川渝两地市民提供文博盛宴。

【其他】

市级文物部门联合相关部门起草形成《关于进一步推动重庆市文化文物单位文化创意产品开发的实施意见》。

市委办公厅、市政府办公厅印发实施《重庆市关于在城乡规划建设中加强历史文化保护传承的实施意见》。

强化规划引领，印发实施《重庆市“十四五”文物保护和科技创新规划》，以及《重庆市革命文物保护利用总体规划》《重庆市三峡文物保护利用专项规划》《重庆市“十四五”石窟寺保护利用专项规划》等专项规划。

四川省

【概述】

2022年，四川省文物局认真学习贯彻党的二十大精神和习近平总书记来川视察重要指示批示精神，在考古研究、革命文物保护利用、文化遗产保护传承、博物馆展示传播等各项工作上频创佳绩。

【文物安全工作】

文物平安工程扎实有效，完成国务院安全生产和消防工作考核迎检、四川省安委会安全生产考核以及2021年度市（州）文物安全考核工作，开展文物火灾隐患整治和消防能力提升三年行动，集中排查整治文物安全隐患60余项，完成省级以上文物保护单位文物安全防护工程20余个。

【不可移动文物的保护与管理】

石窟寺保护全面加强，优化《四川省加强石窟寺保护利用工作实施方案》，重点实施乐山、安岳、广元等重点石窟寺保护利用项目，开展乡村石窟文化公园（景点、微景观）建设前期工作。重点文物保护工程大力推进，推进黄河国家文化公园、长江国家文化公园建设，实施茸安蒙古伸臂桥、石渠麻达寺等一批文物保护利用重点项目。推进马尔康、泸定地震灾后文物抢救保护工作，制定《城乡建设中加强历史文化保护传承的工作方案》。

【革命文物保护利用】

政策保障不断强化，出台《〈四川省红色资源保护传承条例〉实施办法》《长征国家文化公园（四川段）建设保护规划》，编制《四川省长征文物和文化资源保护传承专项规划》《川陕革命文物保护利用片区工作规划》。重点项目成效显著，完成抗美援朝文物资源专项调查、三线遗产资源调查等，启动红色标语类革命文物专项调查。公布第二批革命文物名录。持续推进长征国家文化公园（四川段）、川陕片区红军文化公园建设，完成古蔺红军四渡赤水战役遗址、黄猫垭战斗遗址群、红四方面军总指挥部旧址等保护利用项目。展陈质量有效提升，完成全省革命类纪念设施排查评估的948个问题整改工作。启动革命老区革命博物馆、纪念馆提升行动。

【考古工作】

重要遗址考古发掘和重点考古调查持续加强，皮洛遗址考古发掘出土石器5000余件。三星堆遗址考古发掘出土各类文物1.5万余件，清理青铜器、玉器、金器、象牙等1200余件。城坝遗址津关区考古发掘新出土一批竹木简牍和早期冶铜相关遗物。罗家坝遗址清理战国中晚期至西汉早期墓葬31座，出土一批动物型印章、楚式长剑等重要遗物。明末江口古战场遗址出水“荣世子宝”金印等珍贵文物1.1万余件。六江流域等综合性考古调查及旧石器、宋（蒙）元山城遗址等专题性调查不断取得新成果。三星堆遗址祭祀区、稻城皮洛遗址双双入选“2021年中国考古新发现”“2021年度全国十大考古新发现”。三星堆国家文物保护利用示范区建设迈上新台阶，制定颁布《三星堆文化遗址保护利用总体方案》《四川广汉三星堆国家文物保护利用示范区建设实施方案（2021—2023年）》。三星堆博物馆青铜馆完成提升改造并对外开放。三星堆博物馆新馆主体工程已封顶，展陈内容大纲已初步编制完成。央视开展三星堆考古发掘第三次直播，全网关注突破100亿人次。大遗址保护利用有序推进，配合开展邛密国家考古遗址公园评定考核评估，推荐宝墩遗址、城坝遗址、罗家坝遗址、安丙遗址申报国家考古遗址公园立项。新津宝墩遗址考古工作站正式建成启用。罗家坝遗址博物馆完成主体工程建设。服务社会生活经济发展工作大局，配合基本建设工程完成考古调查、勘探项目1540项，实施抢救性考古发掘项目31项。

【博物馆工作】

博物馆体系逐步完善，全省累计备案博物馆413家，新纳入中央免开补助场馆66家。四川博物院新馆（总馆）选址工作初步完成，四川大学博物馆新馆、川陕革命根据地博物馆新馆等完成土建工程并启动陈列布展，加快推进三苏祠博物馆提档升级。完成第二批100家乡史村史和社区博物馆建设示范项目实地复核。展览成果丰硕瞩目，四川博物院“山高水阔长流天际——长江流域青铜文明特展”获第十九届（2021年度）“全国博物馆十大陈列展览”精品奖，“红旗漫卷大巴山”等3个展览入选国家文物局2022年度“弘扬中华优秀传统文化、培育社会主义核心价值观”主题展览推介名单。文物活化利用拓展深化，推动印发《关于推进博物馆改革发展的实施方案》。完成全省11家国有一级博物馆智慧导览提升工作。推进三苏文物主题游径建设。推进“三星堆祭祀区资料整理与研究”等课题研究。推进四川省文物保护科研基地和区域文物保护中心建设。

【交流与合作】

推动川渝博物馆交流互动，联合重庆市文物局举办2022年“5·18”国际博物馆日川渝主会场活动，成立“川渝博物馆联盟”，合作举办“花开并蒂——巴蜀青铜文明特展”“第二届巴山蜀水博物馆文创展”。

【其他】

落实人才激励政策。完成四川省文物考古研究院和四川博物院绩效工资专项据实核增申报工作。本省1家文博机构、3位文物工作者获评“全国文物系统先进集体和先进工作者”。加强项目资金管理。组织开展2021年度国家、省级文物保护专项资金项目绩效评价。

贵州省

【概述】

2022年，贵州省文博系统始终把学习贯彻习近平新时代中国特色社会主义思想作为政治理论学习的主题主线，深入学习贯彻习近平总书记重要讲话和重要指示批示精神，全面贯彻落实党的二十大、省第十三次党代会精神，切实提高政治判断力、政治领悟力、政治执行力，为推进文物事业高质量发展提供坚强思想保证和强大精神动力。

【执法督察与文物安全】

推行文物安全包保责任制，省级文物安全督察专员每季度开展督促检查，实行文物博物馆单位文物安全直接责任人公告公示办法。加强常规督察，印发《2022年文博领域督察工作方案》，以文物督察专员为主导，不定时在全省范围内就文物安全、文物保护、博物馆管理等方面进行暗访检查，根据检查发现和群众反映，对出现的问题以督办形式要求地方进行整改。2022年8月，联合消防救援部门对开阳县、乌当区、凯里市、台江县、镇远县、德江县、碧江区等地开展文物建筑消防安全专项检查。开展文物安全线索及事故调查处置。扎实做好贵安新区不可移动文物调查和问题整改，完成《贵安新区不可移动文物保护现状情况调研报告》并约谈相关责任人，敦促其履职尽责。赴盘州市调查李本木民宅火灾事故，赴龙里调查果里岩洞葬文物被破坏案件，赴毕节核查毕节古城墙被开挖成门面信访案件、赴仁怀实地调查云峰寺异地迁移过程中群众反映不注重文物保护情况，赴黄平落实国务院安委会督导帮扶组交办检查发现“国家级文物保护单位改造为客栈，擅自拆除消防设施”问题隐患整改推进情况，持续督促各类文物安全隐患整改落实。

【不可移动文物的保护与管理】

组织开展全省不可移动文物核查、全省重点文物保护单位周边建设情况核查工作，推动国保单位历史文化保护线纳入国土空间规划，启动省保单位历史文化遗产资源库、省保单位历史文化保护线空间坐标测绘等项目。推进全省文物保护“四有”工作常态化、规范化建设，多次对第七批、第八批国保单位和第五批、第六批省保单位“四有”工作进行实地指导。

【革命文物保护利用】

积极推进长征国家文化公园“1+3+8”标志性项目体系建设。受国家文物局委托，组织起草《长征国家文化公园文物保护利用示范县认定管理办法（送审稿）》《长征主题革命文物保护展示示范基地创建管理办法（送审稿）》。受省委宣传部委托，组织开展了省社科重大课题“贵州红色资源调查、整理和利用研究”。组织开展贵州省第一批革命文物名录保护利用现状核查、红色标语类革命文物专项调查工作，推进第二批革命文物名录、长征文物名录推荐公布工作。编纂《贵州红色史料集成·遗址遗迹》《贵州红色史料集成·口述史》。完善《长征文物和文化资源（贵州段）保护传承专项规划》，编制《贵州省长征文化和旅游融合发展专项规划》。组织开展全省红色美丽村庄负责同志等红色专题培训，开展2022年重走长征路研培体验、红色讲解员进校园活动，以长征为代表的红色文化保护传承弘扬再上新台阶。

【考古工作】

开展文化遗产系统性保护调研，完成《贵州省文化遗产保护与利用调研报告》。推进丝绸之路南亚廊道和长江文化文物资源调查研究，启动赫章辅处等地考古发掘，开展屯堡考古调查研究、传统村落濒危文物调查、三线遗产调查。海龙囤城址等4项成果入选“百年百大考古发现”，贵州省文保中心荣获全国石窟寺调查先进集体。开展了省考古标本库房项目建设前期工作。

【博物馆工作】

印发《贵州省关于推进博物馆改革发展的实施方案》，提出“提升一个展陈、完善一个布局、制定一个标准、形成一个体系、打造一个品牌”的“五个一”工作目标。全省备案博物馆提升至131家，其中国有博物馆111家、非国有博物馆20家，获得中央免开资金支持的博物馆共70家。强力推动贵州省博物馆开展基本展陈提升，完善省博物馆《人文山水时光峰峦——多彩贵州历史文化展展览大纲》。启动智慧博物馆试点建设，探索博物馆在智慧服务、智慧保护、智慧管理等工作方面的优化融合。制定《2022年贵州省博物馆（纪念馆）免费开放绩效考评办法》。组织开展“2022年全省博物馆（纪念馆）十大精品展览评选活动”，开展非国有博物馆考评奖补工作，命名“2022年全省十佳非国有博物馆”。

【科技与信息】

建设全省博物馆“云展览”平台，与中国知网联合打造网上展览平台，提升全省博物馆展览的数字化、智慧化水平。

【文博宣传】

举办“5·18”国际博物馆日系列活动。围绕“博物馆的力量”主题，在主会场召开贵州博物馆联盟会议，策划推出“博物馆精品文创联展”“贵州文博讲堂”主题宣传等系列活动。

【文旅融合】

按照《贵州省文物和博物馆单位旅游开放利用实施方案》，深化文旅融合，加强景区中的文保单位合理利用及两线范围内的工程监管。会同省委宣传部印发《贯彻落实〈关于让文物活起来　扩大中华文化国际影响力的意见〉的实施方案》，赋能多彩贵州民族特色文化强省和多彩贵州旅游强省工作。向文化和旅游部推荐遵义市红花岗区为红色旅游融合发展试点单位。

【教育培训】

举办“全省博物馆讲解员培训班”“全省文物保护工程管理培训班”。

【其他】

会同住建部门拟制落实中办、国办《关于在城乡建设中加强历史文化保护传承的意见》的相关政策文件。持续推进《贵州省第三次全国不可移动文物普查资料集成》《贵州红色史料集成》《贵州石刻文献集成》编撰工作，严格审核《贵州文化遗产》杂志内容，把准方向、把牢导向，弘扬主旋律、传播正能量，巩固壮大主流思想舆论。

组织开展2022年全国文物行业职业技能大赛贵州选拔赛，强化比赛结果利用，选拔培养优秀文博人才。

云南省

【概述】

2022年，全省文物系统以习近平新时代中国特色社会主义思想为指导，全面学习、把握、落实党的二十大精神，深入贯彻落实习近平总书记关于文化和旅游工作的重要论述以及考察云南重要讲话精神，贯彻落实全国宣传部长会议、全国文化和旅游厅局长会议、全国文物局长会议和省第十一次党代会、省委十一届三次全会、省委经济工作会议、省两会、全省宣传部长会议精神。以开展“作风革命、效能革命”为契机，牢固树立“今天再晚也是早，明天再早也是晚”的效率意识，履职本领进一步增强，精神面貌更加昂扬向上。

【文物安全工作】

召开2022年度文物安全工作会议，签订文物安全工作目标责任书。开展文物安全隐患排查整治活动，突出安全监管重点对象，加大日常巡查和节假日督查力度，抓实隐患问题整改，形成有效的安全监管模式。加强部门协同配合，强化文物行政执法，整合多方力量形成安全监管合力，全方位保障文物安全。

【不可移动文物的保护与管理】

持续实施文物保护维修工程，2022—2023年上半年共实施101项文物保护工程，截至2022年底已竣工43项，在推进文物保护工程提质增效方面取得一定成果。划定和公布云南省第八批全国重点文物保护单位和第八批省级文物保护单位保护范围和建设控制地带。

持续推进景迈山古茶林文化景观申遗准备工作，并通过国际古迹遗址理事会专家现场考察评估。强化丽江古城和红河哈尼梯田世界文化遗产管理和监测，并做好云南申遗项目培育工作，提升云南世界文化遗产的保护与管理水平。

【革命文物保护利用】

公布实施《长征国家文化公园（云南段）建设保护规划》，指导相关州市开展公园建设工作，加快革命文物保护利用片区建设。开展革命文物资源调查，推进革命文物数字化展示利用，使革命文物保护利用的体系更加完善。

创新革命文物宣传路径，组织评选和推介“十佳革命文物讲解员”“十佳革命文物陈列展览”“十佳革命文物宣教活动”，提高革命文物的影响力。

【考古工作】

积极牵头推进“考古中国”重大项目——“西南夷考古”立项工作，继续开展石寨山古墓群、太和城遗址、海门口遗址等大遗址考古工作。完成云南长江流域文物资源调查，为深入研究云南地区的历史文化提供丰富的考古依据。完成南亚东南亚考古研究和文物保护基地土建工程，推进云南考古体验馆的建设。召开纪念云南李家山古墓群考古发掘50周年学术研讨会。

【博物馆工作】

认真执行《云南文物博物馆事业“十四五”发展规划》，印发实施《云南省关于让文物活起来，促进中华文化国际影响力的实施意见》，积极探索文物资源活化利用途径。

【科技与信息】

加快数字化建设和宣传。提升改造“文游云南”文物数字开放平台，实现不可移动文物线上宣传和展示，拓展文物宣传渠道，推进国家文物资源大数据库云南库建设。

【教育培训】

举办2022年全省文物保护工程管理培训班。协助国家文物局举办全国安全管理高级培训班。

西藏自治区

【概述】

2022年，在国家文物局的有力指导下，在自治区党委、政府的坚强领导下，全区文物系统坚持以习近平新时代中国特色社会主义思想为指导，深入学习贯彻党的二十大精神，围绕中心、服务大局，强化文物安全防范，加快重点项目建设，加大革命文物保护利用，狠抓文物考古和研究工作，促进文物合理适度利用，文物保护事业取得新进展。

【执法督察与文物安全】

对照西藏自治区经济社会发展目标绩效考核评价指标，完成全区系统文物安全目标责任考评。修订完善《西藏自治区文物安全工作联席会议制度》。组织布达拉宫、罗布林卡和西藏博物馆开展文物安全自查和评估并形成评估报告。扎实开展文物领域安全生产三年专项整治和文物系统文物安全大检查大排查大整治工作，印发《关于开展全区文物安全大检查大排查大整治行动》等7个通知，联合消防部门组成督导检查组，采取“四不两直”方式，赴地市共检查文物博物馆单位61处，下发督察检查单48份，下发整改通知书6份，对存在的突出安全隐患问题进行就地移交、跟踪问效。联合自治区应急管理厅、消防救援总队印发《关于做好〈文物建筑和博物馆火灾风险防范指南及检查指引（试行）〉宣贯工作的通知》，为文博单位开展安全检查提供了工作依据，有效提高了文物建筑和博物馆的安全防范能力。组织完成西藏自治区文物安全监管平台初验。

【不可移动文物的保护与管理】

编制完成《西藏自治区石窟寺保护利用规划》。调查登记277处石窟寺（含摩崖造像）。乃甲石窟寺山体加固及排水工程列入2023年国家文物保护项目计划。

【革命文物保护利用】

全面开展全区第二批革命文物名录的上报和审核工作，核定公布全区第二批革命文物名录17处。编制《西藏自治区革命文物片区保护利用专项规划》。完成全区138处红色文化遗存和革命遗址、西藏地方与祖国交往关系遗存遗址的挂牌立碑工作。开展易贡将军楼展览提升项目、仲巴县扎东特委旧址保护展示利用工程、萨让边防连遗址保护展示利用工程等3个革命文物类展览提升项目前期工作。完成西藏工委旧址纪念馆展览；加快推进“雪域丰碑——西藏革命文物展”布展工作，完成展览框架的调整和展览脚本修改。

【考古工作】

切热遗址、玛不错遗址、格布赛鲁遗址、当雄墓地等考古发现在国家文物局“考古中国”重大项目重要进展工作会上公布。拉颇遗址、玛不错遗址等10个主动性考古发掘项目已陆续进场开展工作。配合相关部门做好21个大型基本建设中的文物考古。

【博物馆与可移动文物】

西藏博物馆新馆建成开馆，自治区党委书记王君正出席，国家文物局党组副书记、副局长顾玉才出席并致辞。新馆儿童体验馆、文创体验馆、4D影院等同步开放。九部门联合印发《西藏自治区关于推进博物馆改革发展的实施意见》。西藏博物馆创建5A级旅游景区工作加快推进，目前已完成宣传动员、景观质量自评等迎检工作。西藏博物馆新馆推出“雪域长歌——西藏历史与文化展”“离太阳最近的人——西藏民俗文化展”，截至8月共接待观众101837人次。在北京中国藏学研究中心“西藏文化博物馆”举办“元代夏鲁寺汉藏艺术展”。在珠峰云平台推出“西藏宝藏”数字展示专栏。疫情期间，推出“觉单带你云游布达拉宫”云游览短视频。

形成《布达拉宫贝叶经等古籍文献保护利用项目专项领导小组建议方案》，并组织召开2022年布达拉宫古籍保护利用项目专项领导小组筹备会议和布达拉宫古籍文献保护工作座谈会，国家文物局党组副书记、副局长顾玉才出席并讲话。布达拉宫文物（古籍文献）保护利用项目完成一期项目验收，二期项目已组织实施，三期项目方案正在制定完善。形成《布达拉宫馆藏贝叶经整理与编目》（初稿）；拟定《布达拉宫文物（古籍文献）保护利用项目总体规划实施方案》并上报国家文物局审批。“十四五”规划内的自治区文物保护研究所文物标本库房项目、布达拉宫文物库房项目有序推进。建立国家和自治区重点文物保护项目储备库。

【文博宣传与出版】

中央电视台连续三年对西藏考古新发现及研究成果进行专题系列报道，《探索·发现》栏目播出《丝绸之路南亚廊道》系列节目《探寻蕃尼古道》和《探秘西藏吐蕃封土墓》，在新华社、人民日报、光明日报、西藏日报等媒体宣传报道50余篇（次）。

与中央电视台合作，在《探索·发现》栏目播出两集考古电视片《蕃尼古道》《当雄吐蕃墓地》。与西藏广播电视台合作，完成《守护雪域瑰宝》专题片的制作和播出。完成“西藏这十年”第二十二场新闻发布会相关工作。组织开展“见证新时代——晒晒我们的新物件”主题活动。

出版《西藏文物考古与研究（第4辑）》。

陕西省

【概述】

2022年，在国家文物局大力支持指导下，陕西省文物局认真学习贯彻习近平总书记关于文物工作重要论述和来陕考察重要讲话指示精神，围绕学习宣传贯彻党的二十大精神工作主线，深入落实党中央、国务院重大决策部署，全面贯彻新时代文物工作方针，牢固树立“保护文物、繁荣文化、传承文明”工作理念，按照“规划落实和一流目标创建”年度工作思路，以五支队伍建设为支撑，以“七个一流”创建为目标，在保护传承利用中华文明优秀成果、推动文物事业高质量发展方面取得了显著成效。

【法制建设】

《陕西省革命文物保护利用条例》经省人大常委会审议通过，在陕西保护文物是“国之大者”的观念更加深入人心。

【文物安全工作】

省委、省政府高规格召开全省文物工作会议，研究部署新时代陕西文物工作，压紧压实各级党委政府主体责任、部门监管责任和文物单位直接责任。

《考古工地安全施工规范》《文物建筑消防安全评估规范》两个省级地方标准落地实施。印发试行《不可移动文物巡查管理办法》《群众文物保护员管理办法》，上线运行全省文物安全监管平台，开展北斗系统、地波探测等文物安全防护试点，连续11年开展“鹰”系列打击文物犯罪专项行动，实现重大文物案件零发案。

【不可移动文物的保护与管理】

黄帝陵、秦始皇陵保护规划编制完成，芦山峁、周原、秦咸阳城遗址3部保护规划和西安碑林等6处国保单位区划划定调整方案经省政府公布实施。文物保护纳入“标准地”改革评价体系，“三区三线”划定中文物保护用地调整得到落实。

积极申报乾陵、统万城遗址等4处国家考古遗址公园，启动实施秦雍城、阿房宫、西汉义陵等10余项保护利用工程，大遗址保护力度持续加大。

推进重要文化标识项目建设，省政府、国家文物局召开共建汉长安城大遗址保护特区联席会议，推动汉长安城遗址保护与乡村振兴、城市建设、民生改善、基础设施同步发展。西安碑林博物馆改扩建工程已经奠基。秦始皇陵外城垣遗址保护展示工程加快实施。加快长城、黄河国家文化公园（陕西）建设，公布实施《长城国家文化公园（陕西）建设保护规划》，镇北台、盐场堡等国家长城重要点段保护修缮项目进展顺利；潼关古城、西岳庙等黄河流域30多项保护维修项目稳步推进，明秦藩王墓、秦庄襄王墓突出问题得到全面整改。

【革命文物保护利用】

扎实推进延安革命文物国家保护利用示范区创建，实施梁家河知青旧居等保护维修项目，加快延安新闻纪念馆、中国抗日军政大学纪念馆等展陈提升工程，联合省气象局等建立延安革命旧址预防性保护合作机制。公布陕西省第二批革命文物名录，编制陕甘及川陕片区革命文物保护利用规划，高质量完成革命文物保护利用工程收官工作，印发《革命文物保护利用片区工作指南》《陕西革命旧址日常工作手册》。推进82个革命旧址、纪念馆基本陈列布展提升，新增39家单位纳入免费开放名单，《陕西革命旧址云上展》《延安·延安》短视频入选全国革命文物保护利用十佳案例。

【考古工作】

省政府与国家文物局签署合作共建“世界一流考古机构”“汉长安城国家大遗址保护特区”协议，省委办公厅、省政府办公厅出台陕西省《关于加强考古工作的实施意见》《基本建设中考古工作管理办法》，为全面落实“先考古、后出让”要求提供制度支撑。

聚焦“中华文明探源工程”“中原地区文明化进程”等重大考古课题，深入开展杨官寨、石峁、芦山峁遗址以及周秦汉唐都城与帝王陵园遗址等21项重大考古学研究，太平遗址被证实为夏时期大型中心性聚邑遗址，西汉霸陵入选“2021年度全国十大考古新发现”。建成开放全国首个考古学科专题博物馆，对外开放以来接待观众15万人次。提出服务重大项目建设考古“片区制”工作思路，配合咸阳机场三期、西康高铁、京昆高速等开展800余项考古项目，促进文物保护与经济建设“双赢”发展。

认真筹备亚洲文化遗产保护行动会议，缅甸蒲甘他冰瑜寺援外项目得到中缅两国领导人充分肯定。

【博物馆工作】

公布实施《陕西省“十四五”博物馆事业发展规划》，联合省发改、教育等13部门印发《关于推进博物馆改革发展的实施方案》，新增博物馆8座，新挂牌社区博物馆12座，全省备案博物馆总数达349座，举办500余个线下展览和千余场文物惠民活动，延安革命纪念馆基本陈列“伟大历程——中共中央在延安十三年历史陈列”、秦始皇帝陵博物院“青铜之冠——秦陵彩绘铜车马”获第十九届（2021年度）“全国博物馆十大陈列展览”精品奖。

【机构建设】

国家级中亚丝绸之路考古合作研究中心将于12月挂牌成立。

【交流与合作】

承办《秦汉文明的遗产》等文物进出境展览，“平行时空：在希腊遇见兵马俑”线上展览获评2022年度中华文物全媒体传播精品推介项目。“陕西对台交流基地”挂牌西安碑林博物馆、宝鸡青铜器博物院，“盛世壁藏——唐代壁画文化特展”在港澳台高校引发热烈反响。

【其他】

组建陕西省预防性保护中心，“陕西省考古现场文物保护重点实验室”加快创建。“文化遗产保护利用”列入“两链”融合重点科技专项，12项文物保护科研课题结项验收，新增两个科技部国家重点研发计划重点专项。配合省委编办制定文物大市文物保护和考古机构编制标准，起草完成《陕西省文物全科人才免费定向培养实施办法》。启动陕西文物智库专家库建设，通过“全省文博系列专业技术人员继续教育基地”评估验收。与省内高校、职业院校完善协同育人机制，专业急需人才、文物保护修复高等职业招聘、招生工作积极推进。

甘肃省

【概述】

2022年，在国家文物局的指导下，全省文物系统坚持以习近平新时代中国特色社会主义思想为指导，深入贯彻落实党的二十大精神，认真贯彻习近平总书记关于文物工作的重要论述和在敦煌研究院座谈时的重要讲话精神，全面落实全国文物工作会议精神，坚持新时代文物工作方针，加强党对文物工作的全面领导，统筹疫情防控和文物事业发展，守正创新、担当作为，推动全省文物工作取得新成效。

【文物安全工作】

建设文物安全监管平台，制定《甘肃省不可移动文物安全直接责任制实施办法》，打好文物安全隐患整治和安全能力提升、打击文物犯罪、国有文物保护检察公益诉讼三大攻坚战，加快“三防”项目建设，确保文物安全。

【不可移动文物的保护与管理】

积极协调甘肃省政府和国家文物局签订共建敦煌研究院协议，报请省委、省政府出台传承弘扬敦煌文化实施意见。集中开工建设莫高窟数字展示中心（二期）等重大项目，修编《敦煌莫高窟保护总体规划（2023—2035）》，实施石窟和壁画保护修复及数字化保护、安消防工程21项。拓展提升多场耦合实验室等国家级科研平台功能，高质量推进“墓葬壁画原位保护关键技术研究”等40多项国家级和省部级课题任务，编制行业、地方标准13项。持续拓展敦煌学研究领域，加快推进国家社科基金重大项目“敦煌中外关系史料的整理与研究”等在研国家和省级重点课题50余项，全面推进《敦煌石窟全集》等考古报告编写进程。

加快长城国家文化公园建设，着力实施明长城红泉烽火台及景泰索桥堡、山丹峡口古城保护等一批综合保护利用和数字化保护项目，持续推进嘉峪关关城、临洮望儿咀保护利用设施建设项目。推进长征国家文化公园建设，加快推进会宁红军会师旧址、榜罗镇会议旧址、山城堡战役旧址等革命文物综合保护展示利用工程，持续推动哈达铺会议旧址保护利用样板工程建设。狠抓黄河国家文化公园建设，编制实施《甘肃省黄河文化遗产保护利用规划》，加快建设河口古民居、卦台山遗址等黄河文化遗产保护项目，持续推动辛店遗址、林家遗址等史前遗址公园建设。持续做好河西走廊国家文化遗产线路行动计划文本修编，先期启动实施锁阳城遗址、悬泉置遗址等一批文物保护利用项目。

加快推进国家考古遗址公园建设，实施锁阳城及塔尔寺遗址数字化工程，完成大地湾F901遗址展厅提升、环境整治工程。加快实施五泉山建筑群、骞鸟城城址及塔尔寺遗址数字化等一批文物综合保护利用和数字化保护展示工程。

【革命文物保护利用】

完成全省不可移动革命文物资源调查，建立全省革命文物数据库。

【考古工作】

深入实施中华文明探源工程和“考古中国”重大项目，庆阳南佐、张家川圪垯川、宁县石家及遇村遗址等考古研究项目取得新发现。武威唐代吐谷浑王族墓葬群入选“2021年度全国十大考古新发现”和“中国六大考古新发现”，礼县四角坪遗址考古发掘项目纳入考古中国重大项目。围绕经济发展大局，完成重大基建项目文物保护考古调查勘探项目123项。

编制印发《甘肃省石窟寺考古中长期实施方案（2021—2035年）》，公布《甘肃省石窟寺（含摩崖造像）名录》。

【博物馆工作】

加快推进博物馆改革发展，甘肃简牍博物馆、省博物馆扩建，天水市、靖远县等博物馆新馆加快建设。深化博物馆免费开放，探索推行策展人制度，推出一批凸显甘肃文化底蕴和特色的精品展览，打造一批服务人民的社教活动。统筹疫情防控，推出“云”逛博物馆、云展览、云课堂、云教育、文物抗疫海报等文化服务活动近千场次，接待公众1100多万人次。

【科技与信息】

上线运行“敦煌遗书数据库”。

【文博宣传与出版】

甘肃兰州承办了2022年全国文化和自然遗产日主场城市活动，向国内外全面展示了甘肃省文物事业发展成就。

出版《甘肃藏敦煌藏文文献勘录（30卷）》大型图书。

持续推进简牍学、长城学、考古学、历史学、民族学、文献学等特色人文社科领域研究，出版学术著作、通俗读物以及《甘肃灵台桥村遗址Ⅰ区发掘简报》等考古成果10余部，发表论文49篇。

【文旅融合】

加强文化遗产活化利用，以敦煌文物、武威铜奔马等为蓝本，打造了一批颇具知名度的文创产品。

【交流与合作】

报请省委、省政府印发实施《关于让文物活起来　扩大中华文化国际影响力的实施方案》，以敦煌文化、丝路文化为主加强多元文化交流合作，赴香港举办“再会敦煌：洞情的故事”丝绸之路专题展览，在台湾东华大学等高校举行线上展览活动4场次，在丝路沿线国家和地区举办“敦煌文化环球连线”线上研讨会、论坛、讲座等文化交流活动13场次，一体推进甘肃文物活起来与扩大中华文化影响力。

青海省

【概述】

2022年，青海省文物局坚持以习近平新时代中国特色社会主义思想为指导，深入学习贯彻习近平总书记关于文物工作的重要论述和重要指示批示精神，提高政治站位，强化责任担当，狠抓工作落实，不断推动文物工作高质量发展。

【文物安全工作】

党的二十大前夕，省文物局、省消防救援总队联合召开全省文博单位消防安全防范工作视频会议，全面安排部署消防安全工作。深入推进全国文物火灾隐患整治和消防能力提升三年行动，制定印发《青海省文物系统消防安全大检查工作方案》，联合省消防救援、统战、民宗等部门共同开展消防安全抽查检查。海北州门源县发生6.9级地震后，省文物局第一时间开展文物受损情况和文物安全隐患排查。

【不可移动文物的保护与管理】

完成2022年国家文物保护经费申报工作，全省落实各类文物保护利用资金2.28亿元。积极申报2023年度文物保护利用资金1.55亿元。加强文物保护单位应急抢险，年内安排明长城大通县娘娘山段、瞿昙寺、平安区古城城隍庙等9个文物保护单位应急抢险补助资金121.5万元，有效保护文物本体和人员安全。

做好黄河、长城国家文化公园文物保护工作。积极推进省内黄河流域文化遗产保护工作，落实黄河流域文物保护经费13433万元，实施项目46项。编制《青海省明长城保护规划（初稿）》，落实明长城贵德段保护展示项目经费1070万元。

【革命文物保护利用】

做好第一个核武器研制基地旧址保护利用工作，积极争取国家文物保护资金6659.67万元，实施四分厂、加油站旧址、四场区本体保护修缮和一分厂陈列展示四个项目。组织召开第一个核武器研制基地旧址保护利用工作领导小组会议，全力推动基地旧址保护利用工作。推进展示利用，原子城纪念馆年内接待参观游客15.4万人次，开展讲解1557场次。青海“两弹一星”干部学院年内举办各类培训61期8600人次。注重文旅融合，统筹推进基地旧址保护利用与原子城红色文化特色小镇建设，基地旧址列入第五批国家工业遗产名单和第三批省级特色小镇创建名单，金银滩草原列入国家第一批“红色草原”名单，金银滩—原子城景区成功列入国家5A级旅游景区创建名单，“神秘原子城·大国铸剑人”精品线路入选全国“建党百年红色旅游百条精品线路”。

【考古工作】

推进青海省考古标本库房项目建设工作，组织召开8次推进小组会议，目前已完成施工前的各项准备工作。开展热水墓群、宗日遗址等4项主动性考古发掘项目，黄河羊曲水电站地下文物发掘、西宁综合保税区地下文物发掘等20余项配合基建工程考古调查、勘探项目。完成长江流域（玉树）文物资源普查。编写完成全省石窟寺文物资源考古调查报告初稿。

【博物馆工作】

做好全省博物馆、纪念馆免费开放经费申报。组织完成国家文物局2022年度“弘扬中华优秀传统文化、培育社会主义核心价值观”主题展览和“见证新时代——晒晒我们的新物件”主题活动申报工作。青海原子城纪念馆“‘两弹一星’精神原子城纪念展”荣获国家文物局第十九届（2021年度）“全国博物馆十大陈列展览精品”推介活动优胜奖。加强馆际交流合作和宣传教育工作，配合做好沿黄省（区）历史文化溯源节目《馆长来了》录制工作，组织开展浙青两省合作举办“丝绸之路周”专题展览，推进省博物馆“1+3展览”主题展览。做好《中国少数民族文物图谱·青海卷》编撰工作。不断提升博物馆服务能力建设，筹备举办青海省第三届讲解员大赛，已完成初赛，受疫情影响决赛尚未进行。加强博物馆志愿者队伍建设，青海省博物馆、青海原子城纪念馆志愿服务案例入选全国博物馆志愿服务典型案例。在“5·18”国际博物馆日、文化和自然遗产日期间，利用报纸、电视台和微博、抖音新媒体等平台，开展集中宣传，受到群众热议和好评。

省文化改革发展领导小组审议了《青海省推进博物馆改革发展的实施意见》，调研制定《关于贯彻落实中办、国办〈关于让文物活起来　扩大中华文化影响力的意见〉的若干措施》。

宁夏回族自治区

【概述】

2022年，宁夏回族自治区文物局以习近平总书记关于文物工作的重要论述和指示批示精神为指导，认真学习贯彻党的二十大精神，全面推进落实全国文物工作会议精神，在国家文物局的大力支持和指导下，围绕《“十四五”文物保护和科技创新规划》确定的目标任务，奋力拼搏，真抓实干，全区文物工作成效显著。

【法制建设】

颁布《宁夏回族自治区长城保护条例》，古长城保护管理法规体系不断完善。

【执法督察与文物安全】

出台《宁夏回族自治区文化和旅游厅文物督察约谈办法》，建立全区文物安全责任常态化落实机制。组织开展石窟寺、文物建筑安全等专项检查和石刻文物盗窃盗割盗拓、长城“两线”违法违规建设等专项整治，以及全区文物火灾隐患整治和消防能力提升三年行动“巩固提升年”活动。加强督查整改，国家文物局遥感监测反馈问题大部分整改完毕，剩余1项整改任务正在大力推进，中央第四生态环境保护督察组通报问题已全面整改并经过评估验收。依法向国家文物局申报涉国保单位“两线”范围建设项目9个，已审核同意7个。

【不可移动文物的保护与管理】

印发实施《宁夏回族自治区文物博物馆事业发展“十四五”规划》，编制《宁夏黄河流域文物保护利用专项规划》《宁夏岩画研究保护实施方案》，文物保护管理政策法规体系不断完善。组织开展黄河灌渠和古渡口、黑山峡淹没区文物资源、贺兰山岩画等专项调查，深入推进文物保护单位“两线”纳入国土空间规划“一张图”管理。

全面推进长城国家文化公园（宁夏段）建设，印发实施建设保护规划，推动实施长城数字再现、文化旅游复合廊道等8个建设项目，编辑制作主题画册，配合央视拍摄《长城之歌》等，在宁夏文旅频道推出“我和长城的故事”栏目。

争取国家和自治区文物保护专项资金近7000万元，实施明长城红果子段（二期）保护修缮等33个保护项目。

【革命文物保护利用】

持续推进实施革命文物保护利用工程，完成第二批革命文物名录征集调查工作并向社会公布，组织实施雷记沟等革命旧址保护修缮和陈列展示项目。

【考古工作】

实施水洞沟遗址、姚河塬遗址、张家场城址、苏峪口西夏窑址等考古发掘项目，配合基本建设实施考古调查勘探项目10项、抢救性发掘汉墓5座。

鸽子山遗址、姚河塬遗址入选“新时代百大考古新发现”。推进水洞沟国家考古遗址公园申报立项工作，遴选推荐盐池县、原州区申报第二批国家文物保护利用示范区创建单位。

【博物馆工作】

制定出台《宁夏回族自治区关于推进博物馆改革发展的实施意见》，组织开展“2022年度中华文物全媒体传播精品（新媒体）项目”推介、“党的故事我来讲——争做红领巾讲解员”实践体验、“5·18”国际博物馆日暨“宁夏长城保护宣传日”及文化和自然遗产日等活动。宁夏博物馆“历史红流——陕甘宁边区盐池县革命文物特展”入选“2022年度弘扬传统文化培育社会主义核心价值观”主题展览精品项目，固原博物馆“千年固原　丝路华章”荣获“新时代博物馆百大陈列展览精品”。

【文博宣传与出版】

《宁夏地区革命文物的保存管理和保护利用调查研究》荣获2021年度全国文化遗产十佳图书。

编写出版《姚河塬获国墓地考古发掘报告》等考古研究成果。编辑制作《去宁夏，解锁宝藏世界》融媒体产品，阅读量近百万人次，出版宁夏“黄河文化”系列丛书——宁夏文物故事系列（口袋书），在光明日报、中国文物报、宁夏日报等媒体刊登《宁夏馆藏文物焕发新活力》《宁夏境内考古发现丰富了我国人类史文化史文明史》等宣传推介文章20余篇。

【文旅融合】

贯彻《关于让文物活起来　扩大中华文化国际影响力的实施意见》，结合长城、长征、黄河国家文化公园（宁夏段）建设，完善提升文化遗产服务设施和景观环境，推出“博物馆之夜”“考古开放日”“红色线路游”“文物研学游”等文物旅游融合项目。

【机构建设】

全力推进文物保护和考古工作机构建设，自治区文化和旅游厅（文物局）增设革命文物与博物馆处（编制6人），组建新的宁夏文物保护中心（加挂宁夏岩画研究中心牌子，编制20人），宁夏文物考古研究所“十四五”期间由40人增编到90人（已落实到位23人），各市县均设立文物保护中心或文物管理机构。

新疆维吾尔自治区

【概述】

2022年，新疆维吾尔自治区文物系统深入学习贯彻党的二十大精神，学习领会习近平文化思想，学习贯彻习近平总书记关于文物工作的重要论述和重要指示批示精神，加强统筹谋划和规划引领，大力推进文艺精品创作，提升公共文化服务效益，加强文化遗产保护传承利用，推动旅游经济大发展，抓宣传推介，强化组织保障、人才保障、作风保障，各项工作取得积极进展。

【执法督察与文物安全】

启动实施2022年度文物保护工程6项、安防升级改造工程4项，持续推进续建文物保护工程8项，批复实施自治区级文物保护单位文物保护项目22项。启动编制《新疆石窟寺保护利用总体规划》，指导编制8处全国重点文物保护单位设计方案。

广泛开展督察宣传工作。协调鉴定可移动文物907件、评估不可移动文物7处，接收公安部门移交涉案文物1180件。组织开展文物安全检查6271次，检查文博单位5855处，发现并整改隐患188个。印发《文物安全监管法律法规文件选编》等相关法律法规口袋书万余册，成功举办首届“寻找新疆最美文物安全守护人”推介活动。

【不可移动文物的保护与管理】

完成伊犁将军府等47处全国重点文物保护单位“两线”复核与划定工作，推进“两线”纳入国土空间规划“一张图”。开展全区名碑名刻专项调查，摸清平定准噶尔勒铭碑等23处名碑名刻家底。深化石窟寺专项调查，进一步摸清全区58处石窟寺（1291个洞窟、57尊摩崖石刻造像）、708件石刻文物拓片底数现状。

指导吐鲁番市、库车市完成第二批国家文物保护利用示范区创建申报工作。推进考古遗址公园和长城文化公园建设。

【革命文物保护利用】

编制完成《西路军片区革命文物保护利用规划》，启动《新疆革命文物保护利用片区工作规划》编制工作。

【考古工作】

与西北大学签署合作框架协议。持续推进“考古中国”重大项目，开展通天洞遗址等18项主动性考古项目。尉犁县克亚克库都克烽燧遗址入选“2021年度全国十大考古新发现”。发表《2021年新疆吐鲁番西旁景教寺院遗址考古发掘的主要收获与初步认识》等论文10篇，《奇台石城子古城遗址》考古报告基本整理完毕。举办公众考古活动，持续推广宣传克亚克库都克烽燧等新疆“全国十大考古新发现”，尼雅遗址等3项“百年百大考古发现”，让历史走近群众、让群众贴近文物。

【博物馆与可移动文物】

落实2022年可移动文物保护项目10项，下拨中央对地方博物馆、纪念馆免费开放资金1.0898亿元。完成自治区博物馆二期建设，推进民丰县、霍城县等6个县级博物馆新馆建设，命名25家首批自治区特色博物馆。完成《中国少数民族文物图谱·新疆卷》第一批文物信息汇总工作。推出“共有的家园——铸牢中华民族共同体意识主题陈列展”“永远跟党走——新疆革命文物展”等线上展览。举办“流动博物馆”展览3165场，参观人数72万人次，发放宣传品12.8万余份。

【科技与信息】

启动建设新疆文物综合信息管理数字资源项目。

【文博宣传与出版】

持续利用新疆日报、“新疆是个好地方”等宣介平台刊发文物科普文章1000余篇，推出《国宝里的新疆》第一季、“革命文物说新疆”30集音频广播，完成《新疆文物故事》第一辑、第二辑制作，出版图书《带你走进博物馆——塔城地区博物馆》。《中乌丝绸之路考古》邮票及邮折成功首发。全年累计举办各类线上线下宣传推广活动100余场，参与群众144.7万人次，全网浏览量2.5亿人次。

【交流与合作】

与中国国家博物馆、故宫博物院签署战略合作协议。

【其他】

自治区人民政府印发《新疆“十四五”文物保护和科技创新规划》，联合相关厅局印发《新疆维吾尔自治区涉案文物移交管理办法（试行）》等规范性文件，自治区文化和旅游厅（文物局）印发《新疆维吾尔自治区文化和旅游厅（文物局）特色博物馆评定办法（暂行）》《文物违法行为举报奖励办法（试行）》等行业规范，不断完善新时代新疆文物保护管理利用制度体系。

新疆生产建设兵团文物局

【概述】

2022年，兵团文物系统坚持以习近平新时代中国特色社会主义思想为指导，紧紧围绕迎接宣传贯彻党的二十大工作主线，深入贯彻落实习近平总书记关于文物工作的重要论述以及视察新疆和兵团重要讲话指示精神，坚决捍卫“两个确立”，增强“四个意识”，坚定“四个自信”，做到“两个维护”，聚焦新疆工作总目标，完整准确贯彻新时代党的治疆方略，履行兵团职责使命，坚定不移举旗帜、聚民心、育新人、兴文化、展形象，在国家文物局的大力支持和兵团党委的正确领导下，兵团文物保护取得实效，考古发掘打开新局，机构队伍逐步强大，文物惠民成果显著，文物事业取得崭新进步。

【文物安全工作】

坚守文物安全红线、底线和生命线。组织各师市开展兵团不可移动文物保护情况摸底调查、文物火灾隐患整治和消防能力提升三年行动、文物系统安全生产大检查、全国重点文物保护单位安全基础信息填报等工作。在汛期、节假日等关键时间节点，加大文物安全检查力度、落实24小时值班制度、发布文物安全工作提醒等，化解文物安全风险，夯实文物保护工作基础。将文物保护管理工作纳入兵团各师市领导责任制，将文物安全纳入各师市年度经济社会发展绩效考核评价体系，制定2022年度考核任务和指标，督促指导各师市加强和改进文物安全工作。

【不可移动文物的保护与管理】

建立健全文物工作制度体系。出台《关于在城乡建设中加强历史文化保护传承的实施意见》，加快不可移动文物等红色地标在兵团覆盖城乡、串珠成链。

组织实施文物保护项目。争取国家文物保护专项资金、中央补助地方公共文化服务体系建设专项资金共2439.73万元，组织实施庙尔沟佛寺遗址保护修缮、白杨沟佛寺遗址文化遗产数字化等11个文物保护项目，进一步提升兵团文物保护水平，依托价值突出、内涵丰厚的古代屯垦戍边文物和兵团革命文物，充分发挥以文证史、以文化人、以文润心的重要作用。

【革命文物保护利用】

贯彻落实习近平总书记“革命文物承载党和人民英勇奋斗的光荣历史，记载中国革命的伟大历程和感人事迹，是党和国家的宝贵财富，是弘扬革命传统和革命文化、加强社会主义精神文明建设、激发爱国热情、振奋民族精神的生动教材”的重要指示，坚持守正创新，全面加强革命文物系统性保护，深入挖掘红色资源蕴含的思想内涵和时代价值，激励和引导各族职工群众更好地弘扬兵团精神、传承红色基因。

一是夯实革命文物工作基础。按照中宣部、国家文物局《关于持续开展革命文物名录公布工作的通知》要求，组织开展兵团第二批革命文物名录统计和公布工作，进一步摸清兵团革命文物的资源底数和保存状况。制定《第三批兵团级文物保护单位申报指导意见》，启动第三批兵团级文物保护单位申报评定工作，充实、盘活兵团红色文化遗产资源，夯实文物保护工作基础。

二是重点实施革命文物保护项目。2022年国家下拨兵团文物保护专项资金的73%用于革命文物修缮保护工作，组织实施五团玉尔滚军垦旧址安防、五家渠军垦博物馆可移动文物预防性保护、芳草湖碉堡粮仓旧址修缮、一三六团军垦礼堂旧址修缮等9个革命文物保护项目，不断改善革命文物保护状况，提升革命文物保护能力。

三是着力打造红色文化阵地。加大革命纪念展陈支持力度，兵团军垦博物馆“新疆生产建设兵团屯垦戍边历史展”入选2022年度“弘扬中华优秀传统文化、培育社会主义核心价值观”主题展览重点推介项目。推荐兵团军垦博物馆入选教育部、国家文物局等8部门联合设立的中华优秀传统文化、革命文化、社会主义先进文化专题实践教学基地和党史新中国史教育专题实践教学基地，擦亮兵团红色名片。

【考古工作】

贯彻落实习近平总书记“充分挖掘和有效运用新疆各民族交往的历史事实、考古实物、文化遗存，讲清楚新疆自古以来就是我国不可分割的一部分和多民族聚居地区”的重要指示，坚持以文证史，全面遵循“保护为主、抢救第一、合理利用、加强管理”的工作方针，不断推动文物保护利用和考古研究取得新突破。

实施兵团首个考古发掘项目。在国家文物局以及国家文物局考古研究中心的资金、技术、人才支持下，顺利完成唐王城遗址（又称托库孜萨来遗址）考古发掘一期项目，实现了兵团考古工作零的突破，对于深入研究图木舒克地区历史文化、带动当地旅游发展、实证新疆自古以来就是伟大祖国不可分割的一部分等方面具有重要意义。

【博物馆工作】

贯彻落实习近平总书记“中国各类博物馆不仅是中国历史的保存者和记录者，也是当代中国人民为实现中华民族伟大复兴的中国梦而奋斗的见证者和参与者”“让收藏在博物馆里的文物、陈列在广阔大地上的遗产、书写在古籍里的文字都活起来”的重要指示，坚持以人民为中心的工作导向，不断丰富文物藏品，优化结构布局，改善参观体验，提升博物馆、纪念馆的展陈水平、服务质量和管理能力，更好地满足人民日益增长的精神文化需求。

加强博物馆、纪念馆免费开放运行保障。在国家文物局的大力支持下，2022年博物馆、纪念馆免费开放补助经费由550万元增长到1194万元，同时兵团本级首次配套112.98万元，为切实把博物馆建设好、管理好、使用好提供坚实保障。分配中央补助地方公共文化服务体系建设专项资金200万元，支持兵团军垦博物馆、三五九旅屯垦纪念馆、新疆屯垦历史博物馆、五家渠市军垦博物馆打造“兵团文物讲故事”主题演艺作品，用好兵团精神宝贵财富，推动“让文物说话、让历史发声”。

【科技与信息】

探索智慧博物馆建设。三五九旅屯垦纪念馆举办“六月 · 不负好时光——走进数字文物纪念馆研学活动”，为中小学生开辟“第二课堂”，让其近距离感受文物，增长文物保护知识、培育文物保护意识。兵团日报运用H5技术推出“兵团红色场馆”电子门票并实现兵团6家博物馆云游和讲解服务。在“兵团文化云”平台开设中国人民解放军进军和田纪念馆VR展厅，运用数字技术把兵团文化遗产资源转化为可听可看、可读可感的网络传播产品，推动文物“活”起来、博物馆“智”起来、软实力“硬”起来，持续增强职工群众的文化参与感、获得感和幸福感。

【文博宣传】

组织开展“5·18”国际博物馆日宣传活动。在第八师石河子市新疆兵团军垦博物馆举办2022年度“5·18”国际博物馆日兵团主场活动，包括“共和国军垦第一城——第八师石河子市早期城市发展史”原创临时展览、“传承红色基因·弘扬奋斗精神”博物馆里的思政课、兵团题材情景舞台剧《燃情岁月》展演、文创集市、“博物馆奇妙夜”灯光秀等多项活动，各师市分会场活动精彩纷呈，集中展示兵团博物馆事业发展的最新成果，加深职工群众对博物馆的了解与认同。

【文旅融合】

印发《关于贯彻落实〈关于进一步推动文化文物单位文化创意产品开发的若干措施〉的实施意见》，鼓励支持兵团文化文物单位利用馆藏资源加强文化创意产品开发工作，推动中华优秀传统文化创造性转化、创新性发展。

【机构建设】

加强文物保护和考古工作机构编制保障。积极推进在文化体育广电和旅游局单独设立文物保护与考古处（博物馆处、革命文物处），成立公益一类事业单位兵团文物保护和考古研究中心，推动各师市加强对文物保护和考古研究机构设置的保障，目前第一师阿拉尔市、第三师图木舒克市、第四师可克达拉市、第六师五家渠市、第十三师新星市已成立师市文物保护和考古研究中心，不断健全完善兵团文物管理机构职能体系。

【交流与合作】

依托援疆力量策划推出精品展览。第三师图木舒克市与山东省援疆指挥部、山东省文化和旅游厅、尼山世界儒学中心联合在新疆屯垦历史博物馆举办“孔子文化展”。《孔子圣迹图》、战国夔龙谷纹青玉璧、汉白玉蝉、战国蜻蜓眼纹料珠、元兽面纹铜簋等一批国宝级珍贵文物首次在兵团展出，全方位、立体式生动呈现儒家文化。积极争取故宫博物院支持，拟在新疆屯垦历史博物馆举办“何以中国”主题文物展，充分利用文物资源生动展现中华民族多元一体格局的历史进程。

【其他】

制定《关于利用文化和旅游资源、文物资源提升青少年精神素养的实施方案》，发挥兵团红色文化资源优势，为青少年开展社会主义先进文化、革命文化和中华优秀传统文化教育，培育社会主义核心价值观提供制度支撑。

大连市

【概述】

2022年，大连市文物系统以习近平新时代中国特色社会主义思想为指导，深刻领悟“两个确立”的决定性意义，增强“四个意识”、坚定“四个自信”、做到“两个维护”。全面学习宣传贯彻党的二十大精神，认真贯彻落实党中央决策部署和省委、省政府安排，坚持稳中求进工作总基调，统筹疫情防控和行业发展，沉着应变、攻坚克难，公共文化服务提质创新，文物和文化遗产保护传承利用展现亮点，基础保障能力不断提升。

【文物安全工作】

联合公安、消防部门加强重点文博单位的安全状况排查，落实文物博物馆单位安全直接责任人公告公示制度。

【不可移动文物的保护与管理】

强化规划引领，完成大连市古塔和长城国家文化公园建设（大连段）保护规划，推进大连市文物保护利用总体规划方案编制。

一是旅顺口区国家文物保护利用示范区建设7大项24小项任务进度过半。二是长城国家文化公园（大连段）建设逐步推进，进度过半。三是全国重点文物保护单位大和旅馆旧址修缮工程已进入施工阶段。四是争取国家文物保护专项资金3459万元用于5项文物保护工程。五是达里尼港旧址文物保护规划已完成专家论证，指导中山区做好社会公开征求意见等工作。六是东关街历史文化街区保护利用项目已于11月11日举行开工仪式。七是指导甘井子区启动营城子汉墓群保护规划编制，指导长海县做好遗址公园规划编制、博物馆方案设计，推进小珠山遗址保护规划获省政府批复。

按照《国家历史文化名城申报管理办法（试行）》要求，依法完善文物保护单位“四有”工作，将不可移动文物的具体保护措施纳入对各区市县政府的考核事项，向市自然资源局提供文物相关信息数据，不断落实历史文化名城创建涉及的文物工作任务。截至2022年5月，市政府已公布三批历史建筑名录，合计222处（257栋）。东关街、中山广场、太阳沟、胜利桥北历史文化街区以及凤鸣街、连锁街历史文化风貌区保护利用工作均已启动，通过举办“大连历史建筑（老建筑）摄影大赛”、对接媒体报道历史文化遗产保护工作进展情况等方式加强宣传，为历史文化名城创建营造良好氛围。

【革命文物保护利用】

加强革命文物保护利用，申报第二批革命文物名录。

【考古工作】

一是推进并完善《大连市国有建设用地考古调查勘探发掘前置管理办法（试行）》，优化工作流程，增加市考古所对各地申报地块的考古勘探必要性及勘探范围开展评估、界定和党组会议审议批复环节。二是协调省考古院完成辽长城、关向应故居、羊官堡石城涉及保护范围和建设控制地带区域的考古勘探工作。三是完成第二批地下文物埋藏区的实地划定工作，形成测绘成果，完成专家验收。四是形成市文物考古研究所2022年引才计划，相关材料已报至市委组织部。

【博物馆与可移动文物】

一是与辽宁师范大学联合开展全市博物馆现状和发展的调研工作，谋划全市博物馆功能布局。二是全年举办、引进展览64个，推出精品展览7个，开展50余个网上展览。共接待观众119.6万人次，其中未成年人29.1万人次，开展社教活动1516场次，线上展览浏览量11.4万余人次。三是制定《大连市博物馆、纪念馆免费开放补助资金管理办法》，主要对大连市符合免费开放资金补助条件但暂未列入中央财政补助名单的国有博物馆、纪念馆进行补助。四是完成5项可移动文物保护项目的验收工作，推动6项可移动文物保护项目实施。五是下发《关于进一步规范博物馆陈列展览工作的通知》，规范加强博物馆陈列展览等意识形态监管。

加强制度建设，修订《大连市博物馆、纪念馆免费开放补助资金管理办法》。推进文物二维码项目，让文物的历史可视、可读，讲好大连文物故事。

加强文博领域舆情监管和安全管理，严格落实博物馆展览报备制度，及时化解安全风险点，坚决避免重大舆情和意识形态问题的产生。

【文旅融合】

摸清文物建筑闲置底数，助力文旅产业项目的接洽与引进，推动文物建筑“有人管、在利用、出效益”。

【其他】

修订《大连市文物保护单位看护专项补助资金及看护人管理办法》。

完善“四有”工作，完成省级及以上文物保护单位档案整理，开展地下文物埋藏区划定，依法完成第七批市级文物保护单位保护范围和建设控制地带的划定。

编制文物保护利用范例指导地方文物部门参考学习。

组织各区市县文物部门召开专门会议推进存量工程排查整治。

青岛市

【概述】

2022年，青岛市文物系统深入学习贯彻习近平新时代中国特色社会主义思想和党的二十大精神，全面加强党的各项建设，“齐风鲁韵铸魂化人”党建品牌彰显特色。加大文物安全保障力度，完善不可移动文物保护管理机制，推动数据库更新升级，推进“先考古、后出让”改革，考古遗址公园规划的编制工作及公共文化服务凸显创新实效。

【文物安全工作】

加强齐长城等重点文物保护单位保护力度，为认定的21段长城增配56个公益性岗位，逐段实行段落保护责任制。加大文物安全巡查力度，通过市区联动形式，开展建筑类文保单位现状摸排工作，对45家文博单位进行督导检查，全年未发生文物安全重大责任事故。做好文物保护专项资金管理和制度建设。完成2022年度国家文物保护专项资金申报工作，联合市财政局修订《青岛市市级及以上文物保护和抢救专项资金管理办法》。

【不可移动文物的保护与管理】

做好齐长城国家文化公园建设工作，投资7000万元的齐长城徐山文化公园建成并正式对外开放，齐长城月季山段被评为山东省齐长城特色展示示范点，齐长城黄岛区段被命名为山东省齐长城风景道示范段。青岛老城近现代建筑文物保护利用示范区入选首批山东省文物保护利用示范区创建名单，并经市政府同意、山东省文化和旅游厅推荐，正全力申报国家文物保护利用示范区。积极推进全国唯一以近现代建筑为试点对象的青岛八大关近代建筑预防性保护工作，完善工作机制，《青岛八大关近代建筑预防性保护方案》获山东省文化和旅游厅批复通过。胶东行政公署旧址、青岛胶澳邮政局旧址等全市20处文物保护单位被山东省政府公布为第六批省级文物保护单位，青岛市省级文物保护单位总数达到90处。

完成申遗文本和遗产地保护规划编制工作，初步确定青岛老城申遗主题、遗产地范围和申遗核心要素，积极争取青岛老城早日列入中国世界文化遗产预备名录。

完成青岛市不可移动文物数据库更新升级。争取市财力资金140万元，启动《青岛市市级及以上文物保护单位保护利用规划》编制工作，为全市文物保护单位的保护利用提供科学指导。

【考古工作】

三里河遗址入选首批山东省省级考古遗址公园创建名单，积极推进考古遗址公园规划的编制工作。

推进“先考古、后出让”改革，《关于推进国有建设用地考古调查勘探发掘工作前置的实施意见》进入市政府发文程序。启动琅琊台遗址2022年度主动性考古发掘工作，年内完成500平方米的核心保护区考古发掘任务；青岛东海岸水下文化遗产陆地调查顺利完成，新发现明清海防遗址12处，水下沉船线索11处，得到5处沉船点确切位置。完成山东省“十四五”重点项目——官路水库建设1407万平方米的考古勘探工作任务，取得山东省文化和旅游厅文物选址意见。

【博物馆工作】

完成国家海洋考古博物馆央地共建协议签约仪式，加快开展国家海洋考古博物馆建设工作。

【文博宣传】

继续打造“丈量青岛”文化活动品牌，完成三期直播任务，累计在线观看人数达到102万人。

【文旅融合】

一体推进历史城区保护更新、老城申遗和5A级景区创建工作，在切实保护好文物的基础上，做好历史城区组织旅游导览标识规划设计，引入和激活文化业态，开展艺术展演季文化活动，以文化要素不断实现历史城区的产业复兴和活力提升。

宁波市

【概述】

2022年，宁波市文物系统坚持以习近平新时代中国特色社会主义思想为指导，深入贯彻习近平总书记关于文物工作的重要指示批示精神，始终坚持“保护为主、抢救第一、合理利用、加强管理”的工作方针，着力推进文物保护与活化利用工作，推动文化遗产的创造性转化、创新性发展，借助遗产资源，积极打造城市文化名片、塑造城市精神品格、提升城市知名度和影响力。

【文物安全工作】

紧紧围绕迎接党的二十大主线，始终筑牢文物安全防线。持续开展文物安全大排查大整治大提升攻坚行动，推进文物安全三年专项整治行动。联合市公安局印发《关于加强文物博物馆单位治安防范工作意见的通知》，确定治安防范市级重点联系文博单位15家，区县级重点联系文博单位89家，梳理文博场所防范恐怖袭击重点目标Ⅰ级和Ⅱ级17家。指导天一阁博物院反恐防暴工作试点，联合公安开展文博场馆安防、防范恐怖袭击联合督查抽查，指导文博场馆针对安防、防恐存在的问题短板，加强整改提升和能力建设，筑牢公共安全防线。联合消防开展挂牌单位整改情况督查，对省里挂牌督办的新五房、大耐堂2处单位开展督查，指导整改工作，大耐堂正在实施消防提升工程，新五房修缮和消防方案已审批，正在开展工程招标工作。开展野外文物督查调研，持续推进古墓葬类七张清单问题整改，完成奉化、余姚片区未实施安防工程的省保以上古墓葬整改提升。对1899家文保单位（点）安全管理责任挂牌公示。妥善处理文物领域信访积案，协调办结涉保国寺重点信访积案1件，调查办理东钱湖仇悆墓道等群众来信7件，妥善处理网络文物舆情26件，年内无重大文物安全事故，文博领域总体安全。

【不可移动文物的保护与管理】

督导溪口历史文化名镇提升改造过程中蒋氏故居等全国重点文物保护工作；指导七塔禅寺“两馆三园”项目落实文物保护措施，协助审查黄坛三堂修缮工程、西塘河南岸整治工程方案等。

【革命文物保护利用】

积极推进革命文物资政育人，调查补充新中国成立后不可移动革命文物线索9处，可移动革命文物47件/38套，持续推进革命文物保护利用“五个一工程”，举办可移动革命文物线上图片展，拍摄“革命文物青年说”专题宣传视频46个。

【博物馆工作】

积极探索疫情常态化下的文博场馆公共服务，奉化区博物馆“山海交响——奉化历史文明展”入选全国博物馆陈列展览十大精品，宁波中国港口博物馆“天下开港——宁波的港与城”获得省级陈列展览精品奖，宁波博物院“征程”和天一阁博物院“信仰·力量·希望”展览获庆祝中国共产党成立100周年特别奖。稳步推进乡村博物馆建设，组织召开全市乡村博物馆推进会，制定乡村博物馆帮扶方案，成功创建46家乡村博物馆，奉化青云村史馆等4家乡村博物馆入选浙江省首批乡村博物馆名单。

锚定高质量发展目标，着力打造新时代文化高地“亮丽之窗”。启动“现代化滨海大都市建设背景下的宁波博物馆体系构建”研究课题，提出面向2035年宁波市博物馆建设的总体目标与建设框架。组建局文博设施建设工作专班，协调推进“十四五”期间重点文化设施建设，河海博物馆项目纳入。庆安会馆周边地块整体建设、天一阁博物院南馆项目通过市规委会审议，河姆渡国家考古遗址公园（河姆渡博物院、宁波市史前文物保护研究中心）项目通过省资规厅、发展和改革委员会“三区三线”项目审定。开展阳明文化展示馆、王安石纪念广场等项目选址、定位研究等工作，筹建工作正式启动。

【科技与信息】

着力激发创新改革发展新动能，强化数字赋能、科技赋能，推动文物领域治理现代化。大力开展“揭榜挂帅”文物安全体检场景项目建设，启动市级文物保护点“两线”划定和落图工作，形成文物安全治理“三色图谱”清单，推广使用“浙江文物博物馆综合管理系统”，完善“文物安全智慧监管应用”和“文物保护单位信息核查应用”模块相关信息，入库更新“互联网+监管”平台文保单位信息，更新掌上执法平台文保单位数据。

【交流与合作】

加强文化交流、富民共享，组织“世遗运河助力共同富裕”2022年浙东运河杭甬对话活动。

【其他】

持续深化文物保护利用，遴选推荐第八批省级文物保护单位29处，组织评选全市不可移动文物保护利用优秀案例14例，组织宋代文物资源调查，其中不可移动文物208处、可移动文物18132件/套。发挥文保资金杠杆和导向作用，下达2022年国家专项文保资金7个项目1973万元、市级专项资金47个项目1200万元，新申报一般项目4个、2457万元；编报全国重点文物保护单位保护项目年度计划14个，储备文保项目23项。

厦门市

【概述】

2022年，厦门市文物系统深入学习宣传贯彻党的二十大精神，深入学习贯彻习近平总书记关于文化遗产保护重要指示批示精神，特别是关于鼓浪屿成功申遗重要指示精神，贯彻落实全国文物工作会议精神和新时代文物工作方针，各项工作取得新成效、实现新突破。

【文物安全工作】

全力抓好文物安全工作。抓好文物安全日常巡查，结合重要时间节点开展文物安全大检查，组织全市文物安全与执法培训，提升队伍素质。创新管理手段，注重利用科技手段加强安全管理，推进文物安全监控纳入公安部门“雪亮工程”，推广“厦门文物管家”小程序应用，举办全市文物保护志愿者培训，广泛发动志愿者等社会力量参与文物保护。

【不可移动文物的保护与管理】

福建省人民政府批复同意公布《厦门胡里山炮台保护规划（2021—2035年）》。编制完成《厦门市不可移动文物保护规划》《闽南红砖建筑保护导则》《“8·23”炮战战地遗址保护规划（修编）》，正按程序报批。

在各区的共同努力下，全市不可移动文物集中保护修缮工作有序开展，纳入市为民办实事任务的50处修缮项目提前完成，全市正在谋划启动第二轮不可移动文物集中保护修缮。指导各区开展辖区内文物保护规划编制、文物“四有”档案健全等工作，加强征地拆迁和项目建设中的文物保护。

结合鼓浪屿申遗成功五周年，认真落实世界遗产大会关于鼓浪屿保护管理的意见，严格执行每日上岛最高5万人次规定。完成鼓浪屿文物保护单位修缮工程10个，不可移动文物和历史风貌建筑小修保养项目7个，文物建筑“三防”项目3个，报审文物修缮方案4个。相关涉建项目严格按要求开展，上报涉建项目5个，其中已批复3个。配合完成市人大关于《厦门经济特区鼓浪屿世界文化遗产保护条例》落实情况的法治检查，以市政府名义提请鼓浪屿申报文物保护利用示范区。

【革命文物保护利用】

全市革命文物工作进一步加强，出台《厦门市红色资源保护利用办法》。

【考古工作】

水下考古工作取得新成果。持续推进杏林湾宝珠屿和鼓浪屿周边海域、第三东通道涉及海域、同安进出岛通道涉及海域等水下文物考古工作。杏林湾宝珠屿和鼓浪屿周边海域水下考古调查勘探工作为主动水下考古调查勘探，在国家文物局考古研究中心支持指导下，已经取得阶段性成果，水下考古调查5处，总面积近5平方千米，发现宋代沉船遗迹及清代水下文化遗存各1处，出水文物及标本总计131件。

【博物馆工作】

一是扩大错时延时开放。全市国有博物馆进一步错时延时开放，目前各国有博物馆每周开放时间平均56.6小时，远超厦门市公共文化服务基本标准（52个小时），完成省级为民办实事项目任务。二是推出精品展陈赛事。精心策划举办厦门文化遗产IP创新大赛（2022）。大赛得到全国各地众多文化场馆、高校、文创单位及个人参赛者踊跃响应，收到参赛作品2700多件，网络浏览量超千万。“大厦之门、敢拼会赢——厦门经济特区建设历史陈列”荣获第十九届（2021年度）“全国博物馆十大陈列展览精品”推介优胜奖。策划推出“爱莲敬廉——文物话清廉特展”等一批原创展，其中“山海相逢——世界文化遗产地鼓浪屿文物特展”在新疆北庭故城遗址博物馆展出，助力“文化润疆”，“闽台遗墨——厦门市博物馆藏书画展”在绵阳市博物馆展出。即将引进与四川博物院联合举办的全国十大陈列展览精品之一的“共饮一江水——长江流域青铜文明展”。三是拓展工作视野。开展全市类博物馆、准博物馆调查摸底，探索出台促进博物馆事业发展的扶持政策，目前初步成果已经过市政府专题会议审议，修订完善后将争取尽快出台。首次发布厦门博物馆地图，推出8条博物馆旅游线路，推动文化遗产“活起来”。四是打造社教活动品牌。精心打造“为城中村的孩子点亮历史的星空”“手读历史”“行走的红色厦博”“博物馆让传统技艺活起来”“文物寻踪——厦博研学活动”“南音小舞台”等影响力广、群众喜闻乐见的品牌服务项目。“为城中村的孩子点亮历史的星空”项目入选中央文明办评选的首届全国博物馆志愿服务典型案例。“手读鹭岛——厦博志愿者走近视听障碍儿童”项目获市新时代文明实践志愿服务项目大赛铜奖。五是提升队伍素质。编著“厦门市博物馆学术文库”丛书。精心组织全市博物馆讲解员参加省委宣传部、省文物局联合举办的讲解员大赛，取得专业组二等奖，志愿者组二等奖和志愿组三等奖的好成绩。厦门市博物馆1名讲解员赴京参与“奋进新时代”主题成就展讲解保障任务。支援新疆吉木萨尔北庭故城遗址博物馆讲解员队伍培训工作。

【文旅融合】

明确陈化成墓园保护管理主体，加强陈化成相关文物保护利用。线上展示“孤桐向晚——陈化成史迹陈列”和线下展厅展示陈化成文物相结合宣传陈化成事迹。推进完成纪录片《陈化成》制作，推出高甲戏《陈化成》，开辟陈化成墓、祠堂、故居旅游线路，努力将陈化成相关文物打造成为优质的爱国主义教育基地。

深圳市

【概述】

2022年，深圳市文物系统以习近平新时代中国特色社会主义思想为指导，全面系统深入学习宣传贯彻党的二十大精神，完整、准确、全面贯彻落实党中央决策部署，坚持目标导向、问题导向、结果导向，以更高的标准、更严的要求、更实的作风，谋划实施一系列重大工程、重大政策、重大举措，加快打造文化高地，文化服务便捷畅通，文脉传承再上台阶。

【文物安全工作】

一是完善安全管理体制机制，建立了深圳市非遗保护工作联席会议制度，以及由市政府分管负责同志牵头的全市文物安全工作联席会议制度；二是筑牢底线红线，定期开展全市文博单位安全常态化检查，分别于春节、清明、端午前后，“七一”期间、国庆前及汛期前后开展文物安全检查10次，共计检查76处文博单位，其中文物单位46处、博物馆30处，检查出隐患534处，并督促指导辖区文物部门针对安全隐患开展整改工作；三是配合公安机关开展涉案文物鉴定，2022年市文化遗产保护中心入选国家文物局指定第三批涉案文物鉴定评估机构，截至目前已配合司法机关鉴定涉案文物共3起，鉴定文物[illegible]7件，为公安快速破案提供了重要的技术支持。

【不可移动文物的保护与管理】

启动《深圳市不可移动革命文物保护利用总体规划》《深圳市不可移动文物保护利用总体规划》。

推动不可移动文物提档升级。推动屋背岭遗址、咸头岭遗址、孺子牛雕像、莲花山邓小平铜像4处文化遗产公布为第十批省级文物保护单位。

加强城市建设中的文物保护，率先在全省范围内探索文物空间与其他类型空间协同管控相关措施，推动11个地下文物埋藏区、8处省保单位、31处市保单位、83处区保单位的“两线”范围，900余处不可移动文物（地上部分）范围纳入“多规合一”平台预控线。

打造全国改革开放史迹保护典范，推动《改革开放重要史迹保护利用战略规划》编制公布；初步编制完成《深圳改革开放史迹认定及保护利用工作方案》，确定三大战略定位及九大重点项目；与中国文化遗产研究院协商，初步拟定《改革开放史迹保护战略合作框架协议》并积极推动协议签署。

【革命文物保护利用】

开展第二批革命文物申报工作，核定22处不可移动革命文物、134处可移动革命文物并报送至省厅审核。

开展文化名人大营救遗址线路保护利用宣传工作。推动《深圳市文化名人大营救遗址线路保护及利用规划》公布工作；联合东莞、惠州、河源三地举办“回首大营救奋进新征程”文化名人大营救主题活动，充分调动各地的文化名人大营救红色资源，提升粤港澳大湾区红色文化影响力。

完成“深圳地区东江纵队红色文化遗产保护利用研究”课题工作，以东江纵队红色文化遗产为核心，对全市（含深汕合作区）相关资源进行基础资料收集、整理、考证，并开展革命文物保护理论研究，制定保护利用措施。

【考古工作】

编制《深圳市工程建设项目区域考古评估办法》《深圳市国有建设用地供应前考古调查勘探程序规定》《深圳市文物保护工程管理办法》《深圳市非物质文化遗产保护工作专家委员会章程》《深圳市市级非物质文化遗产传承基地管理办法》5项规范性文件和《屋背岭遗址保护规划》1项专项规划；推动《铁仔山古墓群保护规划》1项专项规划公布工作。

挖掘深汕地区考古遗址资源。完成深汕特别合作区考古调查工作，新发现登记先秦遗址4处、遗物采集点28处、古建筑9处、古墓葬279处、明清窑址5处、近现代史迹和革命文物2处，古村寨8处、古驿道2段，石刻、碑刻13处等。

【博物馆工作】

举办“5·18”国际博物馆日系列活动，推出“向海之旅——重返海洋的爬行动物”“金木交辉——岭南金漆木雕、描金漆绘精品展”“谜踪之国——云南古滇国青铜文化展”3个重磅专题展览，全年配合展览上线12个虚拟展厅，线下参观人数30万人次。

通过试行展览项目管理办法推行策展人工作机制，逐步提升办展水平，特别是针对公众关心的热点问题策划主题展览，先后举办“丝路撷珍——铜胎掐丝珐琅艺术展”“理解三星堆——祭祀场景中的铜器、玉器与象牙、虎牙”“传承之道——深圳博物馆藏子部古籍善本（下）”“家在深圳——老物件里的光阴故事”“观·映——汉代铜镜的图像与铭文”“红旗下的少年——20世纪50—80年代少年儿童宣传画精品展”等10余个广受观众好评的展览。

【文博宣传】

开展欢乐闹元宵活动，活动中首次尝试虚拟直播“XR直播+非遗”跨界融合，吸引400万人次在线观看。

举办“文化和自然遗产日”系列活动，以“连接现代生活绽放迷人光彩”为主题，打造文化遗产沉浸戏剧之旅、非遗购物节、深汕考古图片展等精彩亮点，其中非遗购物节共邀请11项优秀非遗项目参与，线上观看人数达6.7万人次，获7.3万点赞，购物节当天累计销售非遗产品76件。

开展第五届“深圳非遗周”，以“流动的文脉”为主题，开展“演”“展”“讲”“赛”等61项活动，邀请港澳及外省市等多地的21个非遗项目来深同台展演、展示交流。

【社会文物管理】

完成3场“盛世收藏”暨“公益文物鉴定咨询”活动，对618件社会流散文物进行鉴定。

【交流与合作】

推动非遗交流合作多元化。完成20场非遗“进校园、在社区”等活动，与深圳大学合作，针对港澳同胞、外国友人等不同的目标群体，将“双语话非遗”作为项目重点内容；市文化遗产保护中心组织拍摄了非遗少年说视频，并在广东省“非遗少年说”青少年展示展演活动中荣获二等奖1项、三等奖2项。

【其他】

启动了《深圳市加强非物质文化遗产保护利用的实施意见》2项规范性文件的编制工作。

健全非物质文化遗产名录体系。公布深圳市第五批市级非物质文化遗产代表性项目代表性传承人名单（39人）；沙井蚝生产习俗、螳螂拳（深圳沙井螳螂拳）、中医诊疗法（朱氏点穴牵顿脊椎整复术）、西乡北帝三月三庙会等4个项目入选第八批省级非物质文化遗产代表性项目名录。

开展“非遗在社区”工作，全市首家非遗主题社区图书馆投入使用，联合认定首批深圳非遗工坊18家，全面推动非遗和产业融合发展，打造非遗工坊深圳样本。

故宫博物院

【概述】

2022年，故宫博物院坚持以习近平新时代中国特色社会主义思想为指导，在文化和旅游部党组的坚强领导下，深入学习贯彻党的二十大精神，坚决贯彻落实习近平总书记重要指示批示精神和关于文化文物工作系列重要论述精神，深入落实新时代文物工作方针，以“四个故宫”建设为主体，以探索研究事业发展的九大体系为基础，坚持稳中求进的总基调，按照年初制定的重点工作，推进深层次改革，全面加强党的领导，统筹推进全面质量管理体系建设，统筹做好疫情防控和发展、安全工作。

【安全开放】

不断提升安防标准，筑牢公共安全防线。召开2022年安全生产动员会，在全院签订2022年《消防安全责任书》，根据季节特点、节日要求，制定火灾防控和观众开放方案。对院内及大高玄殿70余口古井进行排查探测。开展6次多部门联合消防安全检查，排查86起消防安全隐患，按期更换检修灭火器材。开展应急处突演练、文物古建筑消防救援综合实战演习和“共筑平安故宫”应急处突培训专题讲座等活动，全年共组织处突培训演练107次，岗前消防安全培训30期400余人次。应急指挥平台正式启用。启动视频监控系统智能化提升工程，形成《应急指挥平台升级改造项目可行性研究报告》。对30个区域机房强电机柜加装了电气监测设备。“平安故宫”工程各项工作稳步推进。

加强与驻院派出所、武警中队和消防特勤站的合作，形成安全守护合力。及时沟通、处理安全有关工作，提高重大风险防范化解能力。

【公众服务】

认真做好观众接待工作。优化《故宫博物院参观须知》，严格落实实名预约、限流、错峰措施。全年接待观众326万人次，其中珍宝馆接待110万人次、钟表馆接待64万人次。实行突发事件日报制度，处置突发事件200余起，救助受伤观众81人次。

深入推进票务工作改革。数字与信息部新成立“智慧服务组”，整合购票渠道，全新票务系统7月上线，依托“故宫博物院”小程序提升售票、参观信息服务等工作。引入智能化客服系统，建成观众实时数据看板，安全管理进一步提升，降低黄牛倒票风险，为观众提供更加人性化的服务。根据观众需求不断优化开放服务管理模式，持续提升社会满意度。

【展览展示】

院内展览丰富多彩。全年举办7个院内精品展览，其中，“何以中国”展展现了中华文明的深厚底蕴，共接待观众15.2万人次。“照见天地心：中国书房的意与象”展共接待11.4

万人次。“众生百态——故宫博物院藏历代人物画特展（第三期）”书画展共接待5.9万人次。与承德市文物局联袂展出“钟鸣盛世——紫禁城和避暑山庄藏钟表联展”，共接待3.2万人次。来自澳门的“阅世遗情——澳门艺术博物馆藏濠江风物建筑绘画展”展现了保存400余年中西文化交流历史精髓的“澳门历史城区”风貌，共接待观众4.6万人次。此外还举办了“金玉满堂——故宫博物院文物援疆汇报展”“喜迎二十大奋进新征程——故宫博物院第二届职工作品展”。完成大藏经及书版相关专题展厅区域改造项目，推进玉器馆、青铜器馆改陈。

加大文物展陈交流工作。通过开展联合办展、流动展览、网上展示，提高藏品展示利用水平，赴院外举办“和合共生——故宫·国博藏文物联展”“崇威耀德——故宫博物院藏清代武备展”等17个专题展览。为纪念中日邦交正常化50周年，与日中友好会馆、日本池坊花道会共同举办“四季礼赞——中国故宫摄影和日本插花艺术展”。7月26日，与东京国立博物馆和凸版印刷株式会社合作举办的“故宫的世界”特别数字展开幕，是故宫首次在境外举办全数字形式的展览。与香港、澳门展览合作呈现新风貌。7月2日，香港故宫文化博物馆正式开馆，为中华文明和世界文明交流互鉴搭建了平台，双方共同策划举办7个主题展览，通过914件故宫珍品文物为香港回归25周年庆典奉上一份厚礼。在赴澳门艺术博物馆举办“贺岁迎祥——紫禁城里的春节文化”展的基础上，首次实现澳门本地博物馆来院举办主题展览。

【宣教服务与出版】

举办丰富多彩的宣教活动。开展线下教育活动和公共课程600余场，惠及观众6.5万人次。观众服务中心、太和门咨询处、广播室提供咨询等服务约7万人次，提供人工及讲解器服务94.2万人次。继续推进青年和特殊人群教育项目，与北京研究会合作策划针对听障观众的手语导览讲解词及配套图片视频，与大中小学校开展馆校合作课程65场，惠及学生2400人次，与香港中国文化研究院合作推出“我们的故宫”系列教育资源，与宜兴市博物馆合作推出6期“宜起爱学习”线上教育项目，总参与量3万人次。推出“故宫与农业”公益视频课6讲，观看量351万次。

坚持守正创新，进一步加强文化产业管理。继续与中国东方演艺集团就舞蹈诗剧《只此青绿》开展合作，召开百场巡演新闻发布会，第二轮巡演持续火爆。与中央电视台等专业机构合作，《诗画中国》第一季于8月开始在央视黄金时段播出。合作出品首部音乐儿童剧《角端》于9月2日首演成功。推进与中央民族乐团合作开展的“故宫之声”音乐项目。完成与香港邮政开展“香港故宫文化博物馆”邮票和邮品影像授权合作项目等。

线上观众互动频繁，网络平台传播效果良好。开展“故宫迎年·紫禁飞雪”“春风上巳，临水赏瓷——故宫邀你云看展特别直播”“故宫处暑时·抖音百科奇妙夜”“何以中国——五四青年节特别直播”等直播活动50余场，总观看量近1.9亿人次。官方媒体平台继续发挥文化传播和数字服务能力，官方网站访问量5417万次。官方微博账号粉丝量约1030万，共发布微博1629条，总阅读量14亿次。微信公众号“微故宫”正式更名为“故宫博物院”，粉丝量增至560万，共推送图文100篇，总阅读量1017万次。“数字故宫”小程序更名为“故宫博物院”小程序，累计访问量7900万次。官方抖音账号更名“故宫博物院”，与抖音联合发起“抖来云逛馆”项目，邀请故宫专家讲解故宫历史文化，共发布20个专题、200集精品科普短视频，总播放量1.3亿。学习强国号共发布内容1300余篇。“故宫宣教”微信公众号、“我要云故宫”快手号等平台共发布200条资源，取得良好的文化传播效果。

出版更多高质量图书及刊物。共出版图书92种，其中新书33种、重印书59种，院资助图书11种。认真做好“两刊一丛”及《紫禁城》编辑出版工作，《故宫博物院院刊》继续入选北京大学核心期刊并发稿124篇，出版《故宫学刊》总第23辑、《明清论丛》总第21辑，《紫禁城》出版6期。

【文物保护】

不断完善文物科技保护体系，坚持问题导向，多方破解文物保护现实难题，切实加强实践性攻关，进一步加强文物预防性保护和研究性保护，形成遗产监测的常态化机制，确保文物安全。

进一步完善可移动文物预防性保护机制，加强故宫预防性保护规范化与普及化工作。完成院藏可移动文物和库房的各项管理工作，文物防震及抢救性科技修复保护工作稳步进行。全年完成300余件有机质文物的分析测试，使用各类仪器设备检测分析2000余次，包括院藏书画、宝钞、手稿和新疆地区出土文书等纸张类文物的综合分析。研发文物染料、纸张类文物的新型检测技术。持续开展书画保护文化和旅游部重点实验室相关工作。全年修复文物227件/套，在修文物110件/套，完成7件书画文物临摹。完成国家级非遗项目代表性传承人相关评估和续签工作。《古钟表修复技术规范》获中国标准化协会批准立项。

提升古建保护能力，做好研究性保护工作。加强对故宫古建等不可移动文物的研究保护工作，初步建立不可移动文物的预防性保护体系。全年开展各类古建保护工程20余项。全国文物建筑预防性保护试点工作进展顺利。积极编制《故宫博物院“十四五”不可移动文物保护专项规划》。推进体和殿、慈宁宫、寿康宫预防性保护工作，完成玄穹门专项保护项目。开展古建筑病害风险防控、防雷装置安全监测、本体和环境监测等工作，完善监测体系。故宫不可移动文物监测平台体系建设顺利。推进古建应急及零星修缮工程，完成太和殿后檐东一次间隔扇抢险修复、故宫城墙（西北段）修缮工作。推进乾隆花园、灵沼轩、景福宫等研究性保护工作，编制《明清官式建筑保护研究国家文物局重点科研基地2019—2021年度评估报告》。

【数字故宫】

加强数字故宫体系建设，在增强基础数据采集和确保数据安全的前提下，通过信息化办公平台及故宫文物数字资源库建设，实现文化遗产永久保存和永续传承。

继续推进故宫文物资源大数据库建设，提升文物藏品数字化管理水平。累计采集85万件文物的基础影像，开发“文物基础影像采集数据看板”并投入使用。“数字文物库”新增文物1.5万件，总量已达8.3万件，全年浏览量945万次。内网版数字文物库发布25.6万件文物。“故宫名画记”全年浏览量285万次，“全景故宫”新增英法西语版本，全年浏览量338万次。采集院内重点古建修缮区域的4K超高清视频数据总长300余小时。

进一步推进文物资源数字化合理适度利用。发布《我们的清明上河图》四集专题纪录片，全片播放量约865万次。启动“故宫人口述史数字记录项目”，为5位老专家记录拍摄。“故宫·腾讯联合创新实验室”已基本完成土建工程建设，目前按计划推进智能化系统设计、开发和部署。推进倦勤斋VR多人体验互动项目。大高玄殿数字馆建设完成全部11

个数字展示项目开发。充分利用数字化技术推进文物活化，在“云端”服务更多观众。

【学术科研】

延续和弘扬故宫博物院的学术传统，始终把学术研究作为核心任务之一，推动学术研究整体性、体系性和开放性建设。

不断提升科研能力。积极推进文物详细编目与文物定级，完成4.5万件文物编目和8.4万件文物定级。加强院内外课题申报工作，本年度，新申请立项“十四五”国家重点研发计划“大型综合性博物馆数字孪生关键技术研究与服务示范（应用示范类）”“中国传统书画装裱修复用纸的研制及应用评价”“多模式文物高光谱扫描技术与设备研发”“文物数字化快速采集技术体系及应用示范”，国家社科基金重大项目“清代宫藏民族交往交流交融文物与史料整理研究”、一般项目“清代乾隆时期宫廷玉器变革与创新历史研究”、青年项目“故宫博物院藏康雍时期内府稿抄本整理与研究”，文化和旅游部社科“文旅融合背景下‘博物馆戏剧’理论与实践研究：以故宫博物院为中心”等国家级、省部级项目9个，全年立项院内课题45项。持续推进院承担的重点科研项目，以及承担的国家社科基金年度项目、艺术学项目、冷门绝学项目等课题研究工作。全院职工发表论文、出版著作400余篇/部，以高水平的科研成果支撑故宫博物院各项事业不断前行。

加强学术科研平台建设。充分发挥文化和旅游部书画保护重点实验室、古陶瓷保护研究国家文物局重点科研基地等科研平台引领作用。中国-希腊文物保护技术“一带一路”联合实验室建设进一步完善，逐步推进仪器设备对外开放共享。开展“古书画研究、保护与传承项目”，继续完善项目方案，系统整理古书画、碑帖鉴定成果，对部分藏品进行修复、检测及临摹，深入研究其蕴含价值，落实中华文明保护传承利用要求。故宫研究院新成立漆器研究所，成立“外聘专家遴选小组”，推出“故宫学人讲故宫”系列讲座，以直播形式拓宽学术传播平台。继续推进故宫学院平台建设，举办讲座12期，普及受众3000人次。充分发挥国家文物局文博人才培训基地作用，承办“国家文物局2022年新时代文物人才建设工程联络员培训班”。出版“故宫博物院博士后文库”第一辑。制定《故宫博物院博士后科研工作站管理办法》，推动博士后工作站高质量发展。

拓展学术科研合作。与国际儒学联合会、北京师范大学、中国国家博物馆、山西省人民政府等多家机构签署框架协议，拓展多元学术平台，扩大故宫学术影响力。与北京大学、浙江大学等高校签订“考古学国家急需高层次人才培养专项联合培养协议”，推进考古与文博人才培养。结合援藏工作开展基于故宫文物的中华民族共同体历史研究，收集整理西藏与清宫友好往来档案资料，筹备交流展览。继续开展清宫造办处、安徽凤阳明中都、三星堆、雄安新区容城县城子等遗址考古工作，开展“帝王的足迹——黄海沿海区域祭祀遗址考察活动”“苏州陆慕金砖窑场考古调查”等学术交流。推进开放课题计划，陆续与44个项目立项人续签协议，提升海内外学术界对故宫学研究的积极性。

【对外交流】

通过走出去请进来，加大对外交流力度。开展驻华使团来院参观等交流活动20余场，其中“万方雅韵——驻华外交官故宫音乐交流会”，来自近20个国家的60余位驻华外交官到场聆听。开展香港故宫文化博物馆开馆配套活动，启动首届“双城青年文化人才交流计划”。召开“太和学者计划”新闻发布会，正式启动“太和学者计划”。继续筹备“太和论坛”，有序推进法国凡尔赛宫来院展、巴基斯坦犍陀罗艺术来院展等交流合作与展览项目。举办“中欧文化遗产保护科技论坛——2022博物馆藏品保护研讨会”，八国专家共同探讨博物馆藏品保护新途径，更好地促进中欧国家文物保护高质量发展。加强与“一带一路”沿线国家和地区的交流合作，推动文化繁荣发展，彰显故宫独特魅力。

【内部管理】

切实加强制度建设。制定并完善《故宫博物院专业技术岗位聘用工作办法》《故宫博物院科组设置及相关管理人员聘用暂行办法》《故宫博物院新入职应届毕业生见习期管理办法》等办法。加强选人用人巡视整改力度，优化职称评审程序。

统筹实施各类人才计划。继续实施“英才计划”，组成导师和学术助理小组，第一、二批共有45位导师75位学术助理入围。实施“古梅计划”，发挥老专家学术优势，完成11位项目聘用专家年度聘任手续。为更好服务80岁以上老专家，筹办“文渊学者”资助计划前期工作。

拓宽人才培养渠道。加强博士后工作站管理，制定《故宫博物院博士后科研工作站管理办法》。加强文物古建修复保护和非遗传承人才培养，为非遗技艺传承培养后备人才。落实考古学国家急需高层次人才培养专项计划，为全院事业发展拓展空间，提供人才支撑。

中国国家博物馆

【概述】

2022年，在习近平新时代中国特色社会主义思想的指引下，在文化和旅游部党组的直接领导和国家文物局的关心支持下，中国国家博物馆深刻领悟“两个确立”的决定性意义，认真学习党的二十大精神和习近平总书记在中国国家博物馆创建110周年前夕给国博老专家的回信精神，深入贯彻落实新时代文物工作指导方针，统筹疫情防控和事业发展两个大局，踔厉奋发、勇毅前行，各项工作迈上新台阶。

【安全开放】

始终把安全作为一切工作的“底线”“红线”，统筹安全与发展，努力克服新冠疫情的影响，确保国家博物馆安全稳定、高效运行

严格执行“限量、预约、错峰”的原则，按照疫情防控政策要求，积极做好疫情防控工作，严把人员、车辆入口关，为观众提供安全舒适的参观环境，全年累计接待服务观众1630911人。与地区、公安、消防、武警、特勤等单位加强联防联控，做好日常安全保障工作，特殊时期、重大活动期间做好配合工作，圆满完成北京冬奥会、冬残奥会、服贸会、党的二十大等保安全、护稳定的艰巨任务。引入馆舍健康体检理念，对消防系统、管线设备、室内外装饰面等设施安全进行全面体检，做到“防未病、治已病”，形成专项体检报告，对安全隐患完成整改销项，对维修维护项目制定长期解决办法。不断提高运维保障能力，通过日常巡视和专业维保，确保设备运行状态良好。扎实推进制度建设，围绕馆内运行各流程，制定或修订《中国国家博物馆安全工作管理制度》《中国国家博物馆展陈设计文件要求》《火灾现场应急处置方案》《突发事件文物库房开启办法》等制度文件。

【陈列展览】

精心承办“盛世修典——‘中国历代绘画大系’成果展”，全面展现社会主义文化强国建设的崭新气象，开展20多天接待观众超过10万人次，引起社会强烈反响。首次与故宫博物院联合举办“和合共生——故宫·国博藏文物联展”，展示中华民族“尚和合、求大同”的发展脉络，弘扬中华文明的当代价值和时代意义。配合第十三届中国艺术节活动，举办“人民为中心文艺攀高峰——纪念毛泽东同志《在延安文艺座谈会上的讲话》发表80周年主题展”，集中呈现在党的领导下我国文艺事业在革命、建设、改革时期的丰富和发展，突出展现新时代以来中国文艺高擎“以人民为中心”旗帜、阔步攀登文艺高峰的壮阔景象和丰硕成果。深入挖掘丰富馆藏，自主策展举办“人格的力量——中国共产党人家国情怀”“容曜丹青——明清肖像画展”等展览，引起社会广泛关注和观众好评。积极推进“古代中国”“复兴之路”和“复兴之路新时代部分”展览的改陈工作，完成“古代中国

基本陈列改陈资料汇编”和“古代中国”灯光照明一期二期改造。全年举办35个临时展览，推动“《红楼梦》文化展”“食味中华——中国古代饮食文化展”等7个巡展项目落地。

【宣教服务】

通过专业媒体合作发布报道约700篇，官方微博主持“国博创建110周年”话题，阅读总量逾2亿。继2021年获中央网信办“走好网上群众路线”百佳账号，2022年再次由文化和旅游部推荐参评中央网信办“走好网上群众路线”百佳账号。连续三年荣获国家文物局“中华文物新媒体精品”项目。高质量落实重点采访和报道，总台央视《新闻联播》3次报道，国家博物馆《人民日报》刊文或发表署名文章20次，在《学习时报》署名发表《切实发挥博物馆保护和传承人类文明重要场所作用》。与中国煤矿文工团、凤凰卫视、北京邮电大学等合作开展以文物为主题的舞台剧创作展演、文物活化展示传播等项目。依托基本陈列和专题展览，设计民族团结进步专题参观路线与讲解内容，成为北京市民族宗教事务委员会首批授予的“铸牢中华民族共同体意识实践教育基地”。全年累计提供讲解服务1098场次，开展志愿服务10项1090小时。全年推出90余种260余款文创新品和10款文创食品，海晏河清香囊和茶具套装入选“奋进新时代”主题成就展。

【藏品管理】

坚持把文物藏品摆在博物馆一切工作的核心位置，进一步加大文物藏品征集入藏和整理研究力度，稳妥有序推进藏品定级工作

深入实施国史文物抢救工程、时代物证进国博等活动，加大党史、新中国史、改革开放史、社会主义发展史相关文物征集入藏工作。全年征集各类实物资料16140件/套，其中包括人民大会堂东门悬挂的第二代国徽、庆祝中国共产党成立100周年大会红旗、九章一号、深海一号、党中央颁发给闽宁镇的奖牌、钟南山院士在疫情初期前往武汉的无座车票等反映新时代伟大成就和时代精神的代表性物证。扎实开展文物库房标准化工作，积极探索智慧库房建设，完成6间标准库房改造和2个智慧库房试点前期调研工作。支持国家版本馆建设，借展文物及复仿制件104件，文物高清数据15件。完善《革命文物定级标准》，全年新定级文物2.6万件。深入开展30余项馆藏文物整理工作，解决了《明代大藏经》、《乾隆御定石经》、黎锦熙捐赠文物等长期遗留的文物整理问题。不断提高文物保护水平，解决大幅面书画裱件褶皱技术难点，首次开展文物霉菌专项调查，利用便携式设备开展库房和展厅文物现场原位无损检测，全年完成文物评估7315件/套，开展文物保护修复59项1406件/套，完成文物复制/传拓24项138件/套。

【学术研究】

坚持把深化学术研究、挖掘文物价值作为博物馆全部工作的基础，不断增强学术研究成果对各项工作的支撑作用。积极支持举办“学术中国”开幕式活动，在学术界引起热烈反响。精心组织国博学术活动，全年举办学术论坛、讲座等各种学术活动40项64场，内容涉及智慧博物馆建设、馆藏文物研究（青铜器、舆服、佛造像、文献典籍、少数民族图像文物等）、中华文明探源、中华文明发展脉络、近现代历史与文物、文物保护修复技术等领域，其中青铜器、陶瓷、服饰、钱币等专题学术论坛连年举办、形成系列，初步搭建起小型高端前沿学术交流平台。围绕中国国家博物馆创建110周年举办7场国际学术研

讨活动，来自美国、英国、法国等国家及国内专家学者，通过线上渠道深入交流研讨，广泛传播会议成果。编制《中国国家博物馆古文字工作中长期发展规划（2022－2026－2030）》，组织馆内研究人员申报各级各类科研课题68项，立项国家社会科学基金、中国博士后科学基金特别资助等5项课题，馆级科研课题61项。全年累计出版展览图录8种、学术著作16种，发表学术论文257篇，编写各类研究报告29项、创作艺术作品26件、发布专利13项、标准4项。获得文化和旅游数字化创新实践优秀案例、全国文化和旅游系统2021年度优秀调研报告等省部级以上科研奖励4项。完成《文物中的红色基因》《中国国家博物馆馆藏文物研究丛书·铜镜卷》等出版工作。

【信息化建设】

继续开展文物数据采集工作，全年共完成950件文物三维数据采集、2743件文物二维高清影像采集以及20个展览数据采集。数据管理能力不断提升，建成资源丰富、链接快速、搜索高效的藏品大数据平台。基于国家博物馆地理信息一体化平台初步建成综合运行平台雏形并上线试运行。建成涵盖建筑信息模型数据库、楼宇空间分布数据库、展览模型数据库、摄像头模型数据库的国家博物馆地理信息平台，初步实现国家博物馆由物理空间到数字空间的映射，国家博物馆智慧运行保障工作取得成效。完成首个国博数智人“艾雯雯”的设计、开发、发布和宣推工作，引发媒体、行业持续关注和观众广泛好评。

【交流与合作】

配合中意文化旅游年活动，成功举办“意大利之源——古罗马文明展”，习近平主席同意大利总统马塔雷拉分别致贺信。积极打造国际文化交流品牌，携手全球五大洲22个国家33家博物馆举办“手拉手：共享世界文明之美”在线展示活动。以“变局与坚守：博物馆的时代责任”为主题，成功举办第二届全球博物馆馆长论坛，全球26个国家百余位博物馆馆长和代表、联合国教科文组织等国际组织代表以及专家学者出席，进一步扩大了国家博物馆的国际影响力。深度参与博物馆全球治理，积极推进丝绸之路国际博物馆联盟工作，轮值主办第十二届中韩日国家博物馆馆长会议，组织专家参加国际博协第26届大会，向国际博物馆界发出中国声音。进一步增强对外讲好中国故事能力，提高展览国际化水平，向列支敦士登国家博物馆输送“食味中华——中国古代饮食文化展”。

【内部管理】

扎实推进人才培养工作，举办馆中层干部履职能力培训班，全年举办专题培训班15个，累计培训4282人次。举办“古代青铜器鉴定”“古代陶瓷器鉴定”等职工技能培训专题班次75个，累计培训1158人次，招收紧缺领域博士后15人。

文化和旅游部恭王府博物馆

【概述】

2022年，在文化和旅游部党组的正确领导下，文化和旅游部恭王府博物馆（简称恭王府博物馆）认真学习贯彻落实习近平新时代中国特色社会主义思想，深入学习党的十九大、十九届历次全会和二十大精神，深刻把握“两个确立”，坚决做到“两个维护”，紧密结合党史学习教育，以“十四五”发展规划为统领，严格落实文化和旅游部党组巡视“回头看”反馈意见的整改措施，稳步推进“平安恭博、学术恭博、数字恭博、公众恭博”建设。

【安全开放】

建立消防设施档案，完善安防系统管理平台，整治空调线管，粉刷、清理供电线槽，清理整改消防隐患废线1000余米、控制箱10余个。遗址有维修有抢修，全年开展重点工程6项，园林绿化工程7项，日常维护抢修300余项。供配电系统改造项目内电工程、外电源工程如期完成，屋面防雷设施、避雷塔更换翻新，完成府邸东一区和西一区的下架油饰及保养维护，恢复西二区院落古建风貌，拆除园内阳光棚，解决古树、草坪、牙桩、篱笆等相关问题，维护园林古建的美观性及安全性。景区有服务有保障，景区开放服务从细节处体现安全关怀，重要节假日提前制定安全工作方案应急预案，完成红十字捐赠的2台AED部署，并进行急救知识和实践相关培训，顺利实现全年安全无事故。

【陈列展览与宣教服务】

展览有深化有优化。举办合作展6项、馆藏展3项，改陈常设展4项，策划廉洁文化教育主题展与廉政教育讲解词，以学术研究兼顾公众科普的方式，促进王府历史文化研究进一步深入。不断完善常设展展览大纲、形式设计，核查纠错展厅展览内容，改造老旧、老化展厅和设施，从软硬件两个方面提升展览展示水平。藏品有梳理有新增。入藏恭亲王签章《钦定古今图书集成历象汇编岁功典》卷三十三、三十四，该典籍为清内府雍正年间铜活字印本，存世稀少。征集砚台古籍、砚台古旧书及文房类现代图书21册，完成6599件/套馆藏文物定级，开展馆史资料征集。

形成多热门平台、多风格账号、多角度内容的自媒体传播矩阵，针对不同客户群需求，生产定制化推送内容，观看量、点赞量、网友评论量稳步增长。抖音号粉丝量增长13倍，并获得政务号优秀创作者奖项。微博时事话题阅读量达3600余万次，冲至北京地区实时热搜榜第三名，壁纸、王府节俗系列阅读量近百万，“小福家族”IP形象全新升级。人民日报等6家重量级传统媒体刊发专题报道，北京电视台《博物馆之城》栏目第一季专题拍摄介绍，与阅文集团和宋庆龄青少年科技文化交流中心签署合作协议的新闻均登上《中国文化报》《中国文物报》头版。联合阅文集团开展创作计划，助推网络文学与非遗深度融合；联合腾讯、人民网运用传统文化元素打造中秋国风舞蹈短片，全网曝光量2.9亿，播放量近400万。

开展各类研学活动56场，覆盖3300人次，两门课程获得首都科普展教课程相关荣誉，三门课程获得西城区社科联专项奖励资金，志愿者服务队获大赛银奖，13位志愿者获相关领域荣誉。与中国宋庆龄青少年科技文化交流中心签署合作框架协议，联合山区学校举办线上公益课程。新增课程59门，同时辅以与馆内展览、民俗节庆、主题节日等联动推出的活动专场，为扩大影响力积蓄软实力；逐步完善研学教育基地设施，维修改造面积236平方米，腾挪扩展新教室12间，为做大做强打造硬件基础。

【学术研究】

学术有点有面。着力搭建王府历史文化研究平台，相关研讨会在学界亮出王府历史文化研究的大旗，受到广泛关注，相关论文集收稿46篇。继续推进恭王府大遗址保护工作，完成《恭王府大遗址保护》方案，统筹、联动恭王府相关历史、文物遗迹，形成以恭王府为核心的大遗址保护集群。

【信息化建设】

完成馆藏文物采集1663件、“全景恭王府”线上虚拟漫游项目采集全景建筑32处，“彩画数字化采集与展示”项目采集彩画5处、影像288幅、制作彩画模型38个、彩画科技保护样本166个。藏品管理系统与彩画管理系统均已进入开发试运行阶段。以年度两次临展“宫廷金鱼特展”和“中华民族服饰艺术展”为切入口探索建立模块化数字展厅，实现线下数字化采集线上虚拟化呈现，取得预期效果。

【文化创意产品】

围绕“精雅生活”研发设计文创新品40余种约200款，福枕、“紫砂壶”系列、端午文创首饰套装广受欢迎，推进文创大赛15个系列产品转化落地。

【内部管理】

信息化有互通有互联。开展OA办公平台二期建设，优化系统流程结构设置，降低数据丢失风险，打通系统壁垒，实现馆各项系统资源的数据互通，目前已完成财务和藏品管理系统数据对接和控制。启动财务管理系统二期建设，已完成五大功能模块开发，尤其是绩效管理模块，实现了馆内绩效工作信息化零的突破。

以培训为核心加强队伍建设。确定“岗位技能提高年”工作目标，以全馆范围和部门自主结合方式，全年开展岗位技能和综合素质培训120余项，全面提升干部职工综合素质和业务水平。以调研为基础寻解题之道。多形式、多渠道开展全馆调研及意见征集，研判解决发展建设过程中出现的干部管理问题，为发展奠定健康有序的人才管理保障。以制度为抓手破管理之困。优化调整馆规审核编发流程，修订印发规章制度9项，进一步规范议事规则、公文管理、人员考核等，不断提升管理水平。实行“师带徒培养计划”，制定馆人才发展战略规划。组建领导小组和领导小组办公室统筹协调恭王府40周年系列活动，确定活动内容和基本方案。以档案为重点补资料之缺。稳步推进馆历史文书档案电子化，档案库房与档案管理系统搭建，同时以此为契机在相关外单位多方查找到缺失的恭王府修缮时期部分图档资料和恭王府部分历史文献资料。

【经营管理】

经营文创有调整有亮点。调整经营布局和经营业态，积极推进以咖啡馆、传统文化创意馆、首饰店为主体的线下主题商店建设；应用多种销售方式，拓宽销售渠道，搭建馆内馆外、线上线下销售体系。试点开展线上组合式旅游产品销售，推进线下研学产品课程开发。参加第九届“中国博物馆及相关产品与技术博览会”（“博博会”），并获弘博奖最佳展示奖。

中国文物学会

【概述】

2022年，中国文物学会认真学习宣传贯彻党的二十大精神，学习贯彻习近平总书记关于文物保护利用系列论述精神，围绕文物事业发展大局，克服新冠疫情带来的影响，推动学会各项工作取得新成绩。

【制度建设】

编印《中国文物学会内部管理制度》，努力实现管理制度化、规范化。

【学术研讨活动】

开展线上学术活动。玉器专业委员会与湖南省博物院等联合在线上举办玉学玉文化学术研讨会。工业遗产委员会联合中国建筑学会工业建筑遗产学术委员会等在线上举办“再回胶济铁路起点——第二届铁路遗产学术研讨会”。这些线上研讨会在更大范围上增强了学术凝聚力和影响力。

抓住疫情趋缓的契机举办线下学术活动。学会在河南安阳举办甲骨文化创新研讨会，文物旅游专委会在福建武夷山举办新形势下文物保护与旅游融合发展研讨会，工匠技艺专业委员会在辽宁沈阳举办工匠技艺文化遗产保护与传承研讨会，研究阐释更多的中华文化、中国精神、中国元素，展示了更多的文化产品。

【社会文化活动】

面向社会推介文化遗产保护传承优秀案例。学会与中国文物报社联合推介全国革命文物保护利用十佳案例、全国十佳文化遗产旅游案例、全国文化遗产十佳图书等；20世纪建筑遗产委员会联合中国建筑学会推介第七批20世纪建筑遗产。通过这些推介活动展示新成果，交流新经验，启迪新思路，促进文化遗产保护高质量发展。

积极参与社会文化活动。学会参与北京市文物局、北京市西城区人民政府举办的“白塔夜话”系列文化活动；大运河专业委员会参与主办“运河·城市·公园”大运河沿线城市公园系列活动；工匠技艺专业委员会与人大附中举办“传统文化进校园”系列文化活动；文化创意发展委员会参与举办“琳琅——全国文博单位文化创意产品集萃”展览等，促进全社会文化遗产保护意识的提升。

【组织建设】

学会与分支机构重新签订《关于意识形态工作责任书》，加强对新媒体的管理和意识形态工作的把控。充实理事会、常务理事会，增补副会长，新组建文物旅游、文化遗产传播专业委员会，组织建设进一步夯实。

【课题研究】

致力推进科研项目。古村镇专委会承担的社科基金项目“乡村振兴与中国古村镇”顺利申请结项，促进了科研团队的凝心聚力。

【文化遗产传播】

继续拍摄《万里走单骑——遗产里的中国》电视片，讲好中国文化遗产故事。该片在2022年圆满完成第二季的摄制和播出，启动第三季录制和播出。中国文物学会会长单霁翔领衔“万里少年团”，带领观众探访一处处遗产景观，揭秘中国世界遗产背后的故事，呈现文化遗产雄伟奇特、秀丽多彩、景色宜人的风貌，展示更多中华民族的独特精神标识，传播中国精神、中国价值、中国力量，让人们深深为中华民族的“根”和“魂”所震撼，增强历史自信和文化自信。

中国古迹遗址保护协会（ICOMOS/China）

【概述】

2022年，中国古迹遗址保护协会（简称“协会”）在文化和旅游部、国家文物局的管理与支持下，在协会理事会的全面领导和指导下，在中国文化遗产研究院的全力支持与保障下，深入学习贯彻党的二十大精神和文物工作会议要求，加强能力建设、培育世界遗产、开展合作交流、服务广大会员、支持行业管理。

【世界文化遗产相关工作】

1．支持景迈山古茶林文化景观申遗。协会近年来从多方位持续对景迈山古茶林文化景观申遗提供技术和专家支持。2022年9月6—11日，按照国际总部要求，协会派专员解立全程助力申遗考察工作，开展现场沟通，并在考察后两个月内持续参与沟通答疑，为申遗团队的应对工作做了必要的协助和补充，助力申遗考察顺利完成，并得到ICOMOS总部的高度认可。

2．支持北京中轴线申遗。协会近年来持续支持北京中轴线申遗工作。2022年初，针对“北京中轴线”申遗进入提交最终文本的关键阶段，协会制定专门文本提升国际专家咨询方案，邀请核心专家成立特别工作组，对文本的最终修订工作给予多形式陪伴式咨询，对现有文本提出更有针对性的修改意见，切实提升文本质量。

3．助力海上丝绸之路申遗。11月16—17日，协会承办了在澳门举行的“海上丝绸之路国际文化论坛”。本次论坛由澳门特区政府社会文化司、国家文物局主办，系纪念《世界遗产公约》发布50周年主题活动，联合国教科文组织世界遗产中心主任拉扎赫·伊伦都·阿索莫、澳门特别行政区政府社会文化司司长欧阳瑜在开幕式上致辞，国家文物局副局长关强作主旨报告。会议邀请了海内外多位专家学者发表专题研究成果和演讲。

4．参加《世界遗产公约》50周年纪念活动。11月17—18日，纪念《世界遗产公约》50周年与中国历史文化名城保护制度设立40周年活动“世界遗产与城乡可持续发展——基于人文的韧性与创新”（线上）国际会议举行。宋新潮理事长为大会致辞，介绍协会作为国际古迹遗址理事会中国国家委员会，成立近30年来在世界文化遗产和历史名城保护领域作出的一系列贡献和取得的诸多成绩。

5．开展世界文化遗产周边国家动向研究。协会持续开展周边国家申遗动态的研判工作，助力我国遗产申报，维护国家文化利益。本年度，协会对第45届世界遗产大会待审议（亚太地区）项目进行汇总分析与研判，罗列重点项目的信息与分析。

6．发布《实施世界遗产公约操作指南》（简称《操作指南》）2021版中文版。自2010年起，协会及时跟进并积极参与《操作指南》修订工作。此次编译的版本是在福州召开的第44届世界遗产大会上通过的2021版《操作指南》，也是协会参与编译的第四版。此版为近10年来内容修订最大的一次，对个别词语的翻译进行校正、统一全文表达，并对前几版存在的问题进行勘误，最终于2022年10月正式在官网上线。

7．协会组织编写的《2018—2019年度优秀古迹遗址保护项目案例详解》于本年度正式出版。宋新潮理事长作序。该书旨在促进文物保护工作者树立研究意识，强化质量管理，继承优秀传统，弘扬工匠精神；树立先进典型，推广优秀经验，发挥示范作用，带动全行业研究水平、管理水平、质量水平普遍提高；展示文物保护成果，传播文物保护知识，宣传文物保护理念，提高全社会对文物事业的关注、参与、监督。

【专业委员会工作】

1．石窟专委会

协会石窟专委会继续《石窟寺研究》的编辑出版工作。10月，科学出版社出版发行《石窟寺研究（第13辑）》，共收录文章14篇、16万余字，集中展示了国内外石窟寺研究及保护、寺院遗址考古及佛教美术等领域取得的最新成果。专委会继续做好中国石窟寺微信平台信息更新工作，不断扩大专委会的知名度和影响力，宣传展示石窟领域最新工作成就。

2．历史村镇专委会

协会历史村镇专委会于国际古迹遗址日举办“历史文化名城的可持续智慧”交流研讨会；12月组织召开历史城镇村亚太地区2022年度研讨会。会议邀请9个国家和地区的20余位权威专家学者，围绕“应对气候变化的聚落遗产保护”主题展开深层次探讨与交流。宋新潮理事长作主题发言。专委会张杰主席积极参加历史村镇科学委员会（CIVVIH）线上活动，专委会秘书长张飚成为ICOMOS历史村镇科学委员会（CIVVIH）专家委员。

3．防灾减灾专委会

4月，协会防灾减灾专委会成员主要参与编写的《文化遗产防灾减灾概论》由文物出版社正式出版，共9章，21.5万字。专委会参与对山西灾害风险进行宏观、中观和微观尺度的评估，完成《山西省不可移动文物自然灾害风险图集》编制工作，为山西省政府出台《关于加强不可移动文物自然灾害应对工作的意见》提供科技支撑。

4．文化线路保护研究专委会

协会文化线路保护研究专委会在文化线路的调查、研究、保护方面取得阶段性成果。研究成渝古道的具体走向及实物遗存，调查发现路线所涉及的寺庙、村落、桥梁等不可移动文物，参与编写《成渝古道（四川段）调查报告》；将丝绸之路南亚廊道东线（四川段）调研成果在“丝绸之路传统文化保护开发利用国际产学研用合作研讨会”上作报告分享；对茶马古道重要组成部分茶马古道泸定段及周边遗存开展大量保护实践工作。

5．文化遗产管理研究专委会

文化遗产管理研究专委会参与编写由世界遗产中心组织的世界遗产第三轮定期报告亚太地区总报告和地区行动计划初稿的制定，并在3月的亚太地区工作会上就研究成果作主旨报告；策划筹办2022年明文化论坛系列活动，承担“明十三陵世界遗产保护与活化利用”分论坛的召集工作。专委会公众号持续发挥桥梁作用，为国内专业领域工作者获取领域新思想搭建更及时、便捷的渠道。

【宣传推介活动】

协会继续推进第七届优秀古迹遗址保护项目推介活动。本届活动共收到33个项目申报。秘书处克服疫情对大规模现场复核工作带来的挑战，克服人手少、任务重的困难，组织4组专家顺利开展项目现场复核。

举办“4·18”国际古迹遗址日系列活动。4月18日，协会围绕2022年国际古迹遗址日的主题成功举办“遗产与气候”学术研讨会。来自中国科学院、中国文化遗产研究院、国家文物局考古研究中心、敦煌研究院、故宫博物院、清华大学等科研院所专家，围绕主题进行研讨。会议由腾讯视频全程直播。本次研讨会是对ICOMOS关于气候变化国际议题的积极响应，是目前为止国内关于遗产保护与气候变化这一议题最高水平的研讨之一。经协会宣传号召，10多个省市地区的近30家单位和组织，结合当地遗产特点举办国际古迹遗址日纪念活动，持续保持了举办纪念活动规模最大、数量最多的国际地位。本次纪念日活动也是协会首次将“4·18”纪念日图形化、品牌化，视觉效果更加直观，增强活动识别度，加深大众记忆，利于国际古迹遗址日纪念活动在我国的广泛传播。

举办第三届文物保护活化利用论坛。1月15日，协会联合主办第三届中国文化遗产活化利用与可持续发展论坛。宋新潮理事长作了“文化遗产价值共享：国际脚本与中国故事”主题发言，以中国古迹遗址协会为实例，分享近年来国际古迹遗址日的中国探索、乡村遗产酒店示范项目等一些具有中国特色的价值传播探索。从事文化遗产保护与活化利用事业的知名专家，遗产景区和博物馆代表，文旅和科技企业领袖等20余位嘉宾齐聚云端，聚焦“遗产地文化共享与科技创新”的主题进行讨论与分享。

【资质资格管理】

受国家文物局委托，协会承担文保工程单位资质和个人资格评审工作，开展文物保护工程单位资质线上评审，组织文物保护规划等项目评审，开展文物保护工程方案备案管理。在疫情带来的诸多不确定性条件下，克服困难，开展2022年度文物保护工程从业资格考试北京考区工作。

【国际会议与事务】

1．参加ICOMOS年度会议

10月24—30日，ICOMOS年度会议暨科学研讨会在泰国首都曼谷召开。这是疫情以来ICOMOS首次线下聚会，燕海鸣、解立代表协会全程赴泰国参会，协会领导、秘书处工作人员通过线上参会。会议期间，代表团在国家委员会会议上介绍了中国年度工作报告，积极与国际同行交流、维护国家利益，顺利完成疫情以来首次线上线下结合的ICOMOS全球年会。

2．参加ICOMOS亚太区工作会议

秘书处多次参与ICOMOS亚太地区工作会，积极配合姜波副主席履职；加入“青年学者培训导师计划”工作小组，与其他小组成员交流分享青年学者现状，促进交流与合作。秘书处项目专员王珏作为中国青年学者代表协助ICOMOS亚太地区工作会的会议安排记录等工作，促进亚太地区青年学者培养。

3．推动HIST与ICOMOS签订框架协议

协会积极协助常务理事单位联合国教科文组织国际自然与文化遗产空间技术中心（HIST）与ICOMOS开展合作。双方于11月21日举行线上签约仪式，在线签署了关于空间信息技术助力世界文化遗产保护的合作备忘录。

4．组织中国专家参与ICOMOS国际事务

协会积极承担ICOMOS国家委员会职能，推荐我国专家参与亚洲邻国世界文化遗产申报项目评估工作。2022年为亚洲多国的申报项目共推荐10位评估专家，为世界遗产评估国际专家库持续输入中国力量，加强中国同行的国际影响力。

5．参与国际ICOMOS青年工作组（EPWG）工作

秘书处持续参与EPWG工作例会及年会，展示中国青年学者学术成果与活动情况；参与“真实性之旅（Journey to Authenticity）”工作组；积极推荐中国青年学者参与EPWG活动，并分享面向青年学者的国际会议及培训资讯。

【会员管理】

2022年，协会有2274名个人会员，其中291名国际会员，团体会员309家，国际会员数量跻身世界前十。微信公众号的总用户量已经达到30197人（年度增长7724人）；微信公众号年度发布量为105篇。

协会持续提升个人会员服务质量。经协商，2022年新增秦始皇帝陵博物院为个人会员提供免费调研服务。秘书处定期向会员更新现有遗产地的开放政策变化情况。

【其他】

协会鼓励和邀请中国青年学者参与国内外遗产事务，推荐青年学者参加国际青年学者工作组（EPWG）组织的“《公约》50周年”庆祝活动和公开会议；邀请青年学者参加“真实性之旅（Journey to Authenticity）”问卷调研；推进中国青年学者工作组筹建；在公众号上设置“青年视角”专栏，定期发布青年学者主题学术成果；继续与首都师范大学、澳门旅游学院开展人才培养领域合作。

中国博物馆协会

【概述】

2022年，中国博物馆协会（简称“博协”）依据《中国博物馆协会章程》要求，按照经理事会批准的工作计划，紧密团结广大会员，积极学习宣传贯彻党的二十大精神，主动服务于党中央关于文物工作的决策部署和国家文物局的重点工作，顺应我国博物馆事业新的发展形势，在加强思想政治建设、改善会员服务、推动学术研究、促进行业发展等方面取得了可喜的进步。

【重点工作】

博协于2022年9月正式发布中国博物馆协会助力博物馆高质量发展三年行动计划（2022—2025）。为进一步贯彻落实党中央和国务院有关社会组织规范化建设的要求，加强秘书处人才队伍建设，协会第七届理事会审议批准了《中国博物馆协会秘书处人事管理办法》。新办法有助于协会秘书处科学设置部门岗位职责，新的薪酬管理体系在奖惩考核机制方面有所创新。协会与腾讯基金会正式签订协议，成立“齐行共进：博物馆纪念馆可持续发展与文化传播公益基金”，腾讯基金会预计在三年内资助协会4000万元，支持协会的相关业务工作。2022年是《中国博物馆》改为双月刊的第一年，编辑部基础建设得到了有效强化，编务会议制度持续完善，刊物内容质量持续提升，综合影响力继续提高。

经国家文物局批准，由中国博物馆协会、中国自然科学博物馆学会、郑州市人民政府共同主办的第九届中国博物馆及相关产品与技术博览会于2022年9月1—4日在郑州成功举办。以“新时代的博物馆：创新·发展·传承”为主题，博览会在规模、内容、社会反响等各方面都实现了新的突破，多项指标刷新创办以来最新纪录。2022年，是中国博物馆协会成立四十周年，协会策划了系列出版项目、主题展览、纪念影片以及座谈会。

克服疫情等不利因素，对外交流再创佳绩。国际博协布拉格大会期间，经国家文物局批准，博协提名并协助中国丝绸博物馆名誉馆长赵丰以最高票数当选国际博协执委会成员，提名并协助上海大学安来顺教授当选国际博协亚太地区联盟主席。

【会员和专委会工作】

2022年，协会共为145家单位办理单位会员入会，目前协会单位会员数为2254家；为599人办理个人会员，目前协会个人会员数为14863人。

2022年协会继续强化对专委会的规范化管理，并指导专委会加强工作规划。各专委会结合各自的宗旨、特色，全年举办了各种特色活动。

2022年是协会资助专委会项目的第5年，协会共批准7个专委会申请的7个项目。

为提高秘书处和34个专业委员会的工作管理效率，规范工作流程，协会完成了OA办公系统的开发、制作和调试，并于2022年7月正式启用。

【宣传工作】

协会官方网站全年发布文章400篇，网站全年总点击量达4.1万。协会微信公众号发布文章156篇，全年阅读总人数38.2万人，总阅读次数51.9万次，总分享次数3.4万次。微信公众号关注人数75159人。

【培训工作】

为进一步拓展会员服务内容，提升会员服务水平，通过积极调研和筹划，中国博物馆协会进行官方网站的功能扩容，完成专业培训系统的开发和调试工作。藏品保护专委会率先通过系统成功举办“2022年中国文物保护青年人才培训班”。

【其他】

根据国家文物局党组的统一部署，2022年7月4日至8月31日，国家文物局党组第二巡视组对协会党支部开展巡视“回头看”。对此，协会高度重视，提高政治站位，认真学习领会会议精神，梳理存在问题，细化整改措施，明确整改牵头领导和整改时限，确保巡视整改到位彻底。截至目前，针对局党组巡视反馈整理的6项短期整改项目均已完成，16项长期整改项目取得了阶段性进展。

纪事篇

1月

1月3日　中共北京市委宣传部、中共北京市委统战部、中国政协文史馆共同主办的“百川归海　人民至上——香山时期中国共产党领导的协商建国实践专题展览”开幕。

1月6日　2022年全国文化和旅游厅局长会议以电视电话会议形式在北京召开。

1月7日　中国国家图书馆发布清宫古籍“天禄琳琅”修复项目重大成果。
湖北省文物考古研究院盘龙城工作站在盘龙城遗址博物院正式揭牌成立。

1月8日　中国政府援缅甸蒲甘他冰瑜佛塔修复项目启动仪式在蒲甘举行。
由中央宣传部指导，中央广播电视总台、国家文物局、中国社会科学院联合摄制的国内首档考古空间探秘类文化节目《中国考古大会》第七期在央视综合频道播出。

1月10日　文化和旅游部副部长、国家文物局局长李群一行赴中国社会科学院考古研究所调研。

1月11日　国家文物局召开党史学习教育总结会议。
《国家文物局职能配置、内设机构和人员编制规定》正式施行。

1月13日　国家文物局在北京召开“考古中国”重大项目重要进展工作会，通报切热遗址、玛不错遗址、格布赛鲁遗址、当雄墓地的重要考古成果。
文化和旅游部副部长、国家文物局局长李群一行检查北京市文博单位疫情防控和文物安全工作。

1月15日　第三届中国文化遗产活化利用与可持续发展论坛以线上形式在北京举办，主题是“遗产地文化共享与科技创新”。
“文物保护领域科技评价研究国家文物局重点科研基地（北京化工大学）”揭牌仪式暨第一届学术委员会第一次会议举行。

1月17日　全国文物局长会议以电视电话会形式在北京召开。

1月19日　国务院批复同意将江西省抚州市列为国家历史文化名城。

1月19—20日　2021年度新疆文物考古成果汇报会以网络视频形式举行，总结新疆重要考古发现与文物保护成果。

1月20日　文化和旅游部副部长、国家文物局局长李群一行赴中国科学院古脊椎动物与古人类研究所调研。
国家文物局启动2022年度"弘扬中华优秀传统文化、培育社会主义核心价值观"主题展览项目征集推介工作。8月23日，公布推介主题展览100项，其中重点推介展览20项。

1月21日　国家文物局在北京召开2021年度文物好新闻推介暨媒体座谈会。

1月23日　国务院总理李克强签署国务院令，公布修订后的《中华人民共和国水下文物保护管理条例》，自4月1日起施行。

1月25日　由国家文物局指导，故宫博物院、中央广播电视总台联合29家博物馆举办的"何以中国"展在故宫文渊阁举行开幕式。

1月25—26日　中共中央政治局委员、全国人大常委会副委员长王晨赴国家文物局等单位就文物保护法实施情况开展专题调研。

1月26日　国务院办公厅同意调整完善非物质文化遗产保护工作部际联席会议制度。

1月29日　国家文物局印发《关于加强石刻文物拓印管理的通知》。

1月31日　中华人民共和国政府代表、文化和旅游部副部长、国家文物局局长李群以视频方式出席在法国巴黎卢浮宫举办的冲突地区遗产保护国际联盟第二届捐助方会议并致辞。
国家文物局与中央广播电视总台联合摄制的《古韵新春》特别节目在央视综合频道播出。

2月

2月5日　中国工艺美术馆、中国非物质文化遗产馆落成开馆暨"中华瑰宝——中国非物质文化遗产和工艺美术展"开幕式在北京举行。

2月8日　国家文物局发布2022年工作要点。

2月9日　安徽省人民政府办公厅印发《安徽省"十四五"文物保护和科技创新工作实施方案》。

2月10日　中国女足全体成员签名球衣入藏中国体育博物馆。

2月11日　国家文物局与教育部联合组织开展高校思想政治理论实践教学基地申报工作。
重庆市文化和旅游发展委员会印发《重庆市“十四五”文物保护和科技创新规划》。

2月14日　中国科协、科技部、中国科学院、中国工程院、人民日报社、新华通讯社、中央广播电视总台联合主办的“典赞·2021科普中国”揭晓盛典特别节目在中央电视台播出。国家文物局、北京市人民政府主办的“万年永宝：中国馆藏文物保护成果展”入选“2021年度十大科普作品”，国家文物局推荐的“大量科技应用助力三星堆考古新发现”入选“2021年度十大科普事件”，中国文化遗产研究院、洋洋兔编著的《时间的礼物·画给孩子的世界文化遗产》图书荣获“2021年度科普作品提名”。

2月15日　中共中央宣传部、文化和旅游部、国家文物局联合印发《关于学习贯彻习近平总书记重要讲话精神　全面加强历史文化遗产保护的通知》。
国家文物局公布文物系统全国石窟寺专项调查先进单位和优秀个人通报表扬名单。

2月16日　浙江省考古与文物保护基地在浙江杭州正式开工。

2月17日　由上海市委宣传部、市教卫工作党委、市教委、市文明办、市文物局指导，中共一大纪念馆、上海市青少年学生校外活动联席会议办公室主办的“百物进百校，百讲证百年”活动第二批藏品发布会在上海中心大厦举行。

2月17—19日　文化和旅游部副部长、国家文物局局长李群一行赴河南省调研文物工作。

2月18日　文化和旅游部办公厅、教育部办公厅、国家文物局办公室联合印发《关于利用文化和旅游资源、文物资源提升青少年精神素养的通知》。

2月22日　文化和旅游部召开人才工作座谈会。
中央礼品文物管理中心主办的“友好往来　命运与共——党和国家领导人外交活动礼品展”正式向公众开放。

2月22—25日　国家文物局党组成员、副局长胡冰一行赴云南督查指导文物保护利用改革工作。

2月24日 文化和旅游部副部长、国家文物局局长李群一行到中国华侨历史博物馆调研。

2月25日 国家文物局办公室印发《关于做好2021年度全国博物馆信息报送工作的通知》。

2月28日—3月2日 文化和旅游部副部长、国家文物局局长李群一行在上海调研文物工作，并出席上海国际文物艺术品交易中心揭牌仪式和长江口二号古船考古与文物保护项目启动仪式。

3月

3月1日 司法部、文化和旅游部、国家文物局有关同志就《中华人民共和国水下文物保护管理条例》修订答记者问。

3月3日 国务院批复同意建设赣州、闽西革命老区高质量发展示范区。

3月10日 国家文物局、北京大学“中华文明国家文物基因库”，国家文物局考古研究中心、北京大学考古文博学院“考古年代学联合实验室”揭牌仪式在北京大学举行。

3月11日 新疆维吾尔自治区人民政府办公厅印发《新疆维吾尔自治区“十四五”文物保护和科技创新规划》。

3月12日 宁夏回族自治区党委办公厅、政府办公厅联合印发《长城国家文化公园（宁夏段）建设保护规划》。

3月15日 国家文物局公布《国家考古遗址公园管理办法》。

3月18日 黑龙江省文化和旅游厅印发《黑龙江省“十四五”文物事业发展规划》。

3月22日 国家文物局召开全国文物系统疫情防控工作电视电话会议，传达学习习近平总书记关于疫情防控工作重要讲话精神，落实党中央、国务院决策部署，按照国务院联防联控机制电视电话会议要求，进一步部署文物系统疫情防控工作。

国家文物局和科技部会商研究进一步加强文物科技创新能力的措施。

3月24日　文化和旅游部副部长、国家文物局局长李群到国家对外文化贸易基地调研。

国家文物局指导、中国文物学会和中国文物报社主办的第三届（2021）全国革命文物保护利用十佳案例宣传推介活动结果揭晓。北京大学红楼保护展示工程等10个项目获评十佳案例，中共一大会址（含博文女校）保护修缮工程等10 个项目获评优秀案例。

3月25日　国家文物局召开2022年党的工作暨纪检工作会议。

国家文物局通报2021年度文物行政执法和安全监管工作情况。

世界自然遗产地贵州梵净山“金顶刻字案”一审宣判。贵州省江口县人民法院判决被告人陈某支付各项修复及赔偿费用共计123952.08元。

“兵马俑与古代中国——秦汉文明的遗产”展览在日本京都市美术馆开幕。此次展览是应日本中日新闻社邀请，经国家文物局批准，由陕西省文物局主办，陕西历史博物馆（陕西省文物交流中心）、秦始皇帝陵博物院与日本中日新闻社东京本社（东京新闻）共同承办。

3月28日　国务院批复同意将江西省九江市列为国家历史文化名城。

3月29日　国家文物局、中央广播电视总台、中央网信办共同组织开展“见证新时代——晒晒我们的新物件”主题活动。

3月30日　四川省文化和旅游厅、省文物局召开专题会议，研究加快创建三星堆国家文物保护利用示范区。

3月30—31日　中国文物报社、中国考古学会主办的2021年度全国十大考古新发现终评会以网络会议形式在北京举行。四川稻城皮洛遗址、河南南阳黄山遗址、湖南澧县鸡叫城遗址、山东滕州岗上遗址、四川广汉三星堆遗址祭祀区、湖北云梦郑家湖墓地、陕西西安江村大墓、甘肃武威唐代吐谷浑王族墓葬群、新疆尉犁克亚克库都克烽燧遗址、安徽凤阳明中都遗址获评2021年度全国十大考古新发现。

4月

4月1日　国家文物局副局长宋新潮一行调研协和医学院旧址文物保护工作。

“中国考古大讲堂”第二季水下考古系列正式开播。首场讲座由国家文物局考古研究中心副主任、研究员宋建忠主讲，题目是《水下考古与中国行动》。

4月2日　国家文物局印发关于进一步推进革命文物保护工程（2018—2022年）实施的通知。

4月3日　中共中央办公厅、国务院办公厅印发《关于推进新时代古籍工作的意见》。

4月5日　国家文物局与中央广播电视总台联合摄制的大型文化系列节目《古韵新声》清明节目在央视综合频道播出。

4月11日　国家文物局印发《文物安全防控“十四五”专项规划》。
国家文物局、国家林业和草原局共同组织开展“红色草原”推介活动。

4月13日　国家文物局印发《“十四五”考古工作专项规划》。

4月14日　青海省人民政府办公厅印发《青海省“十四五”文物事业发展规划》。
文化和旅游部副部长、国家文物局局长李群一行在北京调研文物保护工作。

4月15日　内蒙古自治区文化和旅游厅、自治区文物局联合印发《内蒙古自治区长城保护规划》。

4月16日　国家文物局、陕西省人民政府合作共建“世界一流考古机构”暨陕西考古博物馆开馆活动在陕西西安举行。陕西考古博物馆是全国首座考古学科专题博物馆，于4月28日面向公众开放。

4月18日　在国家文物局指导下，中国古迹遗址保护协会在北京组织召开2022年国际古迹遗址日主题活动暨“遗产和气候”学术研讨会，会上发布了《关于应对气候变化、促进文化遗产可持续发展的倡议书》。
中国考古学会与中国文物报社签订共同开展新时代百项考古新发现展示推介系列活动合作协议。

4月19日　国家文物局印发《关于推进文物火灾隐患整治和消防能力提升三年行动　加强安全生产工作的通知》。

4月24日　文化和旅游部副部长、国家文物局局长李群一行到新华社调研。

4月28日　中央宣传部、国家文物局联合印发《关于持续开展革命文物名录公布工作的通知》。
中共五大会址纪念馆主办“复兴路上　青春闪光——武汉庆祝中国共产主义青年团成立100周年专题展”。

4月29日　国家文物局召开全国文物行业安全工作电视电话会议。

4月29日—5月4日　四川广播电视台策划制作的六集考古纪录片《又见三星堆》在央视纪录频道播出。

5月

5月2日　中国共产党的优秀党员，忠诚的共产主义战士，著名文物专家，原文化部文物事业管理局顾问（正局级）、国家文物局离休干部谢辰生同志因病医治无效，在北京逝世，享年100岁。

5月3日　“北京大学考古百年、新中国考古专业教育七十年”纪念大会在北京举行。

5月5日　中共江苏省委宣传部、江苏省发展改革委、江苏省教育厅、江苏省科技厅、江苏省民政厅、江苏省财政厅、江苏省人力资源社会保障厅、江苏省文化和旅游厅、江苏省文物局联合出台《关于推进博物馆改革发展的实施意见》。

5月12日　文化和旅游部副部长、国家文物局局长李群一行到北京协和医学院九号院文物修缮现场调研。

5月17日　国家文物局与湖北省人民政府主办的第三届博物馆青年论坛在湖北省博物馆举办。

5月18日　国家文物局与湖北省人民政府主办的2022年国际博物馆日主会场活动以视频连线方式在国家文物局和湖北省博物馆开幕，主题是“博物馆的力量”。开幕式上，国家文物局发布了2021年度中国博物馆事业发展最新数据，正式启动了由国家文物局、中央文明办共同组织开展的全国博物馆志愿服务典型案例征集推介活动，公布了2022年度“最具创新力博物馆”和第十九届（2021年度）“全国博物馆十大陈列展览精品”“第三届全国博物馆学优秀学术成果”等推介结果。同时启动“首届全国博物馆志愿服务典型案例征集推介活动”“文明的相约——百万大学生走进博物馆”“漫步江城——开启长江文明之旅”等专题活动，主会场举办“龢：音乐的力量——中国早期乐器文化”展览和“博物馆的力量——潜力与能力”主题论坛、博物馆之夜“点亮江城”主题灯光秀等配套活动。
隋唐大运河文化博物馆开馆仪式在河南洛阳举办。

5月19日　国家文物局印发《关于进一步做好当前文物博物馆单位疫情防控工作的通知》。
温州市文物考古研究所举行挂牌仪式。

5月23日　国家文物局印发《关于鼓励和支持社会力量参与文物建筑保护利用的意见》。

5月25日　文化和旅游部党组理论学习中心组举行集体学习，重温毛泽东同志《在延安文艺座谈会上的讲话》（简称《讲话》）精神，深入学习习近平总书记关于文化和文艺工作重要论述，传达学习纪念毛泽东同志《讲话》发表80周年座谈会精神，围绕推动文艺事业繁荣发展、建设社会主义文化强国进行研讨交流。

5月27日　中共中央政治局就深化中华文明探源工程进行第三十九次集体学习。习近平总书记发表重要讲话，强调“中华文明源远流长、博大精深，是中华民族独特的精神标识，是当代中国文化的根基，是维系全世界华人的精神纽带，也是中国文化创新的宝藏”。
国家文物局印发《关于开展全国文物系统安全生产大检查工作的通知》。

5月31日　国家文物局党组召开专题理论学习会，学习贯彻习近平总书记在中共中央政治局第三十九次集体学习时的重要讲话精神，交流学习体会，研究贯彻落实加强中国文明历史研究、推进文物和文化遗产保护传承、深化和拓展中华文明探源工程举措。

6月

6月1日　在国家文物局专业指导和上海海事部门支持下，承担实施长江口二号古船整体迁移的主作业船“大力号”重整出海，标志着中国水下考古重大项目——长江口二号古船考古与文物保护项目全面恢复。
《河北省大运河文化遗产保护利用条例》正式施行。

6月2日　文化和旅游部、国家文物局联合印发《关于学习贯彻落实习近平总书记在中共中央政治局第三十九次集体学习时的重要讲话精神的通知》。

6月3日　国家文物局与中央广播电视总台联合摄制的大型文化系列节目《古韵新声》端午节目在央视综合频道播出。

6月6日　国家文物局印发《关于开展红色标语类革命文物专项调查的通知》。

6月7日　国家文物局办公室印发《"十四五"文物保护标准立项指南》。

6月8日　为喜迎党的二十大胜利召开，庆祝中国国家博物馆创建110周年，"人格的力量——中国共产党人的家国情怀"展览在中国国家博物馆开幕。

6月8—11日　文化和旅游部副部长、国家文物局局长李群一行赴河南、甘肃调研考古、文物保护利用与文物科技创新工作。

6月10日　湖北考古博物馆开馆仪式在湖北武汉举行。

国家文物局科技教育司、中国21世纪议程管理中心、甘肃省文物局共同主办的第二届"文物科技创新论坛"在甘肃兰州召开。

6月11日　2022年文化和自然遗产日主场城市活动在甘肃兰州举行，主题为"文物保护：时代共进　人民共享"。开幕式上，国家文物局、甘肃省人民政府签订共建敦煌研究院协议，通报表扬文物系统石窟寺专项调查先进单位和优秀个人，公布第四届"寻找最美文物安全守护人"推介名单，国家文物局、中央网信办联合公布2022年度中华文物全媒体传播精品（新媒体）推介项目和入围项目名单，国家文物局、新华社共同启动"中华文物新媒体传播精品平台"，甘肃省博物馆"木本水源——黄河流域史前文明展"揭幕。活动期间，"文物保护：时代共进　人民共享"主题论坛、第二届文物科技创新论坛、甘肃省博物馆扩建工程开工奠基仪式、"丹青记忆　守望家园——第九届中国文化遗产美术展"等系列活动相继举办。

在国家文物局支持下，中央广播电视总台央视综合频道《开讲啦》栏目推出文化和自然遗产日特别节目，国家文物局副局长关强受邀讲述"文化遗产保护与时代共进"的故事。

央视《焦点访谈》推出"让文物活起来"系列特别节目。

由国家文物局指导，中国文物保护基金会、腾讯公益慈善基金会主办的"云游长城"线上发布会在北京、深圳两地举办，"云游长城”系列公益成果正式上线。
景德镇古陶瓷基因库揭牌仪式在景德镇御窑博物院举行。

6月13日　三星堆遗址考古发掘阶段性成果新闻通气会在四川广汉三星堆博物馆举行。

6月15日　由甘肃省文化和旅游厅主管，敦煌研究院主办的文物保护科技期刊《石窟与土遗址保护研究》正式创刊发行。

6月15—17日　按照国务院安全生产委员会部署安排，国务院安全生产考核工作组第六组对国家文物局开展2021年度国务院安委会成员单位安全生产工作进行考核。文化和旅游部副部长、国家文物局局长李群与考核组进行座谈交流。

6月16日　三星堆考古研究团队宣布8号“祭祀坑”新发现的顶尊蛇身铜人像与1986年2号“祭祀坑”出土的青铜鸟脚人像残部拼对成功，专家将这件文物重新命名为鸟足曲身顶尊神像。

6月18日　中国宋庆龄基金会、陕西省文物交流协会、台湾中华翰维文化推广协会共同主办的2022年“临古开新　共书辉煌——西安碑林海峡两岸临书展”在台北文献馆树心会馆开幕。展览持续至7月3日，9—10月在台湾南投中台世界博物馆展出。

6月21日　文化和旅游部副部长、国家文物局局长李群访港期间，与香港特别行政区行政长官林郑月娥会面。

6月22日　香港故宫文化博物馆举行建成开馆仪式。

6月25日　由中国文物交流中心和中国国家图书馆（国家典籍博物馆）联合主办的“邂逅·美索不达米亚——叙利亚古代文物精品展”正式向公众开放，展览得到了叙利亚驻华使馆的大力支持。
中国文物学会召开第八届理事会第五次会议暨会员代表会议。

6月25—26日　“2022夏文化论坛——多学科视野下的夏文化探索”以线上线下结合的方式在河南禹州举办。

6月26日—7月1日　国家文物局在江西抚州举办2022年全国革命文物保护管理培训班。

6月29日—7月1日　国家文物局副局长关强一行赴河南省、湖北省专题调研，参加河南省文物考古研究院（新院）建设奠基活动等。

6月30日　财政部、国家文物局联合印发《文物事业单位财务制度》。

7月

7月1日　北京市委书记蔡奇带领新当选的十三届北京市委常委到中国共产党早期北京革命活动纪念馆，参观"光辉伟业　红色序章——北大红楼与中国共产党早期北京革命活动主题展"并重温入党誓词。

《重庆市红色资源保护传承规定》正式施行。

7月2日　为庆祝中国国家博物馆创建110周年，中国国家博物馆主办的"积厚流广——国家博物馆考古成果展"对外开放。

7月3日　香港故宫文化博物馆正式对公众开放，展出从故宫博物院藏品中精选出来的逾900件珍贵文物，其中包括166件国家一级文物。

7月4日　国家文物局党组召开第四轮巡视工作动员部署会。

中国第一历史档案馆新馆首次面向个人开放预约。

7月5日　在国家文物局的指导下，北京市文物局、天津市文物局、河北省文物局签订《全面加强京津冀长城协同保护利用的联合协定》，北京市密云区人民政府、河北省滦平县人民政府签订《边界长城保护合作协议》。

故宫博物院联合北京市文物局、北京博物馆学会、新华网共同推出的百集音频节目《藏品有话说》系列图书发布会在故宫博物院举行。

7月6日　北京文博发展智库成立仪式在线上举行。北京文博发展智库由北京市文物局发起组建，是联系文博界知名专家为首都文博事业咨政建言的重要平台。

良渚古城遗址唯一一处展示水利系统剖面结构的遗址点——老虎岭遗址公园正式面向公众开放。

7月6—9日　国家文物局副局长关强一行赴福建调研文物保护管理工作。

7月7—8日　文化和旅游部副部长、国家文物局局长李群一行赴河北调研文物工作。

7月8日　西藏博物馆新馆开馆。

7月9日 中国国家博物馆创建110周年座谈会在北京举行，会上宣读了习近平总书记给中国国家博物馆老专家的回信。中共中央政治局委员、中宣部部长黄坤明出席会议并讲话。中央宣传部、文化和旅游部、国家文物局、北京市相关单位负责同志和代表，国家博物馆老领导老专家及在职人员代表等近100人参加座谈会。

7月10日 在中意文化和旅游年重启与中国国家博物馆创建110周年之际，由中国国家博物馆、意大利文化部博物馆司、罗马国家博物馆和意大利驻华使馆共同主办的“意大利之源——古罗马文明展”在北京开幕。中共中央政治局委员、中宣部部长黄坤明出席开幕式，宣读习近平主席贺信并致辞。

7月12日 文化和旅游部、国家文物局召开学习习近平总书记给中国国家博物馆老专家回信精神座谈会，深入学习贯彻习近平总书记回信精神，学习贯彻中国国家博物馆创建110周年座谈会精神，研究探讨推进新时代博物馆工作。

7月13日 中共中央总书记、国家主席、中央军委主席习近平在新疆维吾尔自治区考察期间，参观新疆兵团军垦博物馆和新疆维吾尔自治区博物馆。

7月14日 中共中央总书记、国家主席、中央军委主席习近平考察交河故城，了解文化遗产保护利用等情况。

国家文物局与退役军人事务部战略合作协议签约仪式在香山革命纪念馆举行。

7月15日 国家文物局党组书记、局长李群以“以政治机关建设为统领　切实推进文物事业高质量发展”为题，为国家文物局机关和直属单位党员领导干部讲授专题党课。

中国文物学会和中国文物报社主办的2021年度全国文化遗产十佳图书推介活动终评会以视频会议形式在北京召开。评选出2021年度全国文化遗产十佳图书10种，优秀图书10种。

2022年中国古村镇保护与发展学术研讨会以线上线下相结合的方式召开。线下会议在福建福州。

2022年度数字故宫发布会在故宫博物院举行，展示故宫博物院数字文化产品研发的阶段性成果，进一步推动“数字故宫”体系建设。

7月15日—8月20日 由中央宣传部指导，中央广播电视总台、国家文物局、中国社会科学院联合摄制的国内首档考古空间探秘类文化节目《中国考古大会》重启，在央视综合频道播出第八期至第十三期。

7月18日　由中国文物报社、湖南省文物局和湖南师范大学联合主办的全国文博社会教育高端论坛暨红色资源保护利用法制理论研讨会在湖南长沙召开。

7月19日　上海市文物局印发《上海市“十四五”文物保护利用规划》。

7月22日　全国文物工作会议在北京召开。中共中央政治局常委、中央书记处书记王沪宁出席会议并讲话。会上，文化和旅游部副部长、国家文物局局长李群，山西省考古研究院文博研究馆员田建文、山东省宁阳县文物保护中心主任于勇、贵州省铜仁市周逸群烈士陈列馆讲解员赵春莉、中国丝绸博物馆技术部赵丰等4位受表彰的先进代表先后发言。

7月23日　中国国家版本馆举行落成典礼。中共中央政治局委员、中宣部部长黄坤明出席并讲话。

7月26日　郑州商都遗址博物院和郑州市文物考古研究院考古博物馆正式开馆。

7月27日　中共中央总书记、国家主席、中央军委主席习近平前往中国人民革命军事博物馆，参观“领航强军向复兴——新时代国防和军队建设成就展”。

7月29日　国家文物局党组召开会议，传达学习习近平总书记在省部级主要领导干部专题研讨班上的重要讲话精神，以及全国宣传部长电视电话会议精神。

由夏商周断代工程专家组编著、科学出版社出版发行的《夏商周断代工程报告》新书首发式暨专家研讨会在北京举办。

7月29日—8月2日　国家文物局副局长陆进一行赴云南调研文物保护利用工作。

7月30日　中国国家版本馆开馆暨展览开幕式在北京举行。中共中央政治局常委、中央书记处书记王沪宁出席并致辞。

8月

8月3日　庆祝殷墟申遗成功十六周年暨殷墟世界文化遗产司法保护基地揭牌仪式在河南安阳举办。

8月4日	国家文物局与中央广播电视总台联合摄制的大型文化系列节目《古韵新声》七夕节目在央视综合频道播出。 第八届中国文字发展论坛在北京举办，主题是“甲骨文等古文字及新出土文献研究”。
8月5日	三峡工程博物馆在湖北宜昌三峡坝区开馆。
8月7日	国家文物局、应急管理部消防救援局联合工作组赴万安桥火灾现场指导处置工作。
8月10日	中国国家博物馆主办的“片羽重辉——国家博物馆文保成果展”开幕。
8月11日—9月20日	国家文物局在全国文博网络学院举办“碑刻石刻文物拓印管理线上培训班”。
8月12日	国家文物局启动2022年度全国文物行政处罚案卷评查活动。
8月15日	侵华日军第七三一部队罪证陈列馆向社会公布《关东军化学部留守名簿》。这是我国首次公开关东军化学部成员信息，为开展日本化学战历史及战后影响研究提供了史料支持。
8月16日	中共中央总书记、国家主席、中央军委主席习近平在辽宁锦州考察期间，参观辽沈战役纪念馆，回顾东北解放战争历史和辽沈战役胜利进程。 最高人民法院、最高人民检察院、公安部、国家文物局联合公布《关于办理妨害文物管理等刑事案件若干问题的意见》。 国家文物局、中央广播电视总台共同打造的革命文物宣传传播工程《红色烙印——革命文物的故事》启播仪式在北京举行。 国家文物局考古研究中心、广东海上丝绸之路博物馆战略合作协议签约仪式暨中国水下考古活化利用研究院揭牌仪式在广东阳江举行。
8月17日	文化和旅游部举行新闻发布会，介绍第七届中国非物质文化遗产博览会相关情况。中国已有42项非遗项目入选联合国教科文组织非遗名录名册，总数位居世界第一。 国家文物局、国家林业和草原局联合公布第一批12处“红色草原”名单。
8月18日	中共中央宣传部、文化和旅游部、国家文物局联合印发《关于贯彻落实全国文物工作会议精神的通知》。

敦煌研究院、平山郁夫丝绸之路美术馆主办的“灿烂记忆：从美索不达米亚到犍陀罗——东方文明古国冶金术展”在敦煌研究院揭幕。

8月19日　由国家文物局指导，中国文化遗产研究院主办的“石窟寺保护学术研讨会”在四川安岳召开。

敦煌遗书数据库正式上线，这是敦煌研究院首次向全球发布目前收录最全的敦煌遗书资料。

中国文物报社、中国联通有限公司浙江省分公司共同策划的“博物馆与数字中国”主题研讨会暨国文云藏上线启动仪式在浙江杭州举办。

8月19—21日　文化和旅游部副部长、国家文物局局长李群一行赴重庆市、四川省调研文物保护利用工作。

8月20日　国家文物局、中央广播电视总台、中国社会科学院共同制作的考古空间探秘类文化节目《中国考古大会》收官。

“双奥之城·长城之约”2022北京长城文化节开幕。活动由北京市委宣传部主办，北京市文物局、密云区委区政府、市委网信办、市文旅局、市体育局承办，中国长城学会、中国新闻社、中国文物报社、北京建筑大学、北京长城沿线各区委宣传部和文旅局、中国东方演艺集团、北京古北水镇旅游有限公司协办。

8月22日　国家文物局办公室印发《关于加强考古勘探管理工作的通知》。

故宫博物院与中国外文出版发行事业局签署战略合作协议。

8月23日　香港特别行政区康乐及文化事务署与敦煌研究院联合主办的“敦煌：千载情缘的故事”展览在香港文化博物馆开幕。

8月24日　中共中央宣传部举行“中国这十年”系列主题新闻发布会第23场，文化和旅游部、国家文物局有关负责人介绍推动新时代文化和旅游高质量发展有关情况及取得的历史性成就。

8月24—26日　由国家文物局指导，中国考古学会、中国文物报社、广东省文化和旅游厅主办的“新时代考古发现与研究论坛”在广东广州召开。

8月25—29日　文化和旅游部、山东省人民政府共同主办的第七届中国非物质文化遗产博览会在山东济南举办，主题为“连接现代生活　绽放迷人光彩”。

8月29日 故宫博物院正式启动太和学者计划，面向国（境）外招收访问学者，同时选派故宫博物院学者赴国（境）外访学。

故宫博物院举办的“照见天地心——中国书房的意与象”展览开幕。

敦煌研究院与北京民生现代美术馆主办的“文明的印记——敦煌艺术大展”在北京开幕。

8月31日 中国博物馆协会成立四十周年座谈会在河南郑州召开。国家文物局党组副书记、副局长顾玉才等出席会议并讲话。

9月

9月1—4日 经国家文物局批准，由中国博物馆协会、中国自然科学博物馆学会、郑州市人民政府共同主办的第九届“中国博物馆及相关产品与技术博览会”在河南郑州开幕。主题为“新时代的博物馆：创新·发展·传承”。举会期间，举办了第二届国际博物馆青年论坛、“齐行共进——博物馆纪念馆文化传播与可持续发展公益基金”发布仪式、“喜迎二十大　强国复兴有我——青少年中华文物我来讲”博物馆志愿服务项目经验交流会、“繁星盈天——中国百年百大考古发现展”等多项活动。

9月2日 国家文物局召开全国文物建筑预防性保护试点工作推进会。

故宫博物院和北京师范大学战略合作协议签约仪式暨“中华优秀传统文化赋能教育发展——同上一堂课”活动在故宫举行。

9月2—14日 国家文物局在江西南昌举办文物进出境审核责任鉴定人员培训班。

9月3日 故宫博物院首部音乐儿童剧《角端》在中央歌剧院剧场上演。该剧由故宫博物院和艺瑞奇国际文化（北京）有限公司共同出品。

9月8日 北京市文物局主办的“2022北京·中国文物国际博览会”开幕。

漳州圣杯屿元代沉船遗址考古发掘工作在福建漳州正式启动。

9月11日 国家文物局与中央广播电视总台联合摄制的大型文化系列节目《古韵新声》中秋节目在央视综合频道播出。

9月14日 山西省文物局与山西省气象局签署战略合作协议。

9月16日 国家文物局在北京召开“考古中国”重大项目重要进展工作会，通报内蒙古呼和浩特清水河县后城咀石城遗址、山西兴县碧村遗址、河南偃师二里头遗址、郑州商都书院街商代墓地等4项重要考古成果。

9月18—24日　国家文物局主办的革命文物展览与展陈策划提升工作培训班在湖北武汉开班。

9月19日　国家文物局党组理论学习中心组专题学习习近平总书记在省部级主要领导干部专题研讨班上的重要讲话精神，结合文物工作进行研讨交流，明确贯彻落实举措，以实际行动迎接党的二十大胜利召开。

文化和旅游部、广西壮族自治区人民政府主办的“2022中国-东盟博览会旅游展”在广西桂林开幕。

9月19—23日　国家文物局举办的“2022年度全国非国有博物馆馆长培训班”在北京开班。

9月20日　政协第十三届全国委员会优秀提案和先进承办单位表彰会在北京召开。国家文物局获评先进承办单位，6件聚焦文物保护利用和文化遗产保护传承的提案获评优秀提案。

国家文物局与中国侨联在北京签署《关于加强涉侨文物保护利用合作协议》。

9月22日　国家文物局、陕西省人民政府合作共建汉长安城国家大遗址保护特区联席会议在陕西西安召开。文化和旅游部副部长、国家文物局局长李群，陕西省省长赵一德出席并讲话。

9月23日　故宫博物院与澳门特别行政区政府文化局共同主办的“阅世遗情——澳门艺术博物馆藏濠江风物建筑绘画展”在故宫博物院开幕。

9月24—27日　国家文物局副局长关强一行赴内蒙古、辽宁调研文物考古工作。

9月26日　中国文化和旅游部副部长、国家文物局局长李群与叙利亚驻华大使穆罕默德·哈桑内·卡达姆分别代表中国国家文物局与叙利亚文化部，在中国国家图书馆签署《关于协同开展“亚洲文化遗产保护行动”的联合声明》。

故宫博物院举办“万方雅韵——驻华外交官故宫音乐交流会”。

2022中国（曲阜）国际孔子文化节暨第八届尼山世界文明论坛——尼山文物论坛在山东曲阜举行。

9月27日　中共中央总书记、国家主席、中央军委主席习近平前往北京展览馆，参观“奋进新时代”主题成就展。

9月28日　全国政协第三十九次重点关切问题情况通报会在全国政协机关召开，主题是“推进大遗址保护和利用”。全国政协副主席刘奇葆出席会议。国家文物局副局长解冰等人汇报相关情况。

国家文物局在北京召开“考古中国”重大项目发布会，通报2022年第一至第三季度考古工作重要进展情况。

文化和旅游部恭王府博物馆与中国宋庆龄青少年科技文化交流中心合作框架协议签约仪式在北京举行。

“和合共生——故宫·国博藏文物联展”开幕式暨故宫·国博·中国银行战略合作协议签约仪式在中国国家博物馆举行。文化和旅游部党组书记、部长胡和平出席并宣布展览开幕。

9月30日　文化和旅游部副部长、国家文物局局长李群一行检查北京文博单位疫情防控和文物安全工作。

10月

10月1日　国家文物局与中央广播电视总台联合摄制的大型文化节目《中国国宝大会》第二季在央视财经频道播出。

中央广播电视总台推出《中国梦·祖国颂——2022国庆特别节目》，以国家文物局考古研究中心成员为代表的文物考古工作团队参与节目录制，汇报最新文物工作成果。

《上海市浦东新区文物艺术品交易若干规定》正式施行。

《北京中轴线文化遗产保护条例》正式施行。

10月6日　四川省通济堰、江苏省兴化垛田、浙江省松阳松古灌区、江西省崇义上堡梯田入选2022年度（第九批）世界灌溉工程遗产名录。

10月10日　国家文物局直属机关工会主办的“喜迎二十大　奋进新征程”国家文物局系统书画摄影作品展在北京开幕。

10月13日　国家文物局党组召开扩大会议，传达学习党的十九届七中全会精神，研究贯彻落实意见。

国家文物局印发《国家文物局重点科研基地运行评估规则》。

由国家文物局指导，中国文化遗产研究院主办的“新时代文物保护利用主要成果展”在北京开幕。

10月16日　中国共产党第二十次全国代表大会开幕，习近平总书记代表第十九届中央委员会作报告。全国文物工作者一致表示，习近平总书记的报告思想深刻、内涵丰富、凝聚人心、催人奋进，极大增强了推动文物事业高质量发展的信心和决心，要奋发有为，以文物事业新成就增强实现中华民族伟大复兴的精神力量。

10月17—19日　国家文物局副局长关强一行赴云南调研考古工作。

10月24日　国家文物局党组召开党组会，专题传达学习党的二十大和党的二十届一中全会精神，研究部署学习宣传贯彻举措。文化和旅游部副部长、国家文物局党组书记、局长李群主持会议并讲话，局党组副书记、副局长顾玉才，局党组成员、副局长关强、陆进、解冰出席会议并交流发言。

10月27日　习近平在陕西延安考察期间，参观中共七大会址、毛泽东等老一辈革命家旧居和延安革命纪念馆。

第10次东盟-中日韩文化部长会议及第6次中国-东盟文化部长会议以视频方式召开，文化和旅游部副部长、国家文物局局长李群出席会议。

全国打击防范文物犯罪专项行动推进部署会在北京召开。

国家文物局召开《全国革命文物保护利用案例集（2022）》出版座谈会。

10月28日　习近平在河南安阳考察期间，参观红旗渠纪念馆、殷墟博物馆和殷墟遗址。

国家文物局与国家广播电视总局联合出品的网络音频节目《见证新时代·新物心声》启动仪式在中国共产党历史展览馆举行。

10月29日　由国家文物局指导、北京市文物局主办的2022北京公众考古季开幕式活动在圆明园启动，文化和旅游部副部长、国家文物局局长李群，北京市副市长谈绪祥出席活动并为新组建的北京市考古研究院揭牌。

10月30日　十三届全国人大常委会第三十七次会议表决通过《中华人民共和国黄河保护法》，自2023年4月1日起施行。

10月31日　文化和旅游部举办党的二十大精神宣讲报告暨学习班开班动员会。

国家文物局党组召开扩大会议，传达学习习近平总书记在陕西延安和河南安阳考察时的重要讲话精神，研究贯彻落实意见。

11月

11月1—2日　巴基斯坦伊斯兰共和国总理夏巴兹·谢里夫应邀访华，其间中国和巴基斯坦签署《中华人民共和国政府和巴基斯坦伊斯兰共和国政府关于防止盗窃、盗掘和非法进出境文化财产的协定》。

11月3日　国家文物局、重庆市人民政府在重庆举办“中国革命纪念馆高质量发展峰会·2022”。峰会期间还举行了《见证新时代》新书发布暨赠书仪式，该书由国家文物局主编、南京出版传媒集团（南京出版社）出版。

11月5—6日　国家文物局副局长关强一行赴浙江调研文物考古工作。

11月7日　国家文物局召开青年干部学习党的二十大精神座谈会。文化和旅游部副部长、国家文物局局长李群出席会议并讲话。

11月8日　国家文物局印发《博物馆运行评估办法》《博物馆运行评估标准》。

2022年世界互联网大会在浙江乌镇举办，国家文物局推荐的“数字敦煌”项目入选“携手构建网络空间命运共同体精品案例”。

11月9日　在中国国务院总理李克强和柬埔寨首相洪森的共同见证下，文化和旅游部副部长、国家文物局局长李群与柬埔寨文化艺术大臣彭萨格娜分别代表两国政府在柬埔寨金边和平宫续签《中华人民共和国政府和柬埔寨王国政府关于防止盗窃、盗掘和非法进出境文化财产的协定》。

国家文物局和应急管理部消防救援局倡导各地文物部门要围绕全国消防日主题，加强文物消防工作，守护文物安全底线。

国家文物局与香港特别行政区政府发展局共同主办的“血浓于水：香港历史建筑中的家国情”展览在香港开幕。

首届粤港澳大湾区文物建筑高峰论坛在香港开幕。

11月10日　国务院总理李克强在柬埔寨首相洪森特别代表、副首相谢索帕拉陪同下，在柬埔寨暹粒参观中柬文化遗产交流合作30年成果展，并出席中国援柬吴哥古迹茶胶寺修复项目实体移交仪式。

国家文物局在北京召开“考古中国”重大项目重要进展工作会，专题通报河南安阳殷墟考古与甲骨文研究重要成果及新进展。

11月11日　文化和旅游部副部长、国家文物局局长李群率中国政府文物代表团，在柬埔寨金边应约会见柬埔寨副首相兼农业和农村发展委员会主席因蔡利。
全国政协在北京召开网络议政远程协商会，全国政协主席汪洋主持会议并讲话，强调要深入领会习近平总书记关于保护传承弘扬黄河文化的重要论述和中共二十大对建好用好国家文化公园的重要部署，从推进文化自信自强的高度认识建设黄河国家文化公园的重大意义，坚持以人民为中心，坚持以文化为引领，处理好国家属性和地方特色的关系，稳中求进、久久为功，把黄河国家文化公园打造成展现中华文明的重要标志，为全面建设社会主义现代化国家、全面推进中华民族伟大复兴凝聚精神力量。

11月13日　文化和旅游部副部长、国家文物局局长李群率中国政府文物代表团与尼泊尔文化、旅游与民航部常秘阿迪卡里，国家考古局局长高塔姆举行会谈。

11月14日　国家文物局主办，浙江省文物局、中国文物交流中心、宁波市文物局承办的2022年“打击非法贩运文化财产国际日”中国主场论坛在线举行。

11月15日　陶寺遗址博物馆主体工程实现封顶。

11月16日　文化和旅游部副部长、国家文物局局长李群与香港特别行政区政府发展局局长宁汉豪在香港签署《关于深化文化遗产领域交流与合作的框架协议书》。
中国文字博物馆续建工程和汉字公园对外开放。

11月16—17日　澳门特别行政区政府社会文化司与国家文物局主办的“海上丝绸之路”国际文化论坛在澳门举办。此论坛是国家文物局庆祝联合国教科文组织《保护世界文化和自然遗产公约》颁布50周年主场活动。论坛闭幕时发布了《关于海上丝绸之路保护与申报世界文化遗产的澳门倡议》。

11月18日　中共浙江省委宣传部、浙江省文化广电和旅游厅、宁波市人民政府主办的“2022海丝之路文化和旅游博览会”在浙江宁波开幕。

11月18—19日　由中华人民共和国科学技术部、文化和旅游部、国家文物局联合指导的“中欧文化遗产保护科技论坛——2022博物馆藏品保护研讨会”在故宫博物院举行，研讨会主题为“守护与创新——多领域合作创新支撑下的博物馆藏品保护与研究实践”。

11月21日　联合国教科文组织国际自然与文化遗产空间技术中心（HIST）与国

际古迹遗址理事会（ICOMOS）在线签署空间信息技术助力世界文化遗产保护的合作备忘录。

11月22日 文化和旅游部、国家文物局印发《支持贵州文化和旅游高质量发展的实施方案》。
国家文物局召开《文物建筑保护利用案例解读》发布交流会。
香港故宫文化博物馆宣布推出首届“香港故宫学生文化大使”计划，将招募共100名香港本地大专院校学生及中学生，通过故宫文化专题系列讲座、创意艺术活动、文物修复工作坊等一系列学习及实践活动，加深新一代对文物及博物馆专业的认识和兴趣，为香港培育未来文化艺术及博物馆专业人才。

11月25日 长江口二号古船顺利入坞，标志着长江口二号古船考古与文物保护整体打捞阶段任务圆满完成。

11月26日 北京市文物局、北京市公园管理中心主办的“北京纪念《保护世界文化和自然遗产公约》50周年主会场活动”在颐和园拉开帷幕，活动主题为“下一个50年：与发展共存的世界遗产”。

11月27日 首届仰韶论坛以线上形式举办，主题为“深化仰韶文化研究探索中华文明起源”。

11月28日 广西壮族自治区博物馆新馆开馆。

11月29日 中华文物交流协会会长李群与台湾佛光山文教基金会代表佛光山宗委会主席、佛光山住持心保和尚以视频连线方式，共同签署《关于文物交流合作的框架协议》。

11月30日 侵华日军南京大屠杀遇难同胞纪念馆举行2022年新征文物史料新闻发布会，包括侵华日军《阵中日志》、“荣第1644部队”相关照片等在内的重要文物史料入藏纪念馆。

12月

12月1日 文化和旅游部办公厅公布全国红色旅游融合发展试点单位名单。
中华司法研究会第二届会员代表大会暨第二届理事会第一次会议召开，决定成立中华司法研究会文物司法研究分会、文物司法研究分会专家委员会。

12月4日 第六届文明古国论坛部长级会议以线上和线下相结合的形式召开。文化和旅游部副部长、国家文物局局长李群出席并发言。

12月5日 国家文物局、中国宋庆龄基金会、陕西省文物局、澳门大学、国情教育（澳门）协会共同主办的“唐代壁画文化特展走进港澳校园活动”在澳门开幕。

12月7—8日 文化和旅游部副部长、国家文物局局长李群一行赴浙江调研文物保护利用工作。

12月8日 国家文物局、浙江省人民政府在杭州签署《关于加强浙江省文物保护利用战略合作协议》。这是国家文物局与浙江首次签订全方位战略合作协议。

12月12日 香港故宫文化博物馆举办捐赠典礼。该馆于开馆首年获12位香港本地知名收藏家和艺术家捐赠共1145件中国及世界文物艺术珍藏。

12月13日 四川·意大利文化遗产保护利用学术交流会在四川乐山举行。四川省文物系统与意大利中央文物修复院达成合作意向，双方计划依托乐山大佛石窟研究院联合共建乐山大佛保护研究中心，以乐山大佛保护研究为主要内容，共同开展石质文物保护研究、文化遗产学术研究、展览交流和研习活动等工作。

12月14日 成都文物考古研究院公布成都字库街遗址重要考古发现。成都首次发现秦代简牍文献，上有“成都”“西工师”等相关文字，是目前成都地区年代最早的简牍文献，包含行政管理制度、职官、历史地理等信息。

12月15—16日 保护和发展吴哥古迹国际协调委员会第29届全体大会暨第36届技术大会在柬埔寨暹粒举行。柬埔寨副首相兼议会联络与监察部大臣梅森安为保护吴哥古迹作出突出贡献的各国代表颁发勋章，中国文化遗产研究院的金昭宇、袁濛茜获柬埔寨王国骑士勋章。

12月16日 国家文物局公布第四批国家考古遗址公园名单和立项名单。

澳门艺术博物馆与故宫博物院主办的“贺岁迎祥——紫禁城里的春节文化展”在澳门艺术博物馆开幕。

12月17日 国家文物局与中央广播电视总台联合摄制的《中国国宝大会》第二季总决赛“何以中国”在央视财经频道播出。

文化和旅游部副部长、国家文物局局长李群在《人民日报》发表文章《加大文物保护力度》。

由上海市文化和旅游局（上海市文物局）指导，上海博物馆主办的“博物馆的力量：赋能城市未来——国际博物馆馆长对话”在上海博物馆举行，主题为“博物馆的力量：赋能城市未来”。

12月17—18日　中国考古学会、中国社会科学院考古研究所主办的第四届中国边疆考古论坛通过线上方式举行。

12月19日　文化和旅游部办公厅、国家文物局办公室联合印发《公共图书馆系统古籍类文物定级指南》。

12月20日　成都考古中心举行落成仪式。

由中华文物交流协会、社团法人中华翰维文化推广协会（台湾）共同主办的“第十一届海峡两岸文化遗产保护论坛”在线上举办。本次论坛在北京和台北分别设立会场，主题为“文化遗产与可持续发展”。

12月23日　2022年海上丝绸之路保护和联合申报世界文化遗产城市联盟联席会议成功举办。会议由国家文物局指导，广西壮族自治区文物局、北海市人民政府、海上丝绸之路保护和联合申报世界文化遗产城市联盟办公室（广州）联合主办，以线上线下相结合形式召开。

12月24日　中国考古学会、南京大学历史学院主办的第二届中国古代都城及城市考古新发现交流研讨会在南京大学开幕。

12月28日　国家文物局召开第四季度例行新闻发布会，发布文物火灾隐患整治和消防能力提升三年行动成果、打击防范文物犯罪专项行动情况、首届全国博物馆志愿服务典型案例征集推介活动、新修订发布的博物馆运行评估办法和标准实施举措、革命文物保护利用工程实施五年成果及新时代用好红色资源等。

12月28—29日　文化和旅游部副部长、国家文物局局长李群赴广东参加第十八届中国（深圳）国际文化产业博览交易会巡展，并赴广州调研文物保护利用工作。

12月29日　“金沙之光——古蜀文明展”在香港文物探知馆开幕。该展览是香港特区政府发展局与国家文物局签订《关于深化文化遗产领域交流与合作的框架协议书》后首个双方合作的大型国家级文物展览。

《重庆市大足石刻保护条例》经重庆市第五届人民代表大会常务委员会第三十九次会议修正通过。

12月30日　故宫博物院北院区项目开工动员会在北京举行。

国家文物局与中央广播电视总台联合摄制的文物纪录片《如果国宝会说话》跨年特别呈现在央视纪录频道开播。

附录

2022年全国各类文物机构数量构成情况

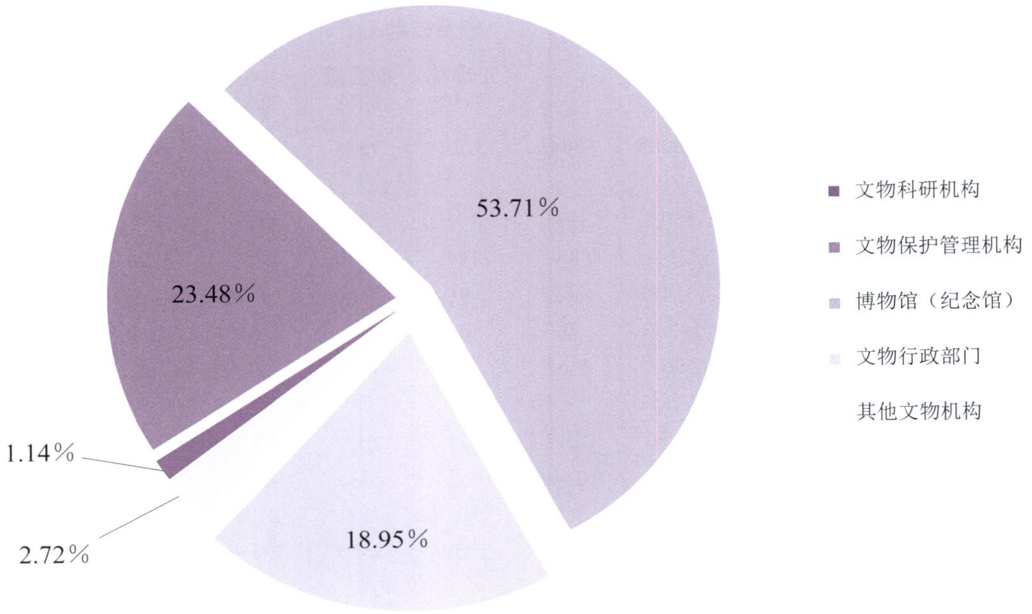

2022年全国文物系统各机构从业人员构成

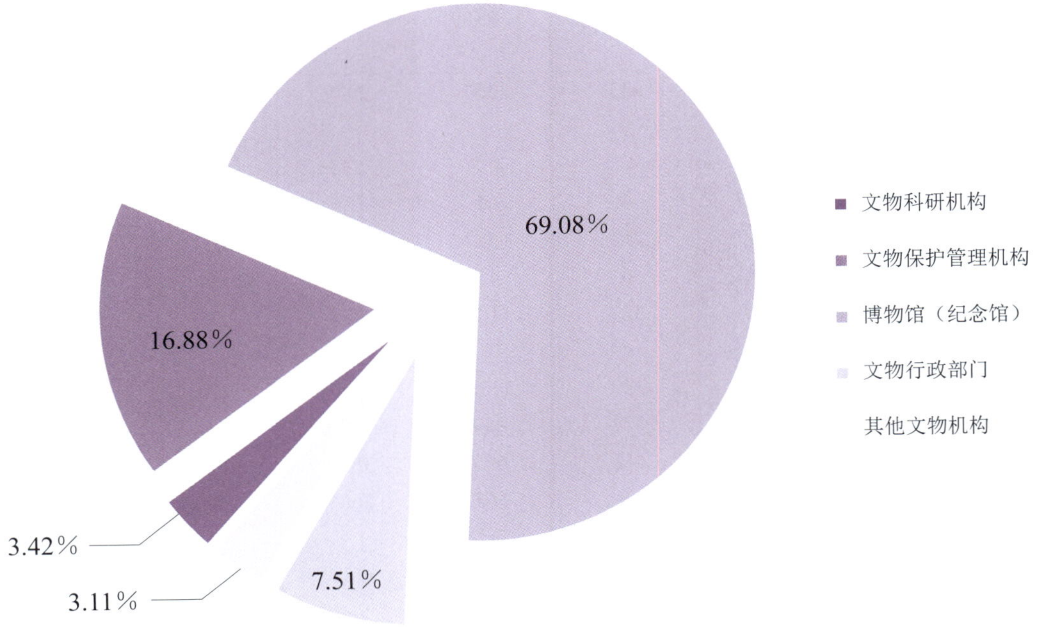

文物业基本情况

	机构数（个）	从业人员（人）						登记注册志愿者（人）
			专业技术人才				安全保卫人员	
				正高级职称	副高级职称	中级职称		
总　计	**11340**	**190288**	**58042**	**3222**	**9535**	**24129**	**38337**	**248501**
按单位类型分								
文物科研机构	129	6501	3193	351	703	1156	427	968
文物保护管理机构	2663	32131	8864	174	1240	3857	4704	12442
博物馆（纪念馆）	6091	131461	43623	2491	7146	18236	33071	234880
文物行政部门	2149	14286	0	0	0	0	0	0
其他文物机构	308	5909	2362	206	446	880	135	211
按隶属关系分								
中　央	13	3674	2268	297	612	1009	461	2241
省区市	310	22543	10346	962	2337	4088	3392	27897
地　市	1803	54731	18884	913	3231	8175	11350	87148
县市区	9214	109340	26544	1050	3355	10857	23134	131215
按部门分								
文物部门	8873	155313	49107	2360	8035	20711	30769	189221
其他部门	2467	34975	8935	862	1500	3418	7568	59280

	本年修复藏品数（件／套）				基本陈列（个）	临时展览（个）
		一级品	二级品	三级品		
总　计	**97033**	**633**	**3257**	**9079**	**17399**	**14958**
按单位类型分						
文物科研机构	38203	47	458	535	28	48
文物保护管理机构	14445	4	65	285	660	323
博物馆（纪念馆）	40120	253	1587	7430	16711	14587
文物行政部门	2396	6	45	709	0	0
其他文物机构	1869	323	1102	120	0	0
按隶属关系分						
中　央	3269	329	1178	98	50	90
省区市	21793	122	889	2786	574	845
地　市	47317	112	683	3530	3714	4401
县市区	24654	70	507	2665	13061	9622
按部门分						
文物部门	92703	624	3146	8519	11239	11678
其他部门	4330	9	111	560	6160	3280

综合年报（一）

	文物藏品（件／套）			在藏品数中（件／套）		
				本年新增藏品		
	一级品	二级品	三级品		本年从有关部门接收文物数	本年藏品征集数
56304279	**101919**	**704243**	**3924181**	**926416**	**111146**	**348019**
1693953	1789	5019	29183	42757	862	22
1588643	8522	34164	151667	23039	3132	5901
46916129	87423	640095	3538136	621275	105670	257554
1570714	3889	19324	192267	17831	1406	11537
4534840	296	5641	12928	221514	76	73005
3452977	14983	329483	922790	16068	0	3114
16891024	40197	208335	1437984	172159	26046	112616
11120287	18818	81367	646987	206583	18389	70743
24839991	27921	85058	916420	531606	66711	161546
42909477	96107	688709	3831903	745372	107907	273494
13394802	5812	15534	92278	181044	3239	74525

参观人次（万人次）			门票销售总额（千元）	本年收入合计（千元）	
	未成年人参观人次	境外观众参观人次			财政拨款预算收入
63973.24	**16003.66**	**337.18**	**3331123**	**71012290**	**58922796**
360.44	66.19	2.65	34105	4743971	2787312
6564.86	956.68	21.71	1143455	9281695	7836219
57047.99	14980.82	312.79	2153563	34939987	29927725
0.00	0.00	0.00	0	18227729	17732725
0.00	0.00	0.00	0	3818908	638815
582.13	78.13	2.94	178217	2266155	1480872
4723.64	1024.34	44.55	534541	13508706	10180813
18430.81	4036.47	102.65	884758	22371924	20045508
40236.66	10864.72	187.04	1733607	32865505	27215603
52109.06	13225.10	279.51	2640247	63889942	54439781
11864.31	2778.73	57.71	690876	7122348	4483015

文物业基本情况

	本年收入合计（千元）					本年支出		
	上级补助收入	事业预算收入	经营收入	附属单位上缴收入	其他收入		基本支出	项目支出
总　计	**1100813**	**3828994**	**1995329**	**9026**	**5155332**	**76832806**	**25556989**	**38788834**
按单位类型分								
文物科研机构	35886	1526448	147364	0	246961	6626641	1120280	3296680
文物保护管理机构	249825	691291	126037	1040	377283	10762841	4877503	4979191
博物馆（纪念馆）	813672	1358904	1402919	7986	1428781	38103289	16243708	17935896
文物行政部门	0	0	0	0	495004	17837227	2736947	12187910
其他文物机构	1430	252351	319009	0	2607303	3502808	578551	389157
按隶属关系分								
中　央	0	488894	69044	0	227345	2231909	1192421	928088
省区市	26203	2161020	343444	159	797067	14938278	4031262	7799954
地　市	183928	534549	417778	225	1189936	23123170	7809738	14270688
县市区	890682	644531	1165063	8642	2940984	36539449	12523568	15790104
按部门分								
文物部门	787322	3674057	960197	5241	4023344	67104617	21457454	35905745
其他部门	313491	154937	1035132	3785	1131988	9728189	4099535	2883089

	本年支出合计（千元）			
	在支出合计中			
	对个人和家庭补助支出		其他资本性支出	
		抚恤金和生活补助		各种设备、交通工具、图书购置费
总　计	**1223311**	**226653**	**7744503**	**941170**
按单位类型分				
文物科研机构	52737	6663	369883	80833
文物保护管理机构	276261	88634	843720	67925
博物馆（纪念馆）	669373	85058	3781989	709517
文物行政部门	207120	43427	2673735	64883
其他文物机构	17820	2871	75176	18012
按隶属关系分				
中　央	32428	4150	135445	63742
省区市	256622	37223	1373546	314285
地　市	616821	118728	2963542	377016
县市区	317440	66552	3271970	186127
按部门分				
文物部门	1034990	140104	7244401	852607
其他部门	188321	86549	500102	88563

综合年报（二）

合计（千元）						
经营支出	在支出合计中					
	工资福利支出	商品和服务支出				
			差旅费	劳务费	福利费	各种税金支出
1609601	**21127124**	**22997199**	**295877**	**2913362**	**202570**	**233598**
71840	788210	2720793	92433	857422	7557	85355
169315	3399587	2614423	20952	357145	34686	13685
1242572	12434093	12753024	129691	1368473	135259	102919
0	4128326	4351439	37823	184619	19982	15593
125874	376908	557520	14978	145703	5086	16046
70	830406	1090350	14946	132195	4316	20585
127904	3207190	5655159	136540	796203	42968	89043
338167	6084778	7461352	59852	1276017	72310	53824
1143460	11004750	8790338	84539	708947	82976	70146
834318	18293799	20932394	274320	2730154	169925	190173
775283	2833325	2064805	21557	183208	32645	43425

资产总计（千元）		实际使用房屋建筑面积（万平方米）			实际拥有产权面积（万平方米）
	固定资产原值		展览用房	文物库房	
577651747	**402026623**	**5195.16**	**1810.52**	**285.77**	**3021.35**
7145459	1279596	51.06	11.12	0.00	20.80
162394138	148895565	1325.71	102.59	17.81	351.98
368650737	242519981	3668.23	1680.63	263.93	2532.87
19060420	6824755	111.21	0.00	0.00	82.21
20400993	2506726	39.17	16.34	4.08	33.43
6843799	2740780	58.02	11.76	6.93	60.34
47899784	21044429	374.71	131.30	46.18	238.07
76224777	40174046	1110.27	471.34	76.62	727.82
446683387	338067368	3652.16	1196.12	156.04	1995.12
398903544	266913206	4064.27	1273.34	214.95	2189.97
178748203	135113417	1131.05	537.43	70.88	831.43

全国各地区文物业

	机构数（个）	从业人员（人）						登记注册志愿者（人）
			专业技术人才				安全保卫人员	
				正高级职称	副高级职称	中级职称		
总　计	**11340**	**190288**	**58042**	**3222**	**9535**	**24129**	**38337**	**248501**
中　央	13	3674	2268	297	612	1009	461	2241
北　京	198	7479	2283	179	381	717	1341	4420
天　津	121	1781	796	54	123	332	270	4254
河　北	537	9187	2309	137	506	913	2051	4734
山　西	411	9618	2339	84	285	944	1504	5452
内蒙古	259	4131	1578	88	324	660	868	1946
辽　宁	142	3759	1349	62	203	652	608	3303
吉　林	167	2500	1155	91	265	431	386	2071
黑龙江	373	2988	1199	83	297	504	667	3663
上　海	176	5153	2233	90	286	903	638	11456
江　苏	518	9077	3056	208	554	1319	2213	24028
浙　江	624	13008	3444	221	607	1359	2437	25577
安　徽	314	3969	1475	62	196	594	930	3966
福　建	206	3262	1206	77	219	408	832	6900
江　西	277	4835	1537	85	223	700	1221	11252
山　东	838	14316	4540	219	742	2092	2861	12622
河　南	722	12080	3238	168	465	1327	2756	18178
湖　北	349	6397	2301	120	298	1149	1452	12427
湖　南	347	6267	1597	84	269	678	1156	11291
广　东	505	8603	2721	115	316	1209	1813	25383
广　西	311	4002	1428	70	216	595	880	4281
海　南	79	1136	320	9	37	96	292	614
重　庆	217	3713	1210	81	224	508	974	12386
四　川	618	10226	2648	111	331	1028	2291	7320
贵　州	240	3310	848	38	119	291	573	3319
云　南	441	3433	1800	74	451	829	687	3971
西　藏	748	3622	243	10	25	74	401	206
陕　西	655	16805	3532	183	456	1422	3160	8098
甘　肃	393	7145	1955	64	318	808	1369	7628
青　海	107	673	224	11	39	96	126	174
宁　夏	115	1333	440	22	74	190	359	1380
新　疆	185	2222	547	24	65	225	638	1152
新疆兵团	134	584	223	1	9	67	122	2808

基本情况（一）

藏品（件／套）				在藏品数中（件／套）			本年修复藏品数（件／套）			
	一级品	二级品	三级品	本年新增藏品数				一级品	二级品	三级品
					本年从有关部门接收文物数	本年藏品征集数				
56304279	**101919**	**704243**	**3924181**	**926416**	**111146**	**348019**	**97033**	**633**	**3257**	**9079**
3452977	14983	329483	922790	16068	0	3114	3269	329	1178	98
3001337	3787	13901	406850	102160	37648	44559	582	24	22	29
1118707	1051	5473	135091	5298	166	1332	538	10	29	129
615894	1499	13759	46899	17854	639	4601	915	4	40	190
1900887	4576	9879	67098	14906	3307	7352	5450	65	76	1220
1399201	2230	6098	11867	25865	1377	1826	1089	0	77	107
1543800	4712	30280	295502	18101	1359	11924	666	6	64	275
873794	597	6309	31668	2266	149	1352	134	0	0	4
929449	2208	5535	47708	9265	1445	6086	558	0	0	220
6265512	3341	43548	188269	25386	219	21257	368	2	20	53
2491512	3886	21467	299372	33784	2262	22424	5697	26	50	355
1808443	2233	10994	84561	35943	2819	15603	2532	6	36	224
971845	6860	31879	77802	6673	379	1217	1041	12	45	497
763671	1099	2984	103511	9412	397	6724	234	0	65	76
726436	1668	5994	58184	46568	822	6316	2163	14	266	455
5068598	6015	14987	110693	99683	16193	64810	13508	9	186	1318
2421621	2634	17403	241117	32240	1368	7004	4473	8	40	419
2692717	3658	10157	128796	10051	611	4590	19515	45	366	1127
989099	4014	9760	90012	38554	26417	10562	5064	13	20	239
3127747	2010	16490	71373	204148	2840	43959	1308	0	12	11
506917	343	5645	43429	8478	526	7357	4271	0	53	116
200627	184	777	3275	2629	181	1075	104	2	10	75
814535	1263	2811	30457	12985	798	6743	1763	0	34	232
4952437	4227	7904	106834	45379	1912	26605	10662	4	77	314
317615	617	2004	7044	4859	367	4362	517	0	7	30
1776505	1095	2397	20381	60107	1239	3888	2443	7	92	515
426071	6907	40671	84044	1496	267	261	59	1	26	25
3511364	7652	15768	84948	19327	3289	2682	5294	15	195	374
813337	4542	12731	105845	13117	1947	5158	1748	25	124	303
96783	711	1516	3434	46	2	28	217	1	6	10
408131	370	3847	8784	1112	107	870	204	1	14	0
248527	886	1725	6398	1413	89	1203	646	4	27	38
68183	61	67	145	1243	5	1175	1	0	0	1

全国各地区文物业

	基本陈列（个）	临时展览（个）	参观人次（万人次）			门票销售总额（千元）	本年收入	
				未成年人参观人次	境外观众参观人次			财政拨款预算收入
总　计	**17399**	**14958**	**63973.24**	**16003.66**	**337.18**	**3331123**	**71012290**	**58922796**
中　央	50	90	582.13	78.13	2.94	178217	2266155	1480872
北　京	287	196	1102.52	224.37	6.28	87501	4395331	2500413
天　津	219	185	337.85	102.58	0.91	4850	627334	487353
河　北	489	474	1769.09	458.10	0.09	103146	1674751	1505896
山　西	412	184	1223.24	254.42	7.39	77650	3887363	3693516
内蒙古	478	186	582.19	147.28	0.14	1081	925035	893779
辽　宁	226	195	778.07	160.03	0.51	48284	1064321	1002394
吉　林	250	317	348.35	87.51	20.72	12460	504656	468173
黑龙江	427	447	988.46	185.17	0.66	380	719932	564946
上　海	353	310	788.37	168.25	21.74	59204	3840008	2884214
江　苏	1044	1050	5526.18	1318.86	59.33	94964	3680321	3119019
浙　江	1328	1411	4516.80	1128.53	41.31	179645	6321511	4889267
安　徽	669	650	1524.26	366.84	16.91	5527	1056264	911065
福　建	415	787	1604.81	443.29	4.45	4243	905398	782350
江　西	639	705	3421.54	1098.99	2.31	71020	1340485	1187022
山　东	2289	1228	4902.01	1416.81	11.41	266147	3525952	2429270
河　南	919	770	4795.70	1209.57	24.28	128717	3237912	2441223
湖　北	795	504	2876.16	792.57	20.99	336121	2001343	1582126
湖　南	434	632	7502.75	2293.63	32.54	30222	1777426	1527627
广　东	1019	1403	3039.11	740.24	14.30	53075	4527166	4246413
广　西	344	229	1410.61	390.30	2.89	159673	1528658	1383555
海　南	142	93	254.99	50.32	1.25	3500	262100	244272
重　庆	345	431	1695.26	396.09	5.44	47678	1080400	935294
四　川	802	588	4275.88	938.72	5.81	785492	2712569	2481786
贵　州	270	218	1162.20	227.37	9.67	2029	3306961	3220590
云　南	703	417	1008.57	233.30	7.29	4740	1498468	1117926
西　藏	41	6	421.80	9.45	0.18	86051	848385	613759
陕　西	827	417	2397.58	375.27	7.83	402662	6582900	5917456
甘　肃	571	596	2066.23	460.52	4.50	87837	2260330	1985489
青　海	67	18	47.22	10.26	0.95	0	449181	385253
宁　夏	156	82	411.55	77.07	0.14	8407	271502	222630
新　疆	179	122	450.14	128.18	1.38	600	1639046	1576669
新疆兵团	210	17	161.62	31.64	0.64	0	293126	241179

基本情况（二）

合计（千元）					本年支出合计（千元）			
上级补助收入	事业收入	经营收入	附属单位上缴收入	其他收入		基本支出	项目支出	经营支出
1100813	**3828994**	**1995329**	**9026**	**5155332**	**76832806**	**25556989**	**38788834**	**1609601**
0	488894	69044	0	227345	2231909	1192421	928088	70
26214	240826	120163	0	1507715	4325871	1726651	1341610	22719
778	22305	90472	162	26264	654003	252133	274564	85899
80	55505	22231	0	91039	1732520	880927	803153	41027
29857	36412	74729	0	52849	3886370	826076	2785568	63324
10522	6439	3284	0	11011	957110	374928	486340	7888
37491	14286	3622	0	6528	1045649	461532	527027	2546
2912	13386	3618	0	16567	613620	192214	389597	5772
136933	9878	2158	0	6017	714652	249479	456200	2190
12216	578004	113544	0	252030	3972225	1148253	2559533	25099
57817	88025	169176	0	246284	4009274	1850861	1879947	68219
62483	347090	91528	800	930343	6346958	2064423	3862439	108809
36416	74270	6289	2528	25696	1079162	438120	574863	15185
19484	5363	15256	350	82595	916033	360133	519855	24021
56762	17346	19985	290	59080	1316455	481583	750241	14369
9746	228416	443700	3249	411571	4158924	1511714	1702691	359618
35114	482910	165720	0	112945	3246501	1086192	1910950	91794
64475	179955	99235	94	75458	2149926	749532	1158642	75330
39545	88839	18478	0	102937	1723891	688763	780807	16747
47855	54007	38579	0	140312	4464353	1643369	2494161	74040
17160	13690	86332	185	27736	1521326	426156	1051347	15475
5016	5491	1875	0	5446	246415	74520	164316	2325
7996	107988	14342	70	14710	1068470	383146	635559	7980
43086	97702	39961	19	50015	2756280	921792	1724898	37504
34241	38183	2858	110	10979	5554501	386632	343692	7993
110044	144877	10145	880	114596	1359715	771259	528891	14835
6238	43219	43386	150	141633	1608122	1293038	221766	26415
64201	175976	203477	0	221790	7162152	1797751	4626918	369327
93584	125058	5085	129	50985	2304236	865427	1220066	7298
1619	31921	0	0	30388	417720	81482	288656	10
5898	3151	16987	10	22826	1314601	133137	126255	14922
15075	4581	70	0	42651	1662967	200433	1447652	795
9955	5001	0	0	36991	310895	42912	222542	56

全国各地区文物业

	本年支出							
	在支出							
	工资福利支出	商品和服务支出					对个人和家庭补助支出	
			差旅费	劳务费	福利费	各种税金支出		抚恤金和生活补助
总　计	**21127124**	**22997199**	**295877**	**2913362**	**202570**	**233598**	**1223311**	**226653**
中　央	830406	1090350	14946	132195	4316	20585	32428	4150
北　京	1015513	1268757	1445	26879	12218	22932	35304	6104
天　津	246377	196376	745	5782	2876	1401	10310	1022
河　北	711210	672898	7757	122879	8444	8211	110465	7707
山　西	678454	1195962	10976	138435	8267	8187	55591	8959
内蒙古	297008	275652	5440	37451	1652	824	11513	1413
辽　宁	344938	462979	6504	96592	1345	6371	42575	9037
吉　林	178654	196603	6930	25804	2431	452	9854	1736
黑龙江	193203	168676	2026	23876	1995	297	15542	875
上　海	898438	1804002	2003	16350	11700	5540	18894	5313
江　苏	1416132	1725729	14754	304665	10541	2590	93018	6814
浙　江	1424783	2278472	16367	237754	51128	6378	87086	10029
安　徽	313946	410379	6971	47294	2701	509	25808	3236
福　建	258666	360568	5067	53393	1115	615	20333	3504
江　西	369160	515648	10076	53506	4573	1066	11520	1795
山　东	1181758	1281644	23792	144589	12495	32256	176699	77610
河　南	767112	1043631	11667	393541	6484	33746	44185	7854
湖　北	571313	782901	13762	144280	8146	9217	32340	2648
湖　南	483983	597554	14960	77562	5597	1130	34589	5137
广　东	1119508	1620212	11333	65114	8892	14811	147634	8215
广　西	341891	498731	12614	26560	908	5615	19832	5564
海　南	58490	116451	1450	23223	359	67	1174	351
重　庆	307413	461435	10780	92672	2353	4923	19736	7269
四　川	788371	1204997	25936	158164	6794	6246	50483	12593
贵　州	2980358	212523	6523	74515	1484	120	15203	3717
云　南	557960	232518	7763	44995	2777	1530	5102	1030
西　藏	342248	62658	2336	2185	191	10	3263	1346
陕　西	1467659	1286505	17096	193502	12878	25923	30099	9289
甘　肃	598623	518922	12075	77851	5758	6026	38721	7555
青　海	71152	104520	1088	10546	163	1248	4506	554
宁　夏	120064	105633	2224	18605	106	933	3027	168
新　疆	163495	205063	6870	38598	1650	3817	14527	3302
新疆兵团	28838	38250	1601	4005	233	22	1950	757

基本情况（三）

合计（千元）		资产总计（千元）		实际使用房屋建筑面积（万平方米）			实际拥有产权面积（万平方米）
合计中			固定资产原值		展览用房	文物库房	
其他资本性支出	各种设备购置费						
7744503	**941170**	**577651747**	**402026623**	**5195.16**	**1810.52**	**285.77**	**3021.35**
135445	63742	6843799	2740780	58.02	11.76	6.93	60.34
208421	36944	21958028	6648223	130.73	54.13	8.67	83.66
21813	10416	4552463	2473619	45.81	19.73	4.75	67.49
221092	10927	4229003	2647236	122.33	63.43	7.90	88.09
427134	34365	12165597	4389767	120.40	44.97	8.01	123.37
212501	8832	6858308	5695765	119.46	62.72	7.34	66.36
34051	4636	9856306	7387638	81.69	32.50	6.42	128.98
99769	60028	1332833	927903	50.75	25.21	4.05	17.59
284397	10165	4271604	3185580	63.52	41.00	4.61	35.06
316657	29471	18424180	7407940	100.28	46.62	7.47	70.04
456442	97198	71503656	27978037	315.23	136.45	15.64	198.63
588843	75112	17457382	7199680	269.69	127.36	17.27	137.65
46604	14137	3395203	2139256	115.96	54.59	8.51	60.97
89908	15996	2433930	1610171	91.63	39.06	6.20	71.02
148426	22618	4054128	2762178	130.57	61.66	9.87	149.56
238128	33247	16020581	9894503	368.39	179.89	33.69	306.56
500899	35402	9663816	3373950	233.92	99.09	18.35	123.49
100979	19966	11224071	9428947	316.56	100.60	14.08	119.90
172834	35978	10127041	4483925	157.86	50.84	8.68	98.74
625375	60190	10951556	6379864	217.63	86.27	13.36	179.80
298188	10224	3399287	1911918	79.20	34.93	5.39	67.73
21307	6941	2357429	1748506	25.22	10.75	2.37	16.32
79998	17520	3729809	1458703	83.07	43.09	7.25	37.19
237779	73375	62144557	58186565	230.72	123.97	14.04	178.43
40495	22220	6997446	4531313	64.76	29.38	3.52	49.37
166133	3646	4051149	1921807	95.56	40.33	6.81	73.22
8836	46	45464243	44540323	1068.49	6.53	5.74	42.09
573972	51840	72904005	63560926	198.92	73.93	14.60	174.71
216282	30796	7083342	4025112	116.26	48.25	8.44	115.16
30592	1959	1219777	788110	22.33	6.94	0.98	19.43
10792	5430	21859959	3288253	35.76	20.17	2.02	28.75
1081866	14515	98233664	96732108	53.34	27.08	2.43	21.48
48545	23288	883595	578017	11.10	7.29	0.38	10.17

图书在版编目（CIP）数据
中国文物年鉴. 2023 / 国家文物局编. -- 北京 : 文物出版社, 2024. 12. -- ISBN 978-7-5010-8633-7
Ⅰ. K87-54
中国国家版本馆CIP数据核字第2024WQ5554号

中国文物年鉴 · 2023

编　　者：国家文物局

责任编辑：王　媛　安艳娇
特约编辑：崔　华
责任印制：王　芳
责任校对：耿瑷洁

出版发行：文物出版社
社　　址：北京市东城区东直门内北小街2号楼
邮　　编：100007
网　　址：http：//www.wenwu.com
邮　　箱：wenwu1957@126.com
经　　销：新华书店
制版印刷：文物出版社印刷厂有限公司
开　　本：787mm × 1092mm　1 / 16
印　　张：21.75
版　　次：2024年12月第1版
印　　次：2024年12月第1次印刷
书　　号：ISBN 978-7-5010-8633-7
定　　价：300.00元